実践
先物取引被害の救済

〔全訂増補版〕

荒井哲朗・白出博之・津谷裕貴・石戸谷豊　著

発行　民事法研究会

全訂増補版はしがき

　先物取引被害の相談を受けたら、素朴な正義感と、手引（日本弁護士連合会編『先物取引被害救済の手引』民事法研究会）と、本書（「実践」）があれば、あとは、先物取引被害全国研究会（現在の代表幹事大田清則弁護士、事務局長石川真司弁護士）の年2回の研究会に参加し、同会のメーリングリストに登録し、情報収集、アドバイスを得るとよい。いずれ、本書に掲載されているような勝訴判決を勝ち取ることができるようになるだろう。これが、本書の目的とするところである。

　　　　　　　　　　　　　＊　　　　　　　　　＊

　本書は、先物取引被害救済に取り組む弁護士、相談員ら実務家のための実践本であるが、「手引」と「実践」は、いわば実務家必携として広く利用されているようであり、喜ばしい限りである。

　しかし、本書は、初版の発行から10年が経過した。すでに全国の書店の書棚から本書が消え去って、改訂を望む声も少なからず寄せられた。

　この間の先物被害の実態をみると、これまでの国内公設の先物被害はもとより、外国為替証拠金取引（FX）、海外指数先物、海外オプション取引、ロコ・ロンドン貴金属証拠金取引といった、商品デリバティブ取引被害が深刻化するなどの変化がある。

　法改正では、商品取引所法改正が平成16年・18年に行われ、そして本年（平成21年）には、海先法が廃止され、商品先物取引は商品先物取引法（商品取引所法から、法律名の変更）に一本化されるなどの大改正が行われた。

　商品先物取引法では、先物取引にも政令指定による不招請勧誘が導入され、原則として、個人相手のすべての先物取引が不招請勧誘禁止されることになった。すなわち、不招請勧誘禁止の政令指定対象とするのは、これまでの国内私設、海外先物だけでなく、国内公設までも原則として不招請勧誘を禁止とし（例外は、国内公設のロスカット先物取引だけ）、その後1年以内に先物被害が解消されない場合は、すべての先物取引について不招請勧誘を禁止する

ことを、国会審議において、二階経済産業大臣が明言したのである。

また、先物取引に関する極めて重要な判決も数多く出された。向い玉による客殺しを認めた平成14年2月25日の神戸地裁姫路支部判決、先物取引の世界でも消費者契約法に基づく取消を認めた平成17年1月26日の名古屋地裁判決や平成20年1月25日の札幌高裁判決などのほか、平成21年7月16日には、最高裁判所において、差玉向いを行っている業者には、差玉向いの説明義務、差玉向い建玉通知義務があるという画期的判決が現れた。

今回の改訂は、こうした背景を下に、先物取引被害救済に取り組む実務家の要請に応えようというものである。

改訂にあたって、次の点を心がけた。第1に、初版同様、先物取引被害救済の初心者であっても、「手引」と「実践」さえあれば、何とか先物取引被害救済に取り組むことができるようになる本にすること。第2に、先物取引被害救済の基本的心構えから、先物取引に関する基礎知識、最新のデータ、被害救済の最前線まで紹介しつつ、それらをわかりやすく、理解しやすい内容にすること。第3に、使いやすい本にすること。どこから読んでも、一部だけ読んでも使えること。参考判例はできるだけ要旨も紹介し、出典も明示すること。初心者からベテランまで満足してもらおうと、実に欲張っている。

本書が、はたして実務の要請に応えたものになっているかどうか、読者の判断に委ねるしかない。

先物業界において、商品先物取引法によって不招請勧誘が禁止され、最高裁判決によって差玉向いの説明義務、差玉向建玉通知義務が認められたことは、これまでの業界を根底から覆すものであって、大いに歓迎するところである。しかし、問題となるのは、不招請勧誘禁止の実施時期である。商品先物取引法の施行が、改正法の公布の日（平成21年7月10日）から1年6カ月以内に政令で定める日であるから、それまでは業者による不招請勧誘は続けられる。法施行と同時に不招請勧誘禁止の政令指定がされたとしても、今度は政令指定されなかったロスカット先物取引の勧誘であることを口実に不招請勧誘が行われる可能性がある。先物業界の最後のあがきによる、被害多発

が懸念される。

「手引」と「実践」は、残念ながら、しばらくの間、本棚から消え去ることはなさそうである。

　　　　　　　　　　＊　　　　　　　　　　＊

　本書は、先物取引被害全国研究会（初代代表幹事大深忠延弁護士）の会員弁護士の研究成果と獲得した勝訴判決などをまとめたものであり、同研究会および会員のこれまでの成果の集大成ともいうべきものである。本書出版を快諾していただいた研究会の会員の皆様には、心から感謝し、深甚なる敬意を表する次第である。

　本書初版は、津谷裕貴（秋田）、大神周一（福岡）、茨木茂（東京）、石戸谷豊（横浜）が執筆した。全訂増補版は、荒井哲朗、白出博之、石戸谷豊、津谷裕貴が担当した。

　大神、茨木は改訂版の執筆には参加できなかったが、代わって、先物勝訴判決獲得数日本一の荒井哲朗（東京）と、先物被害救済実務では絶大な影響を与えた客観的違法性論（特定売買）提唱者の白出博之（大阪）が加わった。

　改訂の作業は、初版をベースにしつつ、本文から表、データ、判例、書式等すべて見直し、荒井、白出、津谷の3人がそれらすべてを一緒に検討し、石戸谷がそれを最終チェックし、出来上がったものである。

　4人の共著として出版することを快諾してくれた初版執筆者の大神周一・茨木茂両弁護士と、貴重な情報と示唆をいただいた斎藤英樹弁護士（大阪）にお礼を申し上げる。

　最後に、本書は民事法研究会の鈴木真介氏の存在なくしては出版にこぎつけられなかった。鈴木氏には、原稿の催促・校正だけでなく、内容においても実に有益なアドバイスをいただき、5人目の執筆者といってもよいような活躍をしていただいた。感謝し、お礼申し上げる次第である。

　2009年8月

　　　　　　　　　　　　　　　　執筆者を代表して　　津谷　裕貴

はしがき

はしがき

　本書は、商品先物取引の被害救済に取り組もうという、実務家向けの実践本である。

　この分野の被害は、大変深刻なものが多い。そこで、相談を受けた弁護士や消費生活センター等の相談員の方々は、感覚的には「これは救済されないとおかしい」と考える。しかし、いざ取り組んでみると、なかなか容易な問題ではないことがわかる。まず用語がわからないし、売買報告書を始めとする取引書類の意味がよくわからない。そして取引内容をどう整理すればよいのか、整理したとしてもそれぞれの取引の意味するところは何なのか、どういう場合に違法性が認められるのか等といった具合に、次々と問題にぶつかることになる。

　この分野は、紛争が多い割には被害救済のための体系的な実践本が、意外と少ないという現状にある。代表的なものとしては、日本弁護士連合会消費者問題対策委員会編の「先物取引被害救済の手引」（民事法研究会）がある。この手引は全国の先物取引被害救済に取り組む弁護士の成果と最新の資料をまとめたものであり、定評があり、現在六訂版まで出版されている。しかし、もう少し実践的なノウハウを盛り込んだ本が欲しいという声が多いのも、事実である。そこで本書は、そうした要望に応えるべく、「先物取引被害救済の手引〔六訂版〕」を踏まえて、さらに詳しく、かつわかりやすく解説を加えようという意図でつくられた。したがって、同書に掲載されている資料については、本書では省略している。また、本書の内容は、「先物取引被害救済の手引」の場合とは違い、各執筆者の実践を踏まえた個人的な見解であることをお断りしておきたい。

　いずれにせよ本書は、前述のような基本的なことはもちろん、違法性の検討方法、それぞれの違法性のポイントに関する判例の紹介、解決のための方法や法律構成等、被害救済のために必要な問題をひととおり解説している。第一章基礎編から始めて、第1章では事件の把握の仕方と関係書類の見方・

取引グラフの作成とその分析等、第3章では違法要系の類型と代表的判例、第4章で解決手法、第5章で訴訟の実務・主張立証のノウハウ等を、第6章では商品取引員に対する委託者債権の回収の問題、そして第七章ではこれまでの主な判決の一覧とまとめという構成になっている。

ところで、先物取引被害の救済実務は、先物取引被害全国研究会(現在の代表幹事は齋藤雅弘弁護士)によって発展してきたと言える。

同研究会は、1982年3月に初代代表幹事の大深忠延弁護士の呼びかけで発足し、以後精力的に活動してきた。被害救済のための法理論や制度改革は、今日まで約19年間、44回に及ぶ研究会活動の成果によって行われてきたと言って過言でない。そうしたことからすると、本来本書は、先物取引被害全国研究会が出版すべき内容であるとも言える。実際、本書で紹介されている判例は、研究会に参加し優れた報告をしてきた弁護士が訴訟代理人となって勝ち取ってきたものばかりである。そこで、関係弁護士が全員参画して執筆するのが、最も望ましい姿であろう。そして、現実にも、研究会で出版を企画した時期もあったのであるが、全国各地の弁護士が一堂に会して合議をしながらまとめていくというのは、現実問題としては極めて困難であるため実現していないという経緯がある。

したがって、本書は研究会活動に参画してきている四人で執筆しているが、内容的に見るべきものがあるとすれば、それは研究会の成果そのものと言える(不十分な点は、もとより執筆者の責任である)。

以上の意味で、本書出版を快く了解され、私達の執筆作業を温かく見守っていただいた先物取引被害全国研究会とそのメンバーの弁護士の方々に、心から感謝したい。

また、出版の機会に際して、民事法研究会の田中敦司氏には大変お世話になった。ここに感謝し、お礼を申し上げたい。

 2000年9月

津 谷 裕 貴
大 神 周 一

目　次

第1章　基礎編

I　先物取引の種類と適用法規 …………1

1　先物取引の種類と適用法規の概要 …………1
(1)　はじめに …………1
〔図表1〕　取引類型と規制法 …………2
(2)　金商法のデリバティブと商取法のデリバティブの区分 …………3
(A)　はじめに …………3
(B)　商取法の適用範囲 …………3
(C)　金商法の適用範囲 …………4
(D)　金商法と商取法・海先法の適用範囲の関係 …………4
(3)　主なデリバティブの種類 …………5
(A)　金商法のデリバティブ …………5
(B)　商取法のデリバティブ …………5
(4)　国内の商品先物取引 …………6
(A)　狭義の先物取引 …………6
(B)　現金決済型先物取引 …………6
(C)　指数先物取引 …………6
(D)　オプション取引 …………6
(5)　商品先物取引と類似取引 …………7
(A)　商品先物取引の定義の確認 …………7
(B)　適用除外 …………8
　(a)　商取法6条の適用除外 …………8
　(b)　商取法329条の適用除外 …………8

目　次

　　　(c)　適用除外の取引 ··8
　(6)　海外市場の商品先物取引 ··8
　　(A)　商取法の適用範囲 ···8
　　(B)　海先法の適用範囲 ···9
　　　〔図表2〕商取法と海先法の禁止行為の比較 ··························10
　(7)　特定商取引法の適用領域 ··10
2　商品先物取引に関する適用法規 ···11
　(1)　はじめに　11
　(2)　法・政令・省令・ガイドラインの概要 ································12
　(3)　商品取引所による規制 ··13
　　(A)　はじめに ··13
　　(B)　諸規則の概要 ···14
　　　(a)　定　款 ···14
　　　(b)　業務規程 ··14
　　　(c)　受託契約準則 ··14
　(4)　日商協による自主規制 ··14
　　(A)　自主規制機関としての日商協 ··14
　　(B)　諸規則の概要 ···14
　　　(a)　定　款 ···14
　　　(b)　定款の施行に関する規則 ···15
　　　(c)　受託等業務に関する規則 ···15
　　　(d)　受託業務管理規則の制定に係るガイドライン ···············15
　　　(e)　受託業務管理規則（商品取引員の社内規則） ···············16
　　　(f)　制裁規定 ···16
　　　(g)　紛争処理規程 ··16
3　平成21年商品取引所法（商取法）改正 ·····································17
　(1)　はじめに ··17
　　(A)　経　過 ···17
　　(B)　目的等 ···17
　　(C)　従前の先物取引と規制法 ··17

目　次

　　(D)　改正法のポイント ……………………………………………18
　　　(a)　要　点 ……………………………………………………18
　　　(b)　名称変更等 ………………………………………………18
　　　(c)　プロ・アマ規制の導入 …………………………………18
　　　(d)　不招請勧誘禁止導入 ……………………………………18
　　　(e)　商品先物取引仲介業者 …………………………………19
　　　(f)　損失補塡、事故確認 ……………………………………19
　　　(g)　金商法と商品先物取引法の関係 ………………………19
　　　(h)　特商法と商品先物取引法の関係 ………………………19
　(2)　改正法の概要 …………………………………………………19
　　(A)　名称等の変更 …………………………………………………19
　　(B)　定義の変更、新たな制度等 …………………………………20
　　　(a)　先物取引の定義 …………………………………………20
　　　(b)　商品指数の定義 …………………………………………20
　　　(c)　オプションの定義 ………………………………………20
　　　(d)　商品市場 …………………………………………………20
　　　(e)　商品市場における取引 …………………………………20
　　　(f)　海外先物関係 ……………………………………………20
　　　(g)　店頭商品デリバティブ取引 ……………………………21
　　　(h)　商品デリバティブ取引 …………………………………21
　　　(i)　商品先物取引業 …………………………………………21
　　　(j)　商品先物取引業者 ………………………………………22
　　　(k)　商品取引契約 ……………………………………………22
　　　(l)　プロ・アマ区分関係 ……………………………………22
　　　(m)　商品先物取引仲介業 ……………………………………22
　　(C)　主な委託者保護関連の改正 …………………………………22
　　　(a)　不招請勧誘禁止導入 ……………………………………22
　　　(b)　プロ・アマ区分 …………………………………………24
　　　(c)　商品先物取引仲介業者 …………………………………24
　　　(d)　自主規制機関 ……………………………………………25

9

目 次

　　　　(D) 商品デリバティブ取引ごとの規制内容……………………26
　　　　　(a) 国内公設先物取引（商品市場における取引等）…………26
　　　　　(b) 海外先物取引（外国商品市場取引）………………………27
　　　　　(c) ロコ・ロンドン証拠金取引などの私設先物取引（店頭商品デリ
　　　　　　　バティブ取引）………………………………………………28
　4　消費者契約法と金融商品販売法……………………………………28
　(1) 消費者契約法…………………………………………………………28
　　　(A) はじめに…………………………………………………………28
　　　(B) 商品先物取引の委託者と消費者………………………………29
　　　(C) 商品先物取引と断定的判断の提供……………………………29
　　　　　(a) ①判決──名古屋地判平17・1・26………………………29
　　　　　(b) ②判決──大阪高判平19・4・27…………………………30
　　　(D) 商品先物取引と不実告知、不利益事実の不告知……………30
　　　　　(a) 不実告知、不利益事実の不告知と重要事項………………30
　　　　　(b) ③判決──札幌高判平20・1・25…………………………31
　　　(E) 取消構成の現代的意義…………………………………………33
　(2) 金融商品販売法（金販法）…………………………………………33
　　　(A) 国内の商品先物取引と金販法…………………………………33
　　　(B) 海外市場の商品先物取引と金販法……………………………34
　　　(C) 金販法の活用……………………………………………………34

II　先物取引の実態……………………………………35

1　実態を知っておく意義………………………………………………35
2　実態を知る資料、入手方法…………………………………………35
　(1) 日弁連『先物被害白書』……………………………………………35
　(2) 日弁連『先物取引被害救済の手引』………………………………35
　(3) 先物取引被害全国研究会「先物取引被害研究」…………………36
　(4) 日本商品先物取引協会（日商協）…………………………………36
　(5) 主務省「商品先物取引に関する実態調査」………………………36

(6)　行政処分その他 …………………………………………………36
3　取引実態の概要 ………………………………………………………36
　(1)　委託者口座数、プロ・アマ比率、損得割合等 …………………36
　(2)　取引量（出来高、金額） …………………………………………37
　(3)　商品取引員の数、外務員数、損益等の経営実態 ………………37
　(4)　商品取引員の手数料比率等 ………………………………………37
　(5)　業者の自己玉売買 …………………………………………………39
　　　〔図表3〕　業者の手数料比率 ……………………………………40
4　全国的に続発している先物関連の不詳事 …………………………42
　　　〔図表4〕　先物関連の不祥事 ……………………………………43

Ⅲ　取引所における取引の実態 ……………47

1　取引所の規模 …………………………………………………………47
　　　〔図表5〕　全国の商品取引所 ……………………………………48
2　取引手法 ………………………………………………………………49
3　バイカイ付け出し ……………………………………………………50

Ⅳ　苦情に関する調査、処分等 ……………51

1　はじめに ………………………………………………………………51
2　110番の結果 …………………………………………………………52
　(1)　先物取引被害全国研究会実施の110番 …………………………52
　(2)　平成16年110番（先物取引被害全国研究会実施）………………52
　　(A)　件数全般 …………………………………………………………52
　　(B)　データ分析 ………………………………………………………52
　(3)　平成18年110番（先物取引被害全国研究会実施）………………54
　　(A)　件数全般 …………………………………………………………54
　　(B)　データ分析 ………………………………………………………54
　(4)　平成19年110番（先物取引被害全国研究会実施）………………56

(A)　件数全般……………………………………………………56
　　　(B)　データ分析…………………………………………………56
　(5)　平成21年110番（先物取引被害全国研究会実施）……………58
　　　(A)　件数全般……………………………………………………58
　　　(B)　データ分析…………………………………………………58
　(6)　まとめ……………………………………………………………59
3　主務省による処分……………………………………………………60
　　〔図表6〕主務省による商品取引員の処分……………………60
4　取引所、日商協による処分等を受けた業者………………………68
　(1)　日商協による制裁等の状況……………………………………68
　　　〔図表7〕　日商協による会員に対する制裁等の状況………68
　　　〔図表8〕　会員の役員・職員に対する処分等の状況………75
5　ディスクロージャー…………………………………………………78

V　相談を受けたらどうするか……………78

1　取引類型と適用法令の把握…………………………………………78
2　取引継続中の相談……………………………………………………80
　(1)　決済が原則………………………………………………………80
　(2)　仕切指示の前に…………………………………………………82
　(3)　仕切りの重要性…………………………………………………83
　(4)　仕切指示の方法…………………………………………………83
　　　（書式1）　通知書……………………………………………84
3　録音テープの利用……………………………………………………86
4　念書などをとられている場合………………………………………86
5　無断売買が争点の事件の決済………………………………………87

第2章　事件の把握の仕方と先物取引の書類の見方

I　書類収集と分析 …… 88

1　はじめに …… 88
2　証拠金と追証 …… 88
　(1)　平成16年商取法改正後の証拠金制度 …… 89
　(2)　取引証拠金の種類 …… 89
　(3)　先物取引の用語、追証の計算方法と必要な金額 …… 90
　(4)　有価証券による充用 …… 93
　(5)　不足証拠金 …… 94
　(6)　取引証拠金預り証 …… 94
　(7)　証拠金を払わなかったらどうなるか …… 95
3　相談者の手許にある書類 …… 96
　(1)　口座開設申込書（控）等 …… 96
　　〔図表9〕　口座設定申込書 …… 97
　(2)　約諾書（控） …… 98
　(3)　証拠金預り証 …… 99
　(4)　売買報告書および売買計算書 …… 99
　(5)　残高照合通知書（残照） …… 100
4　訴訟前に業者から取り寄せることのできる書類 …… 100
　(1)　委託者別先物取引勘定元帳（イタカン）、委託者別証拠金等現在高帳（ダカチョウ） …… 100
　(2)　顧客カード等 …… 102
　(3)　超過建玉申請に係る書面 …… 102

目 次

　5　取引所から取り寄せることの可能な書類 ……………………………103
　　(1)　取引所の月報・日報 …………………………………………………103
　　(2)　売買枚数調査一覧表 …………………………………………………103
　　　　　（書式2）　取引所に対する売買枚数調査照会 ……………104
　　　　　（書式3）　弁護士会照会に対する取引所からの回答 ………106

II　取引グラフの作成とソフトの活用 …107

　1　建玉分析表出力ソフトウェア ……………………………………………107
　　(1)　建玉分析表 ……………………………………………………………107
　　　(A)　全銘柄 ……………………………………………………………107
　　　(B)　銘柄別建玉分析表 ………………………………………………108
　　　(C)　特定売買比率 ……………………………………………………108
　　(2)　銘柄分析結果表 ………………………………………………………109
　　(3)　証拠金推移表 …………………………………………………………110
　　　(A)　取引本証拠金（本証）…………………………………………110
　　　(B)　取引定時増証拠金（定増）……………………………………110
　　　(C)　取引臨時増証拠金（臨増）……………………………………110
　　　(D)　取引追証拠金（追証）…………………………………………110
　　　(E)　証拠金推移表の見方 ……………………………………………111
　　(4)　建玉保有日数分析表 …………………………………………………111
　　　　〔図表10〕　委託者別先物取引勘定元帳 ………………………112
　　　　〔図表11〕　委託者別証拠金等現在高帳 ………………………114
　　　　〔図表12〕　建玉分析表（全銘柄）………………………………116
　　　　〔図表13〕　建玉分析表（銘柄別）………………………………118
　　　　〔図表14〕　証拠金推移表 …………………………………………120
　　　　〔図表15〕　建玉保有日数分析表 …………………………………122
　　(5)　売買回転率 ……………………………………………………………123
　　(6)　手数料化率 ……………………………………………………………123

第3章　違法性──いわゆる客殺し商法──

I　客殺し商法とは　……124

II　客殺し商法による先物被害の代表的パターン　……125

1　はじめに　……125
2　勧誘段階　……126
3　取引段階　……127
4　取引終了段階　……128

III　違法性（客殺し）の内容・根拠・代表的裁判例　……129

1　概　要　……129
2　客殺し商法を構成する違法要素に関連する法令等　……129
  (1)　法令等の考え方　……129
  (2)　先物取引に関する法令諸規定等　……130
    (A)　法　令　……130
    (B)　ガイドライン　……131
    (C)　取引所関係の諸規定　……131
      (a)　準　則　……131
      (b)　受託業務指導基準　……132

目 次

   (c) 取引所指示事項………………………………………132
  (D) 日商協関係の諸規程…………………………………132
 3 法令諸規定等の性質………………………………………133
 (1) 勧誘段階の違法性（不当勧誘等）…………………………134
 (2) 取引継続段階の違法性………………………………………135
 (3) 取引終了段階の違法性………………………………………136
 (4) その他全般………………………………………………136
 4 勧誘段階の違法性…………………………………………138
 (1) 勧誘目的告知・勧誘受諾意思確認義務、再勧誘禁止、
   迷惑勧誘禁止等………………………………………………138
  (A) 意　義………………………………………………138
   (a) 勧誘目的告知義務違反………………………………139
   (b) 勧誘受諾意思確認義務違反…………………………139
   (c) 再勧誘…………………………………………………139
   (d) 迷惑勧誘………………………………………………140
  (B) 根拠規定……………………………………………140
  (C) 代表的裁判例………………………………………140
 (2) 適合性原則違反（不適格者の勧誘等）……………………141
  (A) 意　義………………………………………………141
  (B) ガイドラインの規定………………………………142
  (C) 根拠規定……………………………………………143
  (D) 代表的裁判例………………………………………143
 (3) 断定的判断の提供、元本保証等……………………………146
  (A) 意　義………………………………………………146
  (B) 根拠規定……………………………………………148
  (C) 代表的裁判例………………………………………148
 (4) 説明義務違反………………………………………………152
  (A) 意　義………………………………………………152
   (a) 事前書面の交付時期…………………………………153
   (b) 事前書面の記載事項…………………………………153

　　　　(c) 説明の方法・程度 …………………………………154
　　　　(d) 理解の確認 ………………………………………154
　　(B) 根拠規定 ……………………………………………154
　　(C) さや取り・向い玉に関する説明義務 ………………154
　　　　(a) さや取り取引に関する説明義務 ………………154
　　　　(b) 向い玉に関する説明義務 ………………………155
　　(D) 代表的裁判例 ………………………………………155
　(5) 事前書面交付義務違反 ………………………………161
　　(A) 意　義 ………………………………………………161
　　(B) 根拠規定 ……………………………………………162
　　(C) 代表的裁判例 ………………………………………162
　(6) 架空・他人名義の勧誘 ………………………………162
　　(A) 意　義 ………………………………………………162
　　(B) 根拠規定 ……………………………………………163
　　(C) 代表的裁判例 ………………………………………163
4　取引の継続段階の違法性 …………………………………163
　(1) 新規委託者保護義務違反（建玉制限等）……………163
　　(A) 意　義 ………………………………………………163
　　(B) 根拠規定 ……………………………………………165
　　(C) 代表的裁判例 ………………………………………165
　(2) 両建の勧誘 ……………………………………………169
　　(A) 意　義 ………………………………………………169
　　(B) 根拠規定 ……………………………………………172
　　(C) 代表的裁判例 ………………………………………172
　(3) 無断・一任売買 ………………………………………177
　　(A) 意　義 ………………………………………………177
　　(B) 根拠規定 ……………………………………………178
　　(C) 代表的裁判例 ………………………………………179
　(4) 転がし、無意味な反復売買（いわゆる特定売買）……180
　　(A) 意　義 ………………………………………………180

17

目 次

    (a) 売買回転率（月間回転率）……………………………181
    (b) 手数料化率 ………………………………………………182
    (c) 特定売買率 ………………………………………………182
    (d) 特定売買の評価 …………………………………………184
   (B) 根拠規定 …………………………………………………………185
   (C) 代表的裁判例 ……………………………………………………185
  (5) 無敷、薄敷（証拠金規制違反）……………………………………192
   (A) 意　義 ……………………………………………………………192
   (B) 根拠規定 …………………………………………………………194
   (C) 代表的裁判例 ……………………………………………………194
  (6) 過当・過大取引 ……………………………………………………194
   (A) 意　義 ……………………………………………………………194
   (B) 根拠規定 …………………………………………………………195
   (C) 代表的裁判例 ……………………………………………………195
  (7) 不当な増し建玉（不当な利益金の証拠金振替、利乗せ満玉）………197
   (A) 意　義 ……………………………………………………………197
   (B) 根拠規定 …………………………………………………………197
   (C) 代表的裁判例 ……………………………………………………197
  (8) 向い玉 ………………………………………………………………198
   (A) 意　義 ……………………………………………………………198
   (B) 根拠規定 …………………………………………………………200
   (C) 代表的裁判例 ……………………………………………………200
  (9) 返還遅延 ……………………………………………………………204
   (A) 意　義 ……………………………………………………………204
   (B) 根拠規定 …………………………………………………………205
   (C) 代表的裁判例 ……………………………………………………205
 5 仕切段階の違法性 ………………………………………………………205
  (1) 仕切拒否、仕切回避 ………………………………………………205
   (A) 意　義 ……………………………………………………………205
   (B) 根拠規定 …………………………………………………………205

		(C) 代表的裁判例 ································206
	(2)	違法な強制手仕舞 ·································207
		(A) 意　義 ·····································207
		(B) 根拠規定 ···································207
		(C) 代表的裁判例 ································208
	(3)	不当な和解合意書等の徴求 ·························208
		(A) 意　義 ·····································208
		(B) 根拠規定 ···································209
		(C) 代表的裁判例 ································209
6	一般的義務（配慮義務、情報提供義務、調査義務等） ·······211
	(1)	意　義 ··211
	(2)	根拠規定 ······································211
	(3)	代表的裁判例 ··································211

第4章　解決法

I　はじめに ···217

II　救済実例 ··217

1	示談が成立していた例 ···································218
2	適合性原則関係 ··218
	(1) 先物経験者 ·······································218
	(2) 高学歴等 ···218
	(3) 高収入、資産 ·····································218
	(4) 職業等 ···219

19

3　他でも先物取引をやっていた事例 …………………………220
4　取引終了から3年以上経過していた事例 …………………220
　(1)　消滅時効が完成していない ………………………………220
　(2)　時効の援用が信義則違反 …………………………………221
5　業者からの差損金請求訴訟 …………………………………221

Ⅲ　業者との交渉 ……………………………………………222

1　精算金の受領 …………………………………………………222
2　交渉にあたって ………………………………………………222
　(1)　交渉の対象 …………………………………………………222
　(2)　示談交渉のポイント ………………………………………223
　　(A)　事故確認の導入 …………………………………………223
　　(B)　主張するポイント ………………………………………223
3　交渉の進め方 …………………………………………………224
　(1)　交渉続行の見極めが重要 …………………………………224
　(2)　安易な交渉に注意 …………………………………………224
　(3)　情報の収集が重要 …………………………………………225
4　裁判外紛争処理手続 …………………………………………226
　(1)　種　類 ………………………………………………………226
　(2)　手　続 ………………………………………………………226
　(3)　裁判外紛争処理手続の評価 ………………………………227

Ⅳ　損失補塡の禁止と事故確認への対処 ……………227

1　損失補塡の禁止 ………………………………………………227
2　施行規則により事故確認が不要とされる場合 ……………228
　　(書式4)　事故調査確認書面 ………………………………229

V　証拠の収集と裁判等の準備 …………230

1　基本的文書の入手……………………………………230
　(1)　委託者別先物取引勘定元帳（イタカン）・委託者別証拠金等現在高帳（ダカチョウ）……………………………230
　(2)　訴訟上の文書提出義務……………………………231
2　証拠保全……………………………………………233
3　その他の証拠………………………………………233
4　仮差押・仮処分……………………………………234
5　外務員の住所地……………………………………235

VI　監督権限発動、行政処分の申立 ……235

1　はじめに……………………………………………235
2　主務大臣の改善命令………………………………236
3　取引所に対する制裁申立…………………………236
4　日商協に対する制裁申立…………………………236
　　（書式5）　主務大臣に行政処分を求める申立書……237
　　（書式6）　日商協に制裁を求める申立書……………240

第5章　訴訟の実務

I　法律構成 ……………………………241

1　不法行為……………………………………………241
　　（書式7）　訴　状……………………………………242

2 債務不履行 ································· 249
 3 差損金請求訴訟 ··························· 249
 4 所有権に基づく返還請求訴訟 ·········· 250
 5 消費者契約法に基づく不当利得返還請求訴訟 ·········· 250

II 違法性 ································· 251

 1 全体的違法・個別的違法 ·················· 251
 2 違法要素 ···································· 251

III 損害 ··································· 252

 1 実損額 ······································ 252
 2 差損金 ······································ 252
 3 慰謝料 ······································ 252
 4 取引に関係する課税額相当損害金 ······ 254
 5 弁護士費用 ································· 255

IV 過失相殺 ····························· 256

V 主張立証のノウハウ ············· 258

 1 はじめに ···································· 258
 2 総論の立証方法 ··························· 259
 　(1) 要証事実 ································ 259
 　　(A) 被害の実態、先物取引の危険性等 ·········· 259
 　　(B) 法令・諸規程と違反の効力 ················ 259
 　　(C) 商品取引員の注意義務 ······················ 259
 　　　（書式8） 国民生活センターへの調査嘱託申立書 ·········· 260

(2)	立証方法	261
3	各論の立証	261
(1)	適合性原則違反	261
(2)	断定的判断の提供	261
(3)	説明義務違反	262
(4)	新規委託者保護義務違反	263
(5)	過当取引・特定売買	263
(6)	無断売買・一任売買	263
(7)	仕切拒否	263
(8)	向い玉	264
(9)	和解契約の外観	264
(10)	慰謝料	264
4	体験談―審敗訴、逆転勝訴判決はこうして獲得した ――最判平7・7・4の獲得まで	265

第6章 商品取引員に対する委託者債権の回収

I 勝訴判決に基づく出資持分差押の強制執行 …267

II 商品取引員の倒産の場合の対処法 …268

1	はじめに	268
2	委託者保護制度に関する旧法の規定と法改正	268
3	取引証拠金の直接預託制度	268

4　分離保管制度 ……………………………………………………… 269
　5　保護基金によるペイオフ制度 …………………………………… 269

III　行政処分の申立 ………………………………………………… 270

第7章　その他の投機的取引被害類型

I　海外先物取引 ……………………………………………………… 272

　1　海外先物取引 ……………………………………………………… 272
　2　海先法 ……………………………………………………………… 272
　3　海外先物取引被害の典型例 ……………………………………… 273
　4　海外先物取引被害の現状 ………………………………………… 273
　5　被害救済の法的構成 ……………………………………………… 274
　6　海先法8条（熟慮期間） ………………………………………… 275

II　海外先物オプション取引 ……………………………………… 276

　1　取引のしくみ ……………………………………………………… 276
　2　被害の概要 ………………………………………………………… 278
　3　損害賠償請求の構成 ……………………………………………… 279

Ⅲ　外国為替証拠金取引（ＦＸ取引）……280

1　「悪質商法」としての生起……………………………………280
2　法律改正による取引の適法化と新たな問題の発生…………282
3　適用法令………………………………………………………283
　(1)　定　義……………………………………………………283
　(2)　店頭取引と取引所取引…………………………………284
　(3)　登録制……………………………………………………284
　(4)　委託者の保護……………………………………………284
　(5)　不招請勧誘の禁止………………………………………284
4　勧誘方法の問題点……………………………………………285
5　分別管理体制の不十分さ、カバー取引のリスク…………286
6　システムリスク………………………………………………289
7　損害賠償請求の構成…………………………………………290

Ⅳ　ロコ・ロンドン貴金属証拠金取引……291

1　問題の所在……………………………………………………291
2　「ロコ・ロンドン貴金属証拠金取引」とは………………292
3　「ロコ・ロンドン貴金属証拠金取引」のしくみ自体の違法性…………293
4　損害賠償請求の構成…………………………………………294

Ⅴ　ニッパチ商法……296

1　被害の概要……………………………………………………296
2　違法性…………………………………………………………296

VI 未公開株商法 ……………………………………………297

1 被害の概要 …………………………………………………297
2 未公開株商法の違法性 ……………………………………298
 (1) 違法性の本質 …………………………………………298
 (2) 未公開株商法の無登録営業の私法上の違法性 ………298
3 縁故販売、投資事業有限責任組合・民法上の組合等 ……299
4 株式発行会社の責任 ………………………………………300
5 裁判例 ………………………………………………………300

第8章　先物取引被害等の裁判例

I　国内公設先物裁判例 ……………………………302

〔図表16〕　国内公設先物裁判例一覧　　303

II　判例まとめ ………………………………………352

1 総　論 ………………………………………………………352
 (1) 一体的不法行為論 ……………………………………352
 (2) 不法行為構成の根拠 …………………………………352
 (3) 債務不履行構成 ………………………………………352
 (4) 概括的注意義務 ………………………………………353
 (5) 注意義務の程度（高度の注意義務） …………………353
 (6) 1個の注意義務違反で責任を認めた判例 ……………353
2 違法性 ………………………………………………………354

- (1) 勧誘段階の違法性 …………………………………………………354
  - (A) 迷惑・執拗・誤認勧誘 ……………………………………354
  - (B) 適合性原則違反 ……………………………………………354
  - (C) 断定的判断の提供 …………………………………………355
  - (D) 説明義務違反 ………………………………………………356
  - (E) 事前書面交付義務違反 ……………………………………357
  - (F) 架空、他人名義勧誘 ………………………………………357
- (2) 取引継続段階の違法性 …………………………………………357
  - (A) 新規委託者保護義務違反 …………………………………357
  - (B) 両　建 ………………………………………………………358
  - (C) 無断・一任売買 ……………………………………………359
  - (D) 特定売買（転がし、無意味な反復売買） ………………360
  - (E) 無敷・薄敷 …………………………………………………362
  - (F) 過当取引 ……………………………………………………362
  - (G) 向い玉 ………………………………………………………363
  - (H) 不当な増し建玉（利益金の証拠金振替） ………………363
  - (I) 返還遅延 ……………………………………………………363
  - (J) 情報提供義務、配慮義務、助言義務違反等 ……………364
  - (K) 調査義務違反 ………………………………………………365
  - (L) 理解確認義務 ………………………………………………365
- (3) 仕切段階の違法性 ………………………………………………365
  - (A) 仕切拒否・回避 ……………………………………………365
  - (B) 違法な強制手仕舞 …………………………………………365
3 損害論 …………………………………………………………………365
- (1) 慰謝料を認容した判決 …………………………………………365
- (2) 課税相当額を損害額として認容した判決 ……………………366
- (3) 弁護士費用1割を超える認容判決 ……………………………366
4 責任論 …………………………………………………………………366
- (1) 取締役、監査役ら役員の責任を認めた判決 …………………366
- (2) 管理担当者の責任 ………………………………………………367

5 契約の効力等 …………………………………………………………367
 (1) 消費者契約法の取消 ……………………………………………367
 (2) 示談、和解契約の効力否定 ……………………………………368
 (3) 差損金請求を否定した判決 ……………………………………368
 (4) 消滅時効を否定した判決 ………………………………………368
6 過失相殺否定判決 ……………………………………………………369
7 「客殺し」という文言を用いた判決 ………………………………370
8 その他 …………………………………………………………………370

資料 平成18年法改正後の禁止行為、根拠規定整理表 ………………372

執筆者一覧 …………………………………………………………………376

凡　例

《法令等》
商取法、法	商品取引所法（平成21年法律第74号による改正前のもの）
改正法	平成21年法律第74号による改正後の商品取引所法（商品先物取引法）
旧法	平成16年法律第43号による改正前の商品取引所法
施行令、令	商品取引所法施行令
施行規則、規則	商品取引所法施行規則
ガイドライン	商品先物取引の委託者の保護に関するガイドライン
準則	受託契約準則（東京工業品取引所のもの）
受託等業務規則	受託等業務に関する規則（日商協）
社内管理規則	各社の受託業務管理規則
海先法	海外商品市場における先物取引の受託等に関する法律
海先令	海外商品市場における先物取引の受託等に関する法律施行令
海先規則	海外商品市場における先物取引の受託等に関する法律施行規則
金融商品販売法、金販法	金融商品の販売等に関する法律
金商法	金融商品取引法
旧証取法	証券取引法（平成18年法律第65号による改正前のもの）
金商業等府令	金融商品取引業等に関する内閣府令
外為法	外国為替及び外国貿易法
商品投資事業規制法	商品投資に係る事業の規制に関する法律
特商法	特定商取引に関する法律
特商令	特定商取引に関する法律施行令
民執法	民事執行法
MMT	売買状況に関するミニマムモニタリング（平元・1・23通商産業省産業政策局商務室長通達（廃止）参照）

《判例集、雑誌、文献等》
民集	大審院、最高裁判所民事判例集
刑集	大審院、最高裁判所刑事判例集
集民	最高裁判所裁判集民事

凡　例

判時	判例時報
判タ	判例タイムズ
金商	金融・商事判例
金法	金融法務事情
ジュリ	ジュリスト
法ニュース	消費者法ニュース
先裁集	先物取引裁判例集
被害研究	先物取引被害研究
セレクト	証券取引被害判例セレクト
日弁手引〔九訂版〕	日本弁護士連合会消費者問題対策委員会編『先物取引被害救済の手引〔九訂版〕』
白書	日本弁護士連合会『先物被害白書』

《その他》

日弁連	日本弁護士連合会
日商協	日本商品先物取引協会
最高裁HP	最高裁判所ウェブサイト〈http://www.courts.go.jp/〉
経産省HP	経済産業省ウェブサイト〈http://www.meti.go.jp/〉
日商協HP	日本商品先物取引協会ウェブサイト〈http://www.nisshokyo.or.jp/index.html〉

第1章　基礎編

I　先物取引の種類と適用法規

1　先物取引の種類と適用法規の概要

(1)　はじめに

　本書は、商品先物取引被害およびその周辺取引被害の救済のための実践的な手法を解説しようとするものである。

　平成21年7月3日、「商品取引所法及び商品投資に係る事業の規制に関する法律の一部を改正する法律」が可決・成立し、7月10日に公布された（法律第74号）。国内・海外、取引所・店頭の商品分野の先物取引を包括的に規制する大幅な改正になるので、17頁以下にその概要を紹介している。以下に述べるのは、現行法の制度である。改正法成立後においても被害救済実務のあり方はほとんど変わらない。また、自主規制などはしばしば変更されるが、その趣旨は私法上の違法性を判断するにあたって変更の有無にかかわらず判断材料とされることも多い。法令の改廃は慎重に調査するべき事柄であるが、より大切なのは、被害救済に必要な手法を十分に理解し実践することである。

　先物取引という用語は、いろいろな場面で登場するので、初めに整理をしておくことにする。先物取引は、オプション取引、スワップ取引とあわせて、デリバティブ（金融派生商品）に含まれる。つまり、デリバティブのほうが広い概念で使われる。

　金融商品取引法（金商法）ではこの意味で使われており、デリバティブに先物取引、オプション取引、スワップ取引、これらを組み合わせたものなどを広く含めている（概要は5頁参照）。

　しかし、商品取引所法（商取法）においては、先物取引にオプション取引

〔図表１〕 取引類型と規制法

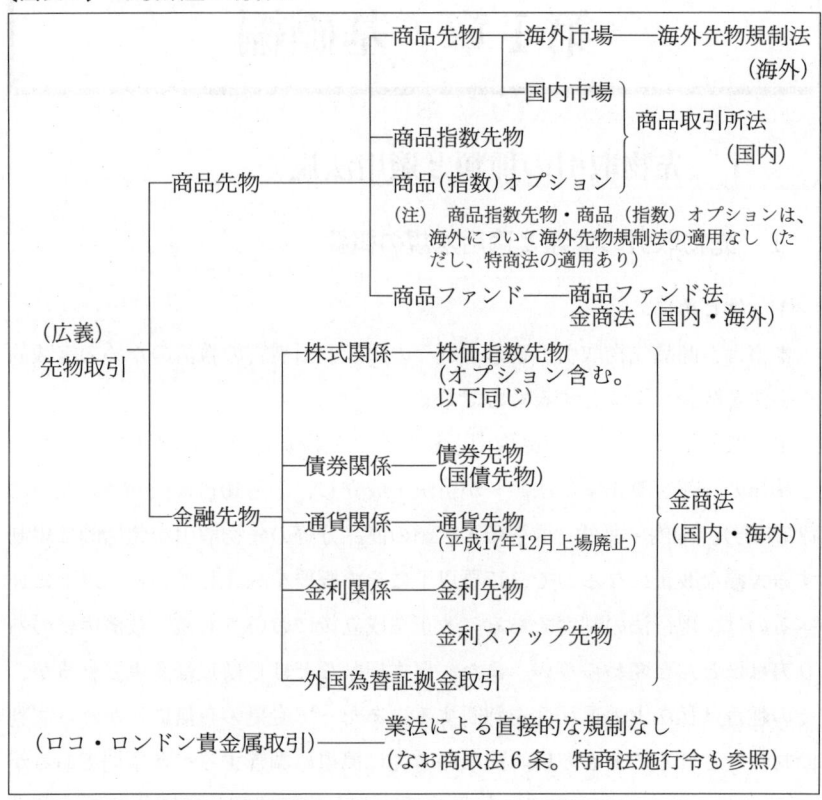

（日本弁護士連合会消費者問題対策委員会編『先物取引被害救済の手引〔九訂版〕』48頁）

を含めている。

　同じ用語が異った概念として用いられるので、注意する必要がある。そもそも、こうした取引については、単一の法律により単一の監督官庁が所管するのが望ましいのであり、現に米国においても英国においてもそうなっている。

　ところが日本の場合、①商品以外のデリバティブについては金商法が適用され、金融庁によって包括的に規制されており、他方、②商品については、Ⓐ国内で行われるデリバティブについては商取法が適用され、しかも監督官

庁は対象となる商品を所管する経済産業省と農林水産省に分かれており、さらに、Ⓑ海外の取引所で行われるデリバティブについては、デリバティブのうち狭義の商品先物取引についてのみ「海外商品市場における先物取引の受託等に関する法律」(海先法) が適用され (国内の商品先物取引の場合と同様の考え方で、経済産業省と農林水産省が監督官庁)、それ以外のデリバティブ取引については規制がない。

このように、日本のデリバティブ取引の規制法は、商品とそれ以外に分断されており、しかも商品の分野は国内と海外に分かれていて、海外分野には隙間がある。こうした複雑な状態であるので、まず日本のデリバティブ取引の規制法を概観し、商品先物取引の位置づけを明確にしておく。

(2) 金商法のデリバティブと商取法のデリバティブの区分

(A) はじめに

平成18年の金商法の立法 (旧証取法の改正) 過程で、商取法も金商法に取り込んで、デリバティブ取引の規制法を一本化できないか、検討がなされた。しかし、経済産業省・農林水産省の反対が強く、結局、実現に至らず、デリバティブ取引の規制法は、金商法と商取法の両方で行うこととなった。

金商法は、もともと金融商品取引を包括的な法により規制しようという方向をめざしていた。これは、旧証取法に法の隙間があり、そこで悪徳業者が暗躍することを許したことへの対応である。したがって、金商法に一本化しないのであれば、せめて商取法の間に、法の空白地帯がないようにしなければならない。そこで、両者の線引きが問題となるので、まずはこの問題を整理しておこう。

(B) 商取法の適用範囲

商取法2条4項は、「商品」の定義をしている。この「商品」の概念は、「商品指数」(同条5項)、「商品取引所」(同条1項)、「先物取引」(同条8項)、「商品市場」(同条9項) などの定義の基礎となっている。つまり、商取法の適用範囲は、この「商品」の定義によって限定されている。

商取法2条4項は、「商品」とは次に掲げる物品をいう、としている。

① 農産物、林産物、畜産物および水産物並びにこれらを原材料として製造・加工した物品のうち、飲食物であるものおよび政令で定めるその他のもの（1号）
② 鉱業法3条1項に規定する鉱物その他政令で定める鉱物およびこれを製錬し、または精製することにより得られる物品（2号）
③ ①②に掲げるもののほか、国民経済上重要な原料または材料であって、その価格の変動が著しいために先物取引に類似する取引の対象となる蓋然性が高いもの（先物取引または先物取引に類似する取引の対象とされているものを含む）として政令で定める物品（3号）

そして、施行令1条で、商取法2条4項1号の物品として14、2号の物品として33、合計47の物品が指定されている。

(C) 金商法の適用範囲

他方、金商法2条24項は、デリバティブの原資産（対象商品）として、「金融商品」の概念を定めている。金商法が適用されるデリバティブ取引は、この「金融商品」にかかわるものに限られる。

金商法2条24項は、次のように規定している。

① 有価証券（1号）
② 預金債権等（2号）
③ 通貨（3号）
④ 政令で定めるもの（商取法2条4項に規定する商品を除く）（4号）
⑤ 取引所の定める標準物（5号）

(D) 金商法と商取法・海先法の適用範囲の関係

以上のとおり、商取法の対象商品については、金商法2条24項4号で、金商法が適用されないという関係になっている。こうしてみると、デリバティブ規制の法としては金商法が包括的であり、一定の商品を対象とするデリバティブについてはその適用を商取法が除外しているという関係になっている。

天候デリバティブのような無体物を指標とするものも金商法が適用されるし、今後、排出権について先物取引を上場しようという場合にも、上記の

「商品」・「金融商品」の定義を前提とする場合には、金商法で政令指定されることになる。

このような関係になるので、たとえば外国為替証拠金取引は、商品取引員が行っている場合であっても、適用される法律は、金商法であって商取法ではない。

(3) 主なデリバティブの種類

(A) 金商法のデリバティブ

次に、主なデリバティブの種類をみておこう。

金商法と商取法では、デリバティブの定義の仕方がやや異なる。金商法の場合、デリバティブ取引を、市場デリバティブ取引、店頭デリバティブ取引、外国市場デリバティブ取引の三つに分けている（同法2条20項）。そして、市場デリバティブ取引とは、次の取引をいうとしている（同条21項）。

① 金融商品先物取引（1号）
② 金融指標先物取引（2号）
③ 金融商品等オプション取引（3号）
④ 金利等スワップ取引（4号）
⑤ クレジット・デリバティブ取引（5号イ）、災害デリバティブ取引（5号ロ）
⑥ その他政令指定取引（6号）

(B) 商取法のデリバティブ

これに対して商取法の場合、「『先物取引』とは、商品取引所の定める基準及び方法に従って、商品市場において行われる次に掲げる取引をいう」としており、具体的には次の4取引を列挙している（法2条8項）。

① （狭義の）先物取引（1号）
② 現金決済型先物取引（2号）
③ 商品指数先物取引（3号）
④ オプション取引（4号）

このように、商取法上の先物取引の定義には、金商法の場合とは違い、オ

プション取引も含んでいる。

　以下では、本書で解説をしていく商取法の4取引について確認する。

(4) 国内の商品先物取引

(A) 狭義の先物取引（法2条8項1号）

　金、原油などの単一の商品について、将来の一定の時期にこれらの商品の現物と対価を授受することを約して、その価格を現時点で決めて行う売買取引であり、期日以前に反対売買をすることによって差金決済が可能な取引である。一般に商品先物取引という場合はこの取引を指す場合が多い。現物の受渡しも可能であることから、「現物先物取引」といわれる場合もある。

(B) 現金決済型先物取引（法2条8項2号）

　現物の受渡しを伴わず、もっぱら差金決済で清算する取引である。現物先物取引においても、現実に受渡しが行われることは少なく、多くは差金決済で清算している。しかし、現金決済型先物取引は、そもそも現物の受渡しは想定されていないところに違いがある。

(C) 指数先物取引（法2条8項3号）

　指数先物取引は、単一の商品の価格ではなく、商品の価格指数を対象とする取引である。この場合は、物理的な商品が取引対象とされているわけではないので、そもそも受渡しによる決済をすることはできない。したがって、決済はすべて差金決済となる。つまり、指数先物取引は、現金決済型先物取引のうち、商品指数を対象とするものを独立の類型としたものである。

　国内商品取引所では、中部大阪商品取引所に「天然ゴム指数」、関西商品取引所に「コーヒー指数」「コーン75指数」が上場されている（平成21年8月現在）。

(D) オプション取引（法2条8項4号）

　オプションとは、対象商品を一定期間（権利行使期間）内に、特定の価格（権利行使価格）で売買することのできる権利のことをいい、買う権利を「コールオプション」、売る権利を「プットオプション」という。商品市場における先物オプションは、この対象商品を先物取引の売買約定（建玉）とする

ものである。法2条8項4号は、1号から3号までの先物取引のどれについてもオプション取引が可能であることを明らかにしている。

現在、国内公設の商品取引所で行われている先物オプション取引は、東京工業品取引所の金、東京穀物商品取引所のとうもろこし、大豆、粗糖がある（平成21年8月現在）。

また、これとは別に海外先物取引業者による海外市場での先物オプション取引があるが、これについては海先法の適用がない。これに乗じて、悪質業者は適合性原則違反の不当勧誘で消費者を取引に巻き込み、多額の損害を発生させてきた。

(5) 商品先物取引と類似取引

(A) 商品先物取引の定義の確認

上記のとおり、商取法2条8項は、先物取引として4種類をあげている。しかし、これらはいずれも、「商品取引所の定める基準及び方法に従つて、商品市場において行われる」取引であることが必要である（同項本文）。商品市場とは、法の定めるところにより商品取引所が開設する市場である（同条9項）。したがって、商品先物取引は、商品取引所で行うものでなければならない（金商法の場合、前記のように、市場デリバティブ取引、店頭デリバティブ取引、外国市場デリバティブ取引の3類型を設けており、商取法の組立てとは異なる）。

商取法6条は、その1項で商品・商品指数の先物取引に類似する取引をするための施設を開設してはならないとして、私設市場の開設を禁止している。「先物取引に類似する取引」が禁止されるのは、仮に私設市場で商品取引所とそっくりの取引を行っても、前述のとおり、商品先物取引とは商品市場で商品取引所が定める基準・方法に従って行うものだけをいうと定義しているので、先物取引を行ったことにならないからである。また、2項において、私設市場で先物取引に類似する取引を行うことを禁止している。

さらに、商取法329条は、商品市場における取引によらないで、商品市場における相場を利用して差金を授受することを目的とする行為等、相場によ

る賭博行為を禁止している。

　この商取法6条1項違反に対しては、3年以下の懲役もしくは300万円以下の罰金またはこの併科の罰則がある（法357条1号）。同条2項違反は、1年以下の懲役もしくは100万円以下の罰金またはこの併科の罰則である（法363条1号）。

　また、商取法329条違反は、1年以下の懲役もしくは100万円以下の罰金またはこの併科である（法365条）。

　(B)　適用除外
　　(a)　商取法6条の適用除外
　商取法6条については、その適用が除外される市場として、次のものがある。

①　金商法による取引所金融商品市場（法6条1項カッコ書）
②　仲間市場（法331条1号）
③　第1種特定商品市場類似施設（法331条2号・332条）
④　第2種特定商品市場類似施設（法331条3号・342条）

　　(b)　商取法329条の適用除外
　商取法329条については、同法349条に定める店頭商品先物取引については適用されない（同条4項）。

　　(c)　適用除外の取引
　上記(a)(b)の各取引は、商品の売買等を業として営んでいる者が、自己の営業のために自分の計算で行う場合等に限定されており、いわば純然たるプロ向けの取引である。取引所取引が画一的であるのに対して、いわばオーダーメードの類似取引を認めるものであり、一般個人の勧誘や参入は認められていない。

　(6)　**海外市場の商品先物取引**
　　(A)　商取法の適用範囲
　商取法は、先物取引という取引それ自体に着目した法律とはなっていない。つまり商取法は、国内の商品取引所で行われる先物取引に対して規制をする

法律なのである。上記のとおり、店頭先物取引等の規定もあるが、それは取引所取引に関する規定の適用除外などの「特例」という位置づけであるにすぎない。この点、金商法が、市場が国内であるか海外であるかを問わず、かつ取引所で行われるものか店頭で行われるものかの区別なく、適用されるのと異なる。

　昭和54年頃から、この商取法の規制の及ばない空白地帯に目をつけた悪質業者が、海外市場に商品先物取引を取り次ぐと勧誘して、被害を多発させ、社会問題化した。そこで、これに対する対応として、国内の商取法とは全く別の法体系で海先法が制定され、昭和58年1月から施行されている。

　このように、海先法は、いわば社会的病理現象に対する応急手当として制定されたものであり、不十分な内容である。それが放置されて、今日なお、海外商品先物取引にかかわる被害が続発していることは極めて問題である。

　なお、平成21年改正法では海外先物取引も商品先物取引法（商品取引所法が改称）の適用対象とし、海先法は廃止されることとなった（17頁以下）。

(B) 海先法の適用範囲

　海先法の適用範囲は、二重に限定されている。まず、適用される海外商品市場が、商品ごとの政令指定制であるという点である（海先法2条2項・3項）。

　次に、この場合の先物取引とは、商取法の場合と異なり、狭義の先物取引に限定されているという点である。上記のとおり、商取法2条8項では、狭義の先物取引のほか、現金決済型先物取引、商品指数先物取引、商品オプション取引の3取引類型も含んでいる。しかし、海先法の場合には、この3類型は含まれない（海先法2条1項）。これに目をつけた悪質業者が、海外商品オプション取引を勧誘して被害を出し続けている。

　また、海先法には、参入規制がない。これは金融業者への規制のあり方として不適当であることは明白であり、法改正で見直されるべきは当然であった。さらに、業者への行為規制の内容も不十分である。この概要は、商取法と対比させるのが便宜であるから、商取法と比較する（〔図表2〕参照）。

〔図表 2〕 商取法と海先法の禁止行為の比較

禁止行為	海先法	商取法
再勧誘	海先法10条8号・海先規則8条1号	法214条5号
迷惑勧誘	海先法10条8号・海先規則8条2号	法214条6号
不告知勧誘	海先法10条8号・海先規則8条5号	法214条7号
不確認勧誘	海先法10条8号・海先規則8条5号	法214条7号
適合性原則違反		法215条
書面不交付	海先法4条～7条	法217条ほか
断定的判断の提供	海先法10条1号	法214条1号
損失負担、利益保証	海先法10条2号	法214条2号
特別利益の提供	海先法10条8号・海先規則8条7号	法214条9号・規則103条5号
虚偽・誤解を招く表示	海先規則8条10号	法214条9号・規則103条8号
説明義務違反		法218・217条
取引単位不告知	海先法10条8号・海先規則8条8号	法214条9号・規則103条6号
無断売買	海先法10条4号	法214条3号・規則101条
一任売買	海先法10条3号	法214条9号・規則103条3号
フロントランニング		法214条4号
両建	海先規則8条6号・11号	法214条8号・規則103条9号
向い玉		法214条9号・規則103条2号
仕切拒否、回避	海先法10条8号・海先規則8条9号	法214条9号・規則103条7号
返還遅延等	海先法10条5号	法214条9号・規則103条1号
のみ行為	海先法10条6号	法212条
相場変動・保証金事実不告知・不実告知	海先法9条・海先令4条	
熟慮期間※	海先法8条	

※熟慮期間については、275頁参照。

(7) 特定商取引法の適用領域

 以上のように、金商法でカバーされるデリバティブの場合とは違い、商品デリバティブの場合には、法の隙間がある。

 つまり、国内のデリバティブは商取法でカバーされているのに対して、海

外デリバティブの場合に海先法が適用されるのは海外市場（取引所）でのデリバティブの一部にとどまる。

平成18年頃から被害を多発させたロコ・ロンドン貴金属証拠金取引は、この隙間に乗じて登場した。これに対し、この隙間に法改正で対応するには時間がかかるということで、応急的に特商法を適用させようということになった。具体的には、取引の勧誘が、電話・訪問によってなされることがほとんどであるので、特商法の指定役務にこの取引を追加し、特商法上の規制をかけることによって、被害防止を図ろうとしたのである。

しかし、このために、法の適用関係がますます複雑になった。そのうえ、もともと特商法による規制の対象は、通常の訪問販売にみられるような単純な取引が想定されており、金融取引のように基本契約に基づいて行われる多数回の一連の取引は想定されていない。そこで、クーリング・オフはどういう場合に可能なのかといった法の適用に関する疑問が生じている。

このような複雑な法の適用関係であるため、早急に、抜本的な法規制が求められていたのである。

ロコ・ロンドン貴金属証拠金取引についての現行法下での対応は291頁以下を、改正法での対応については28頁以下を参照されたい。

2　商品先物取引に関する適用法規

(1)　はじめに

ここでは、国内公設取引所で取引される商品先物取引に関する適用法規を取り上げる。この分野の関係法令や諸規則は、一般の法令集には掲載されていないものが多いが、日本弁護士連合会消費者問題対策委員会編『先物取引被害救済の手引』（現在、九訂版まで発刊している）に資料として掲載されている。

商取法は、比較的頻繁に改正されてきている。最近の主な改正としては、平成2年改正、平成10年改正、平成16年改正、平成18年改正などがある（さらに、前記のとおり、平成21年にも改正法が成立している）。これらの改正に伴

い、政省令やガイドライン、自主規制規則等も改正ないし改訂されてきている。そこで、事件処理の際、どの改正法令が適用されるのかを確認する必要がある。

　改正の経緯は、日弁手引を参照するのが便利である。平成18年改正法は平成19年9月30日施行で、その関係法令は九訂版に、平成16年改正法は平成17年5月1日施行で、八訂版に掲載されている。それ以前の事件の場合には、平成11年4月に施行された平成10年改正法によることになるので、七訂版を参照することになる（法令については、六訂版も同じである）。

(2)　法・政令・省令・ガイドラインの概要

　以下では、平成18年改正後の関係法令や自主規制規則で、被害救済の実務でよく使われるものを取り上げる。このうち、商取法、政省令、主務省ガイドラインは、実務上重要であり、第3章で詳述されるので、ここでは項目をあげるにとどめる。略称は、商取法は「法」、施行令は「令」、施行規則は「規則」、商品先物取引の委託者の保護に関するガイドラインは「ガイドライン」、受託契約準則（14頁参照）は「準則」としている。

　初めに通則的なものと広告規制をあげるが、その後は勧誘と取引の経過に従い、勧誘段階、取引継続段階、取引終了段階の区分としている。また、損失補塡の禁止と事故確認制度は、禁止行為の観点だけでなく被害救済手続においても重要である（事故確認については、227頁参照）。

1　通則的なもの
　①　誠実公正義務（法213条）
　②　広告等の規制（法213条の2）　　表示すべき事項については、令10条の2、規則100条の4・100条の5等。表示してはならない事項については、規則100条の6等。
2　勧誘段階（適合性原則違反、説明義務違反、不当勧誘等）
　①　適合性原則違反（法215条、ガイドラインA）
　②　迷惑勧誘（法214条6号、ガイドラインB3）
　③　勧誘目的の不告知、勧誘受諾意思の確認義務（法214条7号、ガイドラインB1）

④　契約締結前交付書面の不交付（法217条、ガイドラインＣ１）
　⑤　断定的判断の提供等（法214条１号、ガイドラインＣ３）
　⑥　虚偽の告知（法214条２号）
　⑦　再勧誘の禁止（法214条５号、ガイドラインＢ２）
　⑧　説明義務違反（法218条・217条、規則108条・104条、ガイドラインＣ）
　⑨　虚偽の表示・誤解を生じさせる表示（法214条９号、規則103条８号）
　⑩　取引単位の不告知（法214条９号、規則103条６号）
③　取引継続中
　①　新規委託者保護義務違反（法215条、ガイドラインＡ５）
　②　適合性原則違反（法215条、ガイドラインＡ２・３）
　③　無断売買（法214条９号、規則103条３号）
　④　一任売買（法214条３号）
　⑤　両建（同一限月同一枚数は法214条８号、異限月異枚数は法214条９号、規則103条９号）
　⑥　無敷・薄敷（法179条、準則７条・11条参照）
　⑦　返還遅延（法214条９号、規則103条１号）
　⑧　向い玉（法214条９号、規則103条２号）
　⑨　フロントランニング（法214条４号）
④　取引終了段階
　仕切回避・仕切拒否（法214条９号、規則103条７号）
⑤　損失補塡の禁止（法214条の２）

(3)　商品取引所による規制

(A)　はじめに

　商品取引所は、定款、業務規程、受託契約準則、紛争処理規程、市場取引監視委員会規程、自己玉の規制細則等によって市場取引や受託業務を規制している。市場取引の公正確保は取引所の責務であり、取引所はこれらの諸規制によって実効性を確保しなければならない。これらの諸規則は、各取引所のホームページで確認することができる。

　以下では、東京工業品取引所の諸規則を例にとり、委託者の保護と関連する部分を指摘する。なお、東京工業品取引所は、平成20年12月１日に株式会社となった。これに伴い、定款等も改正されている。改正後の条項は「新〇条」と表示する。

(B) 諸規則の概要
　(a) 定　款
　取引所がその会員資格、意思決定機関、会員の出資、取引証拠金、会員に対する制裁等を定めるものである。取引所内に「市場取引監視委員会」が設置され（定款110条（新54条））、「市場取引監視委員会規程」が定められている。
　また、取引所による紛争の仲介（定款139条以下（新55条））の条項に基づき「紛争処理規程」が設けられている。しかし、日商協が受託業務に関する一次的規制機関と位置づけられ、その役割は限定的となっている。
　(b) 業務規程
　取引所における取引時間や取引方法の細目等が定められている。東京工業品取引所においては、ザラ場方式の取引が採用されているが（個別競争売買。業務規程14条以下）、板寄せ方式と併用されている（同15条）。
　(c) 受託契約準則
　取引所がその会員である受託業者に対して、委託を受ける際に遵守すべき事項を定めたものである。被害救済との関係では、契約締結前の書面交付義務（準則3条）、約諾書交付前の受託の禁止（同4条2項）、無敷・薄敷（同7条・11条）、返還遅延（同12条）などの規定がある。
(4) 日商協による自主規制
　(A) 自主規制機関としての日商協
　日商協は、平成10年法改正で純然たる自主規制機関となった。その定款や自主規制の諸規則は、日商協HPに掲載されている。また、日弁手引〔九訂版〕に資料として掲載されている。
　以下に、日商協の定款・自主規制規則のうち、被害救済と関連する部分を指摘する。
　(B) 諸規則の概要
　　(a) 定　款
　日商協の会員は、商品取引員とするが、日商協への入会は強制ではない

(定款6条)。入会しない、または除名処分などの理由で非会員である商品取引員に対しては、主務省が直接監督する。

自主規制に関する日商協の責務として、定款50条1項(1)は、「会員による詐欺行為、相場を操縦する行為又は不当な手数料若しくは費用の徴収その他会員の不当な利得行為を防止し、取引の信義則を助長することに努めること」に留意しなければならないとし、同条2項は、「本会は、会員の自主規制の状況、苦情・紛争処理状況等の情報開示に努めなければならない」と定めている。

(b) **定款の施行に関する規則**

定款の施行に関する規則9条は、制裁等の対象となる「取引の信義に背反する行為」を具体化し、不公正な取引または受託等を行うこと、商品取引受託業務の信用の保持を欠くこと、委託者保護に欠ける行為を行うこと、不注意または怠慢な取引または受託等を行うことをあげている。

(c) **受託等業務に関する規則**

本来、自主規制機関の定める自主規制規則は、法令で不十分な点を補い、被害の発生防止や迅速な被害救済に資するものであるはずである。しかし実際は、あるべき姿からはほど遠く、法令に定められた内容の確認程度のものがほとんどである。

禁止行為に関しては、受託等業務に関する規則5条1項に「会員は、法その他関係法令及び受託契約準則に規定するもののほか、次に掲げる行為を行ってはならない」として16項目をあげている。同条2項では登録外務員について、それらに加えて、委託者との金銭等の貸借関係を結ぶことなどをあげている。

取引履歴の開示については、受託等業務に関する規則7条の2、これを受けた取扱要領が定められている。

(d) **受託業務管理規則の制定に係るガイドライン**

日商協が、受託等業務に関する規則8条1項に基づき、各受託業者が「受託業務管理規則」を作成するにあたっての指針として定めたものである。

日商協ガイドラインは、適合性審査の方法・手続、未経験者の保護措置に関する方法手続、不正資金流入防止のための方法・手続などを受託業務管理規則において定めるべきことを求めている。

(e) **受託業務管理規則（商品取引員の社内規則）**

各社の受託業務管理規則は、各社ごとに適合性審査の方法や新規委託者保護の具体的手続を定めたものであり、日商協 HP に掲載されている。

本来は、法令諸規則の内容を具体化したり、自主的に追加すべきものであるが、かえって法令の規制を緩和する管理規則をおく業者もしばしばみられる。新規委託者保護義務違反が争点となっている事案などで、先物業者が、同社が定めた受託業務管理規則には違反していないなどと主張することもあるが、受託業務管理規則に違反していなければ私法上の違法性がないということにならないことは当然であるし、新規委託者保護の趣旨にそぐわない受託業務管理規則が策定されている場合には、そのような受託業務管理規則は、新規委託者保護を定めた規定としての適格性自体を欠くというほかはない。また、自ら定めた顧客保護手続に違反しているということは私法上の違法性を構成させる重要な要素となるところ、そのような例も決して少なくない。なお、白書〔2005年度版〕88頁に、当時の各社受託業務管理規則の項目を一覧表にしたものが掲載されている（ただし、その後改正されていることに注意）。

(f) **制裁規程**

勧誘・受託に関する違法行為・不正行為について会員に対する制裁を定めるものである（法253条、定款54条（新64条））。

(g) **紛争処理規程**

会員と顧客間の勧誘・受託等に関する紛争について仲介（あっせん・調停）を行うことを定めるものである（法260条、定款58条（新55条））。

3　平成21年商品取引所法（商取法）改正

(1)　はじめに
(A)　経　過
「商品取引所法及び商品投資に係る事業の規制に関する法律の一部を改正する法律案」は、平成21年2月23日「産業構造審議会商品取引所分科会報告書」に基づき、同年3月3日閣議決定され、国会に上程された。その後、同年7月3日に可決・成立し、7月10日に公布された（法律第74号）。

改正の経過等については上記報告書を参照されたい。

改正法の対象は多岐にわたるが、ここでは、先物被害救済に関する規定を中心に解説する。

改正法は、公布の日から起算して3カ月以内（第1段階）、1年以内（第2段階）、1年6カ月以内（第3段階）にそれぞれ政令で定める日という3段階の施行が予定されているが、商品先物取引法への改称や先物取引被害救済に係る改正については第3段階の施行とされている。

なお、以下で単に条数のみを記載しているものは改正後のものを指す。

(B)　目的等
改正法は、①「使いやすい」、②「透明な」、③「トラブルのない」先物市場をめざす、とする。

改正法の内容については、経産省HP参照。

(C)　従前の先物取引と規制法
これまでの先物取引を規制する法律は、国内公設先物取引は商取法、海外先物については海先法であり、これらの法規制が及ばない国内私設先物取引、および政令指定されていない海外指数先物取引、海外オプション取引は、せいぜい特商法による規制があるのみであった。

参入規制（開業規制）として、国内公設については、許可制であり、参入規制があったが、国内私設、海外先物については、参入規制はなかった。

禁止行為、行為規制について、商取法による行為規制等の適用対象は国内

公設だけであり、海外先物については、政令指定された海外商品先物につい25ては海先法による行為規制が適用されるが、海外指数先物、オプションについては、同法の適用はなく、国内私設も同様に、特商法の規制がある程度であった。

(D) 改正法のポイント

(a) 要点

改正法は、商品先物取引全般（2条15項、商品デリバティブ取引）を、包括的・一元的に商品先物取引法（従前の商品取引所法を名称変更）で規制するものとした。これにより、従前、商品先物取引と呼んできた取引は、商品デリバティブ取引となった。

商品デリバティブ取引とは、「商品市場における取引」（2条16項、国内公設市場での先物取引）、「外国商品市場取引」（2条13項、海外先物取引市場での先物取引）、「店頭商品デリバティブ取引」（2条14項、取引所外での私設先物取引で、国内、海外両者を含む）をいう。

そして、①海先法を廃止する（附則2条）。その結果、海先法による政令指定制が廃止された。また、海外先物にも、開業規制（参入規制）が導入された（許可制）。禁止行為も、国内公設先物と海外先物とで共通になった。②私設先物取引は、国内だけでなく、海外も「店頭商品デリバティブ取引」として商品先物取引法で規制されることとなった。

その結果、国内私設先物も、海外私設先物も、商品先物取引法の規制対象になり、海外先物と同様に、参入規制（許可制）や行為規制等、国内公設と共通の規制を受けることになった。

(b) 名称変更等

改正法では、法律名、業および業者の呼称、契約名等が変更となった。

(c) プロ・アマ規制の導入（2条25項・26項）

商品デリバティブ取引でも、金商法における金融デリバティブ取引と同様、プロ・アマ規制が導入された。

(d) 不招請勧誘禁止導入（214条9号、政令指定制）

改正法で、いわゆる不招請勧誘禁止が導入されることになった。ただし、規制される取引は、政令により指定された取引である（22頁参照）。

政令指定されるので、「個人相手のすべての店頭取引及び初期の投資以上の損失が発生する可能性のある取引所取引」が予定されている。

　(e)　**商品先物取引仲介業者**（2条28項・29項）

新たに、商品先物取引仲介業が、解禁された。

商品先物取引仲介業者の行為について、商品先物取引業者（商品取引員）は、連帯責任を負う。

　(f)　**損失補塡、事故確認**（214条の2、規則103条の2）

従前の商品取引所法の損失補塡禁止、事故確認などは存続し、海外先物（外国商品市場取引）、国内私設（店頭商品デリバティブ取引）にも適用されることになった。

　(g)　**金商法と商品先物取引法の関係**

金融デリバティブ取引は金商法で、商品デリバティブ取引は商品先物取引法で規制される。

　(h)　**特商法と商品先物取引法の関係**

特商法は、商品先物取引法を除外している。商品先物取引の無許可営業は、商品先物取引法の規制対象にならないが、特商法の適用があり、クーリング・オフ、取消の対象となる（平成21年2月23日付産業構造審議会商品取引所分科会報告書23頁）。

(2)　**改正法の概要**

　(A)　**名称等の変更**

改正法では、海外商品先物取引や店頭商品取引を規制下におくため、法律の名称を「商品取引所法」から「商品先物取引法」に変更することとなっている。

また、証券業や金融先物取引業を「金融商品取引業」とした金商法にならい、業の呼称を、「商品取引受託業務」から「商品先物取引業」に（2条22項）、業者の呼称を「商品取引員」から「商品先物取引業者」に（2条23項）、

契約の呼称を「委託（受託）契約」から「商品取引契約」に（2条24項）、変更することとなっている。

　(B)　定義の変更、新たな制度等
　　(a)　先物取引の定義（2条3項）
　従来の現物（1号）、現金決済（2号）、指数（3号）、オプション（4号）に加え、スワップ取引が追加されている（5号で商品スワップ、6号で商品指数スワップ）。
　　(b)　商品指数の定義（2条8項）
　商品指数については、「商品取引所が一の商品市場でその商品指数に係る取引を行うべきものとして定款又は業務規程で定める一又は二以上の商品指数」であって、許認可に係るものをいうとされている。
　　(c)　オプションの定義（2条3項4号ニ・ホ）
　スワップ取引をオプションでも可能としている。
　　(d)　商品市場（2条9項）
　従来の上場商品または商品指数のほかに、新たに、スワップ取引を入れている。
　　(e)　商品市場における取引（2条10項）
　2条9項の取引のほか、商品取引所が定款または業務規程で定めた取引が含まれるとされている。
　　(f)　海外先物関係（2条12項・13項）
　外国商品市場（12項）とは、商品市場に類似する市場で外国に所在するものをいう。
　外国商品市場取引（13項）とは、外国商品市場において行う取引で、商品市場における取引に類似するものをいう。商品市場における取引とは、改正法案2条10項で規定されており、1号が上場商品、2号が上場商品指数である。1号（上場商品）については、次に掲げる取引が含まれる。

　イ　対象物品が、上場商品であるか、または指数に係る3項3号（指数）また

は6号（スワップ）に掲げる取引
ロ　上場商品に係る3項4号（オプション）のイ、ロまたはニ（3項5号で、商品スワップ）
ハ　上場商品または指数に係る3項4号（オプション）ハまたはホ（3項6号で、指数スワップ）
ニ・ホ　（略、従前どおり）
ヘ・ト　（略）
チ　イからトまでの取引に類似する取引で、政令指定されるもの

(g)　店頭商品デリバティブ取引（2条14項）

商品市場および外国商品市場によらないで行われる次の取引（331条を除く）である。

①　現物（1号）
②　現金決済（2号）
③　指数（3号）
④　オプション（4号、現物、現金決済、指数）
⑤　オプション（5号）
⑥　スワップ（6号）
⑦　その他の政令指定取引

(h)　商品デリバティブ取引（2条15項）

商品市場における取引、外国商品市場取引および店頭商品デリバティブ取引をいう。

(i)　商品先物取引業（2条22項）

商品先物取引業とは、次の行為のいずれかを業として行うことをいう。

①　商品市場における取引（商品清算取引を除く）の委託を受け、またはその取引の媒介、取次ぎ、代理を行うこと（1号）
②　商品清算取引の委託の取次ぎの委託を受け、またはその委託の媒介、取次ぎ、代理を行うこと（2号）
③　外国商品市場取引の委託を受け、または委託の媒介、取次ぎ、代理を行うこと

④ 外国商品市場取引の清算取引に関する、委託の取次ぎの委託、委託の媒介、代理
⑤ 店頭商品デリバティブ取引またはその媒介、取次ぎもしくは代理

(j) **商品先物取引業者（2条23項）**

商品先物取引業を行う者を「商品先物取引業者」という。従前の「商品取引員」との呼称が変更された。

(k) **商品取引契約（2条24項）**

商品先物取引業者が顧客を相手に、2条22項各号の行為を行う契約をいう。

(l) **プロ・アマ区分関係（2条25項・26項）**

特定委託者（2条25項）とは、商品先物取引業者、商品投資事業規制法2条4項の商品投資顧問業者、商品デリバティブ取引に係る専門知識および経験を有する者として主務省令で定める者、国、日本銀行、商品取引所の会員、商品取引所に相当する外国の施設の会員等をいう（これがいわゆる「プロ」である。「アマ」は「一般顧客」という（197条の4第1項））。

特定当業者（2条26項）とは、商品先物取引業者が勧誘を行う相手方、商品先物取引業者に商品取引契約の申込みまたは締結をする者であって、当該商品取引契約に基づく商品デリバティブ取引に係る取引対象商品のすべてについて当該取引対象商品である物品等の売買、売買の媒介、取次ぎ・代理、生産、加工または使用を業として行っているもののうち、主務省令で定める要件に該当する法人（特定委託者に該当する法人を除く）をいう。

(m) **商品先物取引仲介業（IB（アイビー）、2条28項・29項）**

商品先物取引仲介業（2条28項）とは、商品先物取引業者の委託を受けて、当該業者のために2条22項各号の媒介を業として行うことをいう。

商品先物取引仲介業者（2条29項）とは、商品先物仲介業を行う者で、240条の2第1項の主務大臣の登録を受けたものをいう。

(C) **主な委託者保護関連の改正**

(a) **不招請勧誘禁止導入（214条9号）**

商品先物取引業者は、商品取引契約（委託者等の保護を図ることが特に必要

なものとして政令で指定したもの）の締結について、勧誘の要請をしていない顧客に対し、訪問し、または電話をかけて商品取引契約の締結を勧誘してはならない（214条9号）。

政令指定されるのは、法案が上程された段階では、店頭商品デリバティブ取引についてだけが予定されていたが、法案審議の段階では、政府は「一般個人を相手方とするすべての取引所外取引に加え取引所取引についても、初めての投資金額以上の損失の発生を防ぐしくみとなっている取引所取引以外のものをその対象とする」と答弁し（平成21年7月2日参議院経済産業委員会など）、政令指定の範囲を拡充することとし、衆・参附帯決議でも同様の決議が行われた。

その結果、個人相手の先物取引は、原則としてすべての先物取引が不招請勧誘禁止の対象となり、例外的に、国内公設のいわゆるロスカット先物取引だけが、「初めの投資金額以上の損失を防ぐ仕組みとなっているもの」として、不招請勧誘禁止から除外されることになった。

商品先物取引業者とは、2条23項により、商品先物取引業を行うことについて、190条1項の許可を受けたものと規定されている。

商品先物取引業とは、2条22項各号を業とするもので、業の内容については以下のとおりである。

① 1号：商品市場における取引の委託を受け、または委託の媒介、取次ぎもしくは代理を行うこと
② 2号：商品清算取引の委託の取次ぎの委託を受け、またはその委託の媒介、取次ぎもしくは代理を行うこと
③ 3号：外国商品市場取引（商品清算取引に類似取引を除く）の委託を受け、またはその委託の媒介、取次ぎもしくは代理を行うこと
④ 4号：外国商品市場取引のうち、商品清算取引に類似する取引の委託の取次ぎの委託を受け、またはその委託の媒介、取次ぎもしくは代理を行うこと
⑤ 5号：店頭商品デリバティブ取引またはその媒介、取次ぎもしくは代

理を行うこと

商品取引契約については、2条24項に規定している。商品先物取引業者が、顧客を相手に、2条22項の行為を行うことを内容とする契約をいう。

商品先物取引仲介業者（IB）は、240条の16で1号ハで214条の5号から9号禁止しているので、不招請勧誘禁止の適用がある。

　(b)　プロ・アマ区分（2条25項・26項・197条の3以下）

プロの定義については2条で、アマの定義については197条の4第1項で、内容については197条の3以下で定められている。

区分の実益として、220条の4（禁止行為等の適用除外）により、特定委託者、特定当業者に対しては、一定の行為規制の適用が除外される。

すなわち、同条1項では、商品先物取引業者およびその外務員が行う勧誘の相手方が特定委託者の場合、213条の2（広告規制）・214条5号（再勧誘禁止）・7号（勧誘受諾意思確認）・9号（不招請勧誘禁止）・215条（適合性原則）の適用が除外される（同項1号）。また、商品先物取引業者の商品先物取引契約の相手方が特定委託者の場合、214条8号（両建勧誘）、217条ないし220条の3（説明義務および損害賠償、取引態様の明示、取引成立通知、取引証拠金等の受領書面交付、金販法の準用）の適用が除外される（同項2号）。

同条2項では、商品先物取引業者の勧誘または契約の相手方が特定当業者の場合に、1項と同様の適用除外が定められている。

アマからプロへの移行については、197条の5（法人）および197条の6（個人）で定められている。

　(c)　**商品先物取引仲介業者（IB、2条28項・29項・240条の2以下）**

IBとは、商品先物取引業者の委託を受けて、2条22項の媒介を行う業務である。

　㋐　参入規制（240条の2）

主務大臣の登録が必要である。法人でも個人でも可能で、6年ごとの更新が必要である。登録拒否事由が、240条の5に規定されている。

従業員も外務員登録に準ずる（240条の11）。

無登録で業を行った場合は、190条1項違反として、357条4号に該当し、3年以下の懲役もしくは300万円以下の罰金または併科となる。

　　(イ)　**行為規制（240条の12以下）**

主に、以下の行為規制がある。

① 　誠実公正義務（240条の12）
② 　広告規制（240条の13）
③ 　金銭預託禁止（240条の15）
④ 　禁止行為（240条の16・214条1号・2号・5号ないし9号）　特に、断定的判断の提供（1号）、虚偽告知（2号）、再勧誘禁止（5号）、不招請勧誘禁止（9号）。
⑤ 　自己売買（240条の16第2号）
⑥ 　省令で禁止行為規定（240条の16第3号）
⑦ 　損失補塡禁止（240条の17）
⑧ 　説明義務、損害賠償（240条の18）
⑨ 　金販法の準用（240条の19（断定的判断の提供））

　　(ウ)　**連帯責任（240条の26）**

IBが顧客に損害を加えた場合、IBの所属商品先物取引業者も連帯して責任を負う。ただし、商品先物取引業者が相当の注意をし、かつ損害発生防止に努力した場合には免責される。

　　(エ)　**立入等監督（240条の22）**

主務大臣が、商品先物取引仲介業者を監督する。

　　(オ)　**処分等（240条の23）**

主務大臣は、IBが一定の行為をした場合には、登録取消、6カ月以内の業務停止などの処分を行う。

　　(d)　**自主規制機関（241条）**

商品先物取引協会は、商品デリバティブ取引等を公正かつ円滑にし、委託者等の保護を図ることを目的とする。

ここでいう商品デリバティブ取引等とは、2条22項各号の取引にまで及ぶ

(241条)。すなわち、「商品デリバティブ取引」は、2条15項で規定されている商品市場における取引、外国商品市場取引、店頭商品デリバティブ取引を指し、「等」は、同条22項各号の取引（商品先物取引業）のことを指す。

制裁の対象は、会員だけで、IB は含まない（253条）。

苦情解決（259条）には、会員だけでなく、その会員に所属する IB も含む。

また、あっせん・調停委員会（260条）は、商品デリバティブ取引等に係る紛争について、あっせんおよび調停を行う。

(D) **商品デリバティブ取引ごとの規制内容**

以下では、商品デリバティブ取引ごとの規制内容について、従前の先物取引が改正法によってどのように変更になるか、変更点に絞って整理した。

(a) **国内公設先物取引（商品市場における取引等）**

(ア) 概　要

国内公設先物取引は、改正法では「商品市場における取引等」といい、商品先物取引法が適用される。

改正内容については、すでに説明したとおりである。

禁止行為、行為規制については、今回の法改正では特に目新しいものはないが、商品先物取引仲介業の解禁によって、IB の違法行為については、商品先物取引業者も連帯責任を負うことになる（240条の26）。

(イ) 民事効

禁止行為違反があった場合の民事効については、これまでの商取法と同じである。

すなわち、断定的判断の提供は、214条1項1号違反として、金販法の準用（220条の3）により損害賠償責任を負う。

説明義務違反は、218条違反として、金販法の準用（220条の3）により、損害賠償責任を負う。

無許可営業は、特商法が適用される（平成21年2月23日付産業構造審議会商品取引所分科会報告書23頁参照）。

(ウ) 監督、行政処分

商品先物取引業者に対する監督、行政処分等は、これまでの規定と実質的に同じである。

すなわち、231条以下で、報告徴収および立入検査（231条）、業務改善命令（232条）、勧告（233条。必要な措置）、処分（236条）等が規定されている。

　　(エ)　刑事罰

事前書面交付義務違反（217条1項）については、367条5号により、6カ月以下の懲役もしくは50万円以下の罰金または併科される。

無許可営業は、357条4号により、3年以下の懲役もしくは300万円以下の罰金または併科される。

損失補塡禁止違反については、業者は、358条の2により、3年以下の懲役もしくは300万円以下の罰金または併科され、顧客は、363条9号により、1年以下の懲役もしくは100万円以下の罰金または併科される。

　(b)　海外先物取引（外国商品市場取引）

　　(ア)　海先法の廃止

前述のように、改正法により海先法が廃止され（附則2条）、商品先物取引法に一本化された。

これまでの海外市場における先物取引は、「外国商品市場取引」（2条12項・13項）として、商品先物取引法の規制対象になる。

　　(イ)　参入規制

参入規制として、許可制（190条1項）が導入された。

　　(ウ)　規制対象

2条12項（外国商品市場）における13項（外国商品市場取引。商品市場における取引に類似するものをいう）の取引となる。

ここで、商品市場における取引とは、2条10項で、同条9項の取引のほか、10条1号で上場商品に係る商品市場における取引、2号で上場商品指数に関する取引をいう、としている。

2条15項（商品デリバティブ取引）・22項（商品先物取引業の定義）・23条（商品先物取引業者の定義）・190条（許可）等について、改正法の適用がある。

(c)　ロコ・ロンドン証拠金取引などの私設先物取引（店頭商品デリバティブ取引）

　　(ｱ)　商品先物取引法の規制下に

　市場外の先物取引は、店頭商品デリバティブ取引として、国内、海外を問わず商品先物取引法の規制対象になる（2条14項の「店頭商品デリバティブ取引」の定義（商品市場における取引および外国商品市場取引以外の取引を、「店頭商品デリバティブ取引」という）参照）。店頭商品デリバティブ取引の対象となる商品は、次のとおりである（2条14項各号）。

① 　現物取引（現受けあり）（1号）　　いわゆるCFDもこれに含まれる（平成21年2月23日付産業構造審議会商品取引所分科会報告書23頁参照）。

② 　現金先物（現受けなし）（2号）

③ 　指数取引（3号）

④ 　オプション（4号）

⑤ 　指数オプション（5号）

⑥ 　スワップ（6号）

⑦ 　①ないし⑦以外で、同様の経済的性質を有する取引で、公益または当事者保護上必要とされる政令指定取引（7号）

　　(ｲ)　参入規制

　国内公設先物取引と同様、190条1項の許可が必要である。

　　(ｳ)　その他

　219条2項で、相対か、媒介か、取次ぎか、代理かについて、明示すべき義務があるとされている。

　その他、行為規制違反の場合の民事効、行政処分、罰則については、国内公設取引と同じである。

4　消費者契約法と金融商品販売法

(1)　消費者契約法

　(A)　はじめに

消費者契約法は、消費者被害の救済に活用されてきており、判決や文献も多い。ここでは、商品先物取引事案の実務処理に固有な論点について、認容判決を参考にして、取り上げることとする。
　金融商品取引の分野で、消費者契約法による取消を認めた参考判決として、次の三つがある。
　①　名古屋地判平17・1・26（判時1939号85頁・先裁集39号374頁）
　②　大阪高判平19・4・27（判時1987号18頁・先裁集48号15頁）
　③　札幌高判平20・1・25（金商1285号44頁・先裁集50号136頁）
　(B)　商品先物取引の委託者と消費者
　委託者が個人である場合、商品先物取引の委託契約が消費者と事業者である商品取引員との契約であることは明らかであって、消費者契約法が適用されることに疑問の余地はない。この点は、上記①③の判決でも明確にされている。市場における取引について取消を認めるのは妥当でないとの主張について、①判決は、（商品取引員が原告・委託者が被告の事案で）「被告が原告の委任契約を取り消したとしても、原告は、商法551条に規定される問屋に該当し、自己の名で他人のために物品の販売または買入をするもので、市場における取引契約が、取り消されるわけではない」と判示している。
　(C)　商品先物取引と断定的判断の提供
　断定的判断の提供（消費者契約法4条1項2号）による取消が認容されたのが①②の判決である。このうち②の判決は、外国為替証拠金取引業者との和解契約に関する事案であるが、商品取引の分野においても参考になる判決であるので、あわせて紹介する。
　(a)　①判決――名古屋地判平17・1・26
　この事案の取引経過は、平成14年8月8日(木)9時18分に東京工業品取引所の灯油10枚売建て（建玉1）、14時26分に20枚売建て（建玉2）、急騰したため8月13日(火)9時10分に全部決済したが、取引損が315万円となり、118万4400円のアシ（預託した証拠金で不足する損金）が発生したというものである。
　本判決は、基本契約締結の勧誘と建玉1については断定的判断の提供に該

当するような認定はできないとして否定したが、建玉2については断定的判断の提供があったと認定し、消費者契約法による取消を認めて、その委託証拠金210万円について不当利得返還請求を認容した。

建玉2について断定的判断の提供を認めた理由としては、委託者は最初10枚しか建てなかったにもかかわらずその日の午後になって無警戒に20枚追加していること、担当者を信用してかねてからの予定どおり2泊3日で若狭湾の無人島に家族旅行に出ていること、手仕舞い直後に日商協に電話をしてメモを作成するよう指示されそのメモに担当者の勧誘が具体的かつ詳細に書いてあること、などがあげられている。

　(b)　②判決──大阪高判平19・4・27

本判決は、外国為替証拠金取引業者と顧客との間の預託金の返還をめぐる和解契約について、断定的判断の提供を根拠として取消を認めたものである。

この和解契約について、判決は、業者に関東財務局の監査が入り、行政処分が不可避であり、そうなると倒産して預託金の返還が受けられなくなる可能性があるという不確実な事項について、「和解して早く支払いを受けないと預託金は戻らない」などの断定的判断の提供があったとしたのである。

このところ、商品先物取引業者の行政処分や破綻が相次いでおり、業者によるこの種の説明は外国為替証拠金取引業者の場合には限られないように思われ、その意味では実務上大いに参考になる判決である。

　(D)　商品先物取引と不実告知、不利益事実の不告知

　　(a)　不実告知、不利益事実の不告知と重要事項

不実告知は、「重要事項について事実と異なることを告げ」られ、その結果として消費者が「当該告げられた内容が事実であると誤認」したことが要件とされている（消費者契約法4条1項1号）。

また、不利益事実の故意の不告知は、「ある重要事項又は当該重要事項に関連する事項について当該消費者の利益となる旨を告げ、かつ、当該重要事項について当該消費者の不利益となる事実（当該告知により当該事実が存在しないと消費者が通常考えるべきものに限る。）を故意に告げなかったことにより、

当該事実が存在しないとの誤認をし、それによって当該消費者契約の申込み又はその承諾の意思表示をしたときは、これを取り消すことができる。ただし、当該事業者が当該消費者に対し当該事実を告げようとしたにもかかわらず、当該消費者がこれを拒んだときは、この限りでない」との、やや複雑な要件が設定されている（消費者契約法4条2項）。

この両方について、「重要事項」が問題となるが、それについては消費者契約法4条4項に次のような定義がある。

> 第1項第1号及び第2項の「重要事項」とは、消費者契約に係る次に掲げる事項であって消費者の当該消費者契約を締結するか否かについての判断に通常影響を及ぼすべきものをいう。
> 　一　物品、権利、役務その他の当該消費者契約の目的となるものの質、用途その他の内容
> 　二　物品、権利、役務その他の当該消費者契約の目的となるものの対価その他の取引条件

そこで、これらの要件を考えるについて③判決は重要であるので、以下にみていくこととする。

　　(b)　③判決──札幌高判平20・1・25

③判決は、金の商品先物取引について、商品取引員の外務員が、顧客である消費者に対し、一方で金の相場が上昇するとの自己判断を告げて取引を勧め、他方で将来の金相場の暴落の可能性を示す事実を故意に告げなかったなど判示の事実関係の下では、顧客である消費者は、消費者契約法4条2項に基づき、同取引を取り消すことができるとしたものである。

本判決は、平成17年12月の金の連続ストップ安という暴落の相場状況を背景としており、事案の詳細は判決を参照していただくこととして、ここでは商品先物取引と消費者契約法について一般的に参考となる点を紹介することとしたい。

　　(ア)　重要事項との関係

金の相場、すなわち将来における価格の上下は、消費者契約たる本件取引の「目的となるものの質」（消費者契約法4条4項1号）であり、かつ、消費

者たる顧客が当該契約を「締結するか否かについての判断に通常影響を及ぼすべきもの」(同項柱書)であるから、消費者契約法4条2項の重要事項というべきである。

　　(イ)「利益となる旨を告げること」の要件との関係

　したがって、商品取引員の外務員が顧客に対して、金の相場が上昇するとの自己判断を告げて買注文を勧めることは、消費者契約の締結について勧誘するに際し、「重要事項又は当該重要事項に関連する事項について当該消費者の利益となる旨を告げ」ることに該当する。

　　(ウ)　不利益事実との関係

　そして、その場合、将来の金相場の暴落の可能性を示す事実は、買注文を出す顧客にとって売買差損を生じさせるおそれのあることを示す事実であるから「当該消費者の不利益となる事実」に該当する。そして、金相場上昇に関する外務員の上記(イ)の告知は、それを告げることによって、顧客が金相場の暴落の可能性を示す事実は存在しないと考えるのが通常であるから、上記不利益事実は、「当該告知により当該事実が存在しないと消費者が通常考えるべきもの」に該当する。

〔当該事案における不利益事実〕

　本件取引時点である平成17年12月の時点において、ロコ・ロンドン市場と東京市場の金の価格差は過去に例をみないほど大きくなり、東京市場の独歩高が連続する状況にあったのだから、早晩東京価格が下落する形で両者の乖離が解消されることが予測された。そして、その状況を踏まえて、東京工業品取引所では、同月12日の本件取引がなされた直後に、臨時増証拠金の預託が決定されている。そして、本件取引の対象となった平成18年10月限月の金先物の総取組高は過去に例をみないほどの大量のものであり、その買玉の大部分を一般の委託者が有していたことからすると、いったん金価格が下落するとともに上記臨時増証拠金が課されると、資金力のない買いポジションの一般委託者は差金決済をして取引から離脱せざるを得ず、これがさらなる買玉の仕切注文を誘発し、価格暴落をもたらすことが予想される状況にあり、

このような状況に至れば、仕切注文を出してもストップ安が連続して仕切りができず、損失が拡大する可能性があったと認められる。このような事実は、まさしく、消費者契約法4条2項が予定する「不利益事実」に該当する。

〔不告知にかかる故意の要件〕

　消費者契約法4条2項は、不利益事実の不告知による取消のためには、さらに事業者側に故意があることを要件としているところ、臨時増証拠金の決定自体は本件取引の後に行われたものであるが、その他の事実は、臨時増証拠金決定の可能性を含めて、海外取引を含む商品先物取引の専門業者である被控訴人が、当然に認識していたと認められるから、被控訴人には、上記不利益事実の不告知について故意があったと認めるのが相当である。

(E) 取消構成の現代的意義

　商品取引の分野における被害救済の法律構成においては、一連の不法行為理論が定着している関係上、消費者契約法はあまり重視されてこなかった。しかし、上記の各判決にみられるとおり、活用の余地は大きいように思われる（なお、一連の不法行為構成との相違については、147頁参照）。

　特に、商品取引員が破綻した場合、証拠金の預託が無効ないし取り消しうるものである場合には、破綻処理による配当ないし返還手続に大きな違いが生じるという問題がある（最判平19・7・19判時1983号77頁参照）。

　したがって、消費者契約法も被害救済実務において検討されるべきである。

　なお、消費者契約法4条による取消の時効期間は追認をしうる時から6カ月であり（同法7条）、除斥期間は5年（同条）であるので、後に請求原因を追加しようと思っても、弁護士が受任している以上、この期間を経過していると起算点をずらすことは困難な場合が多いと思われ、注意が必要である。

(2) 金融商品販売法（金販法）

(A) 国内の商品先物取引と金販法

　金販法は、金融商品の販売に先立って金融商品販売業者が顧客に対して一定の事項を説明しなければならないとするものである。これは、金融取引がリスクを内包する特殊な商品であるうえ、専門家と非専門家の情報力・分析

力・交渉力等の格差が大きいところから、説明義務が法的義務であり、その違反について損害賠償義務があることを明確にしたものである。ところが、金販法2条は適用対象の金融商品を限定列挙する方式をとっているところ、商品先物取引は列挙されていない。他方、先物取引の中でも、金商法が適用される金融先物取引の場合、金販法は適用される。したがって、先物取引の種類によって、勧誘・販売ルールが異なるという不都合が生じていた。

そこで、平成18年の金商法の立法の際、商取法も改正され、金販法が適用されるのと同等の内容となった（法218条・217条、法220条の3による金販法の準用）。

(B) **海外市場の商品先物取引と金販法**

金販法の平成18年改正で、適用対象として海外商品デリバティブが追加指定された（同法2条1項11号、金販法施行令5条3号）。

ここでいう海外商品デリバティブとは、海先法2条2項の海外商品市場に規定する取引所で取引される商品デリバティブであり、具体的には海外商品先物取引（金販法施行令5条3号イ）、海外商品オプション取引（同号ロ）、海外商品指数等オプション取引（同号ハ）、海外商品スワップ取引（同号ニ）が該当する。

したがって、海先法の適用される海外市場における商品デリバティブ取引であれば、海先法の適用対象外である商品オプション取引や商品指数等オプション取引などについても金販法の適用があることになる。

なお、この場合には、すでに述べたとおり、特商法の適用がある。

(C) **金販法の活用**

金販法は、消費者契約法と同時期（平成13年4月）に施行されたが、消費者契約法とは違って、ほとんど利用されてこなかった。これは、金販法の要求する説明義務よりも、民法の信義則上の説明義務のほうが水準が高いため、わざわざ金販法を持ち出す必要が乏しかったことによる。そこで、金販法の平成18年改正により、説明すべき重要事項に取引のしくみの重要な部分を加えたほか、当初元本を上回る損失発生のおそれがある場合の類型を追加した

こと（金販法3条1項）、説明の程度について当該顧客に理解されるために必要な方法および程度によるものでなければならないとしたこと（同条2項）、断定的判断の提供の禁止（同法4条）などが追加された。

金販法の場合は、損害額（元本欠損額）と説明義務違反または断定的判断の提供等との因果関係が推定されるので（金販法6条）、今後は積極的な活用が期待される。

II 先物取引の実態

1 実態を知っておく意義

先物取引被害救済において、先物取引のしくみやリスクを十分に理解しておくことはもちろん必要であるが、先物取引の実態、すなわち、被害実態、業者の受託業務の実態、取引所の実態等を把握しておくことも有意義である。

実態を把握することによって、業者がいかに顧客を食い物にしているのか、取引所の取引がいかに問題を含むものであるかを知り、業者との交渉や訴訟においても自信をもって違法な点を指摘し、尋問をすることができるからである。

また、業者の経営実態や先物取引関連の不祥事等を知ることにより、訴訟において、裁判官に先物取引の実態をより認識しやすくなり、過失相殺についての裁判所の基本的な姿勢を改めさせることになると考える。

2 実態を知る資料、入手方法

被害救済に有益な実態資料は次のとおりである。

(1) 日弁連『先物被害白書』

本書と同じ問題意識から、白書として作成している。2002年度版、2005年度版がある。日弁連から取り寄せることができる。

(2) 日弁連『先物取引被害救済の手引』

日本弁護士連合会消費者問題対策委員会編『先物取引被害救済の手引』

(現在は九訂版まで発刊。民事法研究会）は、先物取引被害救済実務の概要をコンパクトにまとめたものであり、豊富な資料を網羅的に収めている。資料編には国会審議での政府答弁も所収されている。

(3) 先物取引被害全国研究会「先物取引被害研究」（1号～32号）

110番の結果、先物不祥事事件、受任事件アンケート結果などを収録している。同研究会に申し込んで購入することができる。

(4) 日本商品先物取引協会（日商協）

各商品取引員の経営実態等の各社のディスクロージャー、苦情、訴訟件数等を日商協HPから入手することができる。

(5) 主務省「商品先物取引に関する実態調査」

農林水産省、経済産業省は、委託者および商品取引員に対するアンケート調査を実施し、平成18年度から公表し、現在、平成19年度版が公表されている（経産省HP参照）。

(6) 行政処分その他

経済産業省は平成12年9月20日から平成21年2月20日までに商品取引員等に対して行った、商品取引所法や海先法等に基づく行政処分を公表している（経産省HP参照）。

3 取引実態の概要

(1) 委託者口座数、プロ・アマ比率、損得割合等

委託者数は、平成13年度には11万人台に達したが、平成18年には10万人を割り、委託者口座数は、平成6年度から平成18年度まで、おおむね年間10万口座で推移している（経産省HP参照）。

プロ・アマ比率、すなわち一般個人の割合は、農林水産省総合食料局商品取引監理官・経済産業省商務情報政策局商務課「平成19年度商品先物取引に関する実態調査報告書」（平成20年8月）によると、平成18年から平成20年まで、96％強である。

一般個人の損得割合は、同「平成18年度報告書」（平成19年9月）によると、

平成17年には損が74%・利益が26%、18年は損が73%、利益が27%となっているが、「平成19年度報告書」によると、損が67%、利益が33%となっている。

なお、平成9年9月8日の主務省「委託者保護に関する研究会中間とりまとめ」（日弁手引〔九訂版〕579頁）によると、委託者全体の80％弱が損、20％強がプラスとなっていた。

7割前後が損という数字は、委託者の最終的損益の結果ではなく、年度の途中経過であるから、最終的な損の割合は相当高くなるはずである。

(2) **取引量（出来高、金額）**

国内取引所の出来高、取引金額推移は、平成元年度は、出来高3889万3000枚、取引金額約38兆円であった。その後増加傾向で、平成10年度には、出来高7497万4000枚、取引金額約75兆円になり、その後さらに増加し、平成15年度には1億5579万枚、取引金額約222兆円になった。しかし、その後減少に転じ、平成18年度は出来高8506万7000枚、取引金額約164兆円になっている（経産省HP参照）。

(3) **商品取引員の数、外務員数、損益等の経営実態**

個別の商品取引員のデータは日商協HPで、各商品取引員のデータを集約したものは日本商品先物振興協会HPで、それぞれ確認することができる。

(4) **商品取引員の手数料比率等**

商品取引員の収入の中心は、手数料収入と自己売買益である。顧客が先物取引で利益を得るということは、取引それ自体が利益であることはもちろん、手数料、税金等を取引益から差し引いた結果がプラスになっているということである。

客殺しの典型的手口は、業者が、不招請勧誘で顧客を先物取引に誘い込み、顧客に対して、両建てなどの特定売買、過当取引などによって多額の証拠金を拠出させ、他方、業者は向い玉をすることによって、取引所との関係では、損益ゼロにして、具体的精算金は支払わずに済ませ、一方で顧客から取引を

繰り返すことによって取引の損益にかかわらず多額の手数料を取得し、他方、時期を見計らって向い玉などによる自己玉を仕切って利益を出すというものである。

つまり、業者の収入は、客殺しの手口そのものの構造と結び付いていると考えられる。

もちろん、高額の手数料収入があるからといってそれ自体は非難されるべきものではない。また自己売買益についても同様であり、向い玉は行わず、顧客とは一切無関係な純粋に取引した結果であれば、非難されるべきものではない。

しかし、実際はそうとはいえない。せっかく顧客が取引で利益を出しているのに、手数料で証拠金が減少し返還金が減少してしまったというのでは、取引は顧客のためではなく、業者の手数料稼ぎのための取引、いわば、業者が顧客を食い物にしたと評価されてしかるべきであろう。

そこで、業者の手数料、自己売買益は、顧客を食い物にした結果でないのかどうかを検討するためのものが、「業者の手数料比率」である。

これは、各業者に公表が義務づけられている貸借対照表と損益計算書から「預り証拠金」（貸借対照表の流動負債科目）と「受取手数料」（損益計算書の営業収益の受取手数料科目）を拾い、前者を分母、後者を分子として割出した数値（手数料比率）である。

この「手数料比率」は客殺しの特定売買論で用いる「手数料化率」（被害金額に占める手数料の割合。123頁参照）とは異なり、個別業者が預り証拠金の規模に対してどのくらいの割合で手数料収入を得ているかという指標である。同額の証拠金であっても、業者が客に頻繁取引を勧めればそれだけ手数料額は増額するのであるから、この「手数料比率」は、業者の顧客に対する手数料稼ぎの姿勢についてのメルクマールになるのである。

白書2002年度版（28頁）・2005年度版（56頁・57頁）に業者の手数料比率が紹介されているが、最新のものを〔図表3〕に掲げる。

先物関連の不祥事件に関与している業者は手数料比率の高い業者であるこ

とが多く、やはり経営姿勢との関係があるといえる。

また、先物被害110番（52頁参照）で多数の被害相談のあった業者についても、わずかな例外があるものの、手数料比率の高い業者に被害相談が集中している傾向が顕著にみられる。

もっとも、注意しなければならないのは、手数料比率が低い業者に問題がないかといえば、そうではないということである。現に判決で不法行為を認められている業者も多数存在するからである。

(5) 業者の自己玉売買

前記のとおり、先物業者は、顧客から委託を受けた委託玉について取引所で取引をするばかりでなく、業者自らが自己のために建玉をする自己玉売買も行っている。業者は手数料を稼ぐという方法のみならず、この自己玉売買によって客を犠牲にして利益を稼ぐことが可能である。

その方法として、個々の客の建玉とは反対のポジションの建玉（客の買玉に対して自己玉として売玉、客の売玉に対して買玉）をし、仕切りについても顧客と同時に反対のポジションの自己玉を落玉する（全量向い玉）。こうしておき、客に利益が出ている状態では仕切らせず、顧客に損失が出た状態で仕切らせることにより、顧客の損失分をそっくり業者の自己玉利益とすることができるのである。

さらに近年の傾向として、業者が個々の顧客の建玉に対してではなく、多数の客の売玉枚数と買玉枚数の差の部分に対して自己玉を建て、常に売買枚数同数とするか、同数に近い状態で取引所に注文を出す方法が行われている（差玉向い）。これも業者が顧客の総体に対して向かっているということであり、全量向い玉と同じく、顧客の犠牲において業者が自己玉利益を得る方法となる。

また、差玉向いを方針とし、かつそれが取引所と業者との間で売買損益を発生させない（売買同数だから損益は常にプラス・マイナスゼロとなる）という機能に着目し、これにより顧客の資金の流出を防ぎ、その間に頻繁取引を勧め、手数料を稼ぐということが行われている。このことは、取引所日報によ

第1章 基礎編

〔図表3〕 業者の手数料比率

社　名	苦情件数(新規と継続合計)(件)	手数料比率(手数料収入÷預り証拠金)(%)	預り証拠金(百万円)	受取手数料(百万円)	自己売買益(百万円)	委託者数(人)	売買高(百万円)
エイチ・エス・フューチャーズ	225	68.89	3,764	2,593	▲ 2	3,640	1,543,861
オムニコ	220	105.52	3,989	4,209	75	1,107	1,571,590
三貴商事	219	59.63	6,678	3,982	▲ 30	1,723	3,728,350
光陽ファイナンシャルトレード	174	90.72	2,652	2,406	29	1,168	1,299,901
サンワード貿易	162	128.68	3,103	3,993	474	1,257	2,828,854
オリオン交易	161	70.94	3,768	2,673	354	1,876	3,600,817
第一商品	160	22.14	44,594	9,875	116	3,753	1,497,231
小林洋行	135	16.27	6,151	1,001	596	640	1,444,930
新日本商品	132	98.22	2,303	2,262	6	553	585,689
岡地	127	23.61	23,076	5,448	424	3,609	6,215,716
北辰物産	107	32.74	3,894	1,275	18	2,033	1,904,871
日本ユニコム	103	22.49	21,588	4,856	11	1,806	6,194,760
コムテックス	101	67.82	3,655	2,479	21	892	982,994
スターアセット証券	91	80.92	3,884	3,143	▲ 75	1,296	1,450,613
東京コムウェル	70	40.08	1,597	640	86	1,050	717,797
大平洋物産	64	56.80	1,963	1,115	2	555	829,397
ローズ・コモディティ	64	143.14	700	1,002	▲ 29	446	265,736
エース交易	62	31.79	22,811	7,251	83	3,495	2,883,511
ハーベストフューチャーズ	60	38.76	3,542	1,373	▲ 35	1,117	898,507
協栄物産	58	51.23	3,654	1,872	15	929	337,515
米常商事	58	59.95	1,271	762	129	364	1,126,911
カネツ商事	56	51.86	9,780	5,072	▲ 102	2,361	3,533,792
岡藤商事	51	18.20	29,211	5,317	446	2,148	5,016,397
大起産業	50	100.87	2,182	2,201	▲ 546	952	2,570,066
フジフューチャーズ	49	19.57	19,043	3,726	▲ 241	8,043	5,591,126
ばんせい証券	48	40.82	5,443	2,222	379	304	406,824

II　先物取引の実態

USSひまわりグループ	47	83.33	1,440	1,200	0	871	411,062
トレックス	39	244.40	813	1,987	▲ 409	281	1,625,113
パブリックフューチャーズ	38	22.54	71	16	▲ 10	27	13,110
共和トラスト	36	113.01	738	834	191	147	821,110
フジトミ	35	63.24	1,450	917	676	1,110	2,385,328
日本交易	33	132.88	657	873	▲ 653	457	575,962
ドットコモディティ	29	5.58	9,769	545	0	17,282	2,060,605
セントラル商事	28	67.98	1,730	1,176	23	750	745,894
岡安商事	26	55.58	3,100	1,723	▲ 18	1,074	777,859
丸梅	22	32.23	1,753	565	96	276	841,194
ジャイコム	21	190.25	441	839	0	461	312,260
東陽レックス	20	210.66	610	1,285	159	329	2,484,016
豊商事	20	28.46	24,049	6,844	1337	2,114	6,354,386
日進貿易	17	309.64	197	610	▲ 95	75	492,341
タイコム証券	13	35.67	3,967	1,415	189	1,006	1,600,133
アサヒトラスト	12	45.35	1,700	771	502	466	2,514,928
アステム	10	90.99	888	808	▲ 30	307	452,412
SBIフューチャーズ	9	14.27	6,378	910	▲ 5	3,125	1,207,626
サントレード	9	59.02	266	157	5	100	66,021
明治物産	9	0.00	1,600			750	3,906,674
三菱商事フューチャーズ証券	8	6.70	40,677	2,726	170	2,337	8,383,215
アルフィックス	5	26.53	8,160	2,165	58	544	1,018,109
アイディーオー証券	0	3.06	7,124	218	6	3,660	691,806
オクトキュービック	0	10.59	4,289	454	310	1,423	831,821
サン・キャピタル・マネジメント	0	54.82	653	358	4	203	92,471
合　計	3,293		356,816	112,144	4710	86,292	99,693,212

※㈱市場経済研究所「商品先物55社財務データランキング2008／2009」記載のデータをもとに整理・編集した。

41

って、売買枚数が同枚数または極めて近似する枚数を建てている業者が存在することからわかる。

このような業者の手数料比率は高いという傾向にあり、また、このような業者と取引した顧客については手数料化率が高い傾向が顕著であるという事実によって裏付けられている。

いずれにしても、自己玉について向い玉や差玉向いの方針をとる業者は、顧客に勧める建玉と対立する自己玉を建てているのであって、顧客を自己と利益相反の立場に立たせているといえ、業者としての誠実公正義務に反するものである。

4　全国的に続発している先物関連の不祥事

公共団体や会社の経理担当者などが、公金や預り金を横領して商品先物取引に拠出し、これが発覚して逮捕されたなどの先物関連の不祥事が全国的に続発している。

これらについての報道等によると、農協・漁協・銀行・信用組合などの金融機関や地方公共団体の公金取扱職員による業務上横領事件が頻発していること、横領金額も90億円を筆頭に億を超える事件が多発していることがわかる。また、先物取引に関連した殺人事件、傷害事件も後を絶たない。これらの事件は年々増加しており、特に最近の増加に著しいものがある。全国津々浦々で続発していることも特徴的である。

こうした先物関連の不祥事は、白書2005年度版（41頁以下、2000年3月4日から2004年9月18日まで新聞掲載分）に紹介されている（〔図表4〕参照）。

その後、先物不祥事関連事件は、先物取引被害全国研究会の近江直人弁護士が情報収集しており、適宜、同会会員専用のメーリングリストで紹介されているほか、先物取引被害全国研究会HPでも紹介されている。

なお、白書2005年度版に続く白書が2009年度にまとめられる予定であるので、詳しい内容は同書を参照されたい。

これら横領行為者に重大な責任があることは否定できないが、業者から勧

誘されるまでは、先物取引に何の関心もなかった者が、先物取引に引き込まれ、何とか損失を取り戻そうとして横領行為を繰り返している。むろん、これらの者は、その多くが業務上横領罪として実刑判決を受けて、職業はもとより家族との信頼関係までも失っている。さらには多額の被害弁償のために家庭自体の崩壊につながるなど、先物関連不祥事の社会的悪影響は甚大なものがある。

これに対し、業者側が処罰されることはほとんどない。そればかりか、これら不祥事による巨額の被害金が業界に流入しているのであり、業者は多大な手数料収入等を得ている。業者は担当外務員を処罰するどころか昇進させていることすらある。上記データの2004年時点ではわずか80社程度にすぎなかったこの業界が不祥事を続発させているのであって、社会的害悪そのものといわざるを得ない。

〔図表4〕 先物関連の不祥事

	年月日	掲載紙等	被害者(地域)	概要
1	2000年3月4日	京都新聞	びわこ農協支店（滋賀）	びわこ農協支店長6億円着服告訴、大豆・金・パラジウム商品取引につぎ込む。
2	2000年5月10日	愛媛新聞	宇和島信用金庫（愛媛）	宇和島信用金庫支店長代理3900万円、着服、逮捕。
3	2000年5月19日	京都新聞	日野町（滋賀）	日野町公民館主事（33歳）が区長会計などから680万円を先物に流用。
4	2000年9月1日	西日本新聞	（東京）	顧客（71歳）から証拠金名目で3100万円を詐取、東京ゼネラル元支店長（42歳）を逮捕、賭博に使った。1997年9月、懲戒解雇。
5	2000年9月27日	西日本新聞	学習院（東京）	学習院女子高・中等科の前校長が行方不明。石油の先物取引で千数百万円の損失を出していた。
6	2000年12月15日	読売新聞	情報労連（東京）	情報労連の共済保険料6000人分、300億円を解約し、商工ファンドへ（5年もの）。7年たっても85億円しか返済されない。〔東京ゼネラル〕

第1章 基礎編

7	2001年1月29日	朝日新聞	土佐山村（高知）	前収入役（74歳）が1986年～2000年の間に村名義の借入金など15億2000万円を着服、穀物相場や自宅改築資金につぎ込んだ。
8	2001年3月1日	朝日新聞	さくら銀行（東京）	さくら銀行神谷支店（東京）支店長が客から現金600万円を詐取、逮捕。先物取引の資金や消費者金融の返済にあてた。他にも客3名から1億数千万円を着服した疑い。
9	2002年5月2日	西日本新聞	福井交通（福井）	福井交通安全協会総務課長（66歳・元県警課長）が2億3000万円を横領し、先物へ。
10	2002年8月19日	西日本新聞	（東京）	エー・シー・イー・インターナショナルの常務（41歳）、管理部長（49歳）が同社社員に殺害された。
11	2002年9月9日	朝日新聞	八千代銀行（東京）	八千代銀行町田支店店長代理（41歳）が2億4000万円を横領し、先物へ。
12	2002年10月1日	毎日新聞	新潟産業大学（新潟）	新潟産業大学会計課職員（39歳）が6億8000万円着服し、先物へ。
13	2002年10月6日	山陽新聞	くらしき東農協（岡山）	くらしき東農協帯江支店前支店長（44歳）が3億円を横領し、先物へ。
14	2002年10月16日	朝日新聞	高田町・渡瀬郵便局（福岡）	高田町・渡瀬郵便局局長（52歳）が4億円を横領し先物へ（日本アイビック・光陽トラスト）（懲役5年）。
15	2002年11月11日	下級裁主要判決情報	（金沢）	先物取引による損失等のために、多額の借金返済に窮していた被告人が、保険金目当てに2000年8月、自動車事故を装って実母を殺害した事件で無期懲役の判決。
16	2003年5月7日	西日本新聞	（東京）	財務副大臣（衆議院議員）の政治団体が、商品先物業者の政治団体から2001年までの3年間に献金された580万円について、政治資金収支報告に記載していなかった。
17	2003年5月24日	中日新聞	シャープ労働組合（三重）	シャープ労働組合の三重支部局長（44歳）が、金の先物取引の追証同支部の積立金1200万円を横領して懲戒解雇された。
18	2003年6月18日	中国新聞	県立高校（広島）	県立高校の総括事務長（57歳）が、生徒の積立金470万円を横領しトウモロコシの商品先物取引の資金などにあてたとして、業務上横領容疑で逮捕された。

II 先物取引の実態

19	2003年7月6日	毎日新聞	山形おきたま農協（山形）	山形おきたま農協の支店次長が、客の定期を担保に勝手に1700万円を借入れたとして詐欺容疑で逮捕。同様の手口で詐取した2億2700万円はコーヒー豆の先物取引に使ったとして懲戒免職となった。
20	2003年7月8日	上毛新聞	渋川ガス（群馬）	渋川ガスの常務（59歳）が、会社の預金1120万円を横領したとして逮捕。前橋地裁で、大豆や石油などの先物取引で多額の損失を被り穴埋めに8000万円を横領したとして賠償を命ずる判決が出ている。
21	2003年7月16日	山陽新聞	（高松）	東京の先物取引会社の担当者に無断で取引されたとして、1億5800万円を払い戻すよう求めた訴訟の判決で、高松地裁は同社に全額を支払うよう命じた。同社はこの担当者を、業務上横領で告訴している。〔コーワフューチャーズ〕
22	2003年9月30日	中日新聞	市立市民病院（愛知）	市立市民病院の主任（43歳）が、医療機器の選定でパソコン一式を受け取ったとして、収賄罪で起訴された。同被告は商品先物取引に手を出し、千数百万円の借金があった。
23	2003年10月8日	中日新聞	あいち知多農協（愛知）	あいち知多農協の店長が客に融資したように見せかけて、1億以上を着服していたことがわかった。先物取引などで損失を出し補填するため着服を繰り返していた。
24	2003年11月6日	朝日新聞	（東京）	東京地検特捜部は、先物取引大手の東京ゼネラルが顧客預かり資産について虚偽報告（商取法違反）の疑いがあるとして捜査を開始した。同社は預かり資産に約50億円の不足があるとみられ、銀行の残高証明などを偽造していることから、農水・経産省も刑事告訴に踏み切る（2004年5月17日、代表者ら3人を逮捕）。
25	2003年11月20日	朝日新聞	（東京）	2002年12月に破産した先物取引会社アイコムが、破綻3カ月前に同業7社から委託証拠金として計2億4500万円を受け取っていたことがわかった。事実上は所管官庁主導の資金援助とみられ、官民の不透明な関係が浮き彫りになった形。
26	2003年12月9日	日経新聞	シティバンク横浜支店（神奈川）	シティバンク横浜支店長（45歳）が、顧客から8億5800万円を詐取したとして逮捕された。先物取引などに使った。

27	2003年12月23日	宮崎日々新聞	宮崎太陽銀行（宮崎）	宮崎太陽銀行の男性行員（35歳）が、顧客預り金約1億5300万円を横領し、同銀行より詐欺容疑で告発され懲戒解雇された。横領金は先物取引に流用した（懲役5年）。
28	2004年2月2日	毎日新聞	静岡県御殿場市（静岡）	静岡県御殿場市の支所長代理の女性職員（59歳）が、約1600万円を横領したとして懲戒免職となった。横領金は先物取引の損失の穴埋めにあてた。
29	2004年2月6日	毎日新聞	（福岡）	元消防団員（30歳）が消防団の格納庫ばかりを狙って発電機26台など時価310万円相当を盗んだとして逮捕された。先物取引などで約1000万円の借金を負い自己破産していた。
30	2004年2月18日	秋田さきがけ新聞	秋田県中央信用組合（秋田）	破綻した秋田県中央信用組合の元本店営業部長（48歳）が、業務上横領罪で秋田地裁に起訴された。先物取引に投資する目的で、客への仮払いを装って着服と穴埋めを繰り返し、最後に客の定期預金解約を装って1000万円を横領したもの。
31	2004年1月7日	毎日新聞	（福岡）	経産・農水省は、昨年10月から受託業務停止処分中の先物大手、東京ゼネラルに対し、顧客資産の分離保管義務違反などにより13日付で商品取引員の許可を取消すと発表した。実質的な廃業宣告であり、30年ぶりの厳しい処分。
32	2004年7月15日	河北新報	（宮城）	先物取引会社グローバリー仙台支店にナタを持った男（29歳）が押し入り逮捕。「おもしろくねぇ」と供述しており取引トラブルなど動機を調べている。
33	2004年7月21日	朝日新聞	（東京）	入や萬成証券が東京国税局の調査を受け、2003年3月期までの3年間に7億円余りの所得隠しを指摘されている。グループ会社に売買注文を委託したかのように装い、手数料の形で利益を移したとされるが、同社は異議申立を準備中。
34	2004年8月14日	長崎新聞	五島市（長崎）	一市五町が合併して発足した五島市は、自殺した合併前の旧玉之浦町の収入役（63歳）が6000万円余を横領していたとして告訴する方針。同収入役は町長にあてて「6000万円余の公金を横領しました。先物取引の相手にのせられた。申し訳ありません」との遺書を残していた。

| 35 | 2004年9月18日 | 中日新聞 | 常滑市（愛知） | 常滑市の市会議員（41歳）が9月上旬から失踪しており、名古屋地裁から議員報酬の差押命令が出ている。同市議は「15年ほど前から先物取引などの事業の失敗を重ね借金6000万がある」と述べていた。 |

III 取引所における取引の実態

1 取引所の規模

　商品取引所は、ヘッジの必要がある商社などの企業、投資資産の運用を図る業者、投機業者、投機目的の一般個人などさまざまな思惑をもつ者が参加し、そこで自由で公正な競争売買が大規模に行われてこそ意味がある。それによってさまざまな思惑を充足することができ、またそこで形成される価格が経済指標となるからである。

　これに対し、我が国の先物取引所はその歴史的経緯から当業者（自ら当該商品の売買、生産、加工等を業とする者）によって構成されることを原則とするが、専業者（自ら自己玉を建てるほか、一般客を勧誘し委託を受けて建玉をする業者）の参加も許されるという当業者主義を基本としている。そのため、各地に小規模取引所が多数設立され、そこでの取引は上に述べた取引所本来の意味をもつものとはいえない状況があった。

　これまでに各地の小規模取引所の統廃合が進められ、現在は全国で4カ所の取引所、すなわち東京工業品取引所（経済産業省調査による平成20年出来高シェア77.5％）、東京穀物商品取引所（同15.9％）、中部大阪商品取引所（同6.2％）、関西商品取引所（同0.4％）が存在しており（〔図表5〕参照）、商品によって農林水産省と経済産業省による別々の所管または共同所管に分かれるという二元行政となっている。

〔図表5〕 全国の商品取引所

取引所名	所在地・電話番号・HP・上場商品
東京穀物商品取引所	〒103-0014　東京都中央区日本橋蠣殻町1-12-5
	TEL　03-3668-9311
	http://www.tge.or.jp/japanese/
	農産物（小豆、一般大豆、NON-GMO大豆、とうもろこし、アラビカコーヒー生豆、ロブスタコーヒー生豆）、生糸、砂糖（精糖、粗糖）
東京工業品取引所	〒103-0012　東京都中央区日本橋堀留町1-10-7
	TEL　03-3661-9191
	http://www.tocom.or.jp/jp/
	貴金属（金、銀、白金、パラジウム）、ゴム（くん煙シート（別名RSS））、アルミニウム、石油（灯油、原油）、日経・東工取商品指数
中部大阪商品取引所	〒460-0002　愛知県名古屋市中区丸の内1-16-2
	TEL　052-209-7890
	http://www.c-com.or.jp/public_html/index/index.php
	石油（ガソリン、灯油、軽油）、畜産物（鶏卵）、鉄スクラップ、ゴム（くん煙シート（別名RSS））、技術的格付けゴム（別名TSR）、アルミニウム、天然ゴム指数
関西商品取引所	〒550-0011　大阪府大阪市西区阿波座1-10-14
	TEL　06-6531-7931
	http://www.kanex.or.jp/
	農産物（小豆、米国産大豆、NON-GMO大豆、とうもろこし）、砂糖（精糖、粗糖）、農産物・飼料指数（コーン75指数、コーヒー指数）、水産物（冷凍えび）

（正確には各取引所へ問合せをされたい）

2　取引手法

　我が国の商品取引所における取引仕法（競争売買の方法）としては、基本的に「板寄せ方式」がとられてきた。板寄せ方式とは、商品の限月ごとに立会時刻を設定し（場節）、立会に参加する会員に仮約定値段を順次示し、その値段による買付希望と売付希望を募り、買付と売付の希望枚数が一致したところで約定値段を確定し、一致した希望枚数の売買を成立させる方式である（したがって、約定値段は場節ごとに単一値段となる）。

　これに対し、諸外国の取引所の取引手法は、「ザラバ方式」である。これは、定められた時間内（立会時間）に、買付希望者と売付希望者が自由に約定値段と取引枚数を合意して売買を成立させて報告させる方式であり、参会者はボードに表示される成立取引を見ながら希望値段が一致する相手方との間で順次売買を成立させるという方式である（したがって、約定値段は時々刻々と変化する）。我が国においても株式などの証券取引所はザラバ方式による取引を行っている。

　板寄せ方式は、外国に例をみない我が国独特の取引手法であるが、時々刻々自由な取引がなされるザラバ方式に比べ制限された時間で一度に枚数を合わせることによって値決めが行われるのであるから、参加者の注文の出し方によってたちまち全体の値動きに変化が生じてしまうことになり、はたしてこの方式により本当に公正価格が形成されうるのか疑問がある。我が国の板寄せは、バイカイ付け出しと一体となって、そもそも場に晒されない取引の成立を認めることになり、またこれによって業者は容易に向い玉を行うことができることから被害を生み出す温床になりやすい構造にあると指摘されるところであり（日弁手引〔九訂版〕56頁）、かかる取引手法は、グローバルスタンダードとはいいがたいものといえよう。

　なお、ザラバ取引システムは、東京穀物商品取引所においても一部導入されたが、平成21年9月末を目処にこれを廃止する旨が同取引所理事会で決定されており、これによってザラバ取引システムで取引されているすべての商

品(Non-GMO大豆、アラビカコーヒー生豆、ロブスターコーヒー生豆)が板寄せ取引に移行される。

　他方、東京工業品取引所では、全商品につき「板合せザラバ」という売買仕法が採用されている。すなわち、同取引所発行の「システム売買の基礎知識」「売買立会と価格決定の仕組み」によれば、まず寄板合せ(立会開始時、立会中断後の再開時、および立会終了時に、取引所の売買センターで受け付けられた売買注文を、取引所所定の条件に従い、一括して約定させるのが「板合せ」であり、立会開始時および立会中断後の再開時に行われるものが「寄板合せ」とされる)がされ、その付け合わせ後にザラバ取引に移行し新規注文を待つことになる。

　この点、取引手法に関し「システム売買」を採用しているから不正の余地はない、などと主張する業者があるが、これは取引手段としてコンピュータによる意思一致の方法が採られているか、同一場所に会した参加者による手振りによって合意がなされているかの違いであって、取引手法とは別の問題である。そして、当該取引所では板寄せ市場のようなバイカイ付け出しはないものの、取引員が意図すれば差玉向いを利用した取組高均衡状態を作出することは容易であることに留意すべきである。

3　バイカイ付け出し

　取引所における取引の公正を疑問あるものとしている制度として「バイカイ付け出し」がある。すなわち、板寄せを採用している取引所では、立会終了後20分以内であれば、商品取引員自身が売方および買方となって同一売買枚数の売買をその立会筋の約定値段により成立させることができるのが、バイカイ付け出しの制度である。

　バイカイの付け出しには、委託玉同士を付け出して成立させる場合と、委託玉に対当させる自己玉を付け出して成立させる場合とがあるが、特に後者の場合を「向いバイカイ」と言い、これが「向い玉」など不正取引の温床になっているのではないかと考えられる。

この手法は、要するに競争売買が行われて値段が決まった後から売買同数の取引を申し出て、それも競争売買で成立したものとする制度であるが、端取引による板寄せ手法を用いるならば、バイカイ付け出しを構造的・原則的に容認することになって、バイカイ付け出しを利用して、立会中には実際には発注されていなかった後出しの自己玉が付け出されるという市場外取引が行われる危険性があり、市場から見えないところで向い玉が可能となる。

　また、バイカイの付け出しは、板寄せ方式の場合だけでなく、東京工業品取引所がザラバ方式を採用する場合にも「特別売買」として認められている（東京工業品取引所業務規程26条）。

　取引所の取引のうち、板寄せでもザラバでも、競争に晒されて成立している取引よりも、競争とは無関係にバイカイの付け出しによって成立している取引のほうが、はるかに量が多いのではないかという疑問がある。

Ⅳ　苦情に関する調査、処分等

1　はじめに

　相談を受けている業者が、悪質な業者であるのかどうかは、全国各地でどれくらい苦情が寄せられているかによっておおよそ予測可能だが、苦情件数が少ないからといって問題がないというわけではない。

　相談、苦情件数等は行政（国民生活センター、経済産業省、農林水産省）で把握し、一部公表しているが、業者名までは公表していない。日弁手引〔九訂版〕28頁以下では、業者名を除き関係機関が把握している被害件数、被害内容の概要を紹介しているので、参照されたい。

　ここでは、先物取引被害全国研究会、日弁連が実施した各110番の結果、および取引所、旧日商協等から処分を受けたことのある業者を紹介しておく。

2 110番の結果

(1) 先物取引被害全国研究会実施の110番

先物取引被害救済に取り組む全国各地の弁護士の研究会である先物取引被害全国研究会がこれまで数回の110番調査を行っているが、被害申告は、平成16年が全国39カ所で426件、平成18年が全国43カ所で571件、平成19年が全国41カ所で375件（うち先物261件）、平成21年が全国36カ所で285件（うち先物133件）である。

(2) 平成16年110番（先物取引被害全国研究会実施）

平成16年10～12月に110番を実施したものである。被害申告は全国39カ所の相談窓口で426件に及んだ。

(A) 件数全般

実施地区は、全国39地区である。この110番では、商品先物取引被害とともに外国為替証拠金被害の相談もあわせて実施した関係から、商品先物については307件である（外国為替証拠金取引が105件、その他14件があり、110番全体としては426件となっており、全体の件数としては426件で、前年比で4件増となっている）。

(B) データ分析

(a) 男女比

商品先物では、男性86.1％、女性13.9％となっており、前年までの女性の被害増加の傾向が止まったとまではいえない状況にある。

(b) 年齢別

商品先物では、60歳代が30.5％、70歳以上が14.8％となっており、60歳以上の高齢者層の被害がかなり増加していることがうかがわれる。

(c) 職業別

商品先物では、無職が28.2％、主婦が5.9％、アルバイトが7.6％で、これらを合わせると41.7％にもなり、高齢者や女性の被害が多いことを裏付けている。

(d)　**投資経験**

　商品先物では、先物経験者が12.1%、先物未経験者が88.0%となっており、約9割が未経験者の被害者であるという傾向がみられる。

　(e)　**被害金額**

　商品先物では、最も多いのは100万円以上500万円未満の被害者の28.7%で、100万円未満も含めると約3分の1を占めている。これに対し、1000万円以上の被害者は合計48.6%と5割近くを占めており、商品先物の場合は、早い段階で取引をやめることができないとすぐに1000万円を超える多額の被害につながるという実態を裏付けている。

　(f)　**取引期間**

　商品先物では、取引期間が1カ月未満の被害者が11.1%、3カ月未満までが29.1%、6カ月未満までが51.2%、1年未満までが77.5%となっており、4分の3が取引期間1年未満の被害者であるという傾向がみられる。

　(g)　**取引のきっかけ**

　商品先物では、「業者の勧誘」が93.9%を占めている。また、「自分から」(6.1%)の中にも、「業者の宣伝・広告を見て」とか、「友人等から勧められて」という人もおり、これらも実質的には業者の勧誘に近い(友人の紹介というのも、経験的には、まだ取引の調子がよい時点で、外務員から友人を紹介するよう促されて紹介することが多い)ので、業者からの勧誘がきっかけというのは限りなく100%に近いのが実態といえよう。

　(h)　**取引に不満があるかどうか**

　商品先物では、「不満がある」が92.7%を占めている。経験的にいって、110番では「不満がある」と答えなかった人の中には、まだ自分が被害に遭っているということに気づいていない人も含まれていると考えられるので、これについても、実態を知れば「不満がある」ということにかなりあると考えられ、その意味ではほぼ100%に近い委託者に不満があるといってもよいであろう。

　(i)　**自己責任を負うべきか**

これについては、回答が少ないが、負うべきと答えた人は1人もいなかった。

(j) 取引の現状

商品先物では、「取引継続中」が40.2％、「訴訟中」が1.7％、「交渉中」が10.0％、「交渉検討中」が14.8％となっている。

(k) 110番へ電話した目的

商品先物では、「アドバイスを受けたい」が54.6％、「弁護士に相談したい」が15.0％となっている。被害を受けても自分だけの力では何ともできないという現実がうかがわれる。

(3) 平成18年110番（先物取引被害全国研究会実施）

先物取引被害全国研究会が、平成18年1月に110番を実施したものであり、被害申告は全国43カ所で合計571件と前回を大きく上回った。

(A) 件数全般

この110番では、全体571件中、商品先物については399件、外国為替証拠金取引122件、その他50件であった。まず外国為替証拠金取引関連で、改正金融先物取引法（当時）が業者に登録を義務付け、不招請勧誘を禁止したことから独立系業者の破綻・廃業等が相次いだ。もっとも改正法施行後も営業を継続した独立系業者との関係で、業者の動向を知らないままに取引を継続した結果、被害がより深刻化したケースも少なくない。先物取引では平成17年5月に改正商取法が施行されたが、改正法施行以後に開始ないし取引継続されたものが合計213件あった。

(B) データ分析

以下は商品先物取引関連での回答である。

(a) 男女比

男性77.39％、女性18.34％、不明4.27％である。

(b) 年齢別

60歳代が28.75％、70歳以上が9.67％となっており、60歳以上の高齢者層の被害の割合が約38.4％になり高齢者層における被害の拡大傾向が継続して

いる。

　(c)　職業別

　無職が17.4％、主婦が7.27％、アルバイトが4.16％で、これらを合わせると28.83％となり、定職のない者や女性の被害が継続している。

　(d)　投資経験

　先物経験者が18.71％、先物未経験者が81.29％であり、約8割以上が先物取引未経験の被害者であるという数年来の傾向が継続している。

　(e)　被害金額

　最も多いのは100万円以上500万円未満の被害者の27.53％で、100万円未満の被害者8.31％を含めると約35.84％に及ぶ。他方で、1000万円以上の被害者は合計42.34％であり、被害額の高額化傾向は依然として継続している（商品先物では判明しただけで合計46億1171万円、1人あたりの被害額は1260万円強となる）。

　(f)　取引期間

　取引期間が1カ月未満の被害者が8.04％、1カ月以上6カ月未満では31.51％、6カ月以上1年未満は23.47％となる。1年未満を合計すると63.02％をも占めている。約6割強が取引期間1年未満の被害者であり、3年以上の被害者は5.46％であり、多額の被害が短期間に発生していることを示している。

　(g)　取引のきっかけ

　「業者の勧誘」が75.9％を占めており従前同様に高い比率である。

　(h)　取引に不満があるかどうか

　「不満がある」との明確な回答は399名中215名で53.8％、他方で不満がないとの回答者は5名である。

　(i)　取引の現状

　「取引継続中」が32.74％、「取引終了済み」が67.26％である。

　(j)　110番へ電話した目的

　「アドバイスを受けたい」が31.5％、「苦情を言いたい」が7.5％、「弁護士

に相談したい」が14.2％と約60％強が商品先物トラブルへの不満と解決を望んでいることがわかる。

(4) 平成19年110番（先物取引被害全国研究会実施）

先物取引被害救済に取り組む全国各地の弁護士の研究会である先物取引被害全国研究会が、平成19年2～3月に110番を実施したものである。被害申告は全国41カ所の相談窓口で375件に及んだ。

(A) 件数全般

実施地区は、全国41地区である。

この110番では、商品先物取引被害とともに外国為替証拠金取引被害、ロコ・ロンドン貴金属証拠金取引被害の相談もあわせて実施したことから、商品先物については全体375件中、商品先物については261件であった（外国為替証拠金取引16件、ロコ・ロンドン貴金属証拠金取引37件、その他64件）。前年比で相談件数が減少した理由としては、外国為替証拠金取引に法規制が及ぶこととなったために当該被害の相談件数が激減したこと、平成17年5月の改正商取法施行、商品取引員の廃業等、取引自体の出来高減少などが考えられる。

(B) データ分析

(a) 男女比

商品先物では、男性69.5％、女性23.6％となっており、ここ数年における女性の被害増加の傾向が続いている。

(b) 年齢別

商品先物では、60歳代が26.8％、70歳以上が18.1％となっており、60歳以上の高齢者層の被害割合が約45％と、高齢者層被害の増加傾向が顕著である。

(c) 職業別

商品先物では、無職が30.1％、主婦が7.6％、アルバイトが2.8％で、これらを合わせると40.5％に及び、定職のない高齢者や女性の被害が多いことを裏付けている。

(d) 投資経験

商品先物では、先物経験者が19.6％、先物未経験者が80.4％であり、約8

割以上が未経験者の被害者であるという数年来の傾向は平成19年においても継続している。

　(e)　被害金額

　最も多いのは100万円以上500万円未満の被害者の27.5%で、100万円未満の被害者6.7%を含めると約3分の1を占める。これに対し、1000万円以上の被害者は合計37.6%であり、被害額の高額化傾向は継続している。

　(f)　取引期間

　商品先物では、取引期間が1カ月未満の被害者が8.8%、1カ月以上6カ月未満では33.3%、6カ月以上1年未満は17.2%となる。1年未満を合計すると59.3%を占めており、約6割が取引期間1年未満の被害者で、3年以上の被害者は7%にも満たない。これは短期化で多額の被害を発生させていることを示すものである。

　(g)　取引のきっかけ

　「業者の勧誘」が89.7%を占めており、従前の110番とほぼ同じ比率である。「自分から」の中にも、「業者の宣伝・広告を見て」や「友人等から勧められて」という人もいるが、実質的には業者の勧誘に近い。このように業者からの勧誘がきっかけというのは限りなく100%に近いのが実態である。

　(h)　取引に不満があるかどうか

　「不満がある」との明確な回答が94.3%を占めており、ほぼ100%に近くに不満があるといってよいだろう。

　(i)　取引の現状

　商品先物では、「取引継続中」が24.1%、「訴訟中」が1.7%、「交渉中」が7.3%、「交渉検討中」が15.1%、その他が51.7%である。

　(j)　110番へ電話した目的

　商品先物では、「アドバイスを受けたい」が49.6%、「弁護士に相談したい」が20.9%となっている。被害を受けても自分だけの力では何ともできないという現実がうかがわれる。

(5) 平成21年110番（先物取引被害全国研究会実施）

先物取引被害全国研究会が、平成21年1月に110番を実施したものであり、被害申告は全国36カ所で合計285件であった。

(A) 件数全般

この110番では昨今の法改正の影響による取引量の減少、さらには各業者の破綻・廃業による影響が顕著にみられ、合計285件と申告件数自体は減っているものの、商品先物については133件、外国為替証拠金取引13件、ロコ・ロンドン貴金属証拠金取引などの私設商品取引まがい取引21件、未公開株商法36件と、被害パターンの拡大傾向がみられた。すなわち、国内商品先物については取引量減少に伴って被害申告件数も減少しているが、深刻な被害の態様は旧態依然の客殺し商法といってよい。また私的海外先物取引であるロコ・ロンドン貴金属証拠金取引商法はその名称をさまざまに変えて全国に新たな被害を生じさせている。加えて未公開株商法も事業組合の形態や自社株式取扱いに姿形を変えての増加傾向もうかがえる。

(B) データ分析

(a) 男女比

男性52.3％、女性40.0％、不明7.7％であり、女性被害者の増加傾向がみられる。

(b) 年齢別

60歳代が18.3％、70歳以上が23.1％となっており、60歳以上の高齢者層の被害割合が約41.4％になり高齢者層被害の割合がさらに増加している。

(c) 職業別

年金生活者が25.3％と4分の1強を占めており、主婦が8.9％、パート・アルバイトが計3.6％であるが、これは適合性原則違反（不適格者への勧誘）が横行していることを顕著に示している。

(d) 投資経験

先物経験者が18.5％、先物未経験者が81.5％であり、約8割以上が先物取引未経験の被害者であるという傾向が続いている。

(e) 被害金額

100万円以上500万円未満の被害者の39.3％で最も多く、100万円未満の被害者5.4％との合計で約44.7％を占めている。また500万以上1000万円未満が15.7％、1000万円以上の被害者は合計26.7％である。

(f) 取引期間

取引期間が1カ月未満の被害者が9％、1カ月以上6カ月未満では32％、6カ月以上1年未満は20％となり、1年未満を合計すると61％になる。相変わらず約6割強が取引期間1年未満の被害者であり、短期間に多額の被害が発生していることを示している。

(g) 取引のきっかけ

商品先物について「業者の勧誘」が88.7％を占めており従前同様の高率である。

(h) 取引に不満があるかどうか

「不満がある」との明確な回答は133名中96名で72.1％、他方で「不満がない」との回答は3名である。

(i) 取引の現状

「取引継続中」が27％、「取引終了済み」が81.2％である。

(j) 110番へ電話した目的

「アドバイスを受けたい」が51.8％、「苦情を言いたい」が11.2％、「弁護士に相談したい」が25.5％と、従前を上回る合計88.5％が商品先物取引被害への不満と解決を望んでいることがわかる。

(6) まとめ

ここ数回の110番の結果をみると、平成18年の571件（うち先物399件）が件数的には最多であり、以後、平成19年375件（うち先物261件）、平成21年285件（うち先物133件）と減少傾向が看取できるところ、これは平成17年5月施行の改正商取法およびガイドライン等による規制強化による取引量および取引業者数の減少が背景となっている。しかし、被害の態様に着目すると、業者からの勧誘に始まり、被害者の大半が取引未経験者ないし資金面での不適

格者であること、先物取引について理解しないまま取引を開始・継続させられているという、旧態依然とした「客殺し」手法が繰り返されていることが明らかである。したがって、被害救済に臨む弁護士としては、後述する被害救済の具体的場面においては、かかる被害者と業者の実態とをいつも念頭におくことを忘れてはならない。

3 主務省による処分

主務省が先物業者に対してどのような行政処分をしているか、平成12年以降の処分について、経産省HPに公表されている。それをもとにまとめたものが〔図表6〕である。

〔図表6〕 主務省による商品取引員の処分

年月日	業者	種類	処分内容	主な処分理由
平成12年9月20日	コーワフューチャーズ	商品先物	自己の計算による取引の停止（平成12年9月27日～平成12年10月18日）取引の受託の停止（平成12年9月27日～平成12年10月16日）	財産の分離保管等の措置義務違反、調書の虚偽の作成、証拠金等の返還遅延
平成12年12月11日	日本アクロス	商品先物	取引の受託の停止（平成12年12月18日～平成12年12月25日）	財産の分離保管等の措置義務違反、調書の虚偽の作成
平成13年3月19日	西友商事	商品先物	取引の受託の停止（平成13年3月28日～平成13年3月30日）	財産の分離保管等の措置義務違反、調書の虚偽の作成
平成13年7月17日	アイメックス	商品先物	取引の受託の停止（平成13年7月25日～平成13年7月27日）	財産の分離保管等の措置義務違反
平成13年7月17日	コスモフューチャーズ	商品先物	取引の受託の停止（平成13年7月25日～平成13年7月31日）	財産の分離保管等の措置義務違反
平成13年10月1日	コーワフューチャーズ	商品先物	取引の受託の停止（平成13年10月9日～平成13年10月10日）	財産の分離保管等の措置義務違反
平成14年2月22日	エグチフューチャーズ	商品先物	業務改善命令	適合性原則違反、使用人に対する指導監督が不適切であるため顧客との間に紛争がひん発するおそれがあること

IV　苦情に関する調査、処分等

日付	業者	種別	処分内容	理由
平成14年4月8日	東京ゼネラル	商品先物	取引の受託の停止（平成14年4月15日〜平成14年4月17日）自己の計算による取引の停止（平成14年4月15日〜平成14年5月8日）	一任売買、帳簿の作成等の義務違反
平成14年6月28日	アスカフューチャーズ	商品先物	取引の受託の停止（平成14年7月5日〜平成14年7月11日）	財産の分離保管等の措置義務違反
平成15年2月18日	第一商品	商品先物	取引の受託の停止（平成15年2月25日〜平成15年2月26日）	委託証拠金の預託不足、財産の分離保管等の措置義務違反
平成15年6月23日	西友商事	商品先物	取引の受託の停止（平成15年6月30日〜平成15年7月4日）業務改善命令	委託証拠金の預託不足、委託証拠金の返還遅延、仕切拒否
平成15年7月11日	太陽ゼネラル	商品先物	取引の受託の停止（平成15年7月18日）業務改善命令	適合性原則違反、委託証拠金の預託不足
平成15年9月26日	東京ゼネラル	商品先物	取引の受託の停止（平成15年10月3日〜同月28日まで）業務改善命令	財産の分離保管等の措置義務違反、虚偽の報告、虚偽の資料の提出
平成15年10月28日	東京ゼネラル	商品先物	取引の受託の停止（平成15年10月29日から、財産分離保管措置が法第136条の15の規定に従って適正に講じられるに至ったことが確認される日まで（平成16年4月28日までを限度））	財産の分離保管等の措置義務違反
平成15年11月18日	東京ゼネラル	商品先物	業務改善命令	委託証拠金の返還遅延
平成15年12月17日	フジフューチャーズ	商品先物	取引の受託の停止（平成15年12月24日）	委託証拠金の預託を適切に受けていないこと
平成16年1月6日	東京ゼネラル	商品先物	取引及びその受託の停止（平成16年1月7日〜平成16年1月12日）許可の取消	財産の分離保管等の措置義務違反、虚偽の報告・資料提出、証拠金等の返還遅延
平成16年2月24日	コスモフューチャーズ	商品先物	取引の受託の停止（平成16年3月2日〜同月5日）業務改善命令	適合性原則違反、無断売買、顧客との間に紛争が頻発していたこと

日付	業者	区分	処分内容	理由
平成16年6月4日	東陽レックス	商品先物	取引の受託の停止（平成16年6月14日～同月15日）	委託証拠金の預託を適切に受けていないこと
	ローズ・コモディティ	商品先物	取引の受託の停止（平成16年6月14日～同月18日）業務改善命令	証拠金等の返還遅延、仕切拒否、顧客からの苦情の多発
平成16年7月2日	アイメックス	商品先物	自己の計算における取引の停止（平成16年7月9日～同月30日）	自己の計算による取引を委託者の計算によるものと偽って法定帳簿を作成したこと
平成16年12月10日	アスカフューチャーズ	商品先物	取引の受託停止（平成16年12月16日～同月22日）	一任売買
平成16年12月14日	北辰物産	商品先物	取引の受託の停止（平成16年12月20日～同月22日）業務改善命令	適合性原則違反
	新日本貴志	商品先物	取引の委託の取次の引受を停止（平成16年12月20日～同月22日）	登録外務員以外の使用人による勧誘 財産の分離保管等の措置義務違反
平成17年4月27日	グローバリー	商品先物	自己の計算における取引の停止（平成17年5月10日～同月30日）取引の受託の停止（平成17年5月10日～6月23日）業務改善命令	膨大な商品取引事故の報告懈怠 帳簿の虚偽記載
平成17年5月31日	コーワフューチャーズ	商品先物	商品取引受託業務の停止（平成17年6月7日～8月8日）業務改善命令	膨大な商品取引事故の報告懈怠 一任売買、無断売買、帳簿の虚偽記載
	西友商事	商品先物	商品取引受託業務の停止（平成17年6月7日～同年9月15日）自己の計算における取引の停止業務改善命令	膨大な商品取引事故の報告懈怠 断定的判断の提供、損失補填、一任売買、再勧誘、委託者資産の返還遅延、無断売買、仕切拒否
平成17年6月21日	グローバリー	商品先物	商品取引受託業務の停止（平成17年6月24日～9月16日）	委託者資産の返還遅延等、仕切拒否
平成17年8月5日	ハーベスト・フューチャーズ	商品先物	商品取引受託業務の停止（平成17年8月15日～8月31日）	役員の不許可基準事由への事後的該当 不正の手段による許可の取得
平成17年10月28日	東京シティホールディング	海外先物	海外先物取引の受託等の業務の停止（平成17年10月28日～平成18年4月27日）	海先法5条2項から8条1項までおよび10条5号の規定に違反する行為をし、かつ、当該行為を引き続きするおそれがある

IV 苦情に関する調査、処分等

				と認められたこと
平成17年 12月16日	アイビック	商品 先物	商品取引受託業務の停止（平成17年12月21日～12月28日） 業務改善命令	一任売買、仕切拒否、適合性原則違反
平成18年 8月11日	クレボ	商品 先物	商品取引受託業務の停止（平成18年8月16日～9月14日） 業務改善命令	役職員による法定帳簿の虚偽記載
	岡地	商品 先物	商品取引受託業務の停止（平成18年8月16日～8月22日） 自己の計算による取引の停止 業務改善命令	役職員による法定帳簿の虚偽記載 顧客との間の紛争が頻発していること
平成18年 12月15日	オムニコ	商品 先物	業務改善命令	再勧誘に関する苦情の多発、指導違反
	コムテックス	商品 先物	業務改善命令	再勧誘に関する苦情の多発、主務省の指導に対する違反
	日本交易	商品 先物	業務改善命令	再勧誘に関する苦情の多発、主務省の指導に対する違反
平成19年 3月9日	オムニコ	商品 先物	商品取引受託業務の停止（平成19年3月19日～4月10日） 業務改善命令	多数の商品取引事故等が発生していた事実を組織的に隠蔽したこと 顧客との間の紛争が頻発していること 顧客との間において不適正な金銭貸借関係を結んでいた外務員が認められたこと 勧誘の適否の審査に当たり、一部の顧客の属性の把握に不備がありながら、審査を終了させ、取引契約を行っていたこと
	第一商品	商品 先物	商品取引受託業務の停止（平成19年3月19日～4月16日） 自己の計算による取引の停止 業務改善命令	改善措置実施状況報告書等の虚偽記載、商品取引事故の報告懈怠 現物の商品取引と商品先物取引を明確に区分せずに勧誘が行われていたこと
平成19年 7月6日	小林洋行	商品 先物	商品取引受託業務の停止（平成19年7月17日～9月13日） 業務改善命令	多数の商品取引事故等が発生していた事実を組織的に隠蔽したこと 断定的判断の提供、損失補塡、一任売買、再勧誘、無断売買、仕切拒否 顧客との間の紛争が頻発していること

日付	業者名	区分	処分内容	処分理由
平成19年9月7日	トリフォ	商品先物	商品取引受託業務の停止（平成19年9月18日〜12月20日）業務改善命令	多数の商品取引事故等が発生していた事実を組織的に隠蔽したこと　損失補填、一任売買、無断売買、新規委託者保護義務違反
	オリエント貿易	商品先物	商品取引受託業務の停止（平成19年9月18日〜11月6日）業務改善命令	多数の商品取引事故等が発生していた事実を組織的に隠蔽したこと　顧客との間の紛争が頻発していること
	ユニテックス	商品先物	商品取引受託業務の停止（平成19年9月18日〜9月28日）業務改善命令	多数の商品取引事故等が発生していた事実を組織的に隠蔽したこと　顧客との間の紛争が頻発していること
平成19年9月21日	J・A・I	海外先物	海外先物取引の受託等の業務の停止（平成19年10月2日〜平成20年1月1日）	交付書面の記載不備・虚偽記載、書面の不交付
	イー・スプレッドジャパン	海外先物	海外先物取引の受託等の業務の停止（平成19年10月2日〜平成20年1月2日）	交付書面の記載不備・虚偽記載、書面の不交付
	Systematic Trading Solution	海外先物	海外先物取引の受託等の業務の停止（平成19年10月2日〜平成20年1月3日）	交付書面の記載不備・虚偽記載、書面の不交付
平成19年10月26日	日本インベストメントプラザ	海外先物	海外先物取引の受託等の業務の停止（平成19年11月3日〜平成20年11月2日）	交付書面の記載不備・虚偽記載、書面の不交付、のみ行為
平成19年10月26日	オリオン交易	商品先物	商品取引受託業務の停止（平成19年11月5日〜同年12月3日）業務改善命令	多数の商品取引事故等が発生していた事実を組織的に隠ぺい　報告書類の虚偽記載
	日本アクロス	商品先物	商品取引受託業務の停止（平成19年11月5日〜同年11月27日）業務改善命令	多数の商品取引事故等が発生していた事実を組織的に隠蔽したこと　顧客との間の紛争が頻発していること
	北辰物産	商品先物	商品取引受託業務の停止（平成19年11月5日〜同年11月9日）業務改善命令	再勧誘
	共和トラスト	商品先物	業務改善命令	顧客に係る社内審査不備

IV 苦情に関する調査、処分等

日付	業者名	区分	処分内容	処分理由
平成19年12月6日	コメックスジャパン	海外先物	海外先物取引の受託等の業務の停止（平成19年12月7日～平成20年12月6日）	交付書面の記載不備・虚偽記載、のみ取引、虚偽表示、財産が不十分であるため顧客の利害を害するおそれがあるにもかかわらず顧客と契約締結等を行うこと
	トータルプランニング	海外先物	海外先物取引の受託等の業務の停止（平成19年12月7日～平成20年9月6日）	交付書面の記載不備、売買指示書面の不交付
平成20年1月11日	コムテックス	商品先物	自己の計算による取引の停止　商品取引受託業務の停止（平成20年1月21日～同年3月10日）　業務改善命令	多数の商品取引事故等が発生していた事実を組織的に隠蔽したこと　報告徴収に対する提出資料の虚偽記載　顧客の適合性に係る社内審査体制の不備　両建
	USSひまわり	商品先物	商品取引受託業務の停止（平成20年1月21日～同年2月18日）　業務改善命令	財産の分離保管等の措置義務違反、商品取引事故の報告懈怠
	カネツ商事	商品先物	業務改善命令	商品取引事故等について、主務大臣への報告が適切に行われていないなど、内部管理体制の不備
平成20年2月29日	アスカフューチャーズ	商品先物	商品取引受託業務の停止（平成20年3月10日～同年5月20日）　業務改善命令	財産の分離保管等の措置義務違反、分離保管等に関する調書の虚偽記載　純資産額が資本金額を下回ること、および、規則81条において定める額を下回るおそれがあること
	ジャイコム	商品先物	業務改善命令	純資産額が資本金額を下回ること、および、規則81条において定める額を下回るおそれがあること
平成20年3月28日	ユニテックス	商品先物	商品取引受託業務の停止（平成20年4月7日～同年6月10日）　業務改善命令	多数の商品取引事故等が発生していた事実を組織的に隠蔽したこと　業務改善報告・計画書の虚偽記載
	日本交易	商品先物	業務改善命令	商品取引事故等の発生を防止するために講ずるとした顧客管理措置の未実施、実施体制の不備
平成20年6月6日	あさひアセットマネジメント	ロコ・ロンドンまがい取引	業務停止（平成20年6月8日～平成20年12月7日）	不実告知、契約書面等における記載の不備

65

第1章 基礎編

平成20年7月11日	オムニコ	商品先物	商品取引受託業務の停止（平成20年7月22日～同年10月16日）業務改善命令	商品取引事故の報告懈怠、断定的判断の提供、迷惑勧誘、再勧誘、仕切拒否、適合性原則違反
	サンワード貿易	商品先物	商品取引受託業務の停止（平成20年7月22日～同年7月28日）業務改善命令	商品取引事故の報告懈怠
	三貴商事	商品先物	商品取引受託業務の停止（平成20年7月22日～同年7月23日）業務改善命令	断定的判断の提供、一任売買、損失補填の約束、適合性原則違反、
平成20年7月22日	ワールドビジネスバンク	ロコ・ロンドンまがい取引	業務停止（平成20年7月24日～平成21年1月23日）	不実告知、契約書面等における記載の不備
平成20年9月19日	大平洋物産	商品先物	自己の計算による取引の停止　商品取引受託業務の停止（平成20年9月29日～同年11月7日）業務改善命令	商品取引事故の組織的隠蔽、断定的判断の提供、不実告知、再勧誘、返還遅延、適合性原則違反、誠実公正義務違反、説明義務違反
	東陽レックス	商品先物	自己の計算による取引の停止　商品取引受託業務の停止（平成20年9月29日～同年11月6日）業務改善命令	断定的判断の提供、目的等不告知勧誘、仕切拒否、多数の商品取引事故等が発生していた事実を組織的に隠蔽したこと
	トレックス	商品先物	商品取引受託業務の停止（平成20年9月29日～同年10月9日）業務改善命令	一任売買、再勧誘、仕切拒否
平成20年9月30日	ユニバーサル・キャピタル・ジャパン	海外先物	海外先物取引の受託等の業務の停止（平成20年10月1日～平成21年9月30日）	交付書面の記載不備、財産が不十分であるため顧客の利害を害するおそれがあるにもかかわらず顧客と契約締結等を行うこと、のみ行為
	ジャパン・ソリューションズ	海外先物	海外先物取引の受託等の業務の停止（平成20年10月1日～平成21年9月30日）	交付書面の記載不備、財産が不十分であるため顧客の利害を害するおそれがあるにもかかわらず顧客と契約締結等を行うこと
平成20年11月10日	M's	海外先物	海外先物取引の受託等の業務の停止（平成20年11月11日～平成21年8月10日）	交付書面の記載不備、虚偽表示、財産が不十分であるため顧客の利害を害するおそれがあるにもかかわらず顧客と契約締結等を行うこと、のみ行為

	キャピタル・マネジメント・ジャパン	海外先物	海外先物取引の受託等の業務の停止（平成20年11月11日～平成21年11月10日）	交付書面の記載不備、虚偽表示、財産が不十分であるため顧客の利害を害するおそれがあるにもかかわらず顧客と契約締結等を行うこと、のみ行為
平成20年12月5日	エイチ・エス・フューチャーズ	商品先物	商品取引受託業務の停止（平成20年12月15日～平成21年2月19日）業務改善命令	断定的判断の提供、不実告知、再勧誘、仕切拒否、適合性原則違反
	大起産業	商品先物	商品取引受託業務の停止（平成20年12月15日～平成21年1月7日）業務改善命令	商品取引事故の報告懈怠、断定的判断の提供、再勧誘、両建、適合性原則違反、説明義務違反
平成20年12月8日	ベルテックス	海外商品先物オプション取引	業務停止命令（平成20年12月10日～平成21年9月9日）、指示	不実告知、再勧誘、契約書面等における記載の不備
平成20年12月25日	イートラストジャパン	海外先物	業務停止命令（平成20年12月26日～平成21年12月25日）	書面の記載不備、熟慮期間経過前の取引
平成21年1月13日	オリエンタルマザーズ	海外商品先物オプション取引	業務停止命令（平成21年1月15日～同年10月14日）、指示	不実告知、再勧誘、契約書面等における記載の不備
平成21年2月20日	岡地	商品先物	商品取引受託業務の停止（平成21年3月2日～平成21年3月17日）業務改善命令	商品取引事故の報告懈怠、断定的判断の提供、両建の勧誘、仕切拒否、誠実公正義務違反、適合性原則違反
	オリオン交易	商品先物	商品取引受託業務の停止（平成21年3月2日）業務改善命令	無断売買、仕切拒否、誠実公正義務違反、適合性原則違反
平成21年4月24日	エース交易	商品先物	商品取引受託業務の停止（平成21年5月7日～同年5月19日）業務改善命令	商品取引事故の報告懈怠、断定的判断の提供、誠実公正義務違反、適合性原則違反、説明義務違反
	ローズ・コモディティ	商品先物	商品取引受託業務の停止（平成21年5月7日～同年5月8日）業務改善命令	断定的判断の提供、適合性原則違反

第1章 基礎編

4 取引所、日商協による処分等を受けた業者

(1) 日商協による制裁等の状況

日商協は、定款に基づき、会員の法令違反・不正行為等に対する「制裁規程」を設けて会員に対する制裁を行っており、また「会員役職員に対する指導・勧告・処分に関する規則」を設けて会員の役員・職員に対する処分等を行っている。

平成11年度から13年度までの制裁については、平成11年度は9社、12年度は4社、13年度は5社が制裁を受け、300万円から3000万円までの過怠金、譴責の処分をされている（白書〔2002年度版〕参照）。処分の理由は、大部分が委託者資産の分離保管義務違反、委託証拠金返還遅延であり、過怠金の制裁によっても改善が認められないため会員の権利停止2年の処分を受けた会員もあった。

平成14年12月に破産宣告を受けたアイコムも返還遅延等を繰り返し、その1年前に3000万円過怠金制裁を受けていた。

平成14年以降の会員に対する制裁等の状況は〔図表7〕である（日商協による制裁。日商協のホームページおよび事業報告書をもとに作成）。

〔図表7〕 日商協による会員に対する制裁等の状況
① 制裁

		制裁対象会員	制裁の種類およびその理由
平成14年	8月6日	東京ゼネラル	〔制裁〕過怠金2000万円 〔理由〕日商協に届け出たディスクロージャー資料の平成11年3月期版及び平成13年3月期版に虚偽の記載があったと認められたため。 　また、定款および制裁規程に定める本会の調査に応じなかったことは、本会の行う調査を忌避し、調査協力義務を履行しなかったと認められたため。
平成15年	5月28日	岡安商事	〔制裁〕過怠金500万円 〔理由〕委託者が公金出納取扱者であることを知りながら当該委託者の財産に照らして過大な取引

			を受託していたこと、その取引において委託証拠金が不足する状態を解消しないまま取引を継続していたことおよび従前の取引が多額の損失となって終了したことを知りながらあらためて取引を受託していたことが認められること並びにこれらの行為によって結果的に不正資金を商品先物市場に流用せしめ、商品取引受託業の信用を著しく失墜せしめたと認められること。
		岡地	〔制裁〕過怠金300万円 〔理由〕委託者の財産に照らして過大な取引を受託していたことおよびその取引において委託証拠金が不足する状態を解消しないまま取引を継続していたことが認められること並びにこれらの行為によって結果的に不正資金を商品先物市場に流用せしめ、商品取引受託業の信用を著しく失墜せしめたと認められること。
	11月7日	小林洋行	〔制裁〕過怠金500万円 〔理由〕委託者が公金出納取扱者に準ずるものであることを知りながら当該委託者の財産に照らして過大な取引を受託していたことおよびこのことによって結果的に不正資金を商品先物市場に流入せしめ商品取引受託業の信用を失墜させたと認められること。
		萬成トレーディング	〔制裁〕過怠金500万円 〔理由〕委託者が公金出納取扱者であることを知りながら当該委託者の財産に照らして過大な取引を受託していたことおよびその取引において委託証拠金が不足する状態を解消しないまま取引を継続していたこと並びにこれらの行為によって結果的に不正資金を商品先物市場に流入せしめ商品取引受託業の信用を失墜させたと認められること。
		大起産業	〔制裁〕過怠金300万円 〔理由〕委託者が公金出納取扱者であることを知りながら当該委託者の財産に照らして過大な取引を受託していたことおよびその取引において委託証拠金が不足する状態を解消しないまま取引を継

			続していたこと並びにこれらの行為によって結果的に不正資金を商品先物市場に流入せしめ商品取引受託業の信用を失墜させたと認められること。
		東京ゼネラル	〔制裁〕過怠金300万円 〔理由〕同上
		日本アイビック	〔制裁〕過怠金300万円 〔理由〕同上
		日商岩井フューチャーズ	〔制裁〕譴責 〔理由〕委託者の財産に照らして過大な取引を受託していたことおよびこのことによって結果的に不正資金を商品先物市場に流入せしめ商品取引受託業の信用を失墜させたと認められること。
平成16年	2月19日	コスモフューチャーズ	〔制裁〕過怠金2000万円 〔理由〕受託業務管理規則に規定する不適格者、特に高齢、無職の者を勧誘し、十分な説明や理解を得ないまま受託していたこと、および、未経験者に対する習熟期間中の建玉制限を超過させ、過大な取引を受託していたこと並びに頻繁な売買等委託者の意思に反する取引を行っていたことが認められること。
平成17年	5月9日	グローバリー	〔制裁〕過怠金5000万円 〔理由〕① 自己の取引を委託者の名前で行い、商品取引所法で作成が義務付けられている帳簿に自己の計算による取引と委託者の計算による取引とを区分せずに偽って記載したこと及び商品取引所法施行規則で提出が義務付けられている事故報告書について多数の事故を記載せずに提出していたこと。 ② 日商協定款12条に基づき作成が義務付けられているディスクロージャー資料を、虚偽の数値をもって作成し開示していたこと。
		北辰商品	〔制裁〕過怠金1500万円 〔理由〕受託業務管理規則に規定する不適格者、特に高齢、無職の者等に対して、十分な説明や理解を得ないまま受託していたこと及び未経験者に対する習熟期間中の建玉制限を超過させ、過大な

	7月27日	西友商事	取引を受託していたこと並びに頻繁な売買等委託者の意思に反する取引を行っていたこと。〔制裁〕過怠金5000万円〔理由〕① 自己の取引を委託者の名前で行い、商品取引所法で作成が義務付けられている帳簿に自己の計算による取引と委託者の計算による取引とを区分せずに偽って記載したこと、商品取引所法施行規則で提出が義務付けられている商品取引事故に関する報告書について多数の事故を記載せずに提出していたこと及び断定的判断の提供等商品取引所法で禁止されている不当な勧誘等の行為を行っていたこと。② 委託者口座において自己取引を行っていたこと及び多数の商品取引事故を報告していなかったことに関して、日商協の定款11条1項に基づき提出が義務付けられている書類及び定款第12条に基づき作成及び提出が義務付けられているディスクロージャー資料を、虚偽の数値をもって作成し、提出し及び開示していたこと。
平成19年	7月12日	コムテックス	〔制裁〕過怠金2000万円〔理由〕① 委託者の財産の状況に照らして過大な取引を受託していたと認められること。② 委託証拠金が不足する状態を解消しないまま取引を継続させ、新たな取引を受託していたと認められること。③ 同社の受託業務管理規則に定められた不正資金の流入防止のための措置や管理部門が果たすべき職務を怠る不適切な対応が認められること。④ これらの行為によって結果的に不正資金を商品先物市場に流入せしめ、商品取引受託業の信用を著しく失墜させたと認められること。
		大起産業	〔制裁〕過怠金2200万円〔理由〕① 委託者の財産の状況に照らして過大な取引を受託していたと認められること。② 委託証拠金が不足する状態を解消しないまま取引を継続させ、新たな取引を受託していたと認められること。

			③ 委託者が公金取扱者であることを認識していながら、当該委託者からの受託において同社の受託業務管理規則に定められた不正資金の流入防止に関する規定に違反する行為が認められること。 ④ これらの行為によって結果的に不正資金を商品先物市場に流入せしめ、商品取引受託業の信用を著しく失墜させたと認められること。 ⑤ 平成15年11月7日に日商協から不正資金の流入問題で制裁を受けていながら、改善が図られていないと認められること。
平成20年	1月23日	日本交易	〔制裁〕過怠金2000万円 〔理由〕① 受託等業務に関する規則5条2項において、会員は登録外務員に対し委託者本人以外の名義を使用した取引をさせないよう管理することが義務付けられているが、平成19年8月下旬に報道された同社元登録外務員による委託者殺害事件の当事者との間の取引を含め、登録外務員が委託者本人以外の名義による取引を受託している事例が多数存在しており、上記規則に違反していたと認められること。 ② 受託等業務に関する規則5条2項において、会員は登録外務員に対し委託者と金銭等の貸借関係を結ばせないよう管理することが義務付けられているが、登録外務員が委託者に個人的に資金を立て替えて取引を受託していた事例が複数存在しており、上記規則に違反していたと認められること。 ③ 受託等業務に関する規則5条1項において、会員は商品取引所法により禁止されている行為を行わないよう義務付けられているが、同法第214条5号で禁止されている、勧誘を希望しない旨又は委託を行わない旨の意思表示をした者に対する勧誘行為が多数存在しており、商品取引所法及び上記規則に違反していたと認められること。
		コムテックス	〔制裁〕過怠金3000万円 〔理由〕①同社の勧誘によって取引に至った委託者からの受託取引（取引期間：平成17年3月28日

平成21年			〜平成19年9月18日）において、その財産の状況に照らして過大な取引を受託しており、適合性の原則に違反していたと認められること、②同社の受託業務管理規則に定められた不正資金の流入防止措置の実施において不適切な点があったと認められること、③これらの行為によって結果的に不正資金の商品先物市場への流入を防止できず商品取引受託業の信用を著しく失墜させたと認められること、④平成19年7月12日に本会から不正資金の流入問題に絡む受託取引で同様の制裁を受けておりながら、二度にわたって商品取引受託業の信用を著しく失墜させたと認められること。
		オムニコ	〔制裁〕過怠金2000万円 〔理由〕①同社の勧誘によって取引に至った委託者からの受託取引（取引期間：平成18年2月24日〜平成20年3月24日）において、その財産の状況に照らして過大な取引を受託しており、適合性の原則に違反していたと認められること、②同社の受託業務管理規則に定められた不正資金の流入防止措置に関しとるべき措置を怠っていたと認められること、③これらの行為によって結果的に不正資金の商品先物市場への流入を防止できず商品取引受託業の信用を著しく失墜させたと認められること。
		ドットコモディティ	〔制裁〕過怠金300万円 〔理由〕①電子取引によって参入してきた委託者からの受託取引（取引期間：平成19年11月1日〜平成20年4月4日）において、その財産の状況に照らして過大な取引を受託しており、適合性の原則に違反していたと認められること、②同社の受託業務管理規則に定められた不正資金の流入防止措置に関する対応を怠っていたと認められること、③これらの行為によって結果的に不正資金の商品先物市場への流入を防止できず商品取引受託業の信用を著しく失墜させたと認められること。
		大起産業	〔制裁〕譴責 〔理由〕①取引証拠金が不足する状況を解消しな

第1章 基礎編

		いまま取引を継続させ、新たな取引を受託しており、受託契約準則に違反していたと認められること、②同社の受託業務管理規則に定められた不正資金の流入防止措置の実施において不十分な点があったと認められること。
	小林洋行	〔制裁〕譴責 〔理由〕同社の受託業務管理規則に定められた不正資金の流入防止措置の実施において不十分な点があったと認められること。

※これらの制裁は、1年間に限ってではあるが、日商協のホームページで公表されている。

② 勧告

		措置対象会員	措置の種類およびその理由
平成16年	2月19日	コスモフューチャーズ	〔措置〕受託業務管理規則の変更に関する勧告 〔理由〕顧客の適格性に関する調査、審査およびそれらの手続に不備が認められること、商品取引の経験のない新たな委託者に対する習熟期間中の管理に係る規定およびその遵守のための担保措置が十分でないと認められること、委託者の取引意思の確認が不十分であること等により、委託者の意思に反する取引が行われていたと認められること。

　また、先物取引に関連した公金横領等の事件が続発し、繰り返し報道されている（43頁参照）。

　以上のような不祥事が繰り返されるのは、いくら規則を厳しくしても、高額な過怠金などの制裁をしても、なお公金取扱者等を勧誘の対象とすることにそれだけのうまみがあるからであろう。少なくとも公金取扱者等に対する勧誘は禁止すべきであるし、制裁についてもうまみを残すべきではなく、より重い過怠金を課し、同種事件を繰り返す場合には会員の権利停止や除名をもって臨むべきである。

　また、制裁理由の公表についても具体的ではなく、これを目にする一般人に報道された事件と制裁との関連がわからない。少なくとも横領行為や逮捕

等の時期、金融機関等の種類、横領行為者等の地位、横領金額等を明らかにすべきである。

　また、会員の役員・職員に対する処分等の状況は〔図表8〕のとおりである（日商協のホームページ、会報および事業報告書をもとに作成）。

　これらの処分をみると、外務員らに規範意識がなく、遵法精神が欠如していることが明らかである。

〔図表8〕　会員の役員・職員に対する処分等の状況

		対象者	処分内容	処分理由
平成14年度	①	元登録外務員1名	登録拒否　3年間	金地金を購入するために預かった資金を着服、複数の委託者との間での金銭貸借。
	②	同上　1名	登録拒否　3カ月	元本を保証する書面の差入れ。
	③	元登録外務員1名	登録拒否　1年間	虚偽事実・威迫言動による勧誘、仕切回避、適合性原則不遵守、不適切な両建勧誘。
	④	元登録外務員2名	登録拒否　1年間	顧客カード等顧客情報の社外持ち出し。
	⑤	元登録外務員1名	指導	同業他社の外務員と一緒に顧客を訪問・紹介。
平成15年度	⑥	元登録外務員1名	登録拒否　2年間	個人的に運用して損を取り戻すと持ちかけて委託者の金銭を預かった。
	⑦	元登録外務員1名	登録拒否　5年間	個人的に運用する等の話を持ちかけ、委託者5名から金銭を預かり着服。
	⑧	元登録外務員1名	登録拒否　1年6カ月間	委託者3名の口座で委託証拠金を流用して取引し、その利益金等を部下に命じて出金させて取得。
	⑨	元登録外務員1名	登録拒否　1年間	上記⑧の違反行為に協力、自らも委託者3名の口座から証拠金等を着服、借名口座の開設。
	⑩	元登録外務員1名	登録拒否　4年間	法定帳簿の不実記載、部下に金銭借用証書の偽造等をさせた。
	⑪	元登録外務員1名	登録拒否　3年間	上記⑩の関連で上司の指示を受け金銭借用証書の偽造等を行った。

	⑫	元登録外務員1名	登録拒否　1年6カ月間	3つの借名口座の開設と、うち1つの口座を利用して自己取引を行った。
平成16年度	⑬	元登録外務員1名	登録拒否　3年間	無断売買。
	⑭	外務員3名	職務停止　9カ月・7カ月・6カ月	部下の不適格者勧誘の容認、習熟期間内の建玉制限の超過等。
	⑮	外務員2名	職務停止　8カ月・6カ月	不適格者への勧誘、習熟期間内の建玉制限の超過。
	⑯	外務員1名	職務停止　6カ月	不適格者への勧誘、管理担当班責任者の審査を経ない受託。
	⑰	外務員1名	職務停止　6カ月	習熟期間内の建玉制限超過。
	⑱	外務員2名	勧告	委託者の属性を的確に把握せずに勧誘・受託を行っていた。
	⑲	外務員3名	勧告	不適格者の算入及び習熟期間内の建玉制限に関して管理者としての職務を全うしていない。
平成17年度	⑳	専務取締役	登録拒否　5年間	自己取引で得た金銭を商品取引事故の和解金として支払い、これに伴い法定帳簿に虚偽記載をしていた。
	㉑	執行役員	登録拒否　5年間	自己取引で得た金銭を商品取引事故の和解金として支払い、訴所事実を事故報告書に記載していなかった。
	㉒	常務取締役	登録拒否　4年間	自己取引で得た金銭を商品取引事故の和解金として支払い、これに伴い法定帳簿に虚偽記載をしていた。
	㉓	執行役員	登録拒否　3年間	自己取引で得た金銭を商品取引事故の和解金として支払い、これに伴い法定帳簿に虚偽記載をしていた。
	㉔	元登録外務員1名	登録拒否　5年間	委託者から多額の金銭を個人的に借り入れた。
	㉕	元登録外務員1名	登録拒否　3年間	委託者に対し、一任売買または無断売買を行ったこと、本人以外の名義による取引を行わせたこと、断定的判断の提供による勧誘行為を行ったこと、その他委託者保護に欠ける行為を行った。

IV 苦情に関する調査、処分等

平成18年度	㉖ 元登録外務員1名	登録拒否	3年間	無断売買、断定的判断の提供による勧誘行為、その他委託者保護に欠ける行為を行った。
	㉗ 元登録外務員1名	登録拒否	1年間	元本保証の書面の差し入れ、仕切拒否、資産返還の拒否を行った。
	㉘ 元登録外務員1名	登録拒否	1年間	仕切拒否、無断売買、利益保証を行った。
	㉙ 元登録外務員1名	登録拒否	3年間	一任売買又は無断売買、両建ての勧誘及び受託、薄敷き、過当売買その他委託者保護に欠ける行為を行った。
平成20年度	㉚ 元登録外務員1名	登録拒否	3カ月	本人以外の名義による取引の受託。
	㉛ 元登録外務員1名	登録拒否	4カ月	本人以外の名義による取引の受託、無断決済。
	㉜ 元登録外務員1名	登録拒否	3年間	委託者の指示を受けない取引の履行、適合性原則違反など委託者の保護に欠ける行為を行った。
	㉝ 元登録外務員1名	登録拒否	3カ月	複数の委託者への再勧誘。
	㉞ 元登録外務員1名	登録拒否	2年間	借入による取引の開始の勧誘、損失保証。
	㉟ 元登録外務員1名	登録拒否	3カ月	本人以外の名義による取引の受託。
	㊱ 元登録外務員1名	登録拒否	2年間	本人以外の名義による取引の受託、無断決済。特別な利益の提供、無断売買。
	㊲ 元登録外務員1名	登録拒否	3カ月	本人以外の名義による取引の受託。
	㊳ 元登録外務員1名	登録拒否	2年間	預り金（証拠金）詐取。
	㊴ 元登録外務員1名	登録拒否	2年間	委託者から金銭を借り入れた。
	㊵ 元登録外務員1名	勧告		勧誘において顧客に誤解を与えるような不適切な言動があった。
	㊶ 係長心得	職務停止	1カ月	無断決済

㊷	次長心得	職務停止　1カ月	部下の無断決済を容認。
㊸	主任心得	職務停止　1カ月	複数の勧誘拒否者への再勧誘
㊹	課長	職務停止　3カ月	複数の勧誘拒否者への再勧誘、部下における勧誘拒否者に対する再勧誘。
㊺	係長	職務停止　4カ月	複数の勧誘拒否者への再勧誘
㊻	外務員	職務停止　6カ月	複数の勧誘拒否者への再勧誘、部下における勧誘拒否者に対する再勧誘。
㊼	課長	職務停止　2カ月	本人以外の名義による取引の受託。
㊽	外務員	職務停止　2カ月	本人以外の名義による取引の受託等。
㊾	外務員	職務停止　4カ月	本人以外の名義による取引の受託、無断売買。
㊿	課長	職務停止　9カ月	本人以外の名義による取引の受託等。

5　ディスクロージャー

　日商協は、会員である業者に対して、情報開示（ディスクロージャー）をさせており、それを日商協会員である業者の本店・支店および営業所、日商協本部閲覧室および支部、さらには日商協ホームページにおいて開示している。したがって、このディスクロージャーを利用することにより、業者が自己申告している苦情・紛争、訴訟件数を調べることができる（2007年版を集計したものが、日弁手引〔九訂版〕42頁以下に掲載されている）。

V　相談を受けたらどうするか

1　取引類型と適用法令の把握

　先物取引の被害相談（であると考えられる相談）を受けた場合、まずどういった取引類型についての相談であるのかを把握する必要がある。一口に「先物取引」といっても、国内の商品取引所における取引である場合もあれば、海外先物取引である場合もあり、海外における現物証拠金取引であるロコ・

ロンドン貴金属証拠金取引である場合や海外商品取引所の価格を差金決済指標とすると称する海外商品CFD取引である場合もあるし、金融先物取引の一種である外国為替証拠金取引（FX取引）やこれらを基礎とする私製ファンドまがい取引である場合などもある。取引類型の把握のために有用な情報としては、業者名、取引商品名、取引の名称、約諾書やパンフレットに記載されている取引内容をあげることができる。業者名が判明すれば先物取引裁判例集末尾の業者別索引を利用して当該業者に関する裁判例に接することができることがあり、事案の理解や被害回復手続をとるにあたって有意な情報となる場合がある。

　取引市場が日本国内の公設取引所であれば、その業者は商品取引員であって、その相談案件は国内公設商品先物取引事件の類型ということになる。日本国内の公設商品取引所は最近になって統合が進み、現在は、東京穀物商品取引所、東京工業品取引所、中部大阪商品取引所、関西商品取引所の4カ所がある。商品取引員ではない者が勝手に商品取引員と称し、国内公設の商品先物取引を口実として被害を発生させているというような事件は、今のところないようであるが、念のため、相手業者が本当に商品取引員か否かを確認すべきであろう。確認するには、主務省（農林水産省総合食料局、経済産業省商務情報政策局商務課）、前記各取引所または日商協に照会すればよい。

　相手業者が商品取引員ではなく、取引市場が海外の取引所であれば、その相談事案は海外先物取引事件の類型である。商品先物取引被害事件の大多数は国内公設の事件であり、海外先物取引事件は少なかったが、近時、海外先物取引事件も増え、その中には海外商品先物取引だけではなく海外先物オプション取引、私設先物取引まがいのロコ・ロンドン貴金属証拠金取引、CFD取引などという取引も増えている。

　国内公設事件の場合、商取法以下の法令、取引所の諸規程、日商協の諸規則が適用される。商品取引員は、主務大臣の許可制で、一定の財務基盤と委託者財産保全制度（第6章参照）があるが、損害賠償債権の保全の観点からは万全ということはなく、商品取引員の財務状況などの動向に注意をする必

要がある（なお、商品取引員が倒産した場合の対処として、268頁参照）。

　これに対し、海外先物取引事件の場合、海外先物業者には参入規制がないため行政の許可を経ることなく営業している。直接適用される関係法令は、海先法以下の法令であるが、同法は、熟慮期間経過前の売買指示についての効果の顧客への不帰属という規定があるものの、書面交付義務等の一定の行為規制を定めているにすぎない。また、証拠金の保全の制度もないので、注意を要する（272以下頁参照）。

　取引対象が（現物を含む）「海外」の商品であるときには、ロコ・ロンドン貴金属証拠金取引や商品CFD取引である可能性も高い。「取引市場」の記載があったとしても、必ずしも海外先物取引であるとは限らない。「相対取引」であるとか、「差金決済取引」などという文言があり、取引対象が「現物」であるときには「ロコ・ロンドン貴金属証拠金取引」（291頁）であり、「相対取引」であるとか「差金決済取引」などという文言があるものの取引対象が「海外商品取引所の上場先物商品」である場合には商品CFD取引である。

　取引対象が通貨であるときには、外国為替証拠金取引（280頁）である可能性が高い。無登録業者が行っている場合には、外国為替証拠金取引をファンド形式で行うと称する違法業者である可能性が高い。

　取引対象が株式である場合には未公開株商法（297頁）である可能性が高い。上場株式を対象として貸金契約のような契約書面が存在するときには、いわゆるニッパチ商法（296頁参照）である可能性が高い。

2　取引継続中の相談

(1)　決済が原則

　取引を現に継続中の人から相談を受けた場合、単なる相談か、被害救済を依頼したいのかにもよるが、原則として建玉を仕切るようアドバイスすることになる（建玉を決済することを「仕切」「仕切る」というが、この用語を個々の建玉の決済の意味に限定して用い、全建玉を決済することを特に区別して「手仕

舞」「手仕舞う」という用語を使う人もいる。本書では特にそこまでの区別はしていない)。

　先物取引では、個人委託者の大半は損失で終わっており、取引をいたずらに継続して損害を拡大しないようにし、また、先物取引被害は不法行為に基づくものと考えると、証拠金等を預託した段階で損害が発生しているので取引の損益は最終的な損害額を確定する債務者において考慮すれば足りると考えられるからである。

　また、弁護士が受任していて決済しないとなると、少なくともそれ以降の取引は委託者の自由意思に基づくということの口実を与えることになりかねない。すなわち、弁護士が受任した時以降の損害の拡大については、因果関係がないという主張が出てくることになりかねないからである。

　建玉を仕切るか否かは相談者（委託者）自身が決めるべきことであるが、次のような正しい説明をすると、ほとんどの相談者は建玉を仕切ることを選択する。

① 建玉をそのままにしておくと、損害がさらに増大する危険がある。もちろん逆に利益となる可能性もあるが、相場がどちらに動くかは弁護士としては何もわからない。

② 相場判断は自己の主体的決断と責任の下に行うべきであり、それをする能力がないと自覚している人は先物取引を行うべきではないし、外務員任せの取引は制度の趣旨に反しており、行うべきではない。

③ 日本の商品先物取引においては、一般委託者の大多数は損で終わっている。

④ 現に、これまで外務員のアドバイスで取引をしてきて、うまくいったか。話と違っておかしいと思っているので、弁護士のところに相談にきているのではないか。

⑤ 業者に対して損害賠償請求をするには、損失額を確定させる必要がある。

⑥ 取引を仕切った場合の損益額の試算をまず相談者にやってもらう。自

分でそれができない相談者は、そもそも先物取引のしくみを理解しているとはいえず、先物取引をすべきではない。

相談者の多くは1人では⑥の試算ができず、それまでの外務員の口調から、仕切ったら残金はないものと思い込んでいる人が少なくなく、相談者に代わって弁護士がその試算をした結果、かなりの清算金が戻ることがわかって、仕切った場合の見通しが立ち、落ち着きを取り戻すというパターンは少なくない。

ただし、相場については不確定であるから、後日、依頼者から、弁護士のアドバイスに従って仕切ったら損害が拡大した、仕切らなければその後の相場の回復で損害がなかったなどといったトラブルにならないようにする必要がある。

(2) 仕切指示の前に

建玉を仕切ることになった場合、闇雲にいきなり仕切指示をするのではなく、仕切指示の前に次のようなことができれば、より望ましい。

① 前述のとおり、仕切った場合の試算（実際の仕切時点の値段は、仕切ってみなければ判明しないので、取引所の電話サービス等による入手可能な最新値段に基づく概算である）をしてみる。弁護士が大まかにやってみた後、相手の外務員に試算させて（その場で電話をかけて確認するが、不用意に電話をかけてはならない。③の証拠化の機会を失わないように注意する）、突き合わせて確認してもよい。すべて外務員任せにすると、いい加減なことをいうおそれがあるので、弁護士が大まかにでも試算しておく必要がある。

② 試算の前提として、全建玉明細の確認をする。これは、悪質な業者が、委託者からの仕切指示を受けてから、わざと委託者に大損を発生させるため、さかのぼって勝手に玉を建てたことにしてしまうという手口を、できるだけ阻止するために必要となる。この建玉確認の方法としては、担当外務員に架電して口頭で建玉明細の確認をとりそれを録音しておくとか、ファクシミリでその時点の建玉一覧を送ってもらうといった方法

がある。この電話・ファクシミリは、後記③の電話とは異なり、必ずしも本人が行う必要はなく、代理人弁護士が行ってもよいし、むしろ本人より交渉に長けた代理人弁護士のほうがふさわしいであろう。
③　後日のための証拠確保の意味で、本人から担当外務員に架電してもらい、外務員の甘言・詐言（たとえば「今仕切ったら損です。これからは値が上がる一方ですから損が一気に取り返せます」）を録音しておく。この架電は、相手に警戒心を抱かせずに本音を語ってもらうため、代理人弁護士では無理であり、本人でなければできない。

(3)　仕切りの重要性

受任した場合には直ちにすべての取引（建玉）を決済するのが原則となる。その結果、相談者の出捐した全額は返還されず、損害が発生する。ごく稀に、取引を始めて間もない段階だと、決済して利益が出る場合ケースもないわけではないが、損害には慰謝料、弁護士費用も含まれるからそのまま取得しても問題はない。決済をする際には、可能であれば、委託者が直接仕切指示を出すようにし、それを録音しておくのが望ましい。もし決済されていなければ仕切拒否・回避を立証できる。また、その際には、当時の委託者の建玉、相場状況などについてどのようなことを業者が言っていたかなどを（たとえば、相場が回復し追証の必要性がないのに追証や両建を勧めていたなど）録音できるに越したことはないから、何を話すかなど事前に打合せをしておくべきである。なお、最近は、業者も録音していることが少なくないことに注意しておくべきである。

(4)　仕切指示の方法

仕切指示の方法としては、内容証明郵便が一番確実であるが、相談者の不安を取り除くに一刻も早く仕切が必要という場合には電話またはファクシミリにより行うほうがよい（書式1）。電話は必ず録音する。電話の場合、確実を期すためには、録音はもちろん、直ちに相手業者への管理部、さらには日商協苦情相談室にも架電して、「本日○時に相手業者営業部の○○氏に全建玉の仕切指示をしたので、監督上了知されたい」旨述べておく。もちろん、

これらの架電もすべて録音しておく。さらに、同日に文書も出しておくべきである。こうして二重三重の裏づけを残しておけば、「仕切指示の電話などもらっていない」という抗弁は、ほとんど防止できる。仕切は「全建玉を、直近場節で、成行きで」請求する。弁護士は、指値をする知識はなく、指値では取引が成立しない可能性があるからである。

なお、海外先物取引被害については、取引成立時間が明記されず、1取引日の間の価格の範囲内で顧客に不利益な価格で反対売買をされる可能性があるから、注文の方法を決するにあたってはこの点に注意する必要がある（寄付き、成行きで反対売買するのが簡便である）。

また、相対取引を行うという外国為替証拠金取引、ロコ・ロンドン貴金属証拠金取引、商品CFD取引の場合には、電話などで反対売買の意思表示をして反対売買に適用されるレートをその場で確認しておくのが望ましい。相対取引においてはレートは業者の任意でいかようにも設定されうるのであるから、書面で反対売買の意思表示をすると、「損害」が業者の任意に作出される可能性がある。

（書式1） 通知書

```
                    通　知　書

                                         平成○年○月○日
   被通知人　〒○○○-○○○○
              ○○株式会社　御中

                              通知人　○○○○
                              〒○○○-○○○○
                                       ○○法律事務所
                              TEL ○○○（○○○○）○○○○
                              FAX ○○○（○○○○）○○○○
                              通知人代理人弁護士　○○○○

   冠省　当職は○○（東京都○○。以下、「通知人」という。）の代理人弁護士として、取り急ぎ下記1のとおり通知、請求いたします。今後、本件に関する一
```

切のご連絡は、当職宛でお願い致します。

記1
1. 本日当職がFAXにて指示（本書面と同一文をFAX送信）したとおり、通知人名義の残玉を、速やかに決済してください。清算金については、4営業日以内に、当職まで持参、もしくは以下の代理人口座にお振り込みください。ただし、本通知は貴社の現在までの違法行為を追認するものではありませんので悪しからずご了承ください。

（振込先口座：○○銀行○○支店・・・○○預り金）

決済の結果については、早急に文書にて当職宛に報告してください。なお、本件については以後、当職が代理人として処理いたしますので、本人に直接連絡をとらないように申し入れます。

2. 当職は、通知人により勧誘・取引経過の概略につき事情聴取中であり、契約及び取引の無効、損害賠償請求については別途通知致しますが、事実関係を調査し、貴社との間で任意の交渉が可能であるかを判断するために必要ですので、下記2の書面（特に、6、7（委託者別先物取引勘定元帳及び委託者別委託証拠金現在高帳）については1週間以内に）についてその写しをご送付ください。

記2
1　顧客カード
2　担当者（変更）通知書控（但し、名称の如何を問わず、商品取引所法施行規則47条1項13号に従い、通知人に対し、通知人を担当する外務員の氏名、連絡先等を通知した書面の控）
3　業務日誌（ただし、名称の如何を問わず、東京穀物商品取引所受託契約準則6条等に掲げられた事項を通知人が指示したこと、通知人がその意思に基づいて取引を行ったこと等を明らかにするため、日本商品先物取引協会「受託業務に関する規則」7条等により整備すべきものとされている、日常の業務の過程を記録した日誌であって、貴社の従業員が上記期間に作成したもの）
4　対顧客発受信簿（ただし、名称の如何を問わず、上記3と同様の目的、特に、委託者との連絡状況を記録するために、貴社が上記期間に作成したもの）
5　顧客の実態調査表（ただし、名称の如何を問わず、通知人の取引適格性を基礎付ける資産、収入、借入状況、判断力、知識経験、取引参加・継続の意思等について調査した経緯及びその結果を記載したもの）
6　委託者別先物取引勘定元帳
7　委託者別証拠金等現在高帳
8　通知人と貴社との会話（電話によるものを含む）を記録した電磁的記録な

いしこれを録音したカセットテープ
9　上記8の記録に付随して作成、記録された、通話日時、通話時間等についての電磁的記録、及び、上記8のカセットテープ等に添付された、通話日時、通話時間、担当者等を記載した文書
10　通知人が貴社ないし貴社従業員に対して交付、送付、送信した文書等の一切

以上

3　録音テープの利用

　相談者が外務員から甘言・詐言を聞かされている状況を証拠化できれば、後日の損害賠償請求訴訟で大いに役立つ。このため、建玉を仕切って取引を終了する前に、委託者に架電してもらって外務員の生の声を録音することが有効である。委託者が弁護士に委任したことが判明した後では、外務員は建前しか述べない。

　録音内容は、その時点での甘言・詐言のみならず、そもそも取引が始まった経緯や取引過程の流れ（外務員の甘言・詐言による勧誘で取引が始まり、外務員主導で取引が展開していった状況）が含まれているのがよい。

4　念書などをとられている場合

　取引終了後に相談にくる人の中には、業者から取引終了時に「取引はすべて私の責任と判断で行い、取引経過については何も異議はない」旨の「念書」をとられていたり、取引終了直後に涙金程度の不当な内容の「和解書」をとられている人もかなりいる。これらの「念書」や「和解書」は、人が窮迫した状態の中でとられたものであり、むしろ全体的不法行為の最後の総仕上げというべきものであって、公序良俗違反無効または錯誤無効を主張して、闘うべきである（日商協を通じて行った和解を無効として、損害賠償請求を認めた判例として、東京地判平7・12・5判時1580号120頁）。決して「念書や和解書があるからダメです」などと言ってはならない。

5　無断売買が争点の事件の決済

　無断売買が主たる争点となるような場合には、無断売買を追認したというような主張が相手方から出てこないように注意する必要がある。したがって、このような場合には、無断売買であり本人に損益が帰属しないことを明確にしておくのが望ましい。

第2章　事件の把握の仕方と先物取引の書類の見方

I　書類収集と分析

1　はじめに

　相談を受けた場合、その相談者の取引のどこが問題なのか（不法行為や債務不履行として構成できるか）を正確に検討し、的確に判断することが必要となる。単に担当者との間の感情的対立や不満だけを問題にすることはできないし、相談者の漠然とした記憶（たとえば、初めから勝手に取引された、何度もやめてくれと言ったのに聞いてもらえなかったなど）をもとに主張を組み立てることは、後に客観的証拠との食い違いを生じることも多く適切でない。相談者の言い分を聞くことは必要であるが、それが客観的に裏付けられるかどうかという視点を重視しなければならない。

　そのためには、まず相談者の手許にある書類と業者や取引所から取り寄せることのできる書類の読み方およびその分析方法に慣れておく必要がある。

　通常相談者の手許にある証拠金預り証、売買報告書および売買計算書、残高照合通知書の意味と読み方については、「委託のガイド」に記載されている。この「委託のガイド」は商取法217条により受託契約締結前に交付すべき書面をまとめて冊子としたものであり（通常は相談者が所持している）、上記のほかにも事件処理に最低限必要なことが記載されているので通読しておくべきである。

2　証拠金と追証

　各書類を理解するためには、まず証拠金の基本的なしくみを理解しておく

必要がある。

(1) 平成16年商取法改正後の証拠金制度

平成16年商取法改正により、従来の証拠金の名称と、預託先、追証の計算などについて改正がなされた。従前は、委託者が先物取引をするにあたり商品取引員に預託する証拠金は、「委託証拠金」という名称で、商品取引員に預託していたが、改正により、名称が「取引証拠金」と変更になり、預託先は、JCCH（株式会社日本商品清算機構）となった。

委託者が、JCCHに取引証拠金を預託するにあたって、二つの方法がある。「直接預託」と「差替預託」である。

直接預託は、名称が「直接」となっているにもかかわらず、委託者がJCCHに直接送金等するというものではなく、商品取引員（清算参加者）を通して、JCCHに取引証拠金を預け、商品取引員は、委託者の代理人として、JCCHに委託者の取引証拠金を預託する方法である（準則2条(10)）。

差替預託は、商品取引員（清算参加者）が、委託者から預かった金額（これを「委託証拠金」という）について、その金額以上の額を、現金または有価証券で、JCCHに取引証拠金として預託するという方法である（準則2条(10)）。

商品取引員によって、直接預託か差替預託かが異なっている。

差替預託は、委託者から預かった金額以上をJCCHに預託するのであるから商品取引員にとって不利益なようにみえるが、差替預託を採用する商品取引員の説明では、商品取引員が委託者の取引証拠金を、事前にJCCHに立て替えて預託し、その後委託者に請求するというものであり、また、委託者が取引を終了し、取引証拠金の返還を受けようとする場合には、直接預託は商品取引員が委託者の代理人として行うので数日間かかるが、差替預託の場合は、商品取引員が立て替えるので、翌営業日に返還できるなどといわれている。

(2) 取引証拠金の種類

取引証拠金には、取引本証拠金（本証）と、取引追証拠金（追証）、取引

89

定時増証拠金、取引臨時増証拠金がある（準則7条）。

　取引本証拠金（本証）は、建玉をするにあたって必要な証拠金で、その金額は、商品取引所が「取引本証拠金基準額」を定め、それを下回らない範囲で商品取引員が定めてよいことになっており、各商品ごとに1枚あたりの金額（おおむね商品の5〜10%）が決められている。基準額の50%が「取引本証拠金維持額」（委託者の建玉が決済されるまで、常に維持されるもの）、残りの50%が「値洗い充当可能額」（決済されるまでの間の、日々損益を加減するもの）とされる。

　値洗い損が「取引本証拠金基準額」の50%を超えた場合で、建玉を維持したい場合には、「取引本証拠金基準額」の50%から損失額の範囲内で、商品取引員が定めた金額を追加預託する必要があり、これを取引追証拠金（追証）という。追証の計算は、(3)で述べる。

　取引定時増証拠金は、納会日の属する月の取引を行う場合に預託するもの、取引臨時増証拠金は、相場変動が激しい場合に、「臨時」に預託するものである。

　証拠金の預託は、商品取引員にとっては委託者に対する債権（取引を仕切って差損金が発生した場合の請求権）の担保となると同時に、委託者にとっては過当取引の抑制となるものである。

　委託者が資金不足により必要証拠金を所定の時期までに預託することができない事態に陥った場合は、適合性原則の資産要件を欠くに至ったものというべきである。したがって、商品取引員が必要証拠金の預託を受けないで取引を行ったり（「無敷（むじき）」という）、必要証拠金が不足なままの状態で取引を行う（「薄敷（うすじき）」という）ことは、これ自体が違法行為というべきであり、さらには、適合性原則違反というべきである。

(3) 先物取引の用語、追証の計算方法と必要な金額

　先物取引における個々の取引約定のことを「玉（ぎょく）」といい、買の場合は「買玉（かいぎょく）」、売の場合は「売玉（うりぎょく）」という。新規に取引を注文して取引が成立することを、「玉を建てる」と言い、玉を建てて未だ仕切られない未決済約定

を「建玉」という。買の場合は「買建玉」、略して「買建」または「買玉」、売の場合は「売建玉」、略して「売建」または「売玉」という。

　先物取引では通常、市場におけるその商品の約定値段は時々刻々変動する。建てた時点の約定値段より値段が上がっていけば、買玉には利益が生じ売玉には損失が生じる（もちろんこれは計算上のものであって、実際に玉を仕切るまでは、その利益なり損失は確定的なものではない）。建玉について、建てた時点の約定値段と、その後の市場のある時点での約定値段との価格差を計算することを、「値洗い」という。すなわち建玉をその時点で仮に仕切ったとしたらいくらの損益となるかという計算である。この計算がマイナスなら「値洗い損」、プラスなら「値洗い益」という。

　準則11条3項・7項は、毎日の最終約定値段（大引けの値段）による値洗いが、本証の10分の5の整数倍の額を超えるたびに追証としてその整数倍の額を翌営業日の正午までに預託しなければならない旨を規定している。たとえば、ある委託者について、ある日の大引け時点のすべての建玉の必要本証拠金合計額が1000万円、値洗い（個々の建玉では、値洗いマイナスのもの、値洗いプラスのものがあろうが、それらすべてを差引通算して合計する）がマイナス700万円の場合、本証の10分の5（500万円）の1倍（500万円）を超えるので、500万円が追証となる。もし値洗いがマイナス1200万円であったら、本証の10分の5の2倍（1000万円）を超えるので、1000万円が追証となる。

　追証制度は、商品取引員への担保の積み増しであると同時に、委託者にとっては、取引を継続するか否かの警告となるものである。委託者がそこで取引を終了する（当然損切りすることになるが、損切りはしばしば「見切り千両」といわれるほど、結局は賢いと評価される）のであれば、追証発生要件が消滅するので、追証を預託する必要はなくなる。

　追証の計算にあたり、今は全取引所、全市場の建玉をすべて合算して計算することになっているが、従前は、商品市場ごと、その次は主務省別所管取引所ごとという具合に、合算計算（「プール計算」と呼ばれた）の範囲が広がっていった歴史がある。主務省別所管取引所ごとというのは、まさに日本の

商品取引の二元行政を象徴したものであり、それが廃止されて現在のやり方となったのは、それほど古くはない平成8年10月1日のことである。

追証の具体的計算例は、「委託のガイド」別冊に掲載されている。たとえば、金を1250円で5枚買い、一般大豆を3万7500円で10枚売った建玉の状態で、その後金が値上がりしてある日の終値が1350円（すなわち100円の値上がり）、一般大豆も値上がりして同日の終値が4万1400円（すなわち3900円の値上がり）になったとした場合の追証計算は次のように行う。

まず取引本証拠金必要額は、金1枚6万円とすると、5枚で30万円、一般大豆1枚7万円とすると、10枚で70万円、したがって合計100万円となり、その10分の5相当額は50万円となる。次に、金の値洗い益は、50万円（100円×1000〔倍率〕×5〔枚数〕）、一般大豆の値洗い損（売玉の場合は値段が上がると損になる）は117万円（3900円×30〔倍率〕×10〔枚数〕）、したがって差引合計67万円の値洗い損となる。これは取引本証拠金（100万円）の10分の5相当額（50万円）の1倍を超えるので、追証は50万円となる（なお、倍率は、各市場の商品ごとに決められており、「委託のガイド」別冊に記載されている。たとえば、金の値段は1gあたりの値段であり、取引単位である1枚は金1000gなので、倍率は1000となる）。

追証の計算は、計算時点の全建玉の値洗い損益を合算して計算することになるので、複数の限月、複数の商品を建てている場合は、素人が簡単には算出できないことに注意する必要がある。たとえば、金の証拠金が1枚6万円の場合、建玉が金だけでかつ限月が同じであれば、金の値段が31円不利益に動いたとき（買玉の場合は値下がり、売玉の場合は値上がり）に第1回目の追証が発生することになるが（「金の値段が31円動く」といっても、同一限月でも約定値段が異なる建玉を複数有する場合は、まずその平均値を算出する必要がある）、複数の限月の建玉を有していると、たとえば、6月限と9月限の2限月の買玉を有するとして、6月限の値段が35円値下がりし、9月限の値段が27円値下がったとすると、建玉の枚数状況により、追証が発生したりしなかったりすることになる。たとえば、6月限と9月限が各10枚の場合は、追証

発生となり（必要本証拠金は120万円、値洗損合計は62万円となるため）、6月限10枚、9月限20枚の場合は、追証は発生しない（必要本証拠金は180万円、値洗損合計は89万円となるため）。値段の動きだけでは、追証発生の有無はわからないのである。同様に、建玉が複数商品にまたがっている場合、ある商品だけの値洗計算と必要本証拠金との比較だけでは、追証発生の有無はわからない。他の商品のそれらとを合算計算してはじめてわかるのである。

　「委託のガイド」の説明だけを読むと、追証計算は簡単なように思えるかもしれないが、多数の限月、多数の商品にまたがって建玉をさせられてしまった素人の委託者は、容易に追証計算ができず、右往左往せざるを得ないこととなって、外務員のコントロール下におかれることになる。外務員のほうは、コンピュータによる委託者管理システムにより、建玉状況、値洗状況、証拠金の状況、追証発生の有無等を、顧客別に瞬時に把握できることになっている。この顧客ごとの管理のための一覧表は「委託者総合管理日報」とか「委託者管理台帳」とか呼ばれており、外務員は毎日コンピュータでこの画面を見ながら、委託者をどのように「管理」（客殺しを企図しているのならば、むしろ「料理」の語がふさわしい）するか考えているようである。

　念のため付言するが、前述のとおり値洗計算には手数料は含まれない。したがって、値洗いプラスの状態で仕切っても、そのプラスの金額より手数料と手数料に対する消費税の金額のほうが多ければ差引損金が発生するし、もともと値洗いマイナスの場合は、そのマイナス分に加えて手数料と手数料に対する消費税が加わり損失金は大きなものとなる（なお、長らく存在した取引所税は平成11年3月末日をもって廃止となった）。

(4) 有価証券による充用

　証拠金は、現金でなく、有価証券で充用することができる（準則9条）。この結果、「株券は預かるだけで、配当も受けられ、二重に活用できる」などという甘言に騙されて株券を預託し、結局損失発生により株券が売られてしまって損金に充当されるというパターンがよくみられる。

　有価証券の充用価格等は清算機構が定める（準則9条2項）。具体的には

「委託のガイド」別冊に記されているが、上場株券は時価の8割程度である。また、時価の評価は毎月一定の日を基準日と定めて評価替えが行われるので、差入れ済の株券の時価が下がると、証拠金不足状態となり、その不足証拠金の追加預託を求められることになる。

(5) 不足証拠金

追証とは別に、取引中に証拠金が不足となり、商品取引員から委託者に対し不足証拠金請求がなされることがある。先物取引のしくみをよく知らない委託者は、追証も不足証拠金も区別できず、すべて追証請求と思い込んでいる人も多い。帳尻損金（建玉を仕切った結果発生した差損金）の支払いさえ追証と思い込んでいる人も少なくない。

不足証拠金が発生する原因は、準則11条6項によれば、①証拠金の額の変更、②充用有価証券の充用価格等の変更、③充用外貨の種類もしくは充用価格の変更である。株券を充用有価証券として預託している場合は、毎月の評価替えによりしばしば②の事態が発生する。

(6) 取引証拠金預り証

商品取引員（受託会員）は委託者から取引証拠金の差入れ（直接預託）または預託（差替預託）を受けた際は、取引証拠金預り証を発行する（準則13条）。

この預り証は、残高切替方式であって、益金から証拠金への振替、証拠金から損金への振替があった場合も発行されるので、最新の預り証の額面が、実際にそれまでに委託者が商品取引員に支払った金員の全部というわけではない。途中で損金支払いなどがあると、これは証拠金預り証の残高には入らない。また、それまでに300万円の証拠金を預託していて、新たに100万円の証拠金を預託すると、発行されるのは400万円の預り証であるから、具体的にいつ・いくら支払ったかという生の事実を確定するうえでは注意を要する。

客殺し商法では、「利乗せ満玉」といって、取引で差引益金が出ても、それを委託者に返還せず、証拠金に振り替え、それを目いっぱい使って玉を建てるという繰り返しがなされることがよくみられる（197頁）。したがって帳

尻益金から証拠金への振替は、この意味で注意を要する。

(7) 証拠金を払わなかったらどうなるか

　準則14条によれば、各証拠金が所定期限までに預託されなかった場合、商品取引員は委託者の建玉を強制的に仕切ることができる。条文上は「できる」とあり、「しなければならない」という文言ではないので、「商品取引員は仕切る権利を有するのであって、仕切る義務はない」と解するのが判例のようである（最判昭43・2・20別冊ジュリ100号70頁）。しかしこれは、証拠金制度が有する委託者保護の面を軽視しているといわざるを得ない。まず大前提として、法179条1項で「商品取引清算機関は……各号に定める者から、取引証拠金の預託を受けなければならない」と規定され、同項1号イには、当該会員（商品取引員）となっているのであるから、所定の取引証拠金の預託を受けない状態での受託取引の存在は、法が認めるところではない。だとすれば、所定期限までに所定の取引証拠金の預託を受けられなかった取引は存在自体がもはや好ましくないのであるから、商品取引員としてはそれを放置するのではなく、仕切って消滅させるべき義務があると解される。

　商品取引員に仕切義務を課さないと、無敷・薄敷の取引の横行を許すこととなり、法179条1項は空文化し、過当投機の抑制という委託者保護に反することになるし、証拠金を預託できない原因が委託者の資金不足にあるのであれば、適合性原則に反するに至っているのであるから、この点からも、もはや取引を続行するのは相当ではなく、商品取引員はその取引を仕切る義務があるといえる。平成10年改正による旧法136条の17（現在の法213条）に誠実公正義務が明記される等の委託者保護法制の前進に鑑みれば、もはや以前の判例の立場は維持されるべきではない。

　なお、追証や不足証拠金を払っていない状態の下で、委託者が取引の終了（全取引の仕切請求）を求めると、外務員の中には「追証や不足証拠金をまず支払え。支払わなければ仕切れない」などと述べて仕切拒否をする者がいるようであるが、これは違法な仕切拒否に該当する。追証や不足証拠金は、取引を維持する場合に必要なものであって、取引が終了すれば不要となるし、

それまでに発生した追証や不足証拠金を支払わなければ取引を仕切ることができないなどという規定は存在しない。

3 相談者の手許にある書類

(1) 口座開設申込書（控）等

　被害者が持参する書面の中で最も重要であるといっても過言ではないのが、口座開設申込書（口座設定申込書）である（〔図表9〕参照）。同書面には、住所、氏名、生年月日、勤務先等のほか、年収、流動資産額、投資可能資金額、投資経験等を記載ないしチェックする欄が設けられている。これらによって、先物取引の不適格者であるというべき被害者の属性を業者が認識していたことが明らかになることもある。たとえば、大正10年生まれで収入欄に200万円と記載があり、流動資産額に1000万円と記載があり、投資経験のすべてが「なし」にチェックされていれば、およそ先物取引等を行われるに足りる適格があるとは考えられない。また、逆に、被害者が取引不適格者であることを隠蔽するため、口座開設申込書に虚偽の記載をさせていることが多くの事案でみられるところである。真実には1000万円の預金しか有しないのに、流動資産額が8000万円などと記載させられていることもある。同書面に記載された事情は業者の「顧客カード」にも転載されて適格性等の判断資料に供されるものであるから、そこに真実でない事実が記載されていないかどうかは、業者による顧客の適合性審査が適切であったか否かに大きな影響を及ぼす事柄である。投資可能資金額も、被害者の全流動資産額を記載させられている場合があり、客観的な投資可能資金額との乖離が大きい事例が多くみられるので注意を要する。また、同書面の日付も重要である。説明を受けたその日に口座開設の申込をしていることは、拙速な契約手続が行われたことをうかがわせる。

　また、契約締結時には、「アンケート」用紙が徴求されており、被害者が写しを持参していることが多い。「理解した」旨の欄にチェックが付けられているものが圧倒的多数であるが、「理解していない」という欄にチェック

〔図表9〕 口座設定申込書

○○○○○株式会社 殿　　　　　　　　　　平成○○年○月○日（お申込日）
私は貴社に対し、商品先物取引の委託を行うにあたり口座の設定を申し込みます。
氏名 　　　　　　　　　　　　　　　　　㊞ （商号）────────────

フリガナ ご氏名（商号） 　　　○○○○	性別 男 ⊘	生年月日 大・㊭ ○年○月○日生 （○○歳）	家族構成 ㊕ 独身	従業員数 ※法人の場合 （　　）名
フリガナ ご住所 〒　－　　　お電話（　　　）			お住まい 1.持家(自己所有)　4.公団 2.持家(家族所有)　5.賃貸 3.社宅・寮　　　　6.その他	
フリガナ お勤め先ご住所 〒　－　　　お電話（　　　）			お勤め先 役職　　　　　勤続年数　年	
年収（年商） 1.2000万円以上　2.1000万円以上　3.500万円以上 4.300万円以上 流動資産額（預貯金・有価証券等） 1.3000万円以上　2.1000万円以上　3.500万円以上 4.300万円以上			ご職業 1.経営者　　6.団体役員 2.自営業　　7.団体職員 3.会社役員　8.医師 4.会社員　　9.農林・水産業 5.公務員　　10.その他(パート)	
当社をお知りになった方法は何ですか。（複数可） 1.ダイレクト・メール　2.新聞広告　3.訪問　4.雑誌広告　5.インターネット 6.電話　7.講演会　8.紹介（　　　）9.その他（　　　）				
投資のご経験についてお伺いします。（複数可） 1.商品先物取引(ア.取引員名　　　　　　イ.取引期間3ヵ月以上　ウ.取引期間3ヵ月未満)　2.貴金属現物取引　3.株式、債券等の現物取引　4.株式信用取引 5.債券、金融、株価指数等先物取引　6.なし				

（注）この「口座設定申込書」をご記入いただくことで直ちにお取引を強要するものではありません。

会　社　記　入　欄				
担当部所	委託者コード	担　当　者	顧客管理責任者	総括責任者
○○支店	○○○○	㊞	㊞	㊞

○○○○株式会社

をしたら書き直しがなされるまで取引はなされない性質のものであるから、書面に記載されたとおりの「理解した」という事実があったのだろうと即断することは実態に即さない。

　また、業者外務員が手書きで計算例などを書き残していることがあるが、現在の価格から相当乖離した価格での都合のよい価格計算をしている例や、損計算を記載せずにもっぱら利益計算のみをしていたりするものが多い。書込がなされたチャートが残っている場合もあるが、著しい勢いで価格が上昇していくかのような曲線が記載されていたり、上向きの矢印が強調して記載されていたり、現在の価格から相当乖離した価格が「○○円！」などと記載されているものも往々にして存在するから、注意深く資料を点検することが必要である。

(2)　**約諾書（控）**

　通常は「受託契約準則」と記載された冊子の最初または末尾にミシン目のついたページがあり、約諾書の本体は切り取って業者が持ち帰っているが、その写しがカーボンで次のページに残るようになっている。

　「先物取引の危険性を承知したうえで、（取引所の定める）受託契約準則に従って、自らの責任と判断において取引を行う」と記載され、これに署名・押印をすることにより、業者との間の基本契約が成立することになる。

　しかし、この約諾がなされても、具体的に建玉の注文を出すか否かは全く顧客の自由である。したがって、具体的注文をしていない段階で相談を受ければ、約諾の撤回を通知し、証拠金を渡している場合にはその全額の返還を受けることができる。

　未経験者の場合、「委託のガイド」「受託契約準則」をきちんと読んで先物取引のしくみや危険性を理解するにはかなりの時間を必要とするはずであるが、これらは取引の直前に渡され、時には事後に交付される（この場合は違法）ことすらありうるので、約諾書の作成日・作成時間がいつか、それがさかのぼった日付になっていないか等を確認しておく必要がある。

(3) 証拠金預り証

業者が顧客から預った証拠金の預り証である。

初めて先物取引事件の相談を受けると、相談者は100万円を預けたのに、130万円の預り証となっていたり、逆に80万円の預り証となっていたりするので戸惑うことがある。しかし、これは取引によって生じた益金が証拠金に振り替えられて上乗せされていたり、損金が証拠金から振り替えられて差し引かれていたりするためである。

(4) 売買報告書および売買計算書

具体的な売買注文をして、その注文が取引所で成立した場合に、業者から送付されてくる報告書である。

成立した売買の商品名、限月、約定（成立の）年月日、場節（ザラ場の場合は成立時間）、売付・買付の別、新規・仕切の別、枚数、約定値段、総取引金額、それに施行規則109条で加えられた「顧客の指示を受けた日時」「成立した全部の取引の委託手数料の合計額」等が記載されている。「顧客の指示を受けた日時」については、相談者の認識と一致するか、そのような日時に指示をすることが可能であったか、という視点から確認が必要であり、場合によっては無断売買の立証も可能であろう。

報告書は売買計算書を兼ねる形で送付されるのが普通であり、「仕切」の報告を含む場合には、売買損益金と、これから手数料および税金を控除した差引損益金が記載されている。税金については取引所税が廃止されたので手数料に対する5％の消費税額が記載されている。

また、この報告書には「返還可能額」の欄があるが、これは作成日現在における預り証拠金額から、必要証拠金額を差し引いた金額（余剰預託金額）に差引損益金を加減した金額である。ただし、建玉があれば、その差引損益や追加証拠金などによりさらに増減が生じるものであることに注意を要する。要するに「返還可能額」とは、報告書作成時点で預けておく必要のない、要求があれば返還しなければならない金額のことである。

業者はこれを必要以上の実質担保金として留保したり、新たな建玉の証拠

金に振り替えたりしようとして、返還しない傾向にある。しかし、相談者が記憶に基づいて「その頃、出金してくれと言ったのに無視された」という主張をする場合にも、当時それに見合う返還可能金が本当に存在していたのか、という裏付けを読み取っておく必要がある。

(5) 残高照合通知書（残照(ザンショウ)）

毎月1回、業者から送付される通知書であり、作成日現在の建玉の状況および証拠金の内訳が示されている。

建玉の状況については、現在の建玉の特定と、仮に当日これら建玉を仕切るとすれば差損益金（手数料と税金は未控除）がいくらになるかという値洗い金額が記載されている。

残照と同時に「回答書」というハガキが送付される。これには「内容を確認して異議の有無について回答して下さい」と記載され、返送がない場合には内容に相違がなかったものとみなす旨書かれていることもある。

業者は、交渉や訴訟でこの回答書を楯に問題のない取引であると主張することが多い。しかし、この回答書が返送されていたことで訴訟は困難と判断する必要はない。委託者がこのハガキを利用して積極的に異議を主張しなかったことは事実であろうが、建玉や証拠金の状況が残照のとおりであるという事実と、その建玉に至る過程や入出金の過程に問題があるという事実は別の問題であり、素人の相談者がそこまでの違いをわかって回答したとは考えられないからである。

4 訴訟前に業者から取り寄せることのできる書類

(1) 委託者別先物取引勘定元帳（イタカン）、委託者別証拠金等現在高帳（ダカチョウ）

「イタカン」は、顧客個人ごとに具体的に成立した売買結果を記録した業者の元帳であり（〔図表10〕・112頁）、「ダカチョウ」は、顧客個人ごとに証拠金の入出金、必要証拠金への振替、差引損益金の振替等を記載した元帳である（〔図表11〕・114頁）。

現在、受託等業務に関する規則7条の2に、「会員は、委託者の保護を図るため、委託者から当該委託者の取引履歴の開示の請求があったときは、別に定めるところにより、委託者別先物取引勘定元帳及び委託者別証拠金等現在高帳を開示するものとする」という規定が設けられており、その取扱要領に従った手続をとれば開示を受けることができる。

もっとも、訴訟になれば、これら法定文書は提出命令の対象となるし、開示しないのは業者に不正な行為があり、これを隠すものと推定できるのであるから、このような業者に対しては、積極的に訴訟を提起したり、日商協の仲介手続をとることが適切である。

イタカンとダカチョウの見方は売買報告書および売買計算書と同じであるが、業者によって記載方式に多少の差異がある。これは、じっくり見て慣れるよりほかはない。入出金について、ダカチョウだけ見ても現実の入出金と合わないことがある。ダカチョウを通さず直接イタカンに入出金が記載されていることがあるので、それを確認する必要がある。それでも計算が合わない場合には担当者の不正が疑われることになろう。

ダカチョウについてもイタカンについても、入出金と同時に「振替」としての金銭の移動も記載されていてまぎらわしい。しかし「振替」は、預り金の内部処理にすぎないので、「振替」を除外して「現金」の「出」と「入り」だけをマークして相談者の通帳や記憶と一致するかどうかを確認するのがよい。

取引回数が少なく売買報告書・計算書がそろっていればその段階で、遅くともイタカンとダカチョウが入手できた段階で、取引全体の損失に占める手数料の割合（手数料化率）を算出することができる。手数料合計は、イタカンの手数料を合計すればよいし、全体の損失はイタカンの差引損益を合計すればよい。

また、現実の入出金でいくらが業者の手に渡ったかという計算とイタカン上の差引損益の合計に未清算の帳尻金があればこれを加減（不足金は控除、清算金は加算）して一致すれば、取引全体の把握に漏れがないことが確認で

き、自信がもてる。

(2) **顧客カード等**

　これは、顧客の属性（資産状況や経験の有無）について記載され、特に新規委託者（未経験者）の場合は、各社の受託業務管理規則に従った保護育成期間における取引数量の制限やその解除理由が記載されているものである。訴訟や仲介手続でないと開示しない業者が多いが、開示に応じる業者もある。しかし、商取法における適合性原則の導入に鑑みれば、業者が適正に委託者の適合性を審査しているか否かにかかわる文書であり、今後は積極的に開示を求めうると考えられる。

　このカードには、相談者の属性、特に資産状況や取引数量の制限解除事由について全く事実に反することが記載されている場合がある。その場合、当該業者の受託業務管理規則についても開示を求め（これはディスクロージャーの対象とされ、日商協本部・各支部より謄写が可能）、その遵守がなされているかを問題にしうる。

　業者は、従前、内部規定である受託業務管理規則に違反しても違法ではない旨強弁することが多かったが、同規則は商取法に基づく公的自主規制機関の指示により作成が義務づけられている委託者保護のためのものであるから、これに違反する行為は違法行為といえる。

　その他の証拠の収集方法については、230頁参照。

(3) **超過建玉申請にかかる書面**

　業者は、新規委託者保護義務を緩和させるために、被害者から特別の申出書を徴求して管理部において特別の審査を経て、特別に取引の拡大を許可することとしたとの主張をすることが圧倒的に多い。そして、これらに関する書面として、顧客からの「申出書」、「超過建玉申請書」などがある。これらは、当初申告した以上に財産があるとか、特別に理解をしたとか、取引益金を振り替えることとするとか、さまざまな理由を記載させられて取引の拡大を求める旨の申出をさせられているものであるが、客観的な事実と異なる事実（存在しない預貯金が存在すると記載されていたり、取引益金がないのにある

と記載されていたりする）が記載されていることが往々にしてあるから、十分に精査する必要がある。

5 取引所から取り寄せることの可能な書類

(1) 取引所の月報・日報

事案によっては、取引日やその前後の値段や値動きあるいは「ストップ高」「ストップ安」の有無が争点となることがある。このような場合、取引所の月報や日報により業者の担当者の伝えた情報等が事実と一致するのかを確認することが必要となる。

月報や日報は各取引所から取り寄せることが可能である。取引所の月報・日報には、会員である業者の建玉が記載されているが、業者の自己玉と委託玉の区別までは記載されていない。

(2) 売買枚数調査一覧表

弁護士法23条の2に基づく照会により取引所が照会に応じている業者別の取組高表である。指定により、商品の限月、場節ごとの売買枚数が委託玉・自己玉を区別して一覧表の形で回答されてくる（書式2・3）。

業者によっては、顧客の建玉と対等させた「向い玉」を建てたり、委託玉同士の売買枚数の差を埋め常に売買同枚数として市場に建玉をすること（差玉向い）を平然としているものもあり、それがこれによって明らかになる。

このような向い玉の構造下で、顧客の損失がそのまま業者の利益とされていたり、無意味な反復売買による転がしによって多額の手数料がとられることも少なくないのが現状である。このような業者は、向い玉を建てていたとしても、必ずしもそれによって顧客の利益を害することにはならないなどと強弁するが、同和商品事件判決（124頁参照）は、このような向い玉を建てていることにより、客殺しの意図が推認されると判示している。これらが争点となる場合に必要な資料である。

（書式2）　取引所に対する売買枚数調査照会

```
                                        東照第　　　　　号
                                            年　月　日
東京弁護士会　会　長　殿

                事務所　所在地〒
                        電話
                東京弁護士会所属　登録番号
                    弁護士　東　弁　一　郎　㊞
```

照　会　申　出　書

私は、弁護士法第23条の2第1項に基づき次のとおり照会の申出をいたします。

1．照会先（公務所又は公私の団体）

　　　所在地　〒

　　　名　称　○○商品取引所

2．受任事件

　　　当事者（原告・被告等の地位を冠し、依頼者名の頭に○を付けてください。）

　　　　　○原告　甲野太郎　被告　　△△商品取引株式会社

　　　事件名（裁判所、事件番号、準備中の場合はその旨かっこ書きしてください。）

損害賠償請求事件（準備中）

3．照会を必要とする理由（具体的に記載のこと）

　　　　原被告間の本件取引期間中に、被告により向玉がなされていたか否かを調査するために、本照会をする必要がある。

4．照会事項

　　　　別紙のとおり（できるだけ一問一答式にし、回答用に余白をあけてください。）

5．この申出書の写を照会先に送付することは（差支える　㊙差支えない）
　　　　　　　　　　　　　　　　　　　　　　　　（どちらかに○をつけて下さい。）

　　　差支える場合は、別紙照会事項に、差支えない範囲で上記2、3の事項を記載してください。

　　　　　　　　　　　　　　　　　　東照第＿＿＿＿＿＿＿＿号

　次の受任事件について照会を求める事項は、下記のとおりです。
　　当事者（○のついている当事者が依頼者）
　　　　　　　○　原告　甲野太郎　被告　　△△商品取引株式会社
　　事件名　　損害賠償請求事件（準備中）
　　　照会を必要とする理由（弁護士の守秘義務の関係で差支えない範囲で）
　　　　　　原被告間の本件取引期間中に被告により向玉がなされていたか否かを調査するために、本照会をする必要がある。

　　　　　＊本件内容についての問合せは
　　　　　登録番号
　　　　　弁　護　士　東弁　一　郎　　電話
　　　　　　　　　　　　　　　　　　　　　迄お願いします。

　　　　　　　　　――照　会　事　項――

1．下記Aの取引員の下記Bの期間中の全立会日の下記Cの商品について、下記Dの各事項を御教示下さい。同事項が記載されている売買枚数一覧表を御送り下されば幸甚です。
　　A　△△商品取引株式会社
　　B　○年○月○日（本件取引期間の初日）～○年○月○日（本件取引期間の末日）
　　C　○○○
　　D　各限月・各場節別の売買枚数、その内の自己売買枚数、各限月別の取組高、その内の自己取組高、全業者出来高、全業者取組高。

（書式３）　弁護士会照会に対する取引所からの回答

取引日：○年○月○日　　　　　　　　　　　　　　　　　　　　　　　　　　　○○商品取引所
取引員名：△△商品取引株式会社
商品名：○○○　　　店数：65

自己委託別　売買枚数調査表

限月	自己委託	〈前場一節〉売	買	〈前場二節〉売	買	〈後場一節〉売	買	〈後場二節〉売	買	〈後場三節〉売	買	売買合計売	買	取引員取組高売	買	全業者売買高	全業者取組高
97/04	自己	0	0	0	0	0	0	0	0	0	0	0	0	0	30		
	委託	0	0	0	0	0	0	0	0	0	0	0	0	30	0		
	小計	0	0	0	0	0	0	0	0	0	0	0	0	30	30	270	2,398
97/06	自己	0	0	0	0	0	0	0	0	0	0	0	0	8	14		
	委託	0	0	0	0	0	0	0	0	0	0	0	0	6	0		
	小計	0	0	0	0	0	0	0	0	0	0	0	0	14	14	458	6,299
97/08	自己	0	10	0	0	0	0	0	0	0	0	10	10	2	0		
	委託	0	0	0	0	0	0	0	0	0	0	0	0	197	199		
	小計	0	10	0	0	0	0	0	0	0	0	10	10	199	199	2,623	14,127
97/10	自己	0	0	8	0	0	0	0	20	0	0	8	80	0	127		
	委託	0	0	0	85	0	0	60	0	25	20	105	33	306	179		
	小計	0	0	8	85	0	0	60	20	25	20	113	113	306	306	4,940	20,283
97/12	自己	4	0	3	0	0	0	0	0	0	0	0	17	0	142		
	委託	0	4	3	0	0	0	0	0	0	10	17	0	689	548		
	小計	4	4	3	0	0	0	0	0	0	10	17	17	689	690	7,025	36,727
97/02	自己	4	0	1	0	70	70	0	0	0	0	71	5	124	0		
	委託	0	0	0	4	0	0	4	1	0	1	4	71	161	285		
	小計	4	0	1	4	70	70	4	1	0	1	75	76	285	285	5,124	21,622
合計	自己	8	10	4	0	64	70	0	30	0	1	89	102	134	299		
	委託	3	8	10	89	25	0	70	1	30	1	126	114	1,389	1,225		
	小計	11	12	14	89	89	70	70	31	31	31	215	216	1,523	1,524	20,440	101,456

II 取引グラフの作成とソフトの活用

次に、集めた書類を分析して事案の問題点を把握するにはどうすればよいかが問題となる。

ここでは、イタカン〔図表10〕、ダカチョウ〔図表11〕から取引グラフを作成し、どのような取引が行われたのかを視覚的に一覧できるようにし、その問題点を把握する方法と、それにより「特定売買比率」「月間回転率」「手数料化率」等を算出する方法を示すことにする。

1 建玉分析表出力ソフトウェア

合同会社アーベル〈http//soft.arvel.biz/〉による、先物取引建玉分析システムの基本システムとして「玉の聖徳」(ぎょくのせいとく) がある。当該ソフトの機能としては、建玉分析表、取引グラフ、両建てグラフ、特定売買比較表、商品集計表、銘柄分析結果表、銘柄特定売買比較表、証拠金推移表、向い玉分析明細表・集計表・グラフ (取引状況、取組高)、経過グラフ、売買玉推移、ザラバ分析などが可能であるが、以下では建玉分析の中核的部分に絞ってポイントを指摘する。

(1) 建玉分析表

建玉分析表は、全銘柄と銘柄ごとのものがあるところ、①全銘柄の分析表では時系列で全体が並ぶので全体の売買状況がわかり、他方、②特に特定売買 (直し、途転、日計り、両建、手数料不抜け) の存在を客観的にみるためには、銘柄ごとの分析表が理解しやすい。

(A) 全銘柄〔図表12参照〕

まず、全体の建玉分析表をみて、特定売買が多くないか、その特定売買がチェックされている取引で被害者側が主張している点はないかをみる。

次にいわゆる因果玉 (損失が膨らんでいるのに放置されているかのような玉のこと) の有無をチェックする。具体的には、建玉分析表において、線が続い

て下までいくものがあるかをみて、その仕切時の損益がどうかを見極める。

　(B)　**銘柄別建玉分析表〔別表13参照〕**

　銘柄別では、売り買いが交差していないかに注意する。すなわち、通常は自分で注文判断しようが、業者の一任売買であろうが、一つの銘柄では売りでいくのか、買いでいくかが決まっているものであるが、それがむやみに売り買いが交差しているとすれば、売りでいくのか買いでいくのか方針が全く定まっていないことを示しており、結局は無定見な手数料稼ぎ手法である可能性が高い。

　また、売り買いが交差しているということは、両建が存在する可能性が高く、この点は委託玉線が交差していれば一目瞭然で判明する。

　なお、通常、一般人にとっては、両建ができるとか、売りの新規から入るということは、とりわけ新規委託者には理解しづらいものである。

　実際の取引において、業者は、両建は損益を固定するための緊急避難的手段である等といって両建を勧誘することが多いが、これによって損益は固定されるものの、新規委託者であれば、そのような両建を操作すること、特に両建を外すタイミングは困難なものがあり、これによって委託者は身動きができなくなるのである。

　(C)　**特定売買比率**

　全取引に占める特定売買の割合であり、以下のとおり算出する。

> 特定売買比率＝特定売買回数÷全取引回数

　玉の聖徳での特定売買比率パターン１は、特定売買の合計数を仕切件数で割った割合として算出しており、時として100％を超える場合があるが、それ自体は誤りではない。すなわち、一つの取引が複数の特定売買として評価できる場合があるが、建玉分析においては特定売買の「重複有り」のままでみるほうが、最初に取引の客観的態様・違法性を把握するためには有益だからである。

　他方で「重複無し」とは、直し、途転、日計、両建、不抜けの順に、特定

売買のいずれかの定義にあてはまれば、後順位の特定売買は無視されるカウント方法であり（玉の聖徳での特定売買比率パターン2。旧チェックシステムおよびMMTにおけるカウント方法に由来するものである）、それぞれのカウント方法によっては特定売買の合計数に差異が生じる。

　建玉分析表において、この「重複有り」と「重複無り」は、見出しに表示されている。特定売買が多い事件であれば、裁判所に提出する建玉分析表は、「重複有り」と「重複無し」の両方を提出するのが裁判所の理解に資するであろう。

　そして、くれぐれも注意すべきことは、「特定売買の結果が何％だから違法だ」とだけ主張してしまうと、数値上の争いないし表面的論争に陥るおそれがあることである。むしろ、各特定売買中から、その合理性が疑問なものに焦点を当ててピックアップし、たとえばなぜここで「直し」になったのか等の原因や、委託者の言っていることの裏づけ・関連性を吟味して、具体的に特定売買の無意味性・不合理性を主張立証するよう心がけるべきである。近時の裁判例において、特定売買（特に両建勧誘）に関する説明義務違反構成や取引継続・拡大場面における適合性原則違反構成が一般化しつつあることからすれば、証拠金の追加支出等がなされた前後に存在する特定売買には特に留意すべきであろう。

(2) 銘柄分析結果表

　銘柄分析結果表は、どの銘柄については特定売買がいくつあり、その割合が何％かという数値が表示されている。この表は、どれだけの銘柄がどの期間に取引されているかも表示される。通常、多くの銘柄を売買するということは、顧客の自発的な意思によるとは考えにくい。なぜなら、多くの銘柄の値段の上がり下がりについて、素人の一般委託者が管理するのは、ほとんど不可能だからである。むしろ、多くの銘柄を取引しているという客観的態様からは、業者による一任売買（ないし実質的一任売買）、さらには無断売買の存在等の立証に意味がある。

109

(3) 証拠金推移表

　顧客が業者に委託した金銭の出入りについても把握しておく必要があることは、上述した無意味かつ不合理な特定売買の存在と一体のものとして意識しておきたい。

(A) 取引本証拠金（本証）

　取引所が設定する「取引本証拠金基準額」に対し、業者が設定する「本証拠金」である。金の1枚あたりの取引本証拠金基準額は現在5万円である。取引所で設定している取引本証拠金基準額も値段によって変更される。

(B) 取引定時増証拠金（定増）

　一つの商品は、だいたい6限月動くことになる。その当月限の一定の期間以後における既存建玉、および新規建玉に対し、本証拠金のほかに預託させる増証拠金が取引定時増証拠金である。たとえば、限月が2006年4月の建玉には、2006年4月に、定増がかかることになる（なお、被害者の多くは期先の限月の建玉が多いようである）。

(C) 取引臨時増証拠金（臨増）

　取引所では、2限月がストップ安またはストップ高になり、それが2日間続くと、臨増を徴収する。臨増価格は商品ごとに異なり、価格が落ち着くと解除される（つまり、お金は戻ってくる）。臨増は、証拠金残（業者に預けたお金のうち、建玉していない分）があれば、そこから自動的に徴収されるが、満玉（まんぎょく、預けた証拠金の全部を建玉している状態）の場合、発生してから翌営業日の正午までに入金しなければならない。

　業者によっては、「価格が高騰して臨増が必要なんです。すぐお金を入れてください」と顧客に申し向けておきながら、臨増が解除されるとその臨増分を新規建玉にしてしまう被害例もある。

(D) 取引追証拠金（追証）

　たとえば、「追証がかかりました。すぐお金を入れなければ今までの損も取り戻せません」あるいは「追証がかかりそうですから、両建にしましょう」といった形で業者が多用するので、この証拠金は重要である。評価損が

全建玉の本証拠金合計の半分以下になると、不足した半額を差し入れなければならない。ただし、これが回復した場合には返還される（なお、計算方法は平成17年4月から改正）。詳しくは90頁参照。

(E) 証拠金推移表の見方〔図表14参照〕

帳尻損益は以下の計算になる。

> 帳尻損益＝差引累計－損益振替（＋損益入出金）
> 　　　　〔差引損益累計〕　　〔損益入出金があれば〕

委託金合計は、（現金増減）累計から、（損益振替）累計を引くので以下の計算となる。

> 委託金合計（証拠金累計）＝現金増減累計－損益振替累計

証拠金推移表では、どのような取引だったかが確認できる。たとえば、8月6日に仕切った分をすぐ証拠金に振り替えて、その証拠金ですぐに新規買い建玉20枚を建てる、これがいわゆる「利乗せ満玉」である。つまり利益になったものをすぐ証拠金に振り替えて、さらに増し玉して、証拠金の全額をあてて建玉する方法であるが、危険な手法である。

さらに詳細な証拠金推移表を作ろうと思えば、既存建玉（仕切っていない玉）の毎日の終値を使って、1日単位で損益を出し、追証を計算しなければならない。また、臨増、業者が徴収する委託本証拠金の額もわからなければならないが、ここでの証拠金推移表は、その前段階の大筋での動きを捕らえる点に意味がある。

(4) 建玉保有日数分析表〔図表15参照〕

玉の聖徳で建玉分析表の項目をみていくと、建玉保有日数が一つの項目としてあがっているので、これをエクセルで読み込んで加工したものである。もっとも、玉の聖徳では、土日も含めて日数計算がされてしまうため、たとえば、金曜日に建てて月曜日に落とした場合は、保有日数3日となる。しかし、これは実際は保有日数1日としてカウントしたほうが実態に合致するこ

第2章　事件の把握の仕方と先物取引の書類の見方

〔図表10〕　委託者別先物取引勘定元帳

委託者別先物

○○○○　　　　　　　　殿（○○○○）

扱者コード	○○○○	支店名	△△　支店
所　　管		取引所名	東京工業品

平成20年7月14日現在

取引所商　品	建玉No.	限月	売買	約定年月日	場節	枚数	約定値段約定指数	手数料総約定金額	取引所税
							新　　　　規		
金	000001 01	08 12	買	20 0117	1240	30	3 058 00	176 850 91 740 000	0
金	000002 01	08 12	買	20 0117	1502	20	3 059 00	117 900 61 180 000	0
金	000006 01	08 12	買	20 0121	3マイテンキ 1254	12	3 051 00	53 055 27 459 000	0
金	000006 02	08 12	買	20 0121	1254	3	3 051 00	17 685 9 153 000	0
金	000007 01	08 12	買	20 0123	1634	10	3 063 00	58 950 30 630 000	0
金	000013 01	08 12	買	20 0125	1655	10	3 182 00	58 950 31 820 000	0
金	000014 01	08 12	売	20 0128	0923	10	3 175 00	58 950 31 750 000	0
金	000021 01	08 12	買	20 0129	5マイテンキ 0915	10	3 219 00	29 475 16 095 000	0
金	000021 02	08 12	買	20 0129	4マイテンキ 0915	5	3 219 00	5 895 3 219 000	0
金	000021 03	08 12	買	20 0129	3マイテンキ 0915	4	3 219 00	5 895 3 219 000	0
金	000021 04	08 12	買	20 0129	0915	3	3 219 00	17 685 9 657 000	0
金	000029 01	08 12	売	20 0129	1639	5	3 199 00	29 475 15 995 000	0
金	000032 01	08 12	売	20 0130	1703	10	3 186 00	58 950 31 860 000	0
金	000038 01	08 12	買	20 0131	1622	10	3 188 00	58 950 31 880 000	0

112

II 取引グラフの作成とソフトの活用

取引勘定元帳

○○○○株式会社

売買	約定年月日	場節	枚数	仕切 約定値段/約定指数	手数料/総約定金額	取引所税	売買差金	合計手数料/消費税	超過差金/差引損益
売	20 0123	0952	30	3,074.00	176,850 / 92,220,000	0	480,000	353,700 / 17,700	0 / 108,600
売	20 0123	0952	20	3,074.00	117,900 / 61,480,000	0	300,000	235,800 / 11,800	0 / 52,400
売	20 0122	1729	9	2,950.00	53,055 / 26,550,000	0	-909,000	106,110 / 5,310	0 / -1,020,420
売	20 0122	1729	3	2,950.00	17,685 / 8,850,000	0	-303,000	35,370 / 1,770	0 / -340,140
売	20 0125	0910	10	3,164.00	58,950 / 31,640,000	0	1,010,000	117,900 / 5,900	0 / 886,200
売	20 0129	0948	10	3,216.00	58,950 / 32,160,000	0	340,000	117,900 / 5,900	0 / 216,200
買	20 0128	1546	10	3,152.00	0 / 31,520,000	0	230,000	58,950 / 2,950	0 / 168,100
売	20 0205	1723	5	3,110.00	29,475 / 15,550,000	0	-545,000	58,950 / 2,950	0 / -606,900
売	20 0215	1727	1	3,182.00	5,895 / 3,182,000	0	-37,000	11,790 / 590	0 / -49,380
売	20 0215	1727	1	3,182.00	5,895 / 3,182,000	0	-37,000	11,790 / 590	0 / -49,380
売	20 0215	1727	3	3,182.00	17,685 / 9,546,000	0	-111,000	35,370 / 1,770	0 / -148,140
買	20 0130	1459	5	3,186.00	29,475 / 15,930,000	0	65,000	58,950 / 2,950	0 / 3,100
買	20 0204	1559	10	3,146.00	58,950 / 31,460,000	0	400,000	117,900 / 5,900	0 / 276,200
売	20 0204	1559	10	3,145.00	58,950 / 31,450,000	0	-430,000	117,900 / 5,900	0 / -553,800

第2章 事件の把握の仕方と先物取引の書類の見方

〔図表11〕 委託者別証拠金等現在高帳

委託者別証拠

○○○○　　　　　　　　殿　　　　　　　　　　　　　　　　平成20年7月

支店名　○○支店　　　　扱者CD○○○○

年月日	摘要	証拠金等の別	有価証券又は倉荷証券の内訳			
			種類又は銘柄別	数量又は額面	単価 充価/時価	預託額 充価/時価
20.01.17	入金	委託証拠金				
20.01.22	振替 未収金ヘ	委託証拠金				
20.01.23	入金	委託証拠金				
20.01.23	振替 未払金ヨリ	委託証拠金				
20.01.25	出金	委託証拠金				
20.01.25	振替 未払金ヨリ	委託証拠金				
20.01.28	振替 未払金ヨリ	委託証拠金				
20.01.29	振替 未払金ヨリ	委託証拠金				
20.01.30	振替 未払金ヨリ	委託証拠金				
20.02.31	振替 未払金ヨリ	委託証拠金				
20.02.01	振替 未収金ヘ	委託証拠金				
20.02.04	振替 未払金ヨリ	委託証拠金				
20.02.05	振替 未収金ヘ	委託証拠金				
20.02.06	振替 未払金ヨリ	委託証拠金				
20.02.07	振替 未払金ヨリ	委託証拠金				

金等現在高帳

◯◯◯◯株式会社

14日現在

19/12/28現在											
現 金						預 託 現 在 高					
返戻額		預託額		返戻額		有価証券又は倉荷証券		現 金		合 計	
充時	価	充時	価	充時	価	充時	価	充時	価	充時	価
		9,450,000					0	9,450,000		9,450,000	
				1,360,560			0	8,089,440		8,089,440	
		1,000,000					0	9,089,440		9,089,440	
		83,300					0	9,172,740		9,172,740	
				1,000,000			0	8,172,740		8,172,740	
		950,900					0	9,123,640		9,123,640	
		204,800					0	9,328,440		9,328,440	
		495,900					0	9,824,340		9,824,340	
		29,000					0	9,853,340		9,853,340	
		23,900					0	9,877,240		9,877,240	
				174,200			0	9,703,040		9,703,040	
		298,900					0	10,001,940		10,001,940	
				95,000			0	9,906,940		9,906,940	
		53,400					0	9,960,340		9,960,340	
		401,500					0	10,361,840		10,361,840	

〔図表12〕 建玉分析表（全銘柄）

建　玉　分

特定売買判定方法：パターン１（全件に判定）マイナス有、不０、重複有、商品単独、限

No.	約定日付	商品名	場節	限月	値段	約定金額	売数/Put	売/Put	委託玉	買/Call	買数/Call	売残
1	2008/1/17	東工－金	12：40	2008/12	3058	91,740,000				新	30	0
2	2008/1/17	東工－金	15：02	2008/12	3059	61,180,000				新	20	0
3	2008/1/18	東工－白金	13：14	2008/12	5201	18,203,500	7	新				7
4	2008/1/18	東工－白金	13：14	2008/12	5201	26,005,000	10	新				17
5	2008/1/18	東工－白金	13：14	2008/12	5200	7,800,000	3	新				20
6	2008/1/21	東工－金	12：54	2008/12	3051	36,612,000				新	12	20
7	2008/1/22	東工－金	17：29	2008/12	2950	26,550,000	9	仕				20
8	2008/1/22	東工－金	17：29	2008/12	2950	8,850,000	3	仕				20
9	2008/1/23	東工－金	09：52	2008/12	3074	92,220,000	30	仕				20
10	2008/1/23	東工－金	09：52	2008/12	3074	61,480,000	20	仕				20
11	2008/1/23	東工－金	16：34	2008/12	3063	30,630,000				新	10	20
12	2008/1/23	東工－白金	09：52	2008/12	5189	18,161,500				仕	7	13
13	2008/1/23	東工－白金	9：52	2008/12	5189	18,161,500				仕	7	6
14	2008/1/23	東工－白金	9：52	2008/12	5190	7,785,000				仕	3	3
15	2008/1/23	東工－白金	9：52	2008/12	5190	7,785,000				仕	3	0
16	2008/1/23	東工－白金	16：37	2008/12	5170	23,265,000	9	新				9
407	2008/3/18	東工－白金	12：38	2008/12	6012	15,030,000				仕	5	0
408	2008/3/24	東工－白金	13：16	2008/12	5755	2,877,500	1	仕				0
409	2008/3/24	東工－白金	13：16	2008/12	5755	2,877,500	1	仕				0
410	2008/3/24	東工－白金	13：16	2008/12	5753	11,506,000	4	仕				0
411	2008/3/24	東工－白金	13：16	2009/02	5717	14,292,500	5	仕				0
412	2008/3/24	東工－白金	13：16	2009/02	5717	5,717,000	2	仕				0

売買損益計：−10,429,000　手数料計：7,089,150（損金に対する手数料の割合：39.66％）手数料
差引損益計：−17,875,300　特定売買比率：117.06％（仕切件数）特定売買内訳（新規160件の特
特定売買説明：直し・途転・日計・両建（黒塗：枚数全部該当、白抜：枚数一部該当）、不抜（黒塗：

II　取引グラフの作成とソフトの活用

析　表

月無視、合算：無し、ソート：約定日＋商品銘柄＋場節＋発注日時＋登録№.

買残	売買損益金	委託手数料	手数料累計	差引損益金	差引損益累計	直し★	途転◆	日計■	両建●	不抜▲
30										
50										
50										
50										
50										
62										
53	-909,000	106,110	106,110	-1,020,420	-1,020,420					
50	-303,000	35,370	141,480	-340,140	-1,360,560					
20	480,000	353,700	495,180	108,600	-1,251,960					
0	300,000	235,800	730,980	52,400	-1,199,560					
10						★				
10	42,000	64,400	795,380	-25,620	-1,225,180					▲
10	42,000	64,400	859,780	-25,620	-1,250,800					▲
10	16,500	27,600	887,380	-12,480	-1,263,280					▲
10	15,000	27,600	914,980	-13,980	-1,277,260					▲
10						★				
13	-1,270,000	46,000	6,969,550	-1,318,300	-8,892,810					
12	-765,000	9,200	6,978,750	-774,660	-9,667,470					
11	-765,000	9,200	6,987,950	-774,660	-10,442,130					
7	-3,064,000	36,800	7,024,750	-3,102,640	-13,544,770					
2	-3,395,000	46,000	7,070,750	-3,443,300	-16,988,070					
0	-868,000	18,400	7,089,150	-887,320	-17,875,390					
	-10,429,000	7,089,150		-17,875,390		72	31	104	75	13

諸税合計：7,446,390（損金の手数料：諸税合計41.66％）
内：直し72件、途転31件、両建75件）（仕切252件の内日計104件、不抜13件）
売買損益１円以上、白抜売買損益金０円以上）

第２章　事件の把握の仕方と先物取引の書類の見方

〔図表13〕　建玉分析表（銘柄別）

建　玉　分

特定売買判定方法：パターン１（全件に判定）マイナス有、不０、重複有、商品単独、限

No.	約定日付	商品名	場節	限月	値段	約定金額	売数/Put	売/Put	委託玉	買/Call	買数/Call	売残
1	2008/1/17	東エ－金	12：40	2008/12	3058	91740000				新	30	0
2	2008/1/17	東エ－金	15：02	2008/12	3059	61180000				新	20	0
3	2008/1/21	東エ－金	12：54	2008/12	3051	36612000				新	12	0
4	2008/1/22	東エ－金	17：29	2008/12	2950	26550000	9	仕				0
5	2008/1/22	東エ－金	17：29	2008/12	2950	8850000	3	仕				0
6	2008/1/23	東エ－金	9：52	2008/12	3074	92220000	30	仕				0
7	2008/1/23	東エ－金	9：52	2008/12	3074	61480000	20	仕				0
8	2008/1/23	東エ－金	16：34	2008/12	3063	30630000				新	10	0
9	2008/1/25	東エ－金	9：10	2008/12	3164	31640000	10	仕				0
10	2008/1/25	東エ－金	16：55	2008/12	3182	31820000				新	10	0
46	2008/2/29	東エ－金	17：00	2009/02	3295	32950000				新	10	0
47	2008/2/29	東エ－金	17：29	2009/02	3294	9882000				新	3	0
48	2008/3/4	東エ－金	9：48	2009/02	3300	33000000	10	仕				0
49	2008/3/4	東エ－金	9：48	2009/02	3300	29700000	9	仕				0
50	2008/3/4	東エ－金	9：48	2009/02	3299	3299000	1	仕				0
51	2008/3/4	東エ－金	9：48	2009/02	3299	9897000	3	仕				0
52	2008/3/4	東エ－金	15：56	2009/02	3292	42796000				新	13	0
53	2008/3/5	東エ－金	15：01	2009/02	3237	64740000				新	20	0
54	2008/3/5	東エ－金	16：21	2009/02	3236	64720000	20	仕				0
55	2008/3/6	東エ－金	9：15	2009/02	3317	43121000	13	仕				0
56	2008/3/13	東エ－金	9：38	2009/02	3244	32440000				新	10	0
57	2008/3/13	東エ－金	16：31	2009/02	3208	32080000	10	仕				0

売買損益計：1,872,000　　手数料計：2,776,500（損金に対する手数料の割合：265.41%）手数料
差引損益計：－1,046,100　特定売買比率：74.19%（仕切件数）特定売買内訳（新規26件の内：直
特定売買説明：直し・途転・日計・両建（黒塗：枚数全部該当、白抜：枚数一部該当）、不抜（黒塗：

118

II 取引グラフの作成とソフトの活用

析 表

月無視、合算：無し、ソート：約定日＋商品銘柄＋場節＋発注日時＋登録No.

買残	売買損益金	委託手数料	手数料累計	差引損益金	差引損益累計	直し★	途転◆	日計■	両建●	不抜▲
30										
50										
62										
53	-909000	106110	106110	-1020420	-1020420					
50	-303000	35370	141480	-340140	-1360560					
20	480000	353700	495180	108600	-1251960					
0	300000	235800	730980	52400	-1199560					
10						★				
0	1010000	117900	848880	886200	-313360					
10						★				
20										
23										
13	30000	117900	2293110	-93800	-547520					▲
4	45000	106110	2399220	-66420	-613940					▲
3	4000	11790	2411010	-8380	-622320					▲
0	15000	35370	2446380	-22140	-644460					▲
13						★				
33										
13	-20000	117900	2564280	-143800	-788260			■		
0	325000	153270	2717550	164060	-624200					
10										
0	-360000	58950	2776500	-421900	-1046100			■		
	-1,872,000	2,776,500		-1,046,		8	3	3	4	5

%）手数料諸税合計：2,918,10
し8件、途転3件、両建4件）（仕切3件、不抜5件）
売買損益1円以上、白抜売買損益金0円以上）

〔図表14〕 証拠金推移表

〈証　拠　金

No.	日付	商品名	区分	限月	売買	場節	枚数	売残	買残	約定値段
1	2008/1/17									
2	2008/1/17	東工―金	新	2008/12	買	12:40	30	0	30	3058
3	2008/1/17	東工―金	新	2008/12	買	15:02	20	0	50	3059
4	2008/1/18	東工―白金	新	2008/12	売	13:14	7	7	50	5201
5	2008/1/18	東工―白金	新	2008/12	売	13:14	10	17	50	5201
6	2008/1/18	東工―白金	新	2008/12	売	13:14	3	20	50	5200
7	2008/1/21	東工―金	新	2008/12	買	12:54	12	20	62	3051
8	2008/1/22									
9	2008/1/22	東工―金	仕	2008/12	売	17:29	9	20	53	2950
10	2008/1/22	東工―金	仕	2008/12	売	17:29	3	20	50	2950
11	2008/1/23									
12	2008/1/23	東工―金	仕	2008/12	売	9:52	30	20	20	3074
13	2008/1/23	東工―金	仕	2008/12	売	9:52	20	20	0	3074
14	2008/1/23	東工―金	新	2008/12	買	16:34	10	20	10	3063
15	2008/1/23	東工―白金	仕	2008/12	買	9:52	7	13	10	5189
16	2008/1/23	東工―白金	仕	2008/12	買	9:52	7	6	10	5189
17	2008/1/23	東工―白金	仕	2008/12	買	9:52	3	3	10	5190
18	2008/1/23	東工―白金	仕	2008/12	買	9:52	3	0	10	5190
19	2008/1/23	東工―白金	新	2008/12	売	16:37	9	9	10	5170
20	2008/1/23	東工―白金	新	2008/12	売	16:37	1	10	10	5169
443	2008/3/24	東工―白金	仕	2008/12	売	13:16	1	0	11	5755
444	2008/3/24	東工―白金	仕	2008/12	売	13:16	4	0	7	5753
445	2008/3/24	東工―白金	仕	2009/02	売	13:16	5	0	2	5717
446	2008/3/24	東工―白金	仕	2009/02	売	13:16	2	0	0	5717
447	2008/3/25									
448	合計									

II 取引グラフの作成とソフトの活用

推　移〉

手数料累計	差引損益金	差引累計	帳尻損益	現金増減	損益振替	委託金合計
		0	0	9,450,000		9,450,000
			0			9,450,000
			0			9,450,000
			0			9,450,000
			0			9,450,000
			0			9,450,000
			0			9,450,000
		0	1,360,560		-1,360,560	8,089,440
106,110	-1,020,420	-1,020,420	340,140			8,089,440
141,480	-340,140	-1,360,560	0			8,089,440
		-1,360,560	-83,300	1,000,000	83,300	9,172,740
495,180	108,600	-1,251,960	25,300			9,172,740
730,980	52,400	-1,199,560	77,700			9,172,740
			77,700			9,172,740
795,380	-25,620	-1,225,180	52,080			9,172,740
859,780	-25,620	-1,250,800	26,460			9,172,740
887,380	-12,480	-1,263,280	13,980			9,172,740
914,980	-13,980	-1,277,260	0			9,172,740
			0			9,172,740
			0			9,172,740
6,987,950	-774,660	-10,442,130	7,485,860			92,010
7,024,750	-3,102,640	-13,544,770	4,383,220			92,010
7,070,750	-3,443,300	-16,988,070	939,920			92,010
7,089,150	-887,320	-17,875,390	52,600			92,010
		-1,7875,390	52,600	-92,010		0
				17,927,990	-17,927,990	

121

第2章 事件の把握の仕方と先物取引の書類の見方

〔図表15〕 建玉保有日数分析表

建玉保有日数のうち、※1は、取引日以外を含む計算、※2は取引日のみで計算(ただし、祝日はカウントしていない)左端の「NO」は、「建玉分析表」に対応している。

NO	約定日付	曜日	商品名	限月	新規索引 年月日	表示No.	仕切枚数 黒字…売落 青字…買落	売買損益金	委託手数料 (税込み)	差引損益金	建玉保有日数 (※1)	建玉保有日数 (※2)
2	2001/9/17	月	東工一金	02/08	01/09/12	1	10	-180,000	109,200	-289,200	5	3
5	2001/10/2	火	東工一金	02/08	01/09/19	3	5	210,000	54,600	155,400	13	11
7	2001/10/11	木	東工一金	02/08	01/10/02	4	5	205,000	54,600	150,400	9	7
8	2001/10/11	木	東工一金	02/08	01/09/12	1	10	-40,000	109,200	-149,200	29	21
9	2001/10/19	金	東工一金	02/08	01/10/10	6	5	135,000	54,600	80,400	9	7
16	2001/11/26	月	東工一金	02/10	01/11/09	10	5	70,000	54,600	15,400	17	13
17	2001/11/26	月	東工一金	02/10	01/11/09	11	5	80,000	54,600	25,400	17	13
18	2001/12/4	火	東工一金	02/10	01/11/13	12	5	115,000	54,600	60,400	21	15
19	2001/12/4	火	東工一金	02/10	01/11/13	13	5	120,000	54,600	65,400	21	15
20	2001/12/4	火	東工一金	02/10	01/11/13	14	5	100,000	54,600	45,400	21	15
21	2001/12/4	火	東工一金	02/10	01/11/13	15	5	100,000	54,600	45,400	21	15
25	2001/12/5	水	東工一白金	02/10	01/12/04	23	5	127,500	38,850	88,650	1	1
26	2001/12/5	水	東工一白金	02/10	01/12/05	24	5	80,000	19,425	60,575	0	0
27	2001/12/6	木	東工一金	02/10	01/12/04	22	10	120,000	109,200	10,800	2	2
30	2001/12/6	木	東工一白金	02/10	01/12/06	29	5	47,500	19,425	28,075	0	0
31	2001/12/6	木	東工一白金	02/10	01/12/06	28	10	110,000	38,850	71,150	0	0
34	2001/12/11	火	東工一白金	02/10	01/12/10	32	5	72,500	38,850	33,650	1	1
35	2001/12/11	火	東工一白金	02/10	01/12/10	33	5	55,000	38,850	16,150	1	1
39	2001/12/14	金	東工一金	02/10	01/12/13	38	5	-30,000	54,600	-84,600	1	1
42	2001/12/27	木	東工一白金	02/10	01/12/17	40	5	162,500	40,425	122,075	10	8
43	2001/12/28	金	東工一白金	02/10	01/12/12	36	5	-407,500	40,425	-447,925	16	12
45	2002/1/10	木	東工一白金	02/10	01/12/19	41	5	375,000	40,425	334,575	22	16
47	2002/1/15	火	東工一白金	02/10	01/12/12	37	4	-316,000	32,340	-348,340	34	26
48	2002/1/15	火	東工一白金	02/10	01/12/12	37	1	-79,000	8,085	-87,085	34	26
52	2002/1/30	水	東工一金	02/12	02/01/29	51	5	90,000	54,600	35,400	1	1
53	2002/1/30	水	東工一金	02/12	02/01/09	44	5	55,000	54,600	400	21	15
56	2002/2/4	月	東工一金	02/12	02/01/11	46	5	55,000	54,600	400	24	18
57	2002/2/4	月	東工一金	02/12	02/01/23	50	5	55,000	54,600	400	12	10
58	2002/2/7	木	東工一金	02/12	02/01/17	49	5	310,000	54,600	255,400	21	15
59	2002/2/7	木	東工一金	02/12	02/02/01	55	5	315,000	54,600	260,400	6	4
60	2002/2/8	金	東工一金	02/12	02/01/31	54	5	-560,000	54,600	-614,600	8	6

とから、こういった点は修正が必要となる（具体的には売買回転率、特定売買比率のカウントに差異が生じ得るためである）。

(5) 売買回転率

売買回転率は、取引の頻度を表す数値であり、以下のように算出する。つまり、1カ月でどの程度頻繁に売買されているかを端的に示すものである。

$$\frac{取引回数（仕切の回数）}{取引期間の全回数} \times 30（日）= 売買回転率（1カ月あたり）$$

当該取引が多くの銘柄にわたる場合には、取引全体の売買回転率とともに商品銘柄ごとに売買回転率を算出して取引の客観的態様を分析すべきである。

(6) 手数料化率

手数料化率（手数料損害金比率）は、委託者が被った全体の損害のうち、業者が取得した手数料がどのくらいの割合を占めているかという数値である。

$$\frac{手数料（※）}{全損害} = 手数料化率$$
$$（消費税を含む）$$

この手数料には手数料の消費税も入ると考えるのが一般的である。取引が増えれば、手数料も増大することは当然であるが、値動きによる損失（売買差益損）よりも手数料合計のほうが多いというケースはよくある。ケースによっては、売買差損益は利益が出ているのに、それをはるかに超える手数料のために大きな差引損益損になっている場合もある。注意すべきは損失に対する手数料の割合であるから、差引損益がプラスの場合には手数料化率は問題とできない点である。なお、多種銘柄を取引している場合、取引全体の手数料化率とともに商品銘柄ごとの手数料化率を算出して取引の客観的態様を分析するのが有用である。特に商品銘柄の変更の背後には営業担当者の変更がしばしばみられ、当該営業担当者による取引の傾向が看取できるのである。

第3章 違法性
――いわゆる客殺し商法――

I　客殺し商法とは

　投機的取引である商品先物取引は、取引自体に内在するリスクも極めて高いから、一般の素人が取引を行えば多くの場合において損失計算となる。いわば、自然死するのである。しかし、一般の素人が自発的に取引を行うときには、その数量は人の経済生活を破壊させるほどには至らないのが通常であろうから、これを超えて利益を得ようとする先物業者は、一般の素人である顧客に対してさまざまな甘言・虚言を弄し、巧みに取引を拡大させ、頻繁過量な取引に引きずり込み、無意味な取引を行わせ、他方で自社の取引として顧客の取引や顧客の総体の建玉状況と相反する取引を行うことなどによって、顧客からより多くの資産を拠出させて、これを自社の利益に転化しようとする積極的な行為に出る。これらの行為を総称して、「客殺し」であるとか、「客殺し商法」などと呼ばれる。

　客殺し商法という言葉は、刑事事件で会社ぐるみの詐欺を認定されたマルキ商事事件（大阪高判昭61・12・19判例集未登載）および同和商品事件（最決平4・2・18刑集46巻2号1頁・判時1416号137頁・判タ781号117頁・ジュリ平成4年度重要判例解説177頁等）で用いられているほか、東京地判平4・8・27（先裁集13号151頁・判時1460号101頁・判タ812号233頁・金商922号39頁〔ユニオン貿易〕）、神戸地姫路支判平14・2・25（先裁集32号16頁〔三貴商事〕）、千葉地判平15・3・25（先裁集34号97頁〔東京ゼネラル〕）、名古屋地判平15・4・18（先裁集34号185頁〔アイメックス〕）等でも用いられており、取引に内在するリスクを超えて、あえて顧客に損失を生じさせる積極的な加害行為が行われてい

る実態に即した、先物取引商法の呼称として当を得たものであるといえる。

以下では、客殺し商法である先物取引商法において、どのような違法行為が行われているのかを、客殺し商法の典型例を検討し、それぞれの内容、根拠・参考規定およびこれらが違法と認定された代表的裁判例を紹介して解説する。

II 客殺し商法による先物被害の代表的パターン

1 はじめに

110番の結果や裁判事例などを分析すると、先物取引被害には一定のパターンがあり、先物被害の実態は大同小異である。およそ三段階に分けることができる。

まず、勧誘は、電話勧誘などの不招請勧誘により、最初は断っても面談させられ、結局は取引をさせられる。

取引は、大半が買建玉から始まり、最初は利益を出すが利益金はもらえず、建玉を増やされ、その後に値が下がり、追証が必要と言われ、「翌日正午まで追証を準備してほしい」と言われ仰天しているところに、「いったん保険をかけて様子をみましょう」と両建を勧誘され、その後、「利食いましょう」、「別の商品を買いましょう」などと言われ、何度も取引をさせられ、建玉をどんどん増やされ、資金もなくなってしまうと、「今やめればこれまでの金も全部戻らないだけでなく、精算金がいる」などと言われ、他からも借金して取引を継続させられる。

取引をやめるきっかけは、家族が心配して弁護士に相談し、弁護士からの仕切る旨の内容証明であったり、中には追証が準備できずに、強制手仕舞されて終わるものもある。つぎ込まされた金は、何百万円から、何千万円にもなっている。

以下、それぞれの段階に分けて、詳しくみていく。

2　勧誘段階

　まず、先物取引のきっかけであるが、被害者が自ら進んで業者に問い合わせるというようなことは少ない。ほとんどは、外務員からの職場などにかかってくる電話によるが、当初は断りながらも、次第に面談することになり、結局は取引をさせられることになる（無差別電話勧誘、迷惑執拗な勧誘、不招請勧誘等）。

　外務員の勧誘の仕方は、「先物取引は絶対儲かる。今が底値。任せてほしい」（断定的判断の提供等）などと先物取引の勧誘であることを告知するものと、告知せず単に、「学校の先輩、後輩、または同郷」などと先物取引の勧誘であることを隠し、面談を求める場合がある（目的不告知勧誘）。

　先物取引であることを告知する勧誘に対しては、最初は「興味がない。金がない」などと言っていったんは断る消費者も多い。しかし、数日後にまた同様の勧誘を受け、同様に断る。しかし、「ロシアが凶作、食糧不足、アメリカに大量の買付が入ったから、すぐに値上がりする。買いが殺到しているので買えるかどうかわからないが、幸いなことに10枚だけとれた」（浮き玉）などと言われると、取引をしないと損をするかのような錯覚に陥る。そこで、会うことにし、取引を始める。

　先物取引の勧誘であることを告知しないでとにかく面談を求められる場合をみると、学校の後輩、同郷などと言われ、無下に断るわけもいかず、いわば義理で、外務員と面談することになる。面談すると、最初は世間話をしているが、その後、外務員から「先物取引は絶対儲かる。今が底値。任せてほしい」などとハイリターンの話（断定的判断の提供）を強調され、先物の危険性や追証、相場が逆に動いた場合の対処のしかた（仕切、難平、両建）などの説明はほとんど受けず（説明義務違反）、「後輩の私が責任を持ちます」などと言われ、結局は取引を始めることになる。

　いずれの場合も、最初は比較的少ない金額で、どういうわけかほとんどが買玉から始めている。

3 取引段階

　最初の取引は、比較的利益を得る場合もあるが、利益が出てもそれを委託者に送金するということはなく、利益を次の取引の証拠金に入れて、二度目はより多くの取引を行う。これを数回繰り返し、建玉は増えていく。

　こうして、ほとんどが、新規委託者の場合3カ月以内は20枚を超えてはならないという、平成11年まではほとんどの会社で規定していた社内規則（新規委託者保護義務）などは簡単に無視され、取引開始からわずか1カ月もしないうちに、何十枚もの過当な取引をさせられている（過当・過大取引、扇型売買）。

　建玉してから数日後、突然、外務員から、「大変です。値が下がりました。追証がかかります。これは一時的なので、両建をしましょう。両建は保険のようなものですから大丈夫です。必ず回復します。今やめると、出した証拠金だけでなくもっとお金を追加してもらわなければならなくなるかもしれません」などと言われ、どうしてよいのかわからず言われるがまま両建をするが、両建は新たに建玉をすることになり、その分の証拠金を準備しなければならず、その段階では建玉枚数も増えているので、資金の捻出は容易ではないものの、保険のようなもの、あとで回収できると言う外務員の言葉を信じて、何とか準備する（両建の勧誘）。

　両建をしてしまうと、その後は、泥沼に引きずり込まれてしまったも同然である。両建のままだと、値が下がった買玉を仕切るわけにもいかず、新たに建てた売玉は、さらに値が下がらないと仕切れないが、そうなるとまた、最初の買玉に大きな追証がかかるので同じことである。

　そこで、最初の買玉と両建の売玉は様子を見ておき、その間に、また新たな建玉、しかも、まったく違う商品を勧められることも少なくない。

　新たな建玉をしても、また同じような事態になり、また両建などの問題が生じ、その間、売り直し・買い直し、途転、手数料不抜け、日計りなどのいわゆる特定売買をさせられ、取引損は増加し、手数料もどんどんかさんでい

く。こうして、当初は100万円前後で取引をしようと考えていたのに、いつのまにか、300万、500万、1000万円までに膨れ上がっていく（過当取引、扇型売買、転がし、無意味な反復売買）。

　なお、委託者は、もともと相場の変動要因を知らず、また日中は会社、自営などの仕事をしているので、建玉が、将来値が上がるか下がるかの判断はしようがなく、外務員からの連絡により外務員の判断に頼るしかないので、実質一任売買にならざるを得ない。

4　取引終了段階

　取引をやめたいと外務員に言っても、「今やめるとこれまで出した証拠金は全部なくなるし、その他に差損金を負担してもらうことになる」、「今度は、課長を担当者にします」、「支店長が直接担当しますから大丈夫です」などと言って、担当者を変更し、仕切を拒否・回避し取引を継続させる（仕切拒否・回避、担当者の変更）。その後も結果は同じで、ますます被害は拡大してしまう。

　こうした外務員、会社のやり方に不満をもって、業者に苦情を申し入れるも、結局は言った言わないの水かけ論になり、さらには、日商協にも苦情、相談をするも、結局は、ほとんど取り合ってもらえない。そうこうしているうちに、職場や家族にも知られ、本人、家族、上司が弁護士に相談にいく。

　弁護士に相談にいくと弁護士は仕切るようにアドバイスをするが、被害者は仕切ってしまえば今まで出した金は戻らなくなってしまうと思い、この段階でも、出した金は戻るのでないかという淡い期待を持っており仕切ることに躊躇している場合もあり、中には必ず回復するという外務員の言葉を信じている被害者もいる。

　一部には、事情もわからずに、わずかな金額で和解をしている者もある（不当な念書、和解書）。

III 違法性(客殺し)の内容・根拠・代表的裁判例

1 概　要

　先物取引における違法性（客殺し）は、勧誘段階、取引段階、取引終了段階の3段階に分けて考えるとわかりやすい。ただし、たとえば、勧誘行為、適合性原則、説明義務については、単に先物取引委託契約締結の際だけではなく、その後に行う個々の取引を行う段階でも当てはまるものであることに注意すべきである。

　禁止規定では、従前の法令諸規定のほか、平成16年法改正の際に制定された「商品先物取引の委託者の保護に関するガイドライン」（平成19年9月30日改正）が重要である。ガイドラインは商取法の適合性原則（法215条）、不当勧誘規制（法214条5号ないし7号）、説明義務等（説明義務のほか、書面交付義務、断定的判断の提供等。214条・217条・218条）に関する解釈指針を示したものである。

　なお、先物取引の用語は慣用的に用いられてきたものが多く、以下に述べる違法行為も厳密な意味での定義規定は少ない。

　先物取引用語集として、社団法人全国商品取引所連合会（解散）の「商品先物取引用語集　第6次改訂版」（平成16年3月）などがある。

2 客殺し商法を構成する違法要素に関連する法令等

(1) 法令等の考え方

　先物取引業者が先物取引に関する法令等に違反しても、それによって直ちに民事効（無効、取消、損害賠償）が認められるわけではない（これは、取締法規、行政法規違反の効力の問題として論じられてきた）。

　民事効は、法令諸規定が禁止している趣旨、目的、内容等から総合的に判断し、決せられるべきものである。

　損害賠償についていえば、先物取引業者は、誠実公正義務を負い、高度の

注意義務が課せられているというのであるから、そこでの違法性は、法令諸規定に違反したからといって直ちには損害賠償が認められるものではないとしても、それが社会的相当性を逸脱するもの、すなわち信義則違反といえるかどうかで決せられるべきである。信義則違反か否かは、「これはおかしいのではないか、こんなことが許されてよいのか」という「常識的感覚」であるというべきである。

それを判断する基準の一つとして、先物取引関係の法令諸規定および判例等があり、先物取引に関連する法令諸規定について、それらが制定された経緯、趣旨、目的等を正確に理解することは極めて重要なことといわなければならない。

先物取引に関する法令諸規定について第1章でも説明しているが、ここであらためて解説しておく。

(2) 先物取引に関する法令諸規定等

(A) 法 令

商取法は、その目的として委託者保護を明示し（法1条）、商品取引員並びにその役員および使用人（商品取引員および商品取引外務員の責任を区別して論ずる理由に乏しいと考えられることから、以下、これらを「商品取引員等」と総称する）に、顧客に対して誠実かつ公正にその業務を遂行すべき義務があることを明示したうえで（法213条。平成10年改正により規定された）、商品取引員の「業務」に関して、商品取引員（や外務員）の「なすべきこと」や「してはならない」こと（禁止行為）を定めている（法214条以下）。

なお、平成21年の改正により、商取法は商品先物取引法に改称されてその性格を含めて大きな変容をみせることになるが、違法性の根拠については、第1章を参照されたい。改正法の重要部分の施行は、公布（平成21年7月10日）から1年6カ月以内が予定されている。

また、商取法上、明文で規定内容の詳細が政令または省令に委ねられている場合が少なくないが、このような法律の委任を受けた政令として「商品取引所法施行令」（施行令）が、省令として「商品取引所法施行規則」（施行規

則、規則）がある。

　(B)　ガイドライン

　平成17年5月1日に主務官庁である経済産業省、農林水産省が制定し同日から実施された「商品先物取引の委託者の保護に関するガイドライン」（ガイドライン。平成19年9月30日に改正されている）は、「法の商品取引員の勧誘行為等に係る規制についての解釈指針を示すことにより、商品取引員の受託業務の適正化を通じた委託者保護を図ることを目的」として定められたものであり（ガイドライン頭書）、商品取引員らにとって規範となる。

　また、各商品取引員が社内規則として定める「受託業務管理規則」は、日商協の受託等業務に関する規則に基づいて制定することが義務付けられ（受託等業務に関する規則8条1項）、その制定・変更が協会への届出事項とされている（同条2項）こと等から、商品取引員等の注意義務を基礎付ける規範であるといえる。これらは、法の明文の授権を受けたものであるので、法律と同様の規範となる。

　(C)　取引所関係の諸規定

　　(a)　準　則

　各商品取引所は、商品市場における取引の受委託の条件等について、受託契約準則（準則。なお、準則は、昭和41年に統一化が図られており、各商品取引所における準則の内容はほぼ同一である。条文を引用するときには東京工業品取引所のものを引用することとする）を定めている。

　これは、法律に基づいて制定され、商品取引所設立許可申請の際の添付書類とされており（法14条2項）、これらが法令に適合していること等が設立許可条件となっており（法15条1項4号）、定款と同じようにその内容の変更についても主務大臣の認可がなければその効力を生じないものとされており（法156条1項）、また、主務大臣は、商品市場における取引の公正を確保し、または委託者を保護するため必要かつ適当であると認める変更を命ずることもできる（法158条1項）とされており、極めて重要な規範であるとともに、商品取引所の会員は、商品市場における取引の受託については、準則によら

なければならないとしてその使用を法によって強制されており（法216条）、準則は、いわゆる普通約款として、商品取引所の商品市場における取引の委託については、当事者間に特別の約定がない限り、その意思のいかんにかかわらず、また、知、不知を問わず拘束し（最判昭44・2・13民集23巻2号336頁）、委託者と商品取引所の会員たる商品取引員との間の契約の内容そのものとなるものである（準則1条）。

　(b)　**受託業務指導基準**

　社団法人全国商品取引所連合会が定めた受託業務指導基準も、平成11年法改正により、受託業務の適正と委託者保護は、第一次的には日商協が行うことになったことから、当該部分については事実上廃止されているが、上記の理由から、今なお商品取引員等にとって規範となる（あるいは少なくとも、受託行為の違法性を判断するに際して参照されるべきものである）ものというべきである。

　全国商品取引所連合会における受託業務の改善に関する協定書等に基づく新規委託者保護管理規則も、同様の理由から、今なお商品取引員等が遵守すべき規範となる。

　(c)　**取引所指示事項**

　なお、各取引所で実施されていた「商品取引員の受託業務に関する取引所指示事項」（以下、昭和48年4月に定められ、平成元年11月27日まで実施されたものを「旧旧取引所指示事項」、平成元年11月27日から平成11年3月31日まで実施されていたものを「旧取引所指示事項」という）は、適正な勧誘および受託を求めるために各取引所の定款に基づいて定められたものであり、その趣旨は今なお妥当するものであるし、平成11年4月1日の法改正の理念の一つが、上記のとおり委託者保護の強化にあることからすれば、これら取引所指示事項の内容を後退させることは許されない。

　(D)　**日商協関係の諸規程**

　商取法上の認可法人たる「商品先物取引協会」（法第5章。現在、日商協が設立され、活動を行っている）が定める定款、諸規程および同定款に基づいて

定められている「受託等業務に関する規則」等の諸規則についても、協会の定款、制裁規程、紛争処理規程は協会設立認可申請の際の添付書類とされ(法247条2項)、それらが法の定める要件を満たすことが認可基準となっていること(法248条2号)、また、それらの変更は主務大臣の認可がなければその効力を生じないものとされ(法250条1項)、その他の諸規則の作成、変更、廃止も主務大臣への報告事項とされている(同条3項)ことからしても、重要な規範である。

3 法令諸規定等の性質

前記のとおり、これら法令諸規定等は、その性質上、直ちには顧客の損害賠償請求を導く私法的効果があるとまでは断じがたいとしても(なお、法218条2項は説明義務違反に基づく民事上の損害賠償義務を法定している)、これらの趣旨・内容が、総じて、委託者、特に新規委託者が不測の損害を被らないように保護育成していくところにあるものであることからすれば、上記各法令諸規定等は、商品取引員等が一般大衆から先物取引の委託を受けるにあたって、委託者に対する関係で負うべき注意義務の一内容を構成するものと解される。このことは、裁判例においても、「(上記法令諸規定等は)(当該取引時以降に制定されたものであっても)実質的違法性の現れとして、民法上の不法行為の違法判断の有力な基準を提供するといわなければならない」(大阪地判平元・6・29判タ701号198頁)、「(上記法令諸規定等は)具体的な個々の取引に当たっては取引員と委託者との関係でも注意義務の内容を構成すると解すべきである」(名古屋地判平2・1・16判タ733号158頁)等として、適切に指摘されている(この他、同旨の裁判例として、神戸地尼崎支判平11・9・14等多数。なお、これらの裁判例の多くは、商取法が、平成2年改正によって、その目的に「委託者の保護」を明示し、また、平成10年改正によって商品取引員およびその役員、使用人に「誠実公正義務」を課す以前のものである)。

※略記は次のとおりとする。ただし、平成16年改正前の条文については「旧法」と記載する。

〔根拠規定〕	〔略記〕
商品取引所法	法
海外商品市場における先物取引の受託等に関する法律	海先法
商品取引所法施行規則	規則
商品先物取引の委託者の保護に関するガイドライン	ガイドライン
受託等業務に関する規則（日商協）	受託等業務規則
受託契約準則（各取引所）	準則
各社の受託業務管理規則	社内管理規則

なお、巻末資料に、平成18年改正法以降の違法性について、法令、ガイドライン、準則、受託等業務規則を整理しているので参照されたい。

(1) 勧誘段階の違法性（不当勧誘等）

① 適合性原則違反（不適格者の勧誘等）　法215条、ガイドラインA2・3、受託等業務規則3条・5条1項1号（旧法136条の25第1項4号、受託等業務規則3条・5条1項1号、社内管理規則）。

② 迷惑勧誘　法214条6号、ガイドラインB3

③ 勧誘目的不告知、勧誘受諾確認義務　法214条7号、ガイドラインB1

④ 事前書面の不交付　法217条、ガイドラインC1、準則3条1項（旧法136条の19（記載事項は旧省令47条）、旧準則3条）、海先法4条、社内管理規則

⑤ 断定的判断の提供等　法214条1号、ガイドラインC3（旧法136条の18、旧省令46条8号）、海先法10条1項、社内管理規則

⑥ 虚偽の告知　法214条2号

⑦ 再勧誘禁止　法214条5号、ガイドラインB2

⑧ 説明義務違反　法218条・217条、ガイドラインC2、規則108条・104条、準則3条2項、受託等業務規則5条1項4号（旧受託等業務規則

4条・5条1項4号、社内管理規則。旧法136条の19、旧規則47条も関連する）

⑨　虚偽、誤解表示の禁止　　規則103条8号、受託等業務規則5条1項2号

⑩　取引単位不告知勧誘禁止　　規則103条6号

(2)　取引継続段階の違法性

①　約諾書交付前の受託違反　　準則4条2項

②　新規委託者保護義務違反　　法215条、ガイドラインA5、社内管理規則（ただし、各社によって基準が異なる。3カ月経過後でも新規委託者保護義務違反が認められた判例（名古屋高判平17・6・22先裁集40号36頁）もある）

③　適合性原則違反（不適合な建玉等）　　法215条、ガイドラインA1・2・3、受託等業務規則3条3項・5条1項1号（旧法136条の25第1項4号、受託等業務規則3条3項・5条1項1号、社内管理規則）。取引継続・拡大段階で適合性原則違反を認定する判例は増加傾向にある。

④　無断売買、一任売買　　無断売買は規則103条3号、一任売買は法214条3号、両者につき準則25条（旧法136条の18第3号、旧規則46条3号、旧準則24条）、海先法10条3号・4号

⑤　両建　　同一限月・同一枚数の両建について法214条8号、海先規則8条6号、異限月・異枚数両建について規則103条9号（旧規則46条11号、旧受託等業務規則5条1項6号）、海先規則8条11号

⑥　無敷、薄敷　　法179条、準則7条・11条（旧法97条1項、旧準則9条・10条）

⑦　証拠金等の返還遅延　　規則103条1号、準則12条（旧規則46条1号、旧準則11条）

⑧　向い玉　　規則103条2号（旧規則46条2号）

⑨　フロントランニング　　法214条4号（旧法136条の18第4号）

⑩　過当な売買取引　　受託等業務規則3条（旧省令46条2号）

⑪　無意味な反復売買（転がし、特定売買）

⑫　満玉　　神戸地姫路支判平14・2・25（先裁集32号16頁）、神戸地判平15・5・22（先裁集35号169頁）

⑬　追証の放置　　名古屋地判平4・12・25（先裁集14号141頁〔米常商事〕）

(3) 取引終了段階の違法性

①　仕切回避、拒否　　規則103条7号、受託等業務規則5条1項6号（旧規則46条10号、旧受託等業務規則5条1項6号）、海先法10条5号

②　違法な強制手仕舞等　　札幌地判平9・10・23（判タ968号195頁〔コーワフューチャーズ〕）

③　清算金の支払遅延　　旧規則46条1号など

④　不当な念書、和解等の強要　　大阪地判昭59・4・24（判時1135号133頁）

(4) その他全般

①　誠実公正義務違反　　法213条（旧法136条の17）

②　虚偽・誇大等広告規制違反　　法213条の2、受託等業務規則6条

③　情報提供助言指導義務違反　　受託等業務規則4条1項。仙台高秋田支判平2・11・26（先裁集10号186頁〔日光商品〕）

④　風説の流布、偽計、暴行、脅迫による受託等　　受託等業務規則5条1項3号（旧法152条、旧受託等業務規則5条1項3号）

⑤　書面不交付　　事前書面交付義務について法217条、受託等業務規則5条1項4号（旧法136条の19）。事前書面記載事項違反について規則104条（旧規則47条）。売買報告書について法220条（旧法136条の22）。売買報告書記載事項は規則109条、準則19条（旧規則48条、旧準則7条・15条・20条）。海先法4条ないし7条など

⑥　対当建玉通知義務　　最判平21・7・16（最高裁HP）

⑦　架空、他人名義の取引　　受託等業務規則5条1項12号

⑧　顧客との金銭貸借　　受託等業務規則5条1項10号・11号・同条2項

III 違法性（客殺し）の内容・根拠・代表的裁判例

4号
⑨ 受託業務管理体制の整備　　受託等業務規則 7 条
⑩ 海外先物では、熟慮期間違反（契約締結から14日を経過しない取引）
　　海先法 8 条
⑪ 私設市場では、法 6 条・329条（旧法 8 条）に違反していることなど
（注）

　　（注）　法 6 条は、「商品市場類似施設の開設の禁止」と題し、「何人も、商品または商品指数（これに類似する指数を含む。）について先物取引に類似する取引をするための施設（証券取引法……第 2 条第17項に規定する有価証券市場及び金融先物取引法……第 2 条第 6 項に規定する金融先物市場を除く。）を開設してはならない」（同条 1 項）、「何人も、前項の施設において先物取引に類似する取引をしてはならない」（同条 2 項）と規定している（類似施設開設者には 3 年以下の懲役、300万円以下の罰金、あるいは双方が併科される。商取法357条 1 号）。なお、同条は、同条に関する議論を踏まえ、平成 2 年改正法により規制の範囲を大きく変えている（①開設を禁止されるのが、改正前は「先物取引をする商品市場に類似する施設」であったが、現行法は「商品又は商品指数（これに類似する指数を含む。）について先物取引に類似する取引をするための施設」とする。すなわち、ⓐ何に「類似する」かが、商品市場から先物取引に変わった。ⓑ「商品」の定義が拡大されたので（同法 2 条 2 項）、仮に本条の適用範囲を指定商品に限るとしても、その範囲は著しく広がった。ⓒ商品先物取引に類似する取引をする施設だけでなく、商品指数および商品指数類似の先物取引に類似する取引をする施設も、禁止の対象に加えられた。②有価証券市場の除外に加え、金融先物市場の除外を明定した。③類似施設において禁止される行為が、「売買」から「先物取引に類似する取引」に変わった）。同条の解釈は、私設市場取引を商取法がどのように取り扱うべきかという問題意識からさまざまな議論がなされたところである。現在では実践的な被害救済の観点からこの点の議論を正しく理解する必要性が高いとはいえないが、新奇な投機取引まがい取引が発生したときには、同条に反するか否かを検討する必要があるので、私設取引と同条の関係に言及しておく。

　　　　「取引の自由化」を奇貨として差金決済取引が任意に創出された実例としては、「外国為替証拠金取引」商法の蔓延が記憶に新しいところであるが、最初の例は、金地金等の私設市場における被害であった。

137

すなわち、昭和48年にわが国で金の輸入が自由化されたことを契機として金の私設市場が全国各地に萌芽し、昭和50年代に入ってから、このような私設市場を舞台とした先物取引被害が全国的に拡大したのである。私設市場における被害については、主たる論点は旧法8条との関係であったが、裁判例は、法律構成はさまざまであったものの、ほとんどが、顧客が業者に交付した預託金ないし予約金の全額について顧客に返還するよう命じるものであった。しかし、政府は、これら私設取引を旧法8条に違反しないとする政府解釈（内閣法制局通達）を出し、これによって被害救済実務に混乱が生じた。もっとも、裁判所は、「（規制のない）一切の物品については誰でも何の制限もなく自由に先物取引市場を開設でき、取引の内容、態様についても何の法的制限もないという結論は到底承認できないものである」とし、「（政府解釈について）当裁判所の熟知するところであるが、このような解釈は取り得ない」（名古屋地判昭60・4・26判時1163号112頁）として、その解釈姿勢を貫き、結局、金等非指定商品の多くが指定商品として取引所に上場されることによって（つまり、法令によって違法性が阻却され、上場商品として制度化されて）被害が終焉することになった。

4 勧誘段階の違法性

違法性のある勧誘は「不当勧誘」と呼ばれてきたもので、委託者保護、公正な価格形成実現のために先物取引適格者の自由な意思による参加を阻害するものとして、次の行為を禁止している。

従来、勧誘規制は、先物取引委託契約締結段階の問題とされていた傾向があったが、平成16年法改正後に制定されたガイドラインによれば、「勧誘」とは、商品取引員が顧客に対して、商品先物取引の委託契約締結または契約締結後の個々の取引の委託の意思形成に影響を与える程度に商品先物取引を勧める行為をいうとされ（ガイドラインＡ1）、単に委託契約締結だけでなく、その後の個々の取引の委託、すなわち取引継続段階でも勧誘規制が及んでいることに注意する必要がある。

(1) 勧誘目的告知・勧誘受諾意思確認義務、再勧誘禁止、迷惑勧誘禁止等
　　(A) 意　義

(a) 勧誘目的告知義務違反

　勧誘に先立って、会社名とこれから行う勧誘が先物取引の勧誘であることを告知することである。長々と世間話をした後に先物取引の勧誘をしたり、現物商品であるかのような勧誘をしてはならない。

(b) 勧誘受諾意思確認義務違反

　顧客に勧誘を受ける意思があるかを問いかけ、それに対する顧客の意思表示を明示的に確認することをいう。顧客の婉曲的な表現や、意思が不明な場合は、明示とはいえず、そのような場合に勧誘を行ってはならない。

(c) 再勧誘

　勧誘に対して、勧誘自体拒否したり、または、取引を行わない旨を表示しているのに、勧誘したりまたは再度契約締結を勧誘することである。

　不招請勧誘には、オプト・インとオプト・アウトがあるが、再勧誘禁止は、オプト・アウト（勧誘拒否の意思を示した人に対しては勧誘をしてはならない）といわれている。

　住居の戸口に「勧誘お断り」の表示を掲げている場合は、顧客による事前の指示または承諾がない限り法214条5号に違反する（ガイドラインB2）。

　なお、不招請勧誘のオプトイン規制（事前の要請・承諾がない限り電話、訪問等の勧誘をしてはならない）は、先物取引被害予防には不可欠であるが、現時点では未制定である。

　なお、平成21年改正法下では、一般個人を相手方とするすべての取引所外取引および一般個人を相手方とする取引所取引のうち初めの投資金額以上の損失発生を防ぐしくみとなっている取引以外の取引が不招請勧誘の禁止対象として政令指定されることが予定されている。

　つまり、原則として個人を対象とするすべての先物取引について、不招請勧誘が禁止されるが、例外的に、国内公設先物取引のうち「元の投資額以上の損失発生を防ぐしくみとなっている取引」（「ロスカット」といわれている）については除外されるということである。

　これにより私設・海外だけでなく、国内公設先物取引についても不招請勧

誘禁止が導入されることになった。

　(d)　迷惑勧誘

　社会通念上迷惑と考えられる時間・場所・方法による勧誘であり、顧客が実際に迷惑と感じる必要はない。たとえば、迷惑な時間帯として、夜間、早朝はもちろんだが、勤務時間中の勧誘も迷惑勧誘とされていること（ガイドラインB3）が注目される。

　電話勧誘の規制は、執拗な勧誘、迷惑な勧誘について平成8年の施行規則改正で設けられており、無差別電話勧誘の禁止は、旧取引所指示事項（平成元年11月27日廃止）に明確に規定があったものであるが（日弁手引〔九訂版〕508頁参照）、電話、訪問、ダイレクトメール等その手段を問わず、いずれも執拗、迷惑、目的不告知、誤認させるような勧誘が、平成10年法改正に伴う改正省令（平成11年4月1日施行）で禁止されたものである。具体的にどのような勧誘行為がこれらに該当するかは、後記判例を参照されたい。

　最判平7・7・4も、認定した違法行為の中で、先物取引経験のないものを「電話勧誘」したことを違法と認定していることは注目すべきである。

　(B)　根拠規定

　再勧誘禁止（法214条5号、ガイドラインB2）、迷惑勧誘（法214条6号、ガイドラインB3）、勧誘目的告知、勧誘受諾意思確認義務（法214条7号、ガイドラインB1）

　(C)　代表的裁判例

　◇京都地判平元・2・20先裁集9号31頁・判時1323号100頁〔東京ゼネラル〕
　原告を勧誘するにあたり、特定の信頼できる者の紹介や一定の勧誘基準を設けるなどのことを行わず、無作為に電話帳を調査したうえ、一面識もない原告の勤務する（納税協会）の存在を知ったことをきっかけに、これに架電して勧誘を開始するに至っており、これは、無差別電話勧誘に該当する。

　◇大阪地判平9・9・24判時1618号103頁〔アルフィックス〕　無差別の電話勧誘の禁止は、電話勧誘が簡易な勧誘方法であって、被勧誘者の都合を考えずに執拗になされ、非勧誘者の生活の静穏を害する迷惑なものとなりやすいという理由のみでなく、少なくとも、無差別の電話勧誘は、勧誘者が

被勧誘者の取引適格について判断するに足りる情報に接することなく投機勧誘を行うことで、適合性原則に反する勧誘が行われ、先物取引をするにふさわしい資金や投資経験を持たない者が取引に引き込まれることを防止しようとしたものでもある。

◇津地判平17・3・24先裁集40号279頁〔西友商事〕　無差別電話勧誘を著しく社会的相当性を欠く。

◇秋田地判平17・11・10先裁集43号1頁〔西友商事〕　勤務先に複数回の電話をかける勧誘行為は違法である。

◇神戸地姫路支判平18・5・22先裁集44号187頁〔明洸フューチャーズ〕予約ができていないのに予約ができた旨虚偽の事実を告げて面会の約束を取り付けた行為は、迷惑を覚えさせるような仕方での勧誘として違法である。

◇東京地判平18・6・8先裁集44号374頁〔日本エフエックス〕（外国為替証拠金取引について）電話帳による不招請の電話勧誘は不適切な勧誘方法である。

◇札幌地判平19・4・12先裁集48号203頁〔サンワード貿易〕　自ら積極的に取引への参加の意思を示していなかった者に対して、電話等による無差別の勧誘を行うことは、適合性審査を厳格に尽くすことを前提としないのであれば社会的相当性を欠くとの評価を受けることもあり得る。

(2)　適合性原則違反（不適格者の勧誘等）

(A)　意　義

　適合性原則違反の勧誘とは、先物取引に必要な知識、経験、財産の状況等、および受託契約締結目的に照らし不適当な勧誘や取引を行わせることである。

　平成10年法改正で明文化されたものであるが、当時の規定は主務省の監督権限発動事由の一つとして規定されており、若干わかりにくかったものの、平成16年法改正では行為規範として「知識、経験、財産の状況」に照らして不適当な勧誘として明確化され、平成18年法改正では、これらに「受託契約を締結する目的」が追加された。

　適合性原則も、先物取引委託契約締結の際の勧誘段階だけではなく、その後の取引継続段階、個々の取引についても適用される（ガイドラインＡ１）。

　適合性原則違反は、平成10年法改正以前から取引所指示事項等に規定があったものである。不適格者の例示として、旧取引所指示事項には、未成年者

等は当然として、年金生活者、主婦、公金出納取扱者等があげられている（日弁手引〔九訂版〕509頁）。

　財産の状況（資力）については、先物取引に投入してよい資金は余裕資金の3分の1といわれていることに注目する必要がある。住宅ローンの支払いに追われている者、借金をして証拠金を準備している者は、不適格者というべきであろう。

　知識については、先物取引の制度、しくみ等を理解する能力はもちろん、商品の価格変動要因に関する知識も必要であるというべきである。価格変動に関する知識がなければ、注文を出しようがなく、自由な意思決定ができないこととなり、実質的に一任売買、無断売買にならざるを得なくなるからである。

　経験との関係では、先物取引の経験のないものは一概に不適格者とはいえないまでも、先物取引経験者であるから常に適格者となるわけではなく、先物取引の経験をしても過去に損をして損金を支払えなかったものは不適格者であるという判例（仙台高秋田支判平11・1・25先裁集25号409頁）もある。

　日中勤務しており時間的余裕のない者（サラリーマン等）はどうかが問題になるが、相場の状況判断は、突然必要に迫られることが少なくなく、これらの者は冷静な判断、自由な判断ができにくく、結局のところ一任売買にならざるを得ないのであり、不適格者というべきであろう。

　こうしてみると、先物取引適格者というのは、個人の場合、ごく限られてくるのではないかと思われる。

　なお、被害研究4号は適合性の問題を扱い、尾崎安央教授の「先物取引委託者の適格性」の講演、質疑等有意義な内容が収録されているので参照されたい。

　(B)　ガイドラインの規定

　ガイドラインでは、適合性原則違反の勧誘を、常に不適当な勧誘と、原則として不適当な勧誘とに分けている。このような分け方や内容にも問題がないわけではないが、参考になるので紹介しておく。

Ⅲ　違法性（客殺し）の内容・根拠・代表的裁判例

① 常に不適当な勧誘
  ⓐ 未成年者等の民法の制限行為能力者の他に、精神障害者、知的障害者および認知障害の認められる者に対する勧誘
  ⓑ 生活保護世帯に対する勧誘
  ⓒ 破産者に対する勧誘
  ⓓ 商品先物取引をするための借入の勧誘
  ⓔ 元本欠損または元本を上回る損失が生ずるおそれのある取引をしたくない者に対する勧誘
② 原則として不適当な勧誘
  ⓐ 年金、恩給、退職金、保険金等により生計を立てている者
  ⓑ 年収500万円未満の者
  ⓒ 投資可能資金を超える取引証拠金等を必要とする取引の勧誘
  ⓓ 75歳以上の高齢者に対する勧誘

②の例外は、生活に支障のない裏付け資産を保有していること、顧客本人が不適格者であることを理解し、例外要件があることを書面で申告した場合等である。

(C) 根拠規定

　法215条、ガイドラインＡ１・２・３、受託等業務規則３条・５条１項１号（旧法136条の25第１項４号、受託等業務規則３条・５条１項１号、社内管理規則）。

(D) 代表的裁判例

　◇大阪地判平４・７・24先裁集13号28頁〔東京ゼネラル〕（大阪府の自宅、定期郵便貯金250万円、国債約900万円、信託銀行への貸付信託300万円、その他預貯金約200万円、立製作所の株式3000株、新製鋼の株式1500株、元勤務先会社の株式３万9461株を有し、年収が昭和58年当時約400万円程度であった者について）先物取引のような高度に投機的な取引をするには、資産は不十分である。
　◇仙台高判平11・１・25判時1692号76頁・判タ1039号159頁〔カネツ商事〕
　かつて先物取引を行って多大の損失を被り、そのために事実上破産状態になり、取引終了時において仕切差損金すら支払えない状況にあった者と新規の委託契約を締結する商品取引員の担当者としては、単に、顧客の要望

143

に沿って契約を締結するのではなく、顧客の資産状況の変化等について、顧客から事情聴取し、不十分な場合には独自に調査するなどし、特段の事情を確認したうえで取引を開始する注意義務があるというべきであり、この義務に反して取引を行い、結果として、顧客の資産状況に変化がないのに取引を行った場合には、不適格者との取引を行ったものとして顧客に対する不法行為を構成するというべきである。

◇大阪地判平14・2・26先裁集31号327頁〔朝日ユニバーサル貿易〕　新規委託者保護義務違反、適合性原則違反、頻繁売買等の勧誘行為は違法であり債務不履行が成立する。

◇千葉地木更津支判平14・3・29先裁集32号153頁〔東京ゼネラル〕　適合性原則違反、説明義務違反、新規委託者保護義務違反、偽計による両建勧誘、一任売買、特定売買などは、善管注意義務違反、誠実公正義務違反で、不法行為ないし債務不履行が成立する。

◇大阪地判平15・3・11先裁集35号62頁〔朝日ユニバーサル貿易〕　適合性原則違反のみで先物業者の責任を認める。

◇東京地判平17・10・25先裁集41号649頁〔エー・シー・イー・インターナショナル〕（海外先物オプション）　適合性原則違反、説明義務違反、断定的判断の提供、実質一任、過当取引は、債務不履行である。

◇大阪地判平18・2・15先裁集42号587頁〔クレボ〕　適合性原則違反、説明義務違反、新規委託者保護義務違反、両建、仕切拒否、断定的判断の提供、過当取引を認め、債務不履行および不法行為が成立する。慰謝料300万円。

◇大阪地判平18・4・19先裁集43号468頁〔岡地〕　（さや取引について）通常の先物取引も高度な知識経験を要する。

◇神戸地判平18・4・21先裁集43号476頁〔岡地〕　（別の商品取引員2社と5年間にわたって先物取引をした経験がある59歳の会社役員について）借入による資金工面、理解力および知識の点から適合性がない。

◇神戸地姫路支判平18・5・29先裁集44号226頁〔西友商事〕　当初の投下資金可能金額を超えて借入金によって取引が拡大された事案で委託者が自ら借入であると申告しなくても商品取引員は口座設定申込書の記載などから取引を適切な範囲に限定するべき義務があるとして当初投下資金可能額を超えた以降の取引に適合性原則違反がある。

◇東京地判平18・6・5先裁集44号321頁〔大起産業〕　具体的な取引の内容・数量との関係で、委託者の資産、知識、経験等に照らし、明らかに不相当な、適合しない過当取引を勧誘し行わせた点に適合性原則違反があった。

◇神戸地姫路支判平18・6・12先裁集44号391頁〔オリエント貿易〕　借入金による入金を知りながら取引の継続を勧誘し、受託した点について適合性原則違反があった。

◇大阪高判平18・7・13先裁集45号132頁〔大洸ホールディングス〕（年収500万円程度の51歳の男性会社員について）反復売買をなすに足りる資力、時間的余裕、対応能力に乏しいものである。

◇広島高判平18・10・20先裁集46号53頁〔オリエント貿易〕（年収1050万円程度、預貯金4500万円程度を有していた53歳の男性会社員兼自営業者について）価格傾向を把握する手段が限られており、情報を収集分析して投機判断をする時間的余裕もなかった。

◇大阪地判平18・10・26先裁集46号259頁〔第一商品〕（受託業務に関する規則などを引用し）適合性の原則は取引開始時のみに適用されるべき原則ではない。

◇京都地判平18・11・24先裁集46号414頁〔小林洋行〕（商品取引員の受託業務管理規則を引き）委託者が経理担当者であると告げなかったとしても商品取引員は委託者の職業、担当職務、収入などを調査するはずであり、外務員は委託者が経理担当者であることを知っていたと推認すべきであり、そうでないとすればそのこと自体が外務員の落ち度である。

◇神戸地判平18・12・19先裁集47号81頁〔第一商品〕（74歳の独居高齢者の被害事案について）独居高齢者は老後の生活安定のため蓄えを維持する必要があり、投機取引によって資産を失ったときの痛手が非常に大きいから、金儲けをする意思も必要もなかった高齢者に先物取引を勧誘することは極めて不適切である。

◇札幌地判平19・4・12先裁集48号203頁〔サンワード貿易〕　自ら積極的に取引への参加の意思を示していなかった者に対して、電話等による無差別の勧誘を行う場合には、適合性審査および説明義務が厳格に尽くされなければならない。

◇福岡地判平19・6・7先裁集49号140頁〔和洸フューチャーズ〕（一部上場企業に30年間勤続し、年収700万円、預貯金3000万円以上の資産を有し、投資可能資金額1000万円の者について）電話勧誘の本質的な問題として、不適格者を商品先物取引に招来する契機が必然的にあり、結果的に、諸法令の求める商品先物取引不適格者に対する勧誘受託の禁止を潜脱することになる危険性が大きい。その問題点を自覚して、商品先物取引不適格者に対する勧誘の禁止を徹底するため、さらに補充的な調査を具体的に行う義務があり、単純に相手の自己申告を信じたというだけで免責されるものではない。

◇神戸地判平19・7・19先裁集49号204頁〔光陽ファイナンシャルトレード〕預貯金額約400万円を前提にすると、これを全額商品先物取引に投下しても原告の生活に支障がないとしても、証拠金として預託するのに適当な金額はせいぜい150万円以内と考えるのが相当である。証拠金が前記金額を

超えたときは、当初申告時より資産の増加があることが確認できた場合等以外は、取引中止の助言をすべきであったというべきであり、少なくとも預託証拠金が200万円を超える段階に達してもなお手仕舞すべき旨の助言をしなかったことは、原告に対する不法行為を構成する。

◇神戸地判平19・12・27先裁集50号397頁〔さくらファイナンシャルサービス〕 被告は、顧客の余裕資金の種別は調べようがないから細かくは聴取しないと供述するが、その態度からして、顧客の適合性審査を放棄しているとしか理解できない。

(3) 断定的判断の提供、元本保証等

(A) 意 義

「今が底値」「絶対儲かる」「元本保証」「損はさせない」等と言って勧誘することである。

先物取引は、極めて投機性の高い危険な取引であり、元本が保証される取引ではない。また、取引価格は需要と供給の関係だけで決まるのではなく、政治的動向、為替の変動、投機家の思惑等多様な要素が複雑に絡み合って形成されるから、「絶対儲かる」「今が底値」などと断定できる取引ではない。「元本保証」「絶対儲かる」などという取引の勧誘は、虚偽告知である。そもそも業者は、このような言葉が虚偽であるのは百も承知であるから、このような勧誘は詐欺というべきであり、これを信じて取引をした者は錯誤があるというべきであろう。

こうした勧誘は、先物取引の本質に反する虚偽の勧誘であるから、商取法で禁止し、さらに、自主規制等でも重ねて禁止しているが、先物取引については消費者契約法の適用もあるので、同法4条1項2号に基づく取消の主張も可能となる。

平成18年の商取法改正で、断定的判断の提供について、従前は、「利益を生ずることが確実であると誤認させるべき断定的判断の提供」とあったのが、金販法と横並びになり、「不確実な事項について断定的判断を提供し、又は確実であると誤認させるおそれのあることを告げて」と文言が修正された。

これを受けて、ガイドラインCでは「確実であると誤認させるおそれの

あることを告げてとは、例えば、必ず等の表現を使用しなくても、100％とはいえないが値上がりが期待できるなど、表現の前後の文脈や説明の状況から判断」するとなっている。

　断定的判断の提供等は、取引を開始する際にだけ問題になるのではなく、取引を継続し、損をして客観的には絶対儲かるものではないことが明らかになったというべき時点で、「今度は大丈夫。損を取り戻します」などと言われ、勧誘され取引を継続したという場合にも、該当するというべきである。

　なお、平成18年法改正により、法214条1号の断定的判断の提供があれば、それだけで損害賠償請求ができるようになり（法218条3項。ただし、法220条の3の金販法の準用により損害の範囲が限定されている）、民事効が付与された。

　以上のように、断定的判断の提供があれば、①法218条3項ないし民法709条等による損害賠償請求、②消費者契約法4条1項2号による取消の主張が可能となっている。もっとも、消費者契約法4条1項においては、取消権発生のための要件として、不実告知・断定的判断提供と誤認による契約の意思表示とが定型的因果関係として要求されているが、他方で一体的不法行為論構成を前提とし、その一要素として断定的判断提供等を問題とする損害賠償請求訴訟とは法律効果を異にするものであるから、断定的判断の提供と顧客の誤認、意思表示までの因果関係は厳密には不要というべきである。平成18年改正法214条・218条3項に関するガイドラインC3において「不確実な事項について断定的判断を提供し、又は確実であると誤認させるおそれのあることを告げて商品先物取引の委託の勧誘が行われれば、顧客がそれに応じて委託をしたか否か、委託によって損害が生じたか否かは、違法性の判断に影響しない」として、断定的判断提供自体があれば誤認がなくても違法であることが明記されているのは、まさにかかる趣旨に基づくものというべきである。

　法214条1号は、「断定的判断の提供」と「誤認のおそれのある事実の告知」を明確に分け、いずれも禁止行為として定め、これに違反した場合には民事効を規定し（法218条3項）、法220条の3は、金販法6条1項を準用し、

元本欠損額を「断定的判断の提供」または「誤認のおそれのある事実の告知」によって発生した損害額であると推定している。金販法は「断定的判断の提供」または「誤認のおそれのある事実の告知」を求めるのみであって、これによって相手方が誤認したことを要件としていないことには正しい理解が必要である。今後は、断定的判断の提供とは別の違法類型として「誤認惹起勧誘禁止違反」の有無が検討されてよい。

　(B)　根拠規定

　法214条1号、ガイドラインC3、法218条3項（旧法136条の18、旧規則46条8号）、海先法10条1号、社内管理規則。

　(C)　代表的裁判例

　先物取引に関心のなかった被害者をどのように誘い込むかを常識に照らして考えれば、利益を断じてする勧誘がなされていることは容易に想像できる。金融商品取引の勧誘として断定的判断を提供するということは著しく違法の程度の高いことであるが、商品先物業界においてはほとんど躊躇されることなく断定的判断が提供され続けている。裁判例にも「ショッキング」な勧誘文言が認定されている例は枚挙の暇がない。言った言わないの水掛け論になるきらいがあるが、主張立証を簡単にあきらめるべきではない。判決が断定的判断の提供の主張を採用しないときにも、勧誘における利益の強調があったことが認められれば、説明義務違反の認定その他についてさまざまに影響を及ぼすことにもなる。

　◇東京高判平9・12・10先裁集23号23頁・判タ982号192頁・金商1037号27頁〔新日本商品〕　証言する勧誘方法は奇麗ごとに過ぎるなど、かえって不自然である。

　◇東京高判平12・11・15先裁集29号31頁・判タ1053号145頁〔第一商品〕
（先物取引の経験者に対してトレーディングシステムを利用した取引が執拗に勧誘されたケースについて）その後の取引が担当者の指示に従ってなされていることなどから、本件取引が前回の先物取引と同様のリスクがあることをことさらに秘するだけでなく、むしろこれにより確実に利益が得られるとの断定的ともいえる判断を提供して取引に誘導したものとみざるを得ない。

◇札幌地判平14・3・6先裁集32号105頁〔エース交易〕　説明義務違反、断定的判断の提供、指し値注文に反する建玉は無断売買、両建勧誘違法などは、債務不履行に当たる。

◇東京高判平14・12・26先裁集33号302頁・判時1814号94頁〔東京ゼネラル〕　商品先物取引の危険性について一応の説明をしたものの、そのしくみや投機的本質について十分に説明をしたとはいえず、むしろ、自分たちはプロであるから絶対損はさせず、外務員のアドバイスに従っていれば、必ず利益が上がると申し向けて、被控訴人に、公的資金の運用先として、有利で確実であると信じ込ませたものであるから、説明義務違反、断定的判断の提供がある。

◇大阪高判平15・1・29先裁集34号23頁〔東京ゼネラル〕　勧誘段階だけでなく、取引の途中でも断定的判断の提供は成立する（必ず利益が出る、価格の値上げでも値下げでも儲かる旨の断定的判断を提供して控訴人を先物取引に勧誘したもの）。

◇千葉地判平15・3・25先裁集34号97頁〔東京ゼネラル〕　原告の取引は、担当者が代わった時点から飛躍的に増加し、利益金から振り替えられた分も含めると、約9割弱にも相当することからして、取引拡大の強力な働きかけが原告にあったことが推認される。原告に1億円（後には3億円）の利益が取れる旨の断定的判断を提供して原告に本件取引を勧めたものと推認するのが相当である。

◇大阪高判平15・9・25先裁集35号133頁〔朝日ユニバーサル貿易〕　原告は小学校の教員という地味で堅実な職業にあり、老後の生活の安定を第一に考える年齢にさしかかっており、危険を冒してまで投機取引で金儲けをしたいと思う人物とは考えにくいから、原告が先物取引を始めたうえ、取引拡大を承諾したのは、やはり、必ず儲かるという巧みな勧誘により、先物取引への投資がそれほど危険なことではないと思ったからであろう。つまり、必ず儲かるとの勧誘があったのであろうと考えるのが自然である。

◇鹿児島地判平15・11・19先裁集35号272頁〔コスモフューチャーズ〕　確実に利益が上がることを印象づけなければ、初めての顧客に取引を決意させることは困難と考えられることに照らし、このような発言があったであろうことは容易に推認できる。

◇岡山地倉敷支判平15・12・11先裁集37号1頁〔大起産業〕　「全くリスクがないとは言えませんが、絶対に大丈夫です。もうかりますよ。どんどん攻めなきゃだめです。任せてください。そのうち黄金の花が咲きます。蔵も建ちますよ。今はもうかっているときですよ、ここでどんどん攻めなきゃだめですよ。どんどんと買ってください。もうけなきゃだめですよ。今は証拠金を積み上げています。1億円も夢ではありませんよ。買いましょう。

これが当たったら、一気に回復できるから、ぜひ買いましょう。値洗いを良くするチャンスです。ぜひ買ってください」などと言って取引を継続させたものであり、支店長の上記言動により、被告らは、取引の開始、規模および終了等の判断を誤った。

◇**大阪地判平16・1・27先裁集35号352頁〔岡藤商事〕** 生糸相場に影響力のある商社の責任者を知っているので相場の動きがわかる旨断定的判断を提供して取引を開始させたものと認められる。その際、取引の危険性について一般的な説明をしたとしても、勧誘には、原告の自主的な投資判断を妨げるべき断定的判断の提供・説明義務違反が認められる。

◇**神戸地判平16・2・5先裁集36号1頁〔第一商品〕** 高齢で理解力・判断力が低く、被告の説明を鵜呑みにするおそれのある原告に対し、金で確実に儲けは増えるとの勧誘文言を弄したことは断定的判断の提供に該当するものといわざるを得ない。

◇**名古屋地判平16・2・27先裁集36号246頁〔グローバリー〕** 新聞の切り抜きなどの資料を示し、減産という価格変動要因に言及してガソリンの値動き予測の正確性を強調し、生糸は少なくとも2900円台にまでは下がるとして益金全額を証拠金に振り替えてまで生糸の取引を開始するよう執拗に勧め、支店長の地位を背景に上記のような言辞を弄してゴム指数取引を勧誘した行為は、利益を生ずることが確実であると誤解されるべき断定的判断を提供の勧誘行為に該当する。

◇**名古屋高判平16・3・25先裁集37号84頁〔大起産業〕** 慎重に判断すれば、従業員の言葉が単なる相場の予測を述べているにすぎないものであると理解し得たとも解されるが、この言動が専門家たる商品取引員によってなされたものであるから、確実に儲かるものと誤解を招くに十分であり、一審原告は、勧誘された数量の10倍の資金を投入して取引を始めていることからも、上記勧誘方法は、断定的判断の提供による勧誘というべきである。

◇**静岡地浜松支判平16・4・28先裁集37号236頁〔アイメックス〕**「普段は大口の企業向けしか募集していないのを特別30枚だけ枠がある。個人向け割当量が30枚もあるなんてすごいですね。私もお金を払ってでもその情報を買いたいです」等と話をし、上司である社員から電話で、「普通、企業しか取引していないが、今回企業の枠を特別に個人に30枚だけ作ったので、買わなくては損である」と同様な勧誘を受け、特別な枠を回してくれるなら有利かと思い、「ガソリンが今2万9310円だが、3万6000円位まで値上がりする、私は自分では買えないので、友達に頼んで10枚買っている。イラク攻撃は始まりそうだし、そればかりでなくガソリン業界が仕入値を上げた」などと述べた勧誘文言は、単なるセールストークの域を超えて、原告の正常な判断力を不当に減弱し、判断を誤らせた、違法な断定的判断の

III　違法性（客殺し）の内容・根拠・代表的裁判例

提供というべきである。
◇東京地判平17・10・25先裁集41号649頁〔エー・シー・イー・インターナショナル、海外先物オプション〕　適合性原則違反、説明義務違反、断定的判断の提供、実質一任、過当取引は債務不履行に当たる。
◇大阪地判平18・2・15先裁集42号587頁〔クレボ〕　適合性原則違反、説明義務違反、新規委託者保護義務違反、両建、仕切拒否、断定的判断の提供、過当取引は、債務不履行および不法行為に当たる。慰謝料300万円。
◇札幌地判平18・3・16先裁集43号122頁〔豊商事〕　「私が保証しますから、絶対に利益が出ます」「今回も私が保証します」といった勧誘は断定的判断の提供に当たる。
◇前橋地太田支判平18・3・31先裁集43号309頁〔カネツ商事〕　「アメリカで金が上がっている」「絶対取れる」「支払いにあてる金を先物取引に投資して儲ければよい」「130万円の利益が出る」といった勧誘は断定的判断の提供に当たる。
◇大阪高判平18・4・6先裁集43号356頁〔アスカフューチャーズ〕　「取引を任せれば、普通の先物取引とは異なる特別な損をしない方法で、これまで被告が他社との商品先物取引で被った損失を挽回することができる」との勧誘は断定的判断の提供に当たる。
◇大阪地判平18・4・26先裁集45号169頁・判タ1220号217頁・金商1246号37頁・判時1947号122頁〔大塚証券〕　「99％は必ず儲かります」「損をするなんてことは考える必要はありません」「私は今まで一度もお客さんに損をさせたことはない」「期限までに上がったり下がったりするので大丈夫である」「もったいないでしょう、みすみす儲かるのがわかっているのに」といった勧誘は断定的判断の提供に当たる。
◇神戸地姫路支判平18・5・22先裁集44号187頁〔明洸フューチャーズ〕「損をさせて迷惑をかけると次のお客を紹介してもらえないから新規のお客に損はさせない。預金感覚でしてください」との勧誘は断定的判断の提供に当たる。
◇東京地判平18・6・5先裁集44号321頁〔大起産業〕　「コーヒーのさや取り取引は比較的安全な取引であり、また、ロブスタが今異常な高値になっており、今後、アラビカとロブスタの価格差が開く方向に向かうだろうから鞘取り取引をすれば2、3割くらいの利益が出る、すぐに始めたほうがいい」という勧誘は断定的判断の提供に当たる。
◇大阪地判平18・10・19先裁集46号196頁〔タイコム証券〕　チャート図に書き込みをしながら、「9000円上がると2万5000円になる。過去にはさらに上がったこともある。1000円から2000円の値上げが盆明け頃に見込まれる。1000円の上昇なら500万円の利益となる。その後利益分を元本として他銘

151

柄も1、2ほど抱え、安全に運用するのがよいと思う。円安と中国の異常気象が重なってさらに値上がりするだろう」という勧誘は断定的判断の提供に当たる。

◇名古屋高判平18・10・20先裁集46号246頁〔オリエント貿易〕「相場は絶対に回復します。相場はいったん下落すれば反動で必ず回復します。私に任せてください。私はゴムが得意で自信があります。この前も大損していた人をゴムで助けてあげたんですよ」という勧誘は断定的判断の提供に当たる。

◇大阪地判平18・10・31先裁集46号326頁〔岡藤商事〕 特定の時期までに特定の理由で必要な投資金額全額を返還することを約束した。

◇大阪地判平18・12・5先裁集46号488頁〔コムテックス〕「昨今供給過剰の傾向にありコーヒー豆の値段は底値である。ブラジルで霜が降りると暴騰するが今まさにそうなる情報が届いている。連休明けには暴騰する。今がチャンス、儲かる時期なので是非投資してください。商品先物取引ならすぐに倍になって株式の損失も取り返せる。アメリカ市場で高騰しつつあって日本にも波及する。値段が上がるのでできるだけ資金を集めてください。絶対に儲けさせますから」という勧誘は断定的判断の提供に当たる。

(4) 説明義務違反

(A) 意 義

先物取引のしくみや危険性等を適合性原則に照らし、顧客が理解できる方法、程度に十分説明しないで勧誘することである。

先物取引における説明義務自体は判例等で認められていたが、法律で明文化されたのは平成10年法改正以降である。平成10年法改正の規定は行政処分の根拠としてであり、明確な行為規制としての位置づけではなかった。

平成16年改正法では、法218条で、あらかじめ、施行規則で定めた事前書面を交付し、それに基づき説明すること、一定の事項（法217条1号〜3号）について説明義務違反があれば損害賠償義務が規定される（法218条3項）など、行為規制として位置づけられ、民事効も認められた。しかし、損害賠償が認められる説明義務違反の内容は、先物取引のしくみ（法217条1号。レバレッジ取引、ハイリスク・ハイリターンであること）と危険性（同条2号。元本を上回る損失の可能性があること）だけであり、3号の政令で規定する顧客の判断に影響を及ぼす重要事項は制定されなかったので、損害賠償に直接結び

付く説明事項は実務的にはないに等しかった。

　平成18年法改正では、それに加え、説明の程度として、適合性原則に照らし、顧客の理解できる方法・程度によることが追加された（法218条2項）が、政令で指定する重要な説明事項は現時点でも制定されていない。

　説明義務に関しては、ガイドラインがその解釈指針を示している（ガイドラインC）。

　説明義務の内容であるが、事前書面を交付し（法218条1項）、それに基づき、委託者の理解度に応じ、わかりやすく説明する必要がある（同条2項）。

　事前書面については、法217条1項で規定されている。事前書面の「事前」「書面記載事項」の内容は次のとおりである。

　　(a)　**事前書面の交付時期**

　契約を締結しようとするときは、あらかじめ、書面交付する必要がある（法217条1項）。新規の顧客に電話勧誘し、書面を交付しないで継続して電話で説明するのは説明義務違反である（ガイドラインC(注)）。

　　(b)　**事前書面の記載事項**

　施行規則104条1項1号ないし18号に事前書面記載事項が規定されている（ガイドラインC2も参照）。

　このうち、5号の取引証拠金等については、追証を含めすべての証拠金について発生するしくみを含め説明する必要がある。

　7号の手数料については、電子取引、大口取引等で異なる手数料体系をとっている場合はその概要についても説明する必要がある。

　8号の法214条各号の行為（禁止行為）の説明は、禁止行為の概要とその趣旨を説明し、法214条9号に基づく施行規則103条2号の禁止行為（向い玉）は、複雑でわかりにくいので顧客が理解できるようわかりやすく説明するよう特に留意しなければならない。両建については、同一限月・同一枚数、異限月・異枚数の禁止の趣旨をわかりやすく説明する必要があり、向い玉も同様に説明する必要があり、再勧誘禁止、迷惑、執拗勧誘の禁止、フロントランニングの禁止などもわかりやすく説明する必要がある。また、15号では

153

紛争の類型と防止策、16号では紛争件数の照会事項等も説明する必要がある。
　違法な勧誘を行っている業者が、これらをどうやって説明しているものかわからないが、たとえば、取引の中に両建があれば、業者の説明義務違反、少なくとも委託者に理解できる程度の説明がなかったことが主張できるであろう。

　　(c)　説明の方法・程度
　法218条2項によれば、委託者の理解度に応じ、わかりやすく、図や表を使ったりして説明する必要がある。
　　(d)　理解の確認
　ガイドラインによれば、書面で二度、確認する必要があるとされている。
　すなわち、まず、法217条1項1号ないし3号（法定事項）の説明をし、いったん書面で確認し、その後、同条1項4号の省令事項について説明し、さらに書面で確認する必要がある（ガイドラインC 2(1)(2)、準則3条2項）。

　(B)　根拠規定
　法218条・217条、ガイドラインC 2、規則108条・104条、準則3条2項、受託等業務規則5条1項4号（旧受託等業務規則4条・5条1項4号、社内管理規則。旧法136条の19、旧規則47条も関連する）。

　(C)　さや取り・向い玉に関する説明義務
　　(a)　さや取り取引に関する説明義務
　さや取り取引（鞘取り取引。裁定取引（特にアービトラージ取引がそう呼ばれることが多い）、特定取引（「特定売買」ではないことに注意）などとも呼ばれる）とは、値段の開き（値ざや）に着目してする取引の総称であって、スプレッド取引（同一商品の異限月間の取引）、ストラドル取引（金と白金などの類似商品間の取引）、アービトラージ取引（同一商品の異なる市場間の取引）をいう。
　複数の異なるポジションを同時に建てることになるから、価格変動によるリスクはその限りで低くなるが、複雑な相場判断を求められることになったり、手数料を抜けにくいという現実の相場状況が正しく認識させられていなかったり、さや取り取引を勧誘の端緒として通常の先物取引に「崩されてい

く」例が極めて多くみられるなど、極めて問題が多い状況にある。

　さや取り取引が通常の先物取引と異なったものであるかのような勧誘は誤った説明をするものとして説明義務違反があるというべきであるし、初めから大量の建玉をすることによるリスクの高さの説明を欠いていたり、途中から通常の先物取引に「崩していく」過程であらためてリスクの説明を欠いている場合なども違法であるというべきである。

　　(b)　向い玉に関する説明義務

　向い玉をして顧客の取引損を自社の利益に転化させる状況を作出したり、差玉向いをすることによって自社における委託者の取引が「閉鎖的市場」においてなされているのと同様の経済的状況を作り出せば、業者は手数料のみでなく顧客の拠出金員の全てを自社の利益に転化する環境を整えることとなり、先物業者と顧客は利害相反状況に立つことになる。顧客の利益を図るべき高度の注意義務を負う先物業者が顧客が損をすれば自らが利益を得るという状況を作出することは、そもそも許されないことであるといわなければならない。

　また、一般の顧客は業者の勧奨に従って取引を行っているのであり、自らに有益であるように情報等を提供する先物業者が自己と利益相反状況にあるなどとは通常思いもよらないことであるから、この点について正しく注意が喚起され、業者が提供する情報等を適切に評価させる前提として、差玉向いの状況について逐一、説明・報告する義務があるというべきである。

　　(D)　代表的裁判例

　　　◇**最判平7・7・4先裁集19号1頁〔日光商品〕**　①商品先物取引の経験のない被上告人を電話で勧誘し、②先物取引のしくみや危険性について十分説明せず、③多くの取引が実質一任売買で、④短期間に多数回の反復売買が繰り返され、⑤両建が安易に行われ、⑥被上告人の自主的な意思決定をまたず、実質的にはその意向に反して取引を継続させ、⑦指示通りの取引をせず、⑧資金能力を超えた範囲まで取引を拡大させた、など本件取引に関する一連の行為が不法行為に当たるとし過失相殺した原審判断は相当である。

　　　◇**東京高判平9・12・10先裁集23号23頁・判タ982号192頁・金商1037号27頁**

〔新日本商品〕　商品取引員は、取引のしくみやその危険性、取引の委託の方法、手順、追証拠金を含めた委託証拠金の内容、取引の決済の方法等について、その者が的確に理解することができるように、その者の職業、年齢、商品先物取引ないし信用取引に関する知識、経験等に起因する理解力に対応した十分な説明を行い、その者が商品先物取引のしくみやその危険性等に関する的確な理解を形成したうえで、その自主的な判断に基づいて商品先物取引に参入し、取引を委託するか否かを決することができるように配慮すべき信義則上の義務を負う。説明義務の内容が、勧誘する具体的な取引の性質、内容や勧誘する具体的な相手方の理解力に対応したものでなければならないことは、事柄の性質上当然というべきである。被害者宅を訪問して、初対面の挨拶をし、生糸相場の値動きの状況の説明や、約諾書等の契約関係書類の説明、所要事項の記入等に要する時間を含め、(被害者) 宅を辞去するまでのわずか 2 時間足らずの間に、商品先物取引の仕組み、危険性、取引の委託の方法、手順、追証拠金を含めた委託証拠金の内容、取引の決済の方法等について、これまで信用取引はもとより株式等の現物取引をした経験も全くない、高齢で年金生活に入って久しい（被害者）が、商品先物取引とはいったいどのような取引なのかを的確に理解することができるような内容の説明を行い得たものとは到底認めがたい。

◇前橋地桐生支判平11・5・26先裁集26号89頁〔フジフューチャーズ〕　基本取引契約締結に先立ち、商品先物取引のしくみ、そのハイリスク、ハイリターンに伴う危険の大きさについて、勧誘者の応答する態度のみに依拠することなく、その能力、経験等に相応する商品先物取引の説明を、交付の義務付けられている受託契約準則、先物取引のしくみ説明書等の説明とあわせて、基本事項から尽くし、これらを理解するだけの余裕のある期間を置いて、契約を締結すべき手順を踏むべき義務を負うものというべきであり、商品先物取引の話題に入ったそのに約諾書の作成に至りながら、商品先物取引委託のガイド、商品先物取引委託のガイド別冊を当交付して、その内容を説明し、委託基本契約の内容となる受託契約準則記載冊子はこれを交付し、読んでおくよう指示をしたのみでは、同義務を尽くしたとはいいがたい。

◇佐賀地判平12・2・28先裁集27号111頁〔三貴商事〕　危険な先物取引を素人にさせるにおいては、被告において利益を過度に強調し、挽回可能性を強調することは、結局多大な危険を犯させることにもなる。したがって、勧誘にあたり利益を過度に強調してはならず、かつ先物取引のしくみ等や危険性を少なくとも書面および口頭の両面から、具体的かつ十分に説明すべき信義則上の付随的注意義務がある。

◇大阪地判平12・9・19先裁集29号108頁〔東京ゼネラル〕　支店長が名刺を

Ⅲ　違法性（客殺し）の内容・根拠・代表的裁判例

預り証として、顧客が出した5280万円のうち、3500万円を詐取した。取引については適合性原則違反、説明義務違反、建玉先行、仕切拒否が認められる（支店長に実刑判決）。

◇東京高判平12・11・15先裁集29号31頁・判タ1053号145頁〔第一商品〕　顧客に対して取引を勧誘する商品取引員の側には、取引のしくみや危険性を顧客が的確に理解できるように十分な説明を行いその判断を誤らせるおそれのあるような判断の提供を厳に避けるという信義則上の義務があり、確実に利益が得られるものとする勧誘のあり方は信義則上の説明義務等に違反する。

◇大阪地判平12・11・21先裁集29号135頁〔フジチュー〕　顧客との間で先物取引委託契約を締結する際に、当該顧客に対し、事前交付書面と準則を交付したうえ、先物取引のしくみや危険性について十分な説明を行い、顧客の理解を得る義務がある。原告は、事前交付書面と準則を受領したうえで本件契約を締結しているものの、先物取引を開始するにあたり、先物取引のしくみや危険性について、原告が理解するに足りる具体的かつ的確な説明をしたと認めることはできない。

◇東京地判平13・2・26先裁集30号251頁〔フジチュー〕　商品先物取引の委託を勧誘するにあたり、その基本的なしくみ、危険性、委託方法、手順、委託証拠金の内容・決済方法等について十分情報を提供し、顧客がこれについて的確な理解をしたうえで、その自主的な判断に基づいて商品先物取引に参入することができるように配慮すべき信義則上の義務を負う。

◇東京高判平13・4・26先裁集30号29頁・判時1757号67頁〔明治物産〕　商品先物取引委託のガイドを手渡しているものの、その複雑な取引のしくみや高度の危険性について十分な説明をしなかった。

◇大阪高判平13・7・13先裁集31号36頁〔グローバリー〕　途転、買直し、売直しは委託者にとって手数料の負担を増加するだけの合理性のない取引であり、両建は最終的に益金を得ることが極めて困難な取引であり、業者がこれらの取引を勧誘する場合には慎重でなければならず、当該取引などのような意味を持ち危険性を有するかを説明すべき義務がある。

◇札幌地判平14・3・6先裁集32号105頁〔エース交易〕　説明義務違反、断定的判断の提供、指し値注文に反する建玉は無断売買、両建勧誘違法などは、債務不履行に当たる。

◇千葉地木更津支判平14・3・29先裁集32号153頁〔東京ゼネラル〕　適合性原則違反、説明義務違反、新規委託者保護義務違反、偽計による両建勧誘、一任売買、特定売買などは、善管注意義務違反、誠実公正義務違反で不法行為ないし債務不履行が成立する。

◇大阪高判平15・1・29先裁集34号23頁〔東京ゼネラル〕　商品取引委託のし

おりには、ストップ安、ストップ高の説明が記載されているが、書面だけでは十分な理解を得ることは困難である。

◇**岡山地倉敷支判平15・12・11先裁集37号１頁〔大起産業〕** 新規勧誘に際し、そのしくみ、特徴および危険性の程度についてわかりやすく説明し、顧客の十分な理解を得なければならない。

◇**大阪地判平16・1・27先裁集35号352頁〔岡藤商事〕** 両建勧誘に際して行うべき両建の利害得失についての説明義務違反が認められる。

◇**東京地判平17・10・25先裁集41号649頁〔エー・シー・イー・インターナショナル〕（海外先物オプション）** 適合性原則違反、説明義務違反、断定的判断の提供、実質一任、過当取引は債務不履行に当たる。

◇**大阪地判平18・2・15先裁集42号587頁〔クレボ〕** 適合性原則違反、説明義務違反、新規委託者保護義務違反、両建、仕切拒否、断定的判断の提供、過当取引は、債務不履行および不法行為に当たる。慰謝料300万円を認める。

◇**札幌地判平18・3・16先裁集43号122頁〔豊商事〕** 説明がなされれば断定的判断の提供に疑問を抱き、取引を行うことはなかったと考えられる。

◇**大阪高判平18・3・17先裁集43号146頁〔岡藤商事〕** さや取引は一般投資家にとって説明を受けたその場では理解できたかのように思えても、後に思い返してみると十分にその内容を理解していなかったという事態が生じるといった取引手法であろう。

◇**名古屋地判平18・3・30先裁集43号274頁〔光陽ファイナンシャルトレード〕** 理解度アンケートなどの存在を指摘してする商品取引員の主張について、もっぱら形式的な説明を履行したことをいうか、ただ元本割れの危険性について原告が理解していたことを述べるものとして失当である。

◇**名古屋地判平18・6・28先裁集45号204頁〔ハーベスト・フューチャーズ〕** 72歳の高齢者に、正味の説明時間１時間で、先物取引に内在する危険性について的確な理解を形成させることができるかは、はなはだ疑問である。

◇**広島地判平19・3・29先裁集48号117頁〔岡藤商事〕** 危険性の説明として、特に、当初の投下資金全額を失うおそれもあることを具体的に認識させるような説明をする必要がある。単に危険があり自己責任であるという形式的・抽象的な説明をするだけでは足りない。理論的には損失が出る可能性があっても実際には損失が出ないものという印象を与えるような説明をしてその旨誤解させたような場合も、説明義務を尽くしたとはいえない。さや取りにおいては類似の値動きをする商品の売玉と買玉を建てるため相互に相場変動のリスクがヘッジされるのに対し、単品取引ではそのようなリスクヘッジは行われない。したがって、単品取引はさや取りと比較して飛躍的にリスクの高まる取引であるといえるから、当初さや取りで行ってい

III 違法性（客殺し）の内容・根拠・代表的裁判例

た取引を単品売買に移行するときには、先物会社の従業員は、特にそれまでの取引との差異についての正確な理解に資するような説明をする必要がある。

◇東京地判平19・7・23先裁集49号234頁〔カネツ商事〕 商品先物取引委託のガイド、別冊は、商品先物取引を開始する以上、知っていなければならない基本的知識である。このような多量の情報を正確に初心者に理解させるために１時間半などという短時間の説明で足りると解する余地がないことは明らかである。商品先物取引の経験がない新規委託者に対する説明としては、商品先物取引のしくみやルール等に関し、上記内容について十分理解させ、委託者自らが、具体的取引の得失、選択について、具体的に検討し、判断することができるだけの知識を得させることが、まず、最も基本的な要請であるというべきである。わずか１時間半で必要な事柄すべての説明をしたなどということはあり得ないことが明らかである。単に、一例を示して、理解できたかと聞いて理解したとの返答を得れば、理解されたとしてよいなどということはできない。

◇京都地判平19・9・28先裁集49号437頁〔豊商事〕 原告の知識・経験に加え、本件説明が１時間30分程度であったことや先物取引は常経験しない類の取引であることなどを考慮すると、商品先物取引のしくみ（将来における商品の売買を現在価格で、かつ、実際の売買金額と比較して少額の証拠金を委託して行い、現在価格と将来の価格との差額によって損益が発生することなど）を十分に理解できたとは考えがたいうえ、同取引による損失のリスクの程度（損失発生の可能性の大小や発生しうる損失の額など）を理解できたとは認められない。被告らの説明は、原告に商品先物取引のしくみや損失のリスクを十分に理解させるものとはいえず、被告らは、原告に対する説明義務を果たしていないといわざるを得ない。

◇東京地判平19・10・29先裁集50号227頁〔ローズ・コモディティ〕 本件取引の勧誘および説明をした時間は２時間30分程度であったこと、本件取引を開始した際、「新規委託者の皆様へのアンケート」と題する書面を徴求し、たとえ原告が、理解している旨アンケートに記載したり、理解できない旨を申し出ていなかったとしても、被告従業員は、原告の理解力に照らして原告が商品先物取引のしくみや危険性等を十分理解できるような説明をしたとはいえない。

◇神戸地判平19・12・27先裁集50号397頁〔さくらファイナンシャルサービス〕 （外務員は）両建が禁止されている理由もわからないと供述するのであるから、このような者が原告に対して、商品先物取引のしくみやリスクをまともに説明したとは到底解されない。

◇神戸地判平20・1・18先裁集50号432頁〔フジトミ〕 原告は、商品先物取

引についての理解度確認書には、すべての確認事項欄に丸印をつけているが、これは、被告からそのように記載するよう誘導されたことによるものであることがうかがえるうえ、被告ら説明態様に照らせばかかる記載をもって原告が十分に先物取引の性質を理解したものと推認することはできない。また、原告は、未経験者に対する取引量制限等の保護措置の解除に関する申出書、資産状況変更に係る申出書、投資可能資金額超過に係る申出書、投資可能資金額超過申出書、両建受注に係る申出書にそれぞれ自署しているが、その体裁が画一的な文言によるものであることからうかがわれる投資可能金額の増加の速度や規模が著しく不自然であることからしても、原告が上記各申出書の意味内容を適切に理解したうえで作成したものと認めるのは困難である。

◇札幌高判平20・3・25先裁集50号136頁・金商1285号44頁〔豊商事〕　金相場の相場観の提供にあたって不利益事実の不告知があった（消費者契約法4条2項に基づく取消が認められた）。

◇大阪高判平18・1・17先裁集43号146頁〔岡藤〕　いわゆる「さや取り」はその概念自体十分な知識経験のない一般投資家が理解できるものではなく（その場では理解できたように思えても後で思い返してみると理解していなかったという事態が生じる類の取引である）、常に複数の商品の値動きを予測し、両者の相関関係の中で判断しなければならない難しい取引であるのに、「さや取引」が商品先物取引や相場の変動要因に係る各種情報に関する十分な知識と相当の取引経験とを要する難しい取引であるとの説明をしておらず、説明義務違反の違法がある。

◇大阪地判平19・1・12先裁集47号216頁〔岡藤〕　当初相対的にリスクが小さく過去の実績から値ざやの予測が可能であるとしてさや取引を勧めておきながら、取引開始後1カ月余りでその危険性を説明しないままさや取引の解消を勧めて多数の銘柄の反復売買をするなどという外務員の取引手法は、適切な説明を欠いたまま危険性が高く、手数料負担の重い取引を行わせたものであり、説明義務違反の違法がある。

◇最判平21・7・16最高裁HP〔第一商品〕　商品先物取引は、相場変動の大きい、リスクの高い取引であり、専門的な知識を有しない委託者には的確な投資判断を行うことが困難な取引であること、商品取引員が、上記委託者に対し、投資判断の材料となる情報を提供し、上記委託者が、上記情報を投資判断の材料として、商品取引員に対し、取引を委託するものであるのが一般的であることは、公知の事実であり、商品取引員と上記委託者との間の商品先物取引委託契約は、商品取引員から提供される情報に相応の信用性があることを前提にしているというべきである。そして、商品取引員が差玉向いを行っている場合に取引が決済されると、委託者全体の総益

金が総損金より多いときには商品取引員に損失が生じ、委託者全体の総損金が総益金より多いときには商品取引員に利益が生ずる関係となるのであるから、商品取引員の行う差玉向いには、委託者全体の総損金が総益金より多くなるようにするために、商品取引員において、故意に、委託者に対し、投資判断を誤らせるような不適切な情報を提供する危険が内在することが明らかである。

そうすると、商品取引員が差玉向いを行っているということは、商品取引員が提供する情報一般の信用性に対する委託者の評価を低下させる可能性が高く、委託者の投資判断に無視することのできない影響を与えるものというべきである。したがって、少なくとも、特定の種類の商品先物取引について差玉向いを行っている商品取引員が専門的な知識を有しない委託者との間で商品先物取引委託契約を締結した場合には、商品取引員は、上記委託契約上、商品取引員が差玉向いを行っている特定の種類の商品先物取引を受託する前に、委託者に対し、その取引については差玉向いを行っていることおよび差玉向いは商品取引員と委託者との間に利益相反関係が生ずる可能性の高いものであることを十分に説明すべき義務を負い、委託者が上記の説明を受けたうえで上記取引を委託したときにも、委託者において、どの程度の頻度で、自らの委託玉が商品取引員の自己玉と対当する結果となっているのかを確認することができるように、自己玉を建てる都度、その自己玉に対当する委託玉を建てた委託者に対し、その委託玉が商品取引員の自己玉と対当する結果となったことを通知する義務を負うというべきである。

(5) **事前書面交付義務違反**

(A) **意　義**

商品取引員が委託者に先物取引委託契約締結前に交付しなければならない書面（事前交付書面）を交付しないことである。事前書面は、具体的には従前は「商品取引委託のしおり」、最近は、「商品先物取引委託のガイド」がこれに当たる。違反に対しては、6ヵ月以下の懲役もしくは50万円以下の罰金に処しまたは併科せられる（法367条5号）。

先物取引委託契約の締結にあたっては、法217条1項により、同条1号ないし3号の法定事項および同条4号に基づく施行規則104条に規定された内容が記載された書面（事前交付書面、具体的には商品先物取引委託のガイド）を事前に交付し、準則3条1項によれば、さらにこれに加え準則も交付するこ

とを要する。

　そして、法218条1項に基づき事前交付書面の記載内容を説明しなければならない。受託等業務規則5条4号では、これに違反する勧誘・受託は禁止されている。

　委託者はこれに納得した場合、準則4条1項に基づき準則に従って取引を行うことを承諾する書面「約諾書」を差し入れ、先物取引委託契約（基本契約）が成立する。

　先物取引の注文は、約諾書を差し入れた後にしなければならず（準則4条2項）、証拠金を預託して注文をしなければならない（準則11条2項）。

　(B)　根拠規定

　国内公設の先物取引については、法217条、ガイドラインC1、準則3条1項、記載事項は規則104条、社内規則（旧法136条の19、記載事項は旧規則47条、旧準則3条、社内規則）。海外先物については、海先法4条、海先規則2条等。

　(C)　代表的裁判例

　　◇盛岡地判平11・9・24先裁集28号1頁〔コーワフューチャーズ〕　説明義務違反、書面不交付、断定的判断の提供、無敷・薄敷、利乗せ満玉等があった（過失相殺5割）。

　　◇東京高判平14・12・26先裁集33号302頁〔東京ゼネラル〕　断定的判断の提供、偽計による両建、無敷薄敷、仕切拒否、事前書面不交付等があり不法行為責任が成立する（スイス人牧師の事件。原審：千葉地木更津支判平14・3・29先裁集32号153頁よりも詳細に事実認定している）。

(6)　架空・他人名義の勧誘

　(A)　意　義

　委託者の名を隠し、架空または他人名義で先物取引をすることを勧誘することである。

　委託者が自己名義で先物取引をしない動機としては、相場操縦、仕手戦などをしようとする場合、自分の名前が知られると家族や勤務先に都合が悪い場合、あるいは先物取引業界でトラブルを起こしたことがあるなどいわゆる

ブラックとなっているもの、さらには脱税目的、マネーロンダリングなどが考えられ、いずれも不法・不当な目的であって、少なくともほめられるような事情は少ない。

しかし、そうした委託者の弱みにつけ込んで勧誘することは、許されないといわなければならない。

法116条2号は、直接的には商品取引員が取引所で取引をするにあたり、自己名義を使用しないことを禁じた規定であるが、同じことは受託する場合も同様であるといわなければならない。

(B) 根拠規定

受託等業務規則5条1項12号。

(C) 代表的裁判例

◇仙台高秋田支判平11・1・25先裁集25号409頁〔カネツ商事〕 他人名義の勧誘は、適格性調査を困難にするから違法である。

◇名古屋地判平17・1・21先裁集39号63頁〔米常商事〕 妻である原告が、夫の名前をもじった名義と自己名義で取引を行い、2億9106万1765円の損害を生じたことにつき、仮名等による売買の勧誘は一連の取引の違法性に影響を及ぼす。

4 取引の継続段階の違法性

(1) 新規委託者保護義務違反（建玉制限等）

(A) 意 義

商品取引員（および商品取引外務員）は、委託者に対し、委託者が真に自己の相場判断に基づく注文をなしうるような知識・経験を蓄積させ、保護・育成し、十分な自主的判断がなしうるまでに不測の損害を被らせないように建玉を抑制し、過大な取引をさせたり、過大な取引を行うことを勧誘しないようにする新規委託者保護義務を負う。このような義務は、一般的な信義則（民法1条2項）に基づくものであるが、問屋としての善管注意義務（商法522条2項、民法644条）、誠実公正義務（法136条の17）からも基礎付けられるものであり、主務官庁の許可を得て商品取引受託業務を独占し、一般委託者

に高いリスクを持ち込むことによって利益を得ている商品取引員（および商品取引外務員）が負うべき、周到な専門家を標準とする高度の注意義務であって、最判平17・7・14（判時1909号30頁）が指摘する「顧客の意向と実情に反して明らかに過大な危険を伴う取引を積極的に勧誘してはならない」という適合性原則の取引未経験者に対する具体的取引の勧誘の場面における一発現であるといえる。商品先物取引の難解性、リスクの大きさ、取引によって損失を生じている者が圧倒的多数に上るという実情に照らせば、新規委託者保護義務の遵守なくして商品取引および商品取引市場の適正化など到底期待し得ないものであることが明らかであり、このような観点から、新規委託者保護のための自主規制規範における具体的目安は変遷を見せつつも、主務省が策定する委託者保護に関するガイドラインには一貫して新規委託者保護義務に関するガイドラインが示されているところである。

　新規委託者保護義務違反の存否は、通常紛争当事者間に争いがなくあるいは証拠により容易に認定できる取引の客観的態様に根拠して評価をなし得ることもあって、商品先物取引被害に関する民事訴訟実務において違法評価の前提となる規範として広く用いられている。新規委託者保護義務違反を理由（の一つ）として損害賠償請求を認容する裁判例は極めて多く（同義務違反が主張されている事案で請求を認容する判決においては、少なくとも過半が同義務違反を認めているようである）、同義務違反のみを理由として損害賠償請求を認容する裁判例も相当数がみられる（同義務違反が取引の客観的態様に基づいて判断できるものであることに加えて、適合性原則違反や過当取引その他のいわゆる「客殺し」である旨の主張の趣旨の多くを包含する概念として用いられているためであり（取引適合性を欠きあるいは適合性に疑問がある新規委託者に過当な取引をさせてはならないというのが新規委託者保護義務の内容であるから、このような概念の包含は誤りではない）、いわゆる一体的不法行為構成の趣旨に添うものとして首肯されるべき判断手法であると考えられる）。

　「3カ月以内20枚」という基準は、取引単位等が多様化している現在において妥当性を有しているものであるとは考えないが、他方で、社内規則に定

める範囲内の取引であれば適法であるとは到底いえない（札幌地判平18・3・16先裁集43号122頁）。

ガイドラインＡ5（商品取引未経験者の保護措置）（注3）によると、商品先物取引の経験がない者にふさわしい一定取引量は、建玉時に申告した投資資金可能資金の3分の1となる水準を目安とする、とされているので、これを参考にすると、取引開始から3カ月間に失っても生活に支障のない余裕資金の9分の1を超える証拠金を委託させて取引をさせている場合には、新規委託者保護育成義務に違反するものであるといえる。

なお、業者は、「超過建玉申請書」等を徴求しているなどと強弁することが多いが、超過建玉申請書およびその関連書面の作成手続がまったく形骸化していることは、多くの裁判例が指摘するところである。超過建玉申請書およびその関連書面の徴求の態様は、新規委託者保護手続の履践であるというよりは、むしろ、業者において管理部門を含めて組織的に新規委託者保護義務違反が行われていることをうかがわせるものであることも多いから、そのような問題意識を持って関係書面を精査し、これらの徴求等の状況を精査する必要がある。

(B) 根拠規定

法215条、ガイドラインＡ5、社内管理規則。

(C) 代表的裁判例

◇大阪地判平元・6・15先裁集9号72頁・判時1337号73頁〔東京ゼネラル〕
商品取引についてまったく知識も経験もなく、かつ、関心もなく生活している者に対してその取引を勧誘することは、その取引による危険を日常生活に持ち込むことになるから、その勧誘にあたっては勧誘者においてその点を十分に認識して相手方の財産状態を調査し、勧誘している取引が投機取引であることを相手方に周知徹底させ、商品取引のしくみ、市場価格の決定要因等についての十分な説明をし、かつ、最初の段階での建玉は小さいものにするよう指導すべき法的規範があると解すべきである。

◇仙台高秋田支判平2・11・26判時1379号96頁〔日光商品〕　具体的な取引をするにあたっては、顧客が経験を積むまでの少なくとも最初の数カ月間（対象商品に穀物が多く、これが気象変動により大きな影響を受けること

からすると、1年程度ということも考えられる。なお、保護育成期間の3カ月というのは取引数量についてのみの制限であり、単に時間的に3カ月を経過したことと、経験の積み重ねとは必ずしも一致するものではない)は、前記諸要因(世界的規模における社会情勢、政治情勢、経済情勢、気象条件、需要と供給とのバランス等極めて複雑多岐にわたるもの)に関する十分な情報と分析結果を提供し、その自主的な意思決定をまって、かつ、当該顧客にとって無理のない金額の範囲内で、取引申込に応ずべきである。

◇大阪地判平4・7・24先裁集13号28頁〔東京ゼネラル〕　新規委託者保護管理規則は、商品取引員等の行為の適正さの指針となるものであるから、商品取引員等の行為の社会的相当性の有無を判断する際の重要な基準になるものというべき。

◇神戸地判平9・9・26先裁集23号1頁・判タ986号254頁〔ハーベスト・フューチャーズ〕　日商協の受託業務に関する規則、先物会社の受託業務管理規則はいわば業界内の内部基準であるが、商品取引員らが明らかにこの規定に違反し、委託者の能力等を無視したやり方で取引の勧誘を行った場合には、その取引は社会的に違法な行為と認めるべきである。

◇大阪高判平10・11・19先裁集25号220頁・判時1719号77頁〔コーワフューチャーズ〕　受託業務管理規則の趣旨に違反して新規委託者から売買の受託を行ったときは、委託者の先物取引に対する理解力等の属性、資力、取引の経過等の諸事情をも勘案して、本規定に違反する行為が、社会的相当性を逸脱したと認められる場合には違法とし、顧客カードおよび委託者調書に記載された顧客の年収、資産ともに実際のそれより多い金額が記載されていること、取引がすべて3カ月以内になされ、ほぼすべての取引が20枚を超えていること等から、社会的相当性を逸脱し違法である。

◇札幌地判平11・6・30先裁集26号114頁〔アサヒトラスト〕　管理担当班による審査の手法は、主に担当の営業社員から聞き取ったり、顧客カードの内容を確認するにとどまっており、形式的といわざるを得ず、十分な審査が行われたとはいいがたい。新規委託者保護規定の趣旨に著しく反し、違法である。

◇大阪地判平14・2・26先裁集31号327頁〔朝日ユニバーサル貿易〕　新規委託者保護義務違反、適合性原則違反、頻繁売買等の勧誘行為は違法であり債務不履行に当たる。

◇千葉地木更津支判平14・3・29先裁集32号153頁〔東京ゼネラル〕　適合性原則違反、説明義務違反、新規委託者保護義務違反、偽計による両建勧誘、一任売買、特定売買などは、善管注意義務違反、誠実公正義務違反であり不法行為ないし債務不履行が成立する。

◇名古屋地判平14・5・24最高裁HP・先裁集33号69頁〔朝日ユニバーサル

Ⅲ　違法性（客殺し）の内容・根拠・代表的裁判例

貿易〕　新規委託者保護規定は、商品取引員に共通する規則であり、商品先物取引が極めて投機性の高い取引であることに鑑み、新規委託者が取引開始当初の習熟期間中に不測の損害を被らないように取引限度枚数の観点から保護するとの趣旨で設けられた規定であると解されるから、新規委託者との間において、習熟期間中に過大な取引を行わないということは、商品取引員の委託者に対する一般的な注意義務の内容をなすというべきである。

◇静岡地判平14・6・7先裁集32号269頁〔萬世プライムキャピタル証券〕
新規委託者保護義務違反だけでも、不法行為が成立する。

◇東京高判平14・12・19判時1808号69頁〔第一商品〕　受託者は、習熟期間中、新規委託者に対し、無理のない金額の範囲内での取引を勧め、限度を超えた取引をすることのないよう助言すべきものである。そして、短期間に相応の建玉枚数の範囲を超えた頻繁な取引を勧誘したり、また、損失を回復すべく、さらに過大な取引を継続して損失を重ね、次第に深みにはまっていくような事態が生じるような取引を勧誘することがあってはならないのである。

◇大阪地判平15・5・21先裁集34号367頁〔アイメックス〕　新規委託者保護義務違反だけでも不法行為が成立する。

◇東京高判平15・9・11先裁集35号35頁〔岡藤商事〕　新規委託者保護は、取引に対する自己責任原則が適用される基盤を形成し、ひいては商品先物取引の社会的に是認される運営を確保する必要から認められるものである（新規委託者保護義務違反のみで先物業者の責任を認める）。

◇東京高判平16・12・21先裁集38号138頁〔MMGアローズほか〕　新規委託者保護義務は、私法上の違法性を画する規範として信義則上認められるものである。

◇京都地判平17・9・2先裁集44号1頁〔コーワフューチャーズ〕（控訴審の大阪高判平18・5・30先裁集44号55頁もこれを支持）　受託業務管理規則に、約諾書を差し入れた日を含む3日間を新規委託者の熟慮期間として、その期間を経過しなければ受託できないとされていた事案について、他の商品取引員がこのような規定を置いていないとしてもこれを遵守する必要がある。

◇大阪地判平18・1・20先裁集42号211頁〔コーワフューチャーズ〕　過当取引、適合性原則違反、新規委託者保護義務違反は不法行為および債務不履行に当たる。

◇大阪地判平18・2・15先裁集42号587頁〔クレボ〕　適合性原則違反、説明義務違反、新規委託者保護義務違反、両建、仕切拒否、断定的判断の提供、過当取引は、債務不履行および不法行為に当たる。慰謝料300万円。

167

◇札幌地判平18・3・16先裁集43号122頁〔豊商事〕　受託業務管理規則が上記のように頻繁で大量の取引が行われている場合についても新規受託者保護義務に違反しないとするものであれば、そもそも同規定は新規受託者保護義務を定めた規定としての適格性自体がないものというほかない。

◇大阪高判平18・3・17先裁集43号146頁〔岡藤商事〕　新規委託者保護義務は取引開始から3カ月間が形式的に経過すれば消滅するものではない。

◇名古屋地判平18・3・24先裁集43号201頁〔大起産業〕　新規委託者保護義務は単なる社内ルールに基づくものではない。

◇名古屋地判平18・6・28先裁集45号204頁〔ハーベスト・フューチャーズ〕　最初の建玉から3カ月間取引がなかったことから、3カ月を経過しても新規委託者保護義務がある。

◇名古屋高判平18・10・19先裁集46号246頁〔タイコム証券〕　新規委託者保護義務違反の認定にあたって両建による危険性の減殺を考慮すべきとはいえない。習熟期間の建玉が最終的に益金を生じていたとしても違法でないとはいえない。

◇広島高判平18・10・20先裁集46号53頁〔オリエント貿易〕　委託者の能力や3カ月間の習熟度等に照らして未だ保護を要する場合はなお経過を観察し保護する必要があることは当然である。

◇広島地判平19・3・29先裁集48号117頁〔岡藤商事〕　新規委託者としていかなる保護を必要とするかについては、当該投資家の具体的な知識経験や理解度、資力、投資性向などに応じて制限の程度は異ならざるを得ない。先物会社において平均的な取引規模を超える取引を勧誘することは許されないことはもちろん、たとえ委託者の側からそのような取引をしたいという申出があったとしても、先物会社としては、原則として、慎重に考えるよう助言するなどの配慮をする義務があると解すべきである。そして、資金との不適合性の程度、委託者の投資性向との乖離の程度、投資方針の不合理性の程度は、ひとり違法性の有無のみならず、先物会社の従業員の手数料稼ぎ目的（委託者の利益を犠牲にしてもっぱら手数料を稼ぐ意図をいい、手数料収入を得る目的を持ちつつ委託者の利益にも配慮して勧誘を行う場合を含まない。以下同様）を推認させるものとして、違法性の程度を判定するための客観的資料として重要な意義を有するものと解される。

◇大阪地判平19・7・31先裁集49号275頁〔日本アクロス〕　商品取引員としては、不適格者を商品先物取引に参加せしめるべきではなく、また、一般に新規委託者の習熟期間中においては、限度を超えた取引をすることのないように助言すべきであることはもとより、短期間に相当性の範囲内を超えた頻繁な取引を勧誘すべきではないし、損失の回復の名の下に一層過大な取引を重ねるような取引を勧誘してはならないという義務が課せられて

いるものというべきである。

◇岐阜地判平19・8・30先裁集49号311頁〔大起産業〕　原告から建玉制限解除の申出があったとしても、先物取引の専門家であり、その投機性や複雑なしくみに十分通じているはずの被告従業員としては、信義則上、原告の申出を形式的に審査するだけでなく、原告が建玉制限解除によって増大するリスクについて真に理解しているか等を十分確認するなどしたうえで、解除の是非について十分な審査を行う義務があったというべきである。また、審査の結果、制限の解除が認められたとしても、実際に原告から個々の取引を受託する際には、上記のような原告の経験の浅さを十分に考慮したうえで、過剰な取引が行われないように助言をする義務があったというべきである。

◇神戸地判平19・9・19先裁集49号362頁〔オリオン交易〕　原告は、本件取引開始後から約2カ月経過前までは、ガソリンの値上がり等によって、帳尻上は相当高額の利益（入金額を差し引いても約1900万円）を得ているから、その頃までの取引には違法性がないという見方もあり得ないではないが、それらの利益は、実際には原告の手元に返還されておらず、その後の取引の証拠金等にすべて充当されてしまっていることからすると、原告が、一時的に上記利益を得たことによって、被告会社従業員が原告から多額の証拠金等を拠出させた違法性が減殺されるものではないというべきである。

(2)　両建の勧誘

(A)　意　義

同一商品について、既存の建玉（たとえば10月限の買玉を10枚建玉していたとする）と反対の建玉（典型的な場合は、10月限を売玉10枚建てること。これは同一限月・同一枚数であるが、異限月・異枚数、たとえば11月限を8枚建てることも含む）を勧誘することである。

平成16年法改正前の施行規則46条11号には、同一限月・同一枚数の両建の勧誘を禁止する規定になっており、その結果、異限月・異枚数両建は禁止されていない旨、業者が主張していた。しかし、両建禁止の趣旨は後記のとおりであり、もともと両建禁止に関する旧取引所指示事項では、同日限月・同一枚数に限定していなかった。

そこで、平成16年法改正およびその後の施行規則の改正によって、現在では、同一限月・同一枚数は、法214条8号で、異限月・異枚数両建は、施行

規則103条9号で、明文で禁止されている。

　両建は、既存の建玉が値洗損になっているような場合に（たとえば、買玉を建てたが、値が下がったり追証がかかりそうな状態）、反対の建玉（たとえば、売玉）を建てることによって、既存の建玉を仕切らずに乗り切ろうというものである（値下がりが続けば、その分売玉は利益になるから売玉の利益で追証を支払わなくて済ませようというもの）。価格が当初の予想に反して、建玉に追証がかかりそうになった場合の対処の仕方として、既存の建玉を仕切る（損切り）か建玉を維持するかの選択があり、建玉を維持する場合の方法として、追証を入れる、難平(ナンピン)（既存の建玉と同じ買玉をする。値下がりしているから既存の建玉よりも安く買建玉ができる）、両建（反対の売玉を建てること）をする方法がある。値下がりが一時的で必ず回復すると考えれば、追証を入れて、建玉をそのまま維持する。これ以上値下がりせず、今後は値上がりしていくと考えれば、難平をすれば少なくとも新たな買玉の分は利益になるからその利益分で既存の買玉の損を相殺でき、追証を支払わずに建玉を維持できるかのように思える。しかし、さらに値下がりすれば損失は拡大する。

　両建の場合、反対建玉（売玉）は、新たな建玉であるからその分新たな証拠金が必要となる（かつては両建にする場合は不要であったようである）。両建をすれば、買玉と売玉の両方を持つことになるが、それぞれ限月があるから、いずれは仕切らなければいけないが、いつ仕切るかが問題となる。すなわち、値下がりが続いていれば、売玉は利益があるが、買玉はますます損が拡大していくから、売玉を仕切れば元の状態（追証が必要な状態）になる。最初の買玉より値上がりすれば、買玉は利益を出せるが、両建した売玉は損になっているから、その分今度は売玉に追証がかかる事態になり、買玉を仕切れなくなる。両建をしてしまえば、このようににっちもさっちもいかなくなり、国民生活センター「海外商品先物取引〔ブックレットNo.1〕」は、「両建は、顧客を泥沼に引きずり込む常套手段」と断言する。

　前記のように、相場が反対に動いた場合は、その時点で当初の予想が外れたのであるから、潔く仕切るべきであり（相場の世界では、「見切り千両」と

いう格言がある)、難平、両建などすべきでない。かつて、外務員テキストにも、仕切らせる両建は勧誘すべきでないと記載されていた。

最判平7・7・4先裁集19号1頁の原審(仙台高秋田支判平2・11・26判時1376号96頁)も、そのように判示している。

従前、旧取引所指示事項の違法行為10には、両建玉が禁止されていたが、その内容として、同時両建(異限月含む)、因果玉の放置、常時両建をあげている(日弁手引〔九訂版〕510頁)。

これらのうち、因果玉、常時両建について判示した判決(名古屋地判平2・2・22先裁集10号66頁、名古屋地判平3・12・20先裁集11号65頁、大阪地判平4・7・24先裁集13号28頁)がある。

また、農林水産省のチェックシステム、通商産業省のMMTの特定売買でいう両建は、同一限月、同一枚数を要求していなかった(日弁手引〔九訂版〕530頁・534頁参照)。

したがって、両建の勧誘は、同一限月・同一枚数でなくても同一商品の反対の建玉であれば違法であり、法律・施行規則において、明文で禁止されたのである。

なお、両建の禁止については、法214条8号は、同一限月・同一枚数両建を「勧めること」が、施行規則103条9号は、異限月・異枚数両建についての委託を「その取引等を理解していない顧客から受けること」がそれぞれ禁止されており、文言が異なっている。文言は異なっているものの、両建は不合理な取引であって、前記説明義務との関係では、なぜ、両建が禁止されているのかを理解しやすいように説明しなければならないことになっているが(法218条1項・3項等)、両建自体不合理な取引であるから、それを説明してもなお、両建を行っていること自体、外務員が「勧めた」か、「取引を理解していない顧客から受けた」ことになるのであって、両建があること自体で、違法性を主張できるといわなければならない。

ところで、両建は、特定売買(180頁参照)の一つであるので、特定売買の主張で論じるか、両建独自の違法性を主張するか問題になるが、被害者側弁

護士は、両方を主張し、判決も両方を認定している場合が少なくない。先物判決の中には、両建の違法を認定する判決は多い。

(B) 根拠規定

国内公設の先物取引について、同一限月・同一枚数両建について法214条8号、異限月・異枚数両建について規則103条9号（旧規則46条11号、旧受託等業務規則5条1項6号）、海外先物取引について、海先規則8条6号が同一限月・同一枚数、11号が異限月・異枚数両建を禁止している。

(C) 代表的裁判例

◇大阪地判平4・7・24先裁集13号28頁〔東京ゼネラル〕　両建は、端的にいえばほぼ決定的となった損失額を後に繰り越すにすぎない消極的な取引手法であって、売・買双方から証拠金を徴収されなかった時代において、迷ったときに様子を見るために用いたり、追証準備のための時間稼ぎのために用いられた手法であり、今これを行う意味はない。両建を禁止した旧旧取引所指示事項10の趣旨は、両建を利用して委託者の損勘定に対する感覚を鈍らせることの防止にあり、禁止される両建には、異限月のものを含む。

◇東京地判平4・8・27先裁集13号151頁・判時1460号101頁・判タ812号233頁・金商922号39頁〔ユニオン貿易〕　両建は、今これを行う意味はない。両建を勧めることも、取引所指示事項の禁止事項である。両建は有害無益性が特に強い。

◇最判平7・7・4先裁集19号1頁〔日光商品〕　①商品先物取引の経験のない被上告人を電話で勧誘し、②先物取引のしくみや危険性について十分説明せず、③多くの取引が実質一任売買で、④短期間に多数回の反復売買が繰り返され、⑤両建が安易に行われ、⑥被上告人の自主的な意思決定をまたず、実質的にはその意向に反して取引を継続させ、⑦指示どおりの取引をせず、⑧資金能力を超えた範囲まで取引を拡大させた、など本件取引に関する一連の行為が不法行為に当たるとし過失相殺した原審判断は相当である。

◇大阪地判平9・2・24先裁集21号139頁・金商1017号33頁・判時1618号103頁〔アルフィックス〕　両建玉は、元の建玉に損失が発生している場合、これを行うと、元の建玉の損失が固定されるとともに、新規の反対建玉の手数料の負担がかかるものである。そのうえ、元の建玉に追証の必要があるのに両建した場合に、最終的な益金を出すには、元の建玉に追証が必要とならない時期に、値洗い益が出ている反対建玉の価格がその相場の天井（買建玉の場合）または底（売建玉の場合）であることを判断したうえで

これを決済する必要があり、このような相場判断は、相場の波が単に上がるか下がるかの通常の相場判断と比較し、かなり困難な予測が求められるものである。そうすると、元の建玉に損失が生じて追証を支払わなければならない顧客から両建玉の委託を受けた商品取引員としては、前記忠実義務に基づき、顧客に対し、両建玉をして同時にこれを決済すると、元の建玉の損失のほかに反対建玉の手数料も負担しなければならない旨を説明するとともに、両建玉によって最終的な益金を得ることはかなり困難であることを説明する義務がある。

◇**岡山地判平9・5・27先裁集22号80頁〔三晃商事〕**　両建は、同時に売りと買いを手仕舞いする場合には委託手数料を倍額支払うだけにすぎず、売りと買いを別々に行って利益を出そうとすれば、市場の動向に絶えず注意して時期を逸しないで売りまたは買いをする必要があるが、このような判断は取引に通暁した相当の経験者のみのなしうるものであることは見やすい道理であり、このような問題点を指摘しないまま、理解の十分でない取引未経験者に敢えて両建を勧めることは、目前の損失の現実化を回避して損得勘定の感覚を鈍らせ、取引にのめり込ませ、委託手数料のみならず差損金を累積させる危険に陥らせることでしかない。

◇**大阪地判平10・1・23先裁集23号119頁〔大阪コモディティジャパン〕**　①損切りをして様子をみた後、新規に建玉をする方法と、②両建をして様子を見た後、一方を仕切る方法を比較、検討した結果、両建は、①の方法と比べて、経済的に不利益を伴う場合が多く、有利な点を見出しがたい。ただし、両建は損切り新建法と比べて、経済的に有利な点は見出しがたいものの、相場や取引についてより強い関心を維持できるという心理的効果を期待できなくはない。両建の勧誘を一律に違法であるということはできないが、取引員が顧客に対して両建を勧誘する場合においては、顧客の習熟度や理解度に応じて、損切りと両建の差異（必要証拠金の額の増減等種々の事情を含む）も含めて、両建の意味や機能を十分に説明することが必要であり、そのような説明を欠いた両建の勧誘は違法と解するのが相当である。委託のガイドを使って両建について説明した当該事案の場合に、両建について十分な説明があったとはいえないとして両建の勧誘を違法とした。

◇**名古屋高判平12・12・27先裁集29号231頁〔大起産業〕**　両建は、既存建玉に対応させて反対建玉を行うものであり、相場の変動によっては、手数料の負担をしても、両建をして相場の様子を見る必要が認められる場合もあるが、それは、例外的・緊急避難的なものである。両建をしてなお利益を得るには、相場変動を見極め、一方の建玉を外す時期を的確に判断するなど、相当高度な商品先物取引に関する知識と経験を要するものであって、このような知識と経験を有しない者にとって、両建は、損失の拡大を防止

して、その後、その回復ができるかのような誤解を生じさせ、因果玉を放置しながら、片玉を仕切って利益が出たかのような錯覚をもたらす取引手法であり、委託者に新たな委託証拠金と手数料の負担を余儀なくさせるものである。したがって、被控訴人が両建に手数料を要することを了解していたとしても、合理的理由がなく両建の取引がなされていることは、手数料稼ぎの徴表として評価しうるものである。

◇東京高判平13・4・26先裁集30号29頁・判時1757号67頁〔明治物産〕 本件においては、多数回にわたり途転（新たな建玉を建てる取引合計54回のうち13回)、両建（同16回)、直し（同2回)、不抜け（3回）等の取引が行われている。本件においては、前記のとおり多数回にわたり途転と両建が繰り返されており、これを控訴人が自己の相場観に基づき自由な判断で決定した結果とみるのは、はなはだ困難といわざるを得ない。商品先物取引の経験のない控訴人が、このような合理性の乏しい取引を多数回にわたり自己の自由な意思で行ったとは到底認めることができないのであって、これは、控訴人の具体的委託に基づかないで行われたか、あるいは、被控訴人従業員の示唆に取引経験に乏しい控訴人が不用意に応じてしまったことによるものとみるのが合理的である。そして、被控訴人従業員が取引経験に乏しい控訴人に対し、直しのように明らかに不合理な取引や、途転や両建のような合理性の乏しい取引を示唆して、その委託を受ける行為は、控訴人のように経験の十分でない一般投資家から取引の委託を受ける商品取引員の行為としては、著しく社会的相当性を欠き、私法上違法なものといわざるを得ないものというべきである。

◇札幌地判平14・3・6先裁集32号105頁〔エース交易〕 説明義務違反、断定的判断の提供、指し値注文に反する建玉は無断売買、両建勧誘違法などは、債務不履行に当たる。

◇新潟地判平14・3・27先裁集32号134頁〔大起産業〕 特定売買は、裁判実務上顕著な事実。異限月両建は、同一限月以上に有害無益である。

◇千葉地木更津支判平14・3・29先裁集32号153頁〔東京ゼネラル〕 適合性原則違反、説明義務違反、新規委託者保護義務違反、偽計による両建勧誘、一任売買、特定売買などは、善管注意義務違反、誠実公正義務違反で不法行為ないし債務不履行が成立する。

◇名古屋地判平14・5・24最高裁HP・先裁集33号69頁〔朝日ユニバーサル貿易〕 両建は、新たに同額の対立する建玉をすることにほかならないから、委託証拠金が新たに必要になるほか、委託手数料も倍額必要となる。また、両建をする場合には、いったん仕切って新たに建玉した場合よりも、相場の上昇と下降の双方（いわゆる相場の天井と底）を見通す必要があることから、単に売りあるいは買いの一方の建玉をする場合よりも、仕切の

タイミングに関して難しい判断が必要とされる。そこで、両建の上記のような経済的効果や仕切のタイミングの困難性についてまで十分に理解していない委託者に対し、商品取引員ないしその外務員が、既存の建玉を仕切ることをせず両建をするよう勧誘することは、結局危険性を告げないまま取引をさせる場合と同視することができ、違法と評価すべきものである。

◇京都地判平17・9・2先裁集44号1頁〔コーワフューチャーズ〕　両建は、相当高度の商品先物取引に関する知識と経験、相場観と判断力がない者にとっては、合理性を見出すことはできない取引である。

◇佐賀地判平17・11・1先裁集47号1頁〔オリエント貿易〕　両建は、双方の建玉を異時に仕切ってこそ有効となる取引手法であり、(両建を同時に仕切ることは)委託者である原告にとっては委託手数料を建玉を仕切った場合の倍額を負担することになるだけの無意味かつ不利益な取引というほかない。

◇秋田地判平17・11・10先裁集43号1頁〔西友商事〕　両建の後に反対建玉を決済すべき時期の見極めの問題は、両建の際に生じていた問題と同質・同等の問題であり、それが先送りされたものにすぎず、両建は反対建玉の証拠金を入金しなければならない分、顧客に不利益ともいえるから、外務員には、顧客が自発的に申し出た両建を拒絶する義務までは認められないが、顧客に両建を勧誘するのは証拠金や手数料を得る利益を優先させたという評価を免れない。

◇大阪地判平18・2・15先裁集42号587頁〔クレボ〕　適合性原則違反、説明義務違反、新規委託者保護義務違反、両建、仕切拒否、断定的判断の提供、過当取引は、債務不履行および不法行為に当たる。慰謝料300万円。

◇大阪高判平18・3・17先裁集43号146頁〔岡藤商事〕　両建勧誘回避義務違反が成立する。

◇名古屋地判平18・3・30先裁集43号274頁　思惑が外れた事態に対処するにせよ、より少量の反対建玉が検討された形跡がなく、他の選択肢を十分に考慮したうえでの両建とはいえないから違法である。

◇神戸地判平18・5・12先裁集44号129頁・判タ1246号246頁・法ニュース69号221頁〔メビウストレード〕　両建をした場合、両建前の含み損が確定され(決済するのではないから損失が具体的に発生するのではない)、両建後の値動きがどのようになろうと、建玉全体では含み損は発生しないし、逆に益も発生しない。難平の場合と異なり、両建のままだと相場が反転しても利益はでないのである。両建を利するというのは、もしあるとしても、建玉を現実に決済しないので差損が会計上表面化しないというだけである。原告のような個人顧客にとって、両建は何ら利点がない。両建は、反対建玉のための新たな証拠金、反対建玉の仕切のための新たな手数料の拠出が

必要となるため、個人顧客にとって利点がないのに負担だけが大きいということになり、逆に、業者にとって手数料を多く獲得できる利点がある。つまり、両建は、顧客の犠牲によって業者が得をするという不公正な取引である。そのため、法、規則は、両建の勧誘を禁止している。規則が明示的に禁止するのは、同一限月・同一枚数の両建だけであるが、同一商品であれば、限月が異なっても同じような値動きをすることは自明であり、枚数が重なる限度で両建に上記のような不公正が生じることも当然の事理である。したがって、同一限月・同一枚数でない両建も不公正な取引であることは動かし難く、少なくとも、協会規則で禁止された禁止行為に該当することは明らかである。

◇神戸地姫路支判平18・5・22先裁集44号187頁〔明洸フューチャーズ〕　両建は損切りと経済的に異ならず、新たな手数料に負担や損切りにはない投機リスクがあるが、委託者は損失の顕在化を嫌って十分な理解のないまま安易に両建をし、合理的な予測も持たないまま投機資金を拡大して予期せぬ損失を被ることがしばしばあるから、商品取引員は委託者が損切りを避けようとするからといって、単なる様子見のために安易に両建を勧誘することは委託者の利益を擁護すべき信義則上の義務に反するものとして許されず、上記のような損切りと対比した両建の本質を十分に理解させたうえ、なおかつ委託者が両建を希望する場合や上記のようなリスクのある両建をするに適した合理的な相場予測が可能な場合にのみ両建の勧誘が許されるというべきである。

◇神戸地姫路支判平18・6・12先裁集44号391頁〔オリエント貿易〕　前掲神戸地姫路支判平18・5・22と同旨。

◇神戸地姫路支判平18・6・19先裁集44号479頁〔北辰商品〕　前掲神戸地姫路支判平18・5・22と同旨。

◇神戸地判平18・12・19先裁集47号81頁〔第一商品〕　前掲神戸地判平18・5・12と同旨。

◇大阪地判平19・1・12先裁集47号216頁〔岡藤商事〕　同銘柄同限月の両建には、客観的な合理性があるとはいいがたい。

◇東京地判平19・1・22先裁集47号273頁〔オリオン交易、カネツ商事〕　常時両建状況にして含み損のある建玉を残して新規に建玉をして両建にするということを繰り返すと、取引の頻度および数量が多くなり、また、含み損の生じた建玉を多く抱えることになって取引を終了させることが困難となり取引期間も長くなることから、手数料が多額となることにより、売買損益は益であっても差引損益は損となるという危険性が増す。同一限月・同一枚数の同時両建には、何ら合理性を見出すことができない。近接した時期に同一枚数・同一限月の両建をすることは同時両建と同一の不合理さ

があり、このような建玉を同時に仕切ると売買損益は零、差引損益は双方の手数領分の損となることが明らかであるから、手数料稼ぎと評価されてもやむを得ず、到底許されないものとして違法である。

◇広島地判平19・3・29先裁集48号117頁〔岡藤商事〕　両建にも一定の歴史的・心理的意義があることは否定できない。しかし、たとえば株式であれば保有すること自体に意味があるのと異なり、先物取引では、取引の性質上、損益の生じない建玉を維持すること自体には何らの経済的意味も財産的価値もない。また、値洗損益と確定損益とは経済的本質には差異がなく、むしろ値洗損の出た建玉を維持した場合の方が値幅制限の関係でいつでも仕切れるわけではないという点で不利益な面がある。

両建玉は遅くとも限月には決済を迫られるうえ、両建には何らの意味もないにもかかわらず建玉を維持すること自体を目的とする手数料を必要とするのであるから、両建が不合理であることは明白である。また、両建ではすでに両建の時点において手数料を支払っており、少なくともこれを上回る利益を得なければ損失は単に仕切った場合よりも拡大するため、両建を外す時期について困難な判断を強いられることになる点も看過できない。以上は原則として異限月の両建についても同様である。限月が異なっても、同一商品であれば類似の値動きをするのが通常と考えられるから、あえて限月間の価格差に着目して異限月の両建をしたような場合でない限り、同一限月の両建に準ずるものとして取り扱うべきである。先物会社の従業員が両建を勧誘することは違法であり、大量の両建がなされた場合は、さらに進んで、先物会社の従業員の手数料稼ぎの意図を基礎づける重要な間接事実になるものというべきである。

◇京都地判平19・10・23先裁集50号188頁〔コムテックス〕　両建は、意味のない取引であり、特段の事情がないにもかかわらず、両建を勧誘する行為は、手数料収受目的の違法な行為と評価すべきである。

◇神戸地判平19・12・27先裁集50号397頁〔さくらフィナンシャルサービス〕限月を同じくする両建はそれ自体違法である、外務員がいうさや取りは両建にほかならない。

(3)　無断・一任売買

(A)　意　義

　商品取引員が委託者に無断で勝手に建玉した場合（無断）、委託者が商品取引員に任せっきり（一任）にして建玉した場合である。形式的には承諾しているものの、外務員の言いなりになっている場合は実質一任売買といえる。

　委託者が商品取引員に建玉を指示する場合は、商品、限月、取引年月日、

場節、指値または成行きの別（価格）、枚数、建ち落ちの別を具体的に指示する必要があるが（法214条3号、規則101条）、これらの主要な部分について、委託者の指示に基づかない売買が無断、指示内容の全部または一部を任せるのが一任である。

　無断売買の効果は、当然のことながら、顧客に帰属しない（最判昭49・10・15集民113号5頁・金法744号30頁・消費者取引判例百選〔別冊ジュリ135号〕34頁〔三和商事〕。商品取引員による売買は顧客の委託に基づく取次ぎの実行として行われるべきは当然であり、顧客の委託がなければ委託契約は成立し得ないから、商品取引員が商法上の問屋であって、委託者の指示に基づかずにした取引自体の法律上の効果が否定されることはないにしても、無断売買の効果が顧客に帰属しないことは明らかである）。

　そして、無断売買がなされた場合に追認があったというためには、顧客が自己のおかれた法的地位を十分に理解したうえで、真意に基づいて当該売買の損益が自己に帰属することを承認したことを要するというべきであり、真意に基づいたものというためには何らの利益誘導がなされていなかったということも必要である（東京地判昭62・1・30判時1266号111頁〔野村證券〕）。

　なお、無断売買がなされたことによって損失が生じたときには不法行為ないし債務不履行に基づく損害賠償請求が可能であるというべきである。無断売買の有無のみが争点となる事例は最近では稀であり、一体的不法行為を構成する違法要素の一つとして主張される例が多くみられるようになっているが、このような位置づけは必ずしも否定されるべきものではない。

　一任売買は、委託者を食い物にする基礎となる取引態様であり、それ自体違法である。

　(B)　根拠規定

　無断売買は規則103条3号・101条、一任売買は法214条3号、両者について準則25条1項1号・2号（旧法136条の18第3号、旧規則46条3号、旧準則24条）、海先法10条3号・4号。

178

(C) 代表的裁判例
〔無断売買〕
◇最判平7・7・4先裁集19号1頁〔日光商品〕 多くの取引が実質一任売買であることは、一体的不法行為を構成させる要素である。
◇札幌地判平14・3・6先裁集32号105頁〔エース交易〕 指値注文に反する建玉は無断売買であり、両建勧誘の違法があり、債務不履行責任に当たる。
◇名古屋高判平14・10・1先裁集33号213頁〔オリエント貿易〕 無断売買に関する苦情を書面で被告に申し出た取引につき無断売買が成立する。
◇大阪地判平14・11・28先裁集33号270頁〔コーワフューチャーズ〕 原告代理人弁護士による手仕舞通知後も無断売買をした。
〔一任売買〕
◇神戸地尼崎支判平11・9・14先裁集27号1頁〔太平洋物産〕 一任売買を禁止する上記法令諸規定等は先物取引受託業者や登録外務員たる従業員が顧客に対して負担する注意義務の内容であるとも解される。仮に外務員が顧客に方針の変更を助言し、顧客の了解を得たとしても、今まで下がってきたから今後は上がるだろう、あるいは、今後の天候は悪くなるだろうとか言っても、先物取引に素人の顧客に対しては、外務員の判断を顧客に押し付けたのと変わりはない。
◇東京地判平18・6・5先裁集44号321頁〔大起産業〕 損失を取り戻したい一心で外務員の勧誘に従い、取引のすべてを外務員に委ねているのに乗じて外務員が過当な取引を勧誘することは実質的な一任売買というほかなく、委託者の利益を損なうものとして違法である。
◇神戸地姫路支判平18・6・19先裁集44号479頁〔北辰商品〕 一任売買禁止の趣旨は委託者の危険において手数料稼ぎのための違法行為の温床となるおそれがあることなどにあるとし、顧客の危険を顧みることなくした取引はまさに一任売買の危険性が現実化したものであって違法である。
◇大阪地判平18・12・25先裁集47号161頁〔和冸フューチャーズ〕 一任売買禁止の趣旨は、個々の取引の内容・趣旨を理解しないまま取引が行われることによって委託者を犠牲にして不当に手数料を稼ぐ目的で取引が行われることを防止しようとしたものであって、個々の取引に承諾を与えている場合にも具体的な取引の内容・趣旨について十分理解していない場合には一任売買と同様に違法である。
◇大阪高判平19・6・28先裁集49号42頁〔オリエント貿易〕 本件取引は、一時期には連日のように複数回の取引が行われ、その中には、1日前場・後場の複数節にまたがって複数の取引をしているが多数あることや、両建・直し・途転・計等とみられる取引が多数みられている。一審原告の勤務状

況からすると、会社員としての本来の業務をこなしながら、一の取引時間内に継続して、商品市況に関する情報を収集して相場観を形成することは、極めて困難といわなければならない。これらについて、一審原告が具体的な指示をしたとは到底認められないから、本件取引については外務員に売買の時期・数量等の判断を一任していたものと認めることが相当である。
したがって、本件取引には、その全部の取引についてまったくの一任ではないものの、上記の程度における一任売買を認めることができ、このような取引をすることは、一般的に委託者の利益を害する危険性が大きく、また、受託契約準則の規定に照らしても、違法というべきである。

◇神戸地尼崎支判平19・9・26先裁集49号405頁〔朝日ユニバーサル貿易〕
取引のための前提となる情報について、被告会社担当者から与えられる情報以外には先物取引に関する有益な情報を収集する手段を持たず、またそれを分析検討したうえで取引を行うことは不可能であり、売り買いについて実質的にその判断を被告会社担当者に従属せざるを得なかったものと認められ、実質的一任の形式で取引が行われてきたものと認められる。

◇京都地判平19・9・28先裁集49号437頁〔オリエント貿易〕　具体的な取引の不合理性を認定したうえで信任関係に反する一任売買があったと判示している。

(4)　転がし、無意味な反復売買（いわゆる特定売買）

　　　（注）　日弁手引〔九訂版〕118頁㊟および被害研究6号・7号～10号・14号参照。

(A)　意　義

高率の手数料が設定されている現状において、反復売買は、委託者に対して、委託金額の大部分を手数料として失わせる危険を負担させることになる反面、先物業者が、委託者の犠牲の下に多額の手数料を得ることになるから、委託者に対して、その最も利益となるように取引の受託をすべき注意義務を負う先物業者等には、短期間に頻繁に売買することを勧誘し、あるいは、無意味な反復売買をしない注意義務がある。受託等業務に関する規則3条3項は、「会員は、取引開始後においても、顧客の知識経験及び財産の状況に照らして不相当と思われる過度な取引が行われることのないよう、適切な委託者管理を行うものとする」と規定しており、旧取引所指示事項7は、「短日時の間における頻繁な建て落ちの受託を行い、または既存玉を手仕舞うと同

時に、あるいは明らかに手数料稼ぎを目的とすると思われる新規建玉の受託を行うこと」を禁止し、旧取引所指示事項2(1)も、「委託者の十分な理解を得ないで、短期間に頻繁な売買を勧めること」を禁止していた。

そして、反復売買の有無、および、それが商品取引員等の注意義務違反を構成し、違法性を帯びるかについては、主務省が、受託業務の適正のために商品取引員にその数値を報告すべきものとし、これに基づいて、売買状況を評価し、問題があると認めたときには、許可更新等の資料とするなど必要な措置を採るものとしていたこと（農林水産省通達「委託者売買状況チェックシステムについて」、同「実施に関する細目」、旧通商産業省通達「売買状況に関するミニマムモニタリング（MMT）について」、同「処理要領」。以下、「チェックシステム等」という）等から、以下のような客観的数値に照らして検討することが合理的であり、近時、ほとんどの裁裁判例が、このような客観的違法性論とでもいうべきアプローチを採用している。

(a) 売買回転率（月間回転率）

売買回転率とは、全取引回数（建てて落とすごとに1回と数える）を取引日数で除し、これに30を乗じて得られる数値である。これにより、取引の頻度が、平均して1カ月間に何回の取引が行われたかという客観的な数値によって示されることになる。

米穀新聞社発行「商取ニュース」昭和63年12月6日号は、主務省が、チェックシステム等の実施にあたり、売買回転率3回以内との具体的数値を示したと報道している。

また、先物取引における手数料が、平均15％程度に上る現状においては、月間回転率が3回を超えれば、過当な頻繁売買であり、これが無断ないし一任売買によってなされたものである場合に、取引が顧客の利益を犠牲にして自己の利益を図る不法な手数料稼ぎとしてなされたことは明らかであるというべきである。また、仮に、委託者の一応の承諾があった場合にも、売買回転率の高さは、委託者に短期間の値動きによって決済するか否かの判断を迫ったことを示し、損失が生じた場合にできれば新たな建玉により計算上の損

181

失を取り戻したい、利益が生じた場合にはさらなる利益を得たいとの顧客心理に乗じて頻繁に取引がなされることにより、手数料がかさむだけでなく、損失の拡大または利益の消滅・減少をもたらす結果になりかねないものであることをも考えあわせると、やはり、顧客の利益を犠牲にして自己の利益を図る不当な手数料稼ぎのために勧誘されたものというべきであり、先物取引の知識経験を欠き適切な投資判断の困難な一般素人を、高度の危険性のある先物取引に勧誘して取引を受託していた先物業者が負うべき、顧客が不測の損害を被ることを防止し適切な投資判断を行いうるように保護・育成すべき注意義務に、著しく違反したものというべきである。

(b) 手数料化率

ここで手数料化率とは、損金に占める手数料の割合をいうが、これが高い数値を示す場合には、先物業者等が、委託者の利益のために委託を行うべき旨の注意義務に反し、自己の利益のために委託者を犠牲にしようとしたことが推認される。前記商取ニュースによれば、主務省が、チェックシステム等の実施にあたり、手数料化率を10％以下にすべきよう指導しようとしたと報道されていることからすれば、手数料化率が10％を超えれば、違法ないし違法な反復売買が推認されるというべきである。

なお、チェックシステムにいう手数料化率は、預り証拠金に占める受取委託手数料の割合をいうものとされているが、先物業者等の行為の違法性を基礎づけるために無意味な反復売買を繰り返した程度を判断し、違法に手数料稼ぎを行ったか否かを判断する指標としては、上記のように、損金に占める手数料の割合に着目するのが妥当である（証券取引訴訟で用いられる「手数料率」とは定義が異なるが、各金融商品の特徴に応じた指標が検討されるべきであり、現在の訴訟実務においては、商品先物取引被害事案において手数料化率は上記のような定義づけをされており、これによるのが適切である）。ちなみに、手数料比率は、業者の収入のうち、手数料収入の占める割合である（37頁参照）。

(c) 特定売買率

特定売買とは、チェックシステム等において売買状況の適否を判断するた

めの指標としてあげられた、「直し」、「途転」、「日計り」、「両建」、「不抜け」の、5種類の取引をいう。

　　㈦　直　し

　「直し」とは、既存の建玉を仕切った同じ日に、これと同一のポジションの建玉を行うことをいう（限月が違う場合を含む）。同一ポジションの建玉をするのであれば、あえて仕切らなくても、そのまま建玉を維持していればよいのであって、委託者にとっては、手数料を1回分、余分に支払わなければならないデメリットがあるのみで、メリットがないのが通常であり、他方、先物業者等には、余分に手数料を得ることができるというメリットがある。また、既存の建玉を仕切って生じた取引差益を証拠金に振り替え、より多くの建玉を行う場合（利乗せ建玉。全額を証拠金として建玉を行っている場合には「利乗せ満玉」という）には、委託者に過当な売買を行わせ、より危険な立場に置くことになる。

　　㈥　途　転

　「途転」とは、既存の建玉を仕切るのと同日に、反対のポジションの建玉を行うことをいう（限月が違う場合を含む）。途転は、相場観を変更したときには、それなりの合理性を有しうるが、これが無定見に行われたときには、手数料稼ぎの明らかな徴表といえる。また、頻繁な途転がある場合には、委託者が、（自らの意思に基づく建玉を行っていると仮定しても）相場観を決めかねていたことが客観的にみてとれるのであるから、委託者に対してその利益のために受託すべき義務を負う先物業者等は、漫然と途転を行うことを勧誘すべきではなく、建玉を抑制するよう、委託者を指導・育成する義務があるというべきであり、頻繁な建て落ちを繰り返させることはその義務に違反するものとして違法である。

　　㈦　日計り

　「日計り」とは、新規に建玉を行い、同一日内にこれを仕切ることをいう。1日ではそれほど大きな値動きはないのが通常であり、委託者にとっては、手数料がかかるというデメリットのほかにメリットはない。また、日計りは、

常時相場の行方を観察していなければこれを行うことは不可能であるから、先物取引以外になすべき日常の業務、家事等を有する者にこれを勧誘することは、結局、委託者に、商品取引員等の勧誘に盲目的に従わせて取引を行うことを余儀なくさせるものでもある。

　　　　(エ)　両　建
　前記(2)のとおり。
　　　　(オ)　不抜け
　不抜けとは、取引によって利益が生じているものの、当該利益が委託手数料より少なく、差引損になっているものをいう。手数料も超えない利益であるのに落玉してしまうというのは、利益を目的として取引を行う委託者の通常の意思に合致しないから、商品取引員等による手数料稼ぎとして、委託者の無理解に乗じて行われたことが推認される。

　　　(d)　特定売買の評価
　特定売買は、上記のとおり、通常、手数料を要するのみで委託者の利益に反する取引であることから、その全取引に占める頻度（特定売買比率）が高ければ、商品取引員等が、自己の利益のために無意味な反復売買を繰り返したものとして、商品取引員等の不法行為を基礎づける一根拠事実となる。そして、前記商取ニュースにおいて、特定売買比率については、主務省が20％以内との数値を示したと報道されたこと、常識的に考えても、手数料稼ぎのために無定見になされる可能性の高い特定売買が20％を超えれば、商品取引員が委託者の利益のために受託をすべき注意義務に反していることが推認されることから、特定売買比率が20％を超えれば、商品取引員等の不法行為を基礎づける一根拠事実となるというべきである。

　ところで、業者によってはチェックシステム、MMTは廃止されたから特定売買は違法ではない、これを検討するのは無意味である、と主張するものもある。しかし、チェックシステム等はもともと受託業務の適正化を図る目的で行われたものであり、その必要性自体には何ら変わりはない（大阪地判平12・11・28法ニュース速報№424〔朝日ユニバーサル貿易〕は、チェックシス

テム、MMT の廃止は委託者保護を否定する趣旨に出るものではないことを明確に判示している)。上述した違法性に関する客観的数値論は、チェックシステムをヒントに考え出されたものであるけれども、現在は、訴訟実務上、極めて有意な客観的判断材料を提供するものとして、裁判例の圧倒的大勢に支持されている。

(B) 根拠規定

無意味な反復売買(転がし、特定売買)は、もともとは平成元年11月27日に廃止された取引所指示事項7に規定があったもので、同日より実施された取引所指示事項(平成11年4月1日廃止)には、「2 不適切な売買取引行為」(1)として「委託者の十分な理解を得ないで、短期間に頻繁な売買取引を勧めること」として引き継がれている。そして、主務省のチェックシステム、MMT は平成元年4月1日から実施され、平成11年4月1日廃止されたが、廃止後も判例によって違法性根拠として認められている。

取引所指示事項、チェックシステム、ミニマムモニタリング(MMT)の内容は、日弁手引〔九訂版〕508頁ないし535頁参照。

(C) 代表的裁判例

〔特定売買一般〕

◇大阪地判平4・7・24先裁集13号28頁〔東京ゼネラル〕 委託者が預託して失った証拠金は、実にその40％以上が商品取引員の手数料に消えており、無意味な反復売買を認定させる一事実となる。

◇東京地判平4・8・27先裁集13号151頁・判時1460号101頁・判タ812号233頁・金商922号39頁〔ユニオン貿易〕 全取引回数35回のうち、直し、両建が22回、約63％の事案で、これを異常に高い割合であるとして、本件取引が、全体として、委託者である原告の利益を顧慮せず、被告会社の利益を図る方向で、外務員らによって誘導されたものであることを推認させ得る重要な要素となるといわなければならない。売買回転率も264日の全取引期間中35回で、7.5日に1回、月平均4回の取引となり、やや高い回転率といい得るし、損金1429万8000円のうち手数料の額が769万8000円で、手数料化率は、53.8％という著しい高率である。この点も、上推認を可能ならしめる要素の一つとしてよい。

◇最判平7・7・4先裁集19号1頁〔日光商品〕 月間回転率を3.79回と認定

し、多数回の反復売買が繰り返されたとした原審(仙台高秋田支判平2・11・26判時1379号96頁)の判断は正当である。

◇**大阪地判平9・2・24先裁集21号139頁・金商1017号33頁・判時1618号103頁(最判平10・11・6先裁集25号135頁の第一審)〔アルフィックス〕** チェックシステム等の趣旨が、顧客の利益を犠牲にした手数料稼ぎを防止し、もって受託業務の適正化を図ることにある以上、数値基準(顧客ごとの特定売買の比率20％以下、損金に対する委託手数料の比率10％以下)が、個々の受託業務が前記の注意義務(顧客の利益に配慮し、顧客に役立つ各種の相場情報を不断に提供し、取引についても顧客に最も有利な方法を助言・指導すべき義務)に違反しているか否かを検討するにあたって重要な指針となることは否定しがたい。特定売買の比率が50％を超え、委託手数料の合計額も損金の約43％に達していることは、いずれも通達の示す数値基準を大幅に超えていて、それらは全く異常ともいうべき状態であるとして、違法事由として特定売買のみを認定し、その他の違法事由がないにもかかわらず、本件受託契約は公序良俗に反し無効であり、かつ、本件取引は全体として不法行為を構成する。

◇**最判平10・11・6先裁集25号135頁〔アルフィックス〕** チェックシステムに掲げる各種の特定売買は、一般に、委託者に売買委託手数料の負担を生じさせるばかりで、その利益につながらない取引の類型に属する。個々の取引の際の個別の事情を捨象しても、一定期間の取引を全体的に観察し、特定売買の比率が異常に高いときには、特段の事情がない限り、商品取引員において、顧客の利益を犠牲にして全体として売買委託手数料稼ぎを目的として行ったことを推認するのが相当である。手数料の損金比率は、取引途中においては必ずしも合理的な取引の指標とはなり得ないが、取引終了後に、顧客に取引全体から生じた損失の要因を観察、評価するうえでは、有効な指標になると解されるとした原審(大阪高判平10・2・27先裁集24号1頁・判時1667号77頁)の判断は正当である(なお、原審の認定は、月間回転率3.37回、特定売買比率50％、手数料化率43％)。

◇**佐賀地武雄支判平11・5・12先裁集26号53頁〔日光商品〕** 月間回転率が6.18回の事案について、高いといわざるを得ない。

◇**札幌地判平11・6・30先裁集26号114頁〔アサヒトラスト〕** 登録外務員が特定売買の意味を十分に理解していない顧客に対し、十分な説明をせず、その理解を得られないまま手数料を稼ぐ目的で無意味な反復売買を行わせることは、違法となる場合があるとし、取引開始後13日目に両建がなされる等した取引について、担当者らが手数料を稼ぐ目的で無意味な反復売買をさせたものであり、違法である。

◇**東京高判平13・4・26先裁集30号29頁・判時1757号67頁〔明治物産〕** 本件

においては、多数回にわたり途転（新たな建玉を建てる取引合計54回のうち13回）、両建（同16回）、直し（同2回）、不抜け（3回）等の取引が行われている。このうち直しは、既存の建玉を仕切りながらすぐにそれと同一の建玉をするというのであるから、およそ合理性の認められない取引であって、これが控訴人の自由な判断により行われたとは到底認められない。他方、途転や不抜けは、相場の状況と相場観によっては、それ自体直ちに不適切な取引であると断定することはできないが、それが多数回にわたり繰り返されている場合には、それが投資家の自由な判断に基づいて行われたものか疑いを抱かしめるものであるというべきである。本件においては、前記のとおり多数回にわたり途転と両建が繰り返されており、これを控訴人が自己の相場観に基づき自由な判断で決定した結果とみるのは、はなはだ困難といわざるを得ない。これは、控訴人の具体的委託に基づかないで行われたか、あるいは、被控訴人従業員の示唆に取引経験の乏しい控訴人が不用意に応じてしまったことによるものとみるのが合理的である。そして、被控訴人従業員が取引経験に乏しい控訴人に対し、直しのように明らかに不合理な取引や、途転や両建のような合理性の乏しい取引を示唆して、その委託を受ける行為は、控訴人のように経験の十分でない一般投資家から取引の委託を受ける商品取引員の行為としては、著しく社会的相当性を欠き、私法上違法なものといわざるを得ない。

◇**名古屋地判平14・5・24最高裁HP・先裁集33号69頁〔朝日ユニバーサル貿易〕** 特定売買比率約40.3％は相当な高率、月間回転率14.5回は著しく高率、手数料化率101.3％は異常に高い割合である。以上に認定した本件取引における手数料化率、特定売買比率、売買回転率の著しい高さ等は、本件取引が、全体として、外務員によって、顧客の利益を考慮せず、被告（商品取引員）の利益を図る方向で誘導されたものであることが推認できる。

〔過当な頻繁売買、特定売買等〕

◇**前橋地桐生支判平11・5・26先裁集26号89頁〔フジチュー〕** 無意味な反復売買を控えることは、取引受託につき善管注意義務を負う受託者として当然である。

◇**新潟地判平12・6・14先裁集28号198頁〔大起産業〕** 特定売買の不合理性は裁判実務上顕著な事実である。

◇**大阪地判平12・11・21先裁集29号135頁〔フジチュー〕** 先物取引のしくみや危険性について十分な説明を行い顧客の理解を得る義務や顧客の利益に反する無意味な反復売買を行ってはならない注意義務を負い、その違反は債務不履行になる。

◇**千葉地木更津支判平14・3・29先裁集32号153頁〔東京ゼネラル〕** 適合性

原則違反、説明義務違反、新規委託者保護義務違反、偽計による両建勧誘、一任売買、特定売買などは、善管注意義務違反、誠実公正義務違反で不法行為ないし債務不履行が成立する。

〔直し〕

◇大阪地判平4・7・24先裁集13号28頁〔東京ゼネラル〕 同一限月の直しについて、委託者にとって全く無意味であることは明らかであって、担当外務員が手数料稼ぎで行ったものと考えざるを得ない。

◇東京地判平4・8・27先裁集13号151頁・判時1460号101頁・判タ812号233頁・金商922号39頁〔ユニオン貿易〕 直しは、特定売買の中でも有害無益性が特に強い。

◇大阪地判平9・2・24先裁集21号139頁・金商1017号33頁・判時1618号103頁〔アルフィックス〕 直しは特段の事情のない限り、顧客にとって手数料の負担のみが増加する合理性のない取引というべきである。そうすると、委託者から売り直し、買い直しに該当する取引を受けた側としては、特段の事由がない限り、顧客に対する忠実義務に基づき、顧客に対し、その取引が合理性のないことを説明すべきである。

◇京都地判平17・9・2先裁集44号1頁〔コーワフューチャーズ〕 既存の建玉を仕切りながらすぐにそれと同一ないしその一部の建玉をするというのは単に手数料の負担が増えるだけでおよそ合理性の認められない取引である。

◇秋田地判平17・11・10先裁集43号1頁〔西友商事〕 買玉（売玉）を決済した同場節で、決済した値段と同じ値段で同一限月の買玉（売玉）を建てる、という取引には一般に合理性を見出しがたい。

◇名古屋地判平18・4・14先裁集43号417号〔コーワフューチャーズ〕 頻繁に損切り直しや直しを行う手法に合理性は認められない。

◇大阪高判平18・7・13先裁集45号132頁〔大洸ホールディングス〕 限月が異なるとはいえ反復継続的な取引において同一場節での直しが繰り返されているのは委託者にとって実益がなく、手数料稼ぎ目的とみざるを得ない（異限月の価格がおおむね平行して推移していることなどから限月間のさやをとる目的があったという証言の信用性を否定）。

◇京都地判平18・11・24先裁集46号414頁〔小林洋行〕 直しの中でも減玉直し、同数枚直し、損切り直しは、特段の事情のない限り無益な取引と評価されてもやむを得ないとし、商品取引員が合理性を基礎付ける相場情況の変化について具体的な主張をしないから、無益な取引であったと評価せざるを得ない。

◇東京地判平19・1・22先裁集47号273頁〔オリオン交易、カネツ商事〕 たしかに、追証が発生すれば委託本証拠金の5割と高額な証拠金が一時に必

要となるのであるが、損切り直しによって追証の発生を当面回避したところで、相場が反転せずさらに値洗い損が拡大すれば結局追証が発生する（直しによって本証拠金の額が維持されている以上、発生する追証の額は同じである）ことになるのであって、その効果は不確実なもの、先送りにすぎないものであり、他方で損切り直しによって確実に損失が拡大するものであること、そもそも、追証の発生によって新たに損失が発生するものではなく（追証は、すでに発生した損失の一部を証拠金として預託するものである）、また、追証の制度は損失の大きさを知らせて不測の損害を回避する警鐘機能があると考えられること、以上の点に鑑みれば、損切り直しによる追証回避は、追証発生による一時の多額な支出を避けたい委託者がこれを一縷の希望として選択する可能性が高い一方で、確実に損失を増加させ、にもかかわらず、その後相場が好転しなければそもそも意味がなく、また、追証の警鐘機能を潜脱する面があるのであって、相場の予測を間違えれば、無意味に帰し、さらに不測の損害を被る危険性の高い取引ということができる。

◇広島地判平19・3・29先裁集48号117頁〔岡藤商事〕　直しは、相場観に変動がないにもかかわらず仕切と同時ないし近接して玉を建て直すものであり、取引における損益は既存の建玉を維持した場合と異ならないものであるから、手数料の負担に見合うだけの利点があるといえるような特段の事情がない限り、不合理な取引に該当するものというべきである。被告は直しによって利益を確定させることで手持ち資金がなくても取引を拡大させることができることをもって直しの利点であるというけれども、本件では原告が主体的・自発的に取引を拡大したいと考えたような事情は一切うかがわれないし、直しによって取引規模を拡大すれば危険性もそれだけ増すことになるから、被告の反論は失当であり採用の限りではない。

〔途転〕

◇大阪地判平9・2・24先裁集21号139頁・金商1017号33頁・判時1618号103頁〔アルフィックス〕　相場観の変化など特段の事情がない限り、顧客にとって手数料の負担のみが増加する合理性のない取引というべきである。そうすると、顧客から途転に該当する取引の注文を受けた商品取引員側としては、特段の事情がない限り、顧客に対する忠実義務に基づき、顧客に対し、その取引の不合理性を説明すべきである。

〔日計り〕

◇大阪地判平9・2・24先裁集21号139頁・金商1017号33頁・判時1618号103頁〔アルフィックス〕　業者の注意義務は、取引について最も有利な方法を助言・指導すべき忠実義務とし、特定売買の比率は20％、損金手数料比率は10％を超えるのに忠実義務違反としつつ、過失相殺8割。

〔両建〕
(2)(両建)を参照。
〔不抜け〕
◇**大阪地判平9・2・24先裁集21号139頁・金商1017号33頁・判時1618号103頁〔アルフィックス〕**　手数料の負担のみが増加する全く合理性を見出せない取引である。そうすると、顧客から手数料不抜けに該当する取引の注文を受けた商品取引員側としては、特段の事情がない限り、顧客に対する忠実義務に基づき、顧客に対し、その取引の不合理性を説明すべきである。
◇**名古屋地判平14・5・24最高裁HP・先裁集33号69頁〔朝日ユニバーサル貿易〕**　手数料化率の高さを考えあわせると特定売買比率は違法性判断の資料となる。
◇**名古屋地判平18・2・28先裁集43号82頁〔アルファコモ〕、名古屋地判平18・3・24先裁集43号201頁〔大起産業〕**　手数料が取引益を大きく上回っている場合や全損害に対する手数料の割合が高い場合には、手数料稼ぎの観点から、特定売買の比率は違法性の判断資料になる。
◇**神戸地判平18・4・21先裁集43号476頁〔岡地〕**　いわゆる特定売買は、特段の事情がない限り、経済的合理性がないものであると認められる。
◇**神戸地判平18・5・12先裁集44号129頁・判タ1246号246頁・法ニュース69号221頁〔メビウストレード〕**　本件取引は、両建、直し、途転が非常に多く、その結果として、原告が先物取引に投じた資金の大部分は、売買差損で消えたのではなく、被告に対する手数料の支払いによって消えたものである。このような結果は、先物取引が手数料のかかる投機取引であると自覚し、自己の責任で取引を行う姿勢の投資家が取引をした場合にはあまり起こりそうにない。本件取引のような結果を生じるのは、業者の外務員が、手数料稼ぎのため、顧客に利点が乏しいのを承知のうえで両建、直し、途転など手数料のかさむ取引を頻繁に勧め、顧客の側も、先物取引が手数料のかかる投機取引であることの自覚が乏しく、独力で取引の判断を行う自身や経験もなく、外務員の言いなりになって勧められるままに取引を係属している場合であるということができる。すなわち、本件取引は、それ自体が、原告が、上記のような自覚も自身・経験もないまま取引を継続していたこと、被告の外務員もそのことを承知のうえで、手数料のかさむさまざまな取引を勧めていたことを如実に物語っているということができる。
◇**前橋地判平18・5・29先裁集44号281頁〔西友商事〕**　(手数料化率64.3％、特定売買比率53.1％の事案で)本件取引において特定売買が上記のような高率で行われることの合理的な理由は認めがたく、手数料目当ての無意味な反復売買であるとする余地がある。
◇**東京地判平18・6・5先裁集44号321頁〔大起産業〕**　ある特定売買を選択

することがその時点の相場状況において有効な取引手法であると主体的に判断して行うのであればともかく、そうでない限りは、問題がある取引方法というべきである。

◇神戸地姫路支判平18・6・19先裁集44号479頁〔北辰商品〕 特定売買は、その取引が素人には理解が困難な取引方法であることに加え、被告の利益となる委託手数料を多額に生じさせる取引であるから、その取引が正当であるというためには、強い合理性が必要であるというべきである。

◇名古屋地判平18・7・21先裁集45号355頁〔ハーベスト・フューチャーズ〕 特定売買は、委託者の利益を犠牲にして手数料稼ぎを図る手段として利用されやすいものであるから、特定売買率や手数料化率は、形式的には委託者の指示に基づく取引であっても、そのような手数料稼ぎの手段として用いられているにすぎないのではないかという無意味な反復売買の違法性判断の一資料になるというべきである。

◇京都地判平18・11・24先裁集46号414頁〔小林洋行〕 特定売買の不当性を判断するためには、本来的には、個々の特定売買ごとにいかなる有用性があったかを検討するべきであるが、取引を全体的に観察して、取引総回数のうち特定売買が占める割合を算出し、これと、取引の１カ月あたりの頻度、顧客の損失に占める手数料の割合を指標として、商品取引員の手数料稼ぎの動機を推認するのは、理由のないものではない。

◇神戸地判平18・12・19先裁集47号81頁〔第一商品〕 直し、途転、両建、不抜けといった、原告の利益を犠牲にして被告会社の手数料収入の増大をもたらす不合理なものが目立ち、実際にも、本件損失の７割は手数料によって占められている。先物取引のしくみを普通に理解している顧客であれば、このような勧誘を易々と受け入れて注文を行うことはないし、外務員の側も、そのような顧客に対し、直し、途転、両建、不抜けとなる仕切を頻繁に勧誘するとも考えにくい。

◇大阪高判平18・12・20先裁集47号142頁〔岡地〕 特定売買は、その内容からみてとれるように、少なくとも一般投資家にとって通常は、手数料の負担が増すだけで意味がない取引であり、特別の事情がない限り、経済的合理性がないものであると認められるとし、特定売買（不抜けを除く）比率が３割を超え、売買回転率35回、手数料化率50％近くであって、いずれも高率であることを考えあわせると、本件取引は委託者に手数料を負担させ、これによる利益を得ることを主たる目的として、委託者にとっては有害無益な取引を反復させたものといわざるを得ず、全体として違法である。

◇福岡高判平19・4・26先裁集48号265頁〔オリエント貿易〕 商品取引員の外務員が、顧客に対し特定売買を勧めるにあたっては、その特定売買の内容、必要性、経済的効果および危険性等について十分な説明をする必要が

あり、それらを十分に理解していない顧客に対し、十分な説明をしないまま特定売買を勧めることは、社会的相当性を逸脱し、不法行為を構成するものというべきである。

◇**大阪高判平19・6・28先裁集49号42頁〔オリエント貿易〕** 特定売買であることは、手数料稼ぎの目的があることを推認させる一事情であるというべきである。このように特定売買は、それ相応の理由がなければ、受託者の手数料稼ぎの目的を推認させるものであるから、取引全体に占める特定売買の比率が大きいことは、受託者やその外務員に手数料稼ぎの目的があることを裏付ける事実となることも明らかである。さらに、手数料化率についても、損失に占める手数料の割合が大きいことは、委託者の損得を均衡させつつ、多数回の取引を繰り返した等の事実と相まって、手数料稼ぎの目的があることを推認させる一事情となるというべきである。

(5) 無敷、薄敷（証拠金規制違反）

(A) 意　義

　証拠金の全額（無敷）、または一部（薄敷）を徴収しないで建玉させることである。

　建玉するには、証拠金を預託したうえで、注文しなければならない（準則11条2項）。証拠金を預託しないで取引ができるということは、一見、委託者にとってありがたく有利にみえるが、これによって建玉が増大し、危険な状態に置かれ、それだけ損失も拡大するおそれが高く、いずれ精算時には証拠金を支払わなければならないのであるから、結局は大きな損害を与えることになる。ただほど高いものはないということである。

　無敷・薄敷は、証拠金が商品取引員に対する委託者の担保であると解釈すると、担保を提供しないで取引をしても、それは担保権者である商品取引員が困るだけであって、委託者はそれをとやかくいうべきでないということになるが、無敷・薄敷で行われる取引の実際は、委託者を先物取引に引き込み、または、仕切られて客が逃げないようにするための引き留め工作にすぎない。適合性原則からいえば、証拠金を支払えない者は資産がないというべきであって、不適格者である。

　そこで、証拠金は、委託者が取引をする際に無責任な取引、過当取引を防

III 違法性（客殺し）の内容・根拠・代表的裁判例

止し、公正な価格形成を確保するための参加資格であると考えると、証拠金を支払わないで取引をするのは公正な取引に参加する資格のない者が参加していることであり、これを排除しなければならない。このように解することが委託者保護、公正な価格形成という目的に合致する。証拠金は単なる商品取引員に対する委託者との精算を担保するためのものではないというべきである。実際、証拠金が、商品取引員に対する担保であれば、証拠金の徴収は担保権者である商品取引員の自由であるべきであるが、法はこれを義務としている。したがって、無敷・薄敷による委託契約は、少なくともその建玉については、違法・無効であり、商品取引員は委託者に対して精算金を請求できないというべきであり、不法行為、債務不履行事由になるといわなければならない。

　これに対して、証拠金は商品取引員に対する担保であり、商品取引員が証拠金を徴収するのは権利であって義務ではなく、証拠金未徴収でも委託契約は有効であり（最判昭42・9・29判時500号25頁、同昭44・10・28判時576号79頁、同昭49・7・19判時755号58頁、同昭57・10・16判時1060号132頁、同昭57・11・16判時1062号140頁）、追証が預託されなくても建玉処分は商品取引員の権利であって義務ではない（最判昭43・2・20新証券・商品取引判例百選（別冊ジュリ100号）70頁）という最高裁判決がある。それぞれの事案は委託者側に相当問題もあったもので、必ずしも消費者事件としての先物取引被害救済事件の指針となるのかは相当に疑問というべきであり、判決の射程距離は狭く一般化できないと解すべきである。仮に、権利であって義務ではない、違反しても有効と解釈しても、違法要素となる場合があるかどうかはケース・バイ・ケースであることに変わりはなく、実際、上記最高裁判決以降、無敷・薄敷を違法要素に掲げる後記判決がある。

　学説は、証拠金の機能は過当投機の抑制にあり、本証拠金を徴収しない委託契約は無効という説（酒巻俊雄、渋谷光子など）、有効説に立ちながら商品取引員に帰責事由があるときは差損金請求ができないという折衷説（堀口亘など）、証拠金は、債権担保と無資格委託者排除目的であるという立場から

193

の無効説（上村達夫）が有力に唱えられている。

 (B) 根拠規定

法179条、準則7条・11条（旧法97条1項、旧準則9条・10条）。

 (C) 代表的裁判例

  ◇東京高判平14・12・26先裁集33号302頁〔東京ゼネラル〕　適合性原則違反、説明義務・断定的判断提供、事前書面不交付、偽計による両建、無断・一任売買、無敷・薄敷、無意味な反復売買、仕切拒否は不法行為に当たる。

  ◇名古屋地判平15・4・18先裁集34号185頁〔アイメックス〕　当初から470枚もの建玉をし、3カ月後には10倍以上にもなったことはあまりに過大な取引である。証拠金が、過当投機を抑制し、委託者を保護しようとする目的をあわせもつとして、委託証拠金不足のまま多額かつ少なくない回数の取引の勧誘・受託をしたことは違法である。

  ◇静岡地浜松支判平16・3・31先裁集37号199頁〔アスカフューチャーズ〕　中卒で先物未経験者に、無差別電話勧誘、薄敷取引、金先物から白金へ拡大させた。

  ◇東京高判16・12・21先裁集38号27頁〔新日本商品〕　差玉向いをするなら、開示すべき信義則違反上の義務がある（向い玉の違法性、無断取引、無敷・薄敷の各違法性を肯定し逆転勝訴）。

  ◇京都地判平17・3・31先裁集41号98頁〔朝日ユニバーサル貿易〕　無敷・薄敷のほかに、新規委託者保護義務違反、特定売買の勧誘があり違法。

  ◇東京地判平17・9・30先裁集41号549頁〔岡地〕　取引開始で843枚、委託契約19日後に199枚で、過当取引取引等、組織的薄敷があった。

  ◇神戸地姫路支判平18・6・19先裁集44号479頁〔北辰商品〕　無敷、薄敷があり、差玉向い（取組高均衡）については開示義務、説明義務がある。

  ◇大阪地判平18・10・19先裁集46号196頁〔太平洋物産〕　適合性原則違反、断定的判断の提供、強引な独断的取引、無敷の違法を認め、故意の詐欺的取引と同視でき、差損金請求を公序良俗に反する。

  ◇大阪地判平18・12・25先裁集47号161頁〔和洸フューチャーズ〕　証拠金の徴求は、多額の損失が発生していることを知らしめ、適時に取引を終了させる機会を与える意義があるから商品取引員には証拠金徴求義務があるとし、証拠金不足を告げずに取引を終了させる道を選択する機会を奪って取引を継続・拡大させたことが違法である。

(6) 過当・過大取引

 (A) 意　義

建玉回数、建玉枚数が過大であることである。委託者が大きな損害を被るおそれが高いことから禁止されている。

過当売買か否かは、委託者の属性、たとえば新規委託者か否か（かつては、新規委託者には3カ月までは20枚の取引というのが原則であった。現在は、新規委託者保護は、おおむね3カ月間に、投資可能資金額の3分の1までの取引となっている場合が多い）、新規委託者保護期間が過ぎれば、適合性原則との関係で、顧客の知識、経験、財産の状況等に照らし不相応と認められる取引か否かによる。

委託者の資産経験との関係、取引態様（預託金いっぱいに建てているかどうか（満玉））、取引頻度等を考慮して判断することになる。

(B) 根拠規定

受託等業務規則3条（旧規則46条2号）。

(C) 代表的裁判例

◇大阪地判平13・5・25先裁集31号118頁〔光陽トラスト〕（他社との先物取引継続中に本件業者と取引し）業者担当者が委託者の余剰資金に照らした適正取引額を検討することなく過大な取引に至らしめた点は違法である。

◇岐阜地大垣支判平13・11・15先裁集31号229頁〔大起産業〕 勧誘段階で十分な説明なく誤解を招く態様で勧誘行為を行っており、取引継続段階でも新規委託者保護義務違反、過当取引に当たる。証拠金徴収義務違反については、同義務が過当取引を抑制し、委託者を保護しようとする目的もあわせもつもので、過当取引の一つの要因であり、違法。

◇札幌地判平14・1・21先裁集31号288頁〔日進貿易〕 商品先物取引受託契約に基づく誠実公正義務または信義則上の付随義務（誠実義務、真実義務）があることを前提として、もっぱら外務員の相場観に基づくものであること、知識・取引経験に照らし過当取引であること、手数料獲得の目的で頻繁な取引や両建の勧誘が行われていることから誠実公正義務違反による債務不履行責任が認められる。過失相殺5割。

◇奈良地判平14・8・23先裁集33号127頁〔コーワフューチャーズ〕（商品先物取引の経験がない40歳の農協勤務の男性が、平成9年4月～11年9月まで19品目の取引により合計1億1500万円（手数料4800万円）の損害を被った事案で）取引開始後2週間で建玉枚数120枚に達する等、建玉枚数が過大である。

◇大阪高判平15・1・29先裁集34号23頁〔東京ゼネラル〕（京都地判平12・3・30先裁集34号１頁の控訴審判決）商品先物取引の経験がなく年収1000万円の原告に対し、取引期間１年半の間に約定金額が最大７億円近くにまでなったことは過大取引である。

◇名古屋地判平15・4・18先裁集34号185頁〔アイメックス〕　当初から470枚もの建玉をし、３カ月後には10倍以上にもなったことはあまりに過大である。

◇神戸地判平15・5・22先裁集35号169頁〔三貴商事〕　利乗せ満玉による取引拡大がもたらす危険性に鑑みると、原告が自らそのような大きな取引を望んだとしても、受託者である外務員としては、原告を思いとどまらせるなどして取引を抑制すべきである。

◇鹿児島地判平15・7・16先裁集34号439頁〔オリエント貿易〕　２カ月半の間に合計64回、最大１日10回（同じ商品の新規建玉あり）の取引は、原告の個別指示のない過剰な反復取引と推認される。

◇秋田地大館支判平17・8・19先裁集40号528頁〔小林洋行〕　原告（48歳男性、株式・先物取引の経験なし）が約１カ月半の間に金、白金の先物取引のために1510万円を預託し、885万円が損金。原告に取引経験がなく、さほど資産もないことを知りながら、取引開始からわずか２日間で当初取引予定資金の上限1000万円まで一気に資金を投入させたことは、本件取引は、原告の知識、経験、判断力、財産状況等に照らし、過大な取引と評価せざるを得ない。

◇福岡高判平17・9・16先裁集40号576頁〔入や萬世証券〕　新規委託者に過大な取引を勧誘することは不法行為を構成する。取引開始後８日間で742万円、残建玉55枚であまりに急激に取引の数量を増加させるよう勧誘した。

◇東京地判平17・10・25先裁集41号649頁〔エー・シー・イー・インターナショナル〕（海外先物オプション）　適合性原則違反、説明義務違反、断定的判断の提供、実質一任、過当取引は債務不履行に当たる。

◇大阪地判平18・1・20先裁集42号211頁〔コーワフューチャーズ〕　過当取引、適合性原則違反、新規委託者保護義務違反は不法行為および債務不履行に当たる。

◇神戸地判平18・2・15先裁集42号535頁〔日本アクロス〕　適合性原則違反（勧誘当時76歳、年金生活者、独居、元県職員、投資経験なし、重度の認知症）、説明義務違反、新規委託者保護義務違反、過大な取引、特定売買の意味を理解させないままの多用があった。

◇大阪地判平18・2・15先裁集42号587頁〔クレボ〕　取引開始後２日目に建玉300枚、その後も常時200〜1000枚を建て、過当取引等が認められ債務不履行および不法行為に当たる。慰謝料300万円。

◆**大阪高判平18・3・17先裁集43号146号〔岡藤商事〕** 説明義務違反、新規委託者保護義務違反、両建勧誘回避義務違反、過当取引があり違法（過失相殺なし）。

◆**大阪地判平18・12・25先裁集47号161頁〔和洸フューチャーズ〕** 適合性原則違反、新規委託者保護義務違反、実質的な一任売買、両建に関する説明義務違反、過当取引、証拠金徴求義務違反の違法があり、所得税本税と住民税について相当因果関係がある損害である。過失相殺なし。

◆**広島地判平19・3・29先裁集48号117頁〔岡藤商事〕** 新規委託者保護義務違反、取引開始後の適合性原則違反（勧誘当時68歳、公務員退職後非常勤役員報酬180万円、年金320万円で生活、自宅不動産と1000万円程度の預貯金あるも先物経験なし）、断定的判断提供、説明義務違反、過当取引、実質的一任売買があり、不法行為に当たる。

(7) 不当な増し建玉（不当な利益金の証拠金振替、利乗せ満玉）

(A) 意　義

建玉を仕切っても、委託者に精算金を返還せずに、証拠金振替えによって、次の取引の証拠金に充当することである。

委託者の金を自分に取り込もうとする客殺しの徴表というべきであって、これが扇型売買（最初は、少ない枚数からどんどん枚数が増やされていく売買）、転がし、過当売買等の温床になっているのである。また、委託者の大半は、利益が発生したらその都度振り込まれるものと期待しており、「利益金の証拠金振替承諾書」の意味など理解できずに署名押印しているのが実態である。

新規委託者に対しては、精算は原則として１回１回行い、取引を継続するのかどうか十分に検討させ、納得してから、新たに証拠金を預託させ取引を継続させるというのが新規委託者保護の趣旨に合致する。したがって、新規委託者の保護期間内および委託者の理解が不十分なままでの利益金の証拠金振替は違法というべきである。

(B) 根拠規定

マルキ商事、同和商品に対する各高裁判決（124頁参照）。

(C) 代表的裁判例

◆**神戸地判平15・5・22先裁集35号169頁〔三貴商事〕** 利乗せ満玉による取引拡大がもたらす危険性に鑑みると、原告が自らそのような大きな取引を

望んだとしても、受託者である外務員としては、原告を思いとどまらせるなどして取引を抑制すべきである。

◇**神戸地姫路支判平18・6・19先裁集44号479頁〔北辰商事〕** 説明義務違反、一任売買、特定売買、無敷・薄敷、利乗せ満玉、取組高均衡に関する説明義務違反があった。

◇**大阪高判平18・7・13先裁集45号132頁〔大洸ホールディングス〕** 利乗せ満玉、新規委託者保護義務違反、無意味な反復売買等があり違法（逆転勝訴判決）。

◇**京都地判平18・11・24先裁集46号414頁〔小林洋行〕** 意思に反した益金の証拠金への振替えがあった（横領事案の債権者代位権訴訟。取引終了から訴訟提起まで10年弱経過）。

◇**岐阜地判平19・8・30先裁集49号311頁〔大起産業〕** 不当な増建玉、満玉等があり違法。

(8) 向い玉

(A) 意　義

商品取引員が顧客の建玉と反対の建玉をすることである。個々の顧客の建玉に対して全部反対の建玉をすることを「全量向い」、顧客の建玉にも買玉と売玉双方があり、その差額についてだけ反対の建玉をすることを「差玉向い」という（たとえば、顧客の建玉が買玉8枚、売玉5枚だと、顧客の建玉は3枚の買玉が多いので、これに対して商品取引員が3枚の売玉を建てること）。

商品取引員は、委託者からの委託玉だけでなく、自らも取引をしている（自己玉）。商品取引員の自己玉の中には、取引員が相場を判断して建てる純粋な自己玉のほかに、それとは無関係に、顧客の建玉とは反対の建玉、向い玉を建てているものが少なくない。

なぜ、向い玉を建てるのか。まず、先物取引はゼロサムの世界であり、一方が損をすれば他方は利するという関係にある。先物取引の場合、顧客の7割〜8割は損をするといわれているが（農林水産省委託調査結果参照。日弁手引〔九訂版〕581頁等）、逆に考えれば、2割〜3割は利する者がいるということであって、それは顧客と違う建玉をしたものということになる。顧客が取引損を出すということは、その反対の建玉をしていたものは利益を出すということであるが、そのためには、商品取引員が向い玉を建てておけば、顧

客の損失を自己の利益に取り込むことができる。

また、転がしをすれば、商品取引員にはそれだけ手数料収入が入るから、手数料収入を上げるために転がしをしたくなる。

このように、商品取引員が、より収入を多くするためには、転がしにより手数料収入を上げること、自己玉を建てて（純粋な投機玉、自己玉）自らも相場で利益を上げ、さらに、顧客の取引損を自分の利益に組み込むために向い玉を建てるということになる。

なぜ顧客の損を自己の益にできるのか。前記のとおり、顧客の反対建玉を建てていれば、個々の取引では利益になるわけではないが、最終的には、顧客は大半が損をするから、反対の建玉の商品取引員は利益を得ることになるということであろう。

このうち、商品取引員は、自己玉で利益を上げることは建玉制限内であれば原則として問題はないのであろうが（しかし、顧客に買玉を勧めておきながら、自分は売玉を建てて利益を得るというのは問題であろう）、転がしで手数料収入を上げたり、向い玉で顧客の損を自己の利益に取り込むのは、まさに顧客を食い物にする行為といわなければならない。

このように、向い玉は、顧客の損を前提に、反対玉を建てれば顧客の損を自分の利益に取り込むということで、利益相反行為、背信行為であるといわなければならず、善管注意義務、誠実公正義務を負う商品取引員の立場に反する。

判例の中には、向い玉を違法とする判例もあるが、これ自体は違法でなく業者が客殺しをしていることを推認させるもので反証がない限り違法という立場をとるものと、同じく向い玉自体は違法ではないが例外的に違法となる場合があり、それは顧客に損を加える意図であるのにそれを隠して向い玉をしている場合であるが、本件訴訟ではその立証ができていないとして否定するものがある。

向い玉の違法を正面から認定した判決は、神戸地姫路支判平14・2・25（先裁集32号16頁）である。向い玉を行い、顧客に利乗せ満玉、無意味な

199

反復売買を行わせれば、客殺しは十分可能としている。

最近では、東京高判平16・12・21（先裁集38号27頁〔新日本商品〕）および同平16・12・21（先裁集38号138頁〔MMGアローズ（旧フジチュー）〕）は、向い玉（差玉向い）の違法性を認定し、差玉向いは利害相反関係にあり、これを開示する信義則違反上の義務があると判示したり、大阪高判平19・3・16（先裁集48号59頁〔オリエント貿易〕）でも、「差玉向いシフト」をしているのであればその旨を顧客に知らせる信義則上の義務があると判示して、説明・通知義務の観点からの問題意識も高まっていた。そして、最高裁判所は、平成21年7月16日、商品取引員は、商品先物取引委託契約上、専門的知識のない委託者に対し、差玉向いを行っている商品先物取引の受託前に、差玉向いを行っていること等の説明義務を負い、上記取引の受託後も、委託玉が自己玉と対当したことの通知義務を負うとする画期的判決を示した。

　(B)　根拠規定

規則103条2号（旧規則46条2号）。

　(C)　代表的裁判例

◇東京地判平4・8・27先裁集13号151頁・判時1460号101頁・判タ812号233頁・金商922号39頁〔ユニオン貿易〕　各取引における被告会社の米国産大豆の各限月の売りと買いの枚数および取組高が、おおむね一致ないし近似していること、および、被告会社の自己玉は、売り・買いのうち常に委託玉枚数の少ない側に、その差を埋めて枚数をおおむね一致ないし近似させる方向で建てられ、取組高のうちの自己玉も同様の形になっていることが認められる。このことは、被告会社の自己玉は、ほぼ恒常的に、被告会社の全委託者に対する関係においてではあるが、向い玉の形になっていることを意味する。ある業者の自己玉が、全委託者に対する関係であれ、ほぼ恒常的に向い玉の形をとっていることは、その業者にいわゆる（客殺し）の体質があることを推認させる重要な根拠の一つとなることは否定できない。

◇神戸地姫路支判平14・2・25最高裁HP・先裁集32号16頁〔三貴商事〕
商品取引員が日々の売買取組高をほぼ同数にするように向い玉を建てていると、相場がどう動こうと相場で損をすることもない代わりに相場で利益を得ることもない。したがって、顧客に相場で儲けてもらい商品取引所からその売買差益を受け取り、そのうちから委託手数料を受け取るということはできない。すなわち、当該商品取引員は、収入を外部から得ることは

できず、顧客から委託証拠金名下に預託された金銭等のみを収入として、そこから従業員の報酬などの諸経費を払わなければならない。このような状態で、仮にある顧客に利益が生じた場合、市場から益金相当額が入金になるわけではないから、この益金の払戻しも上記の顧客から預託された金銭をもって賄わざるを得ないことになる。かかるしくみのもとでは、商品取引員において、顧客にできるだけ利益が上がらないように仕向け、さらに進んで顧客に損が生じるように導き、委託証拠金名下に預託された金員の返還をしないで済まそう、との発想に至ることは当然ともいえる。かかる意味で、商品取引員が顧客総体に対する向い玉（差玉向い）をしている事実は、（客殺し）が可能であると仮定した場合に、当該商品取引員に（客殺し）の体質があることを推認させる事実といってよい。

◇東京高判平16・12・21先裁集38号27頁〔新日本商品〕　向い玉の違法性、無断取引、無敷・薄敷の各違法性を肯定。向い玉につき、業者の自己玉が、顧客である自分が従業員から推奨されて委託した取引と売りまたは買いが逆の取引であること、あるいは自分の委託した取引をみて逆の取引をしたこと、あるいは自己を含む同じ業者へ委託している複数の顧客の委託玉の売りまたは買いの少ないほうに自己玉の取引をしたこと（いわゆる差玉向い）、さらには業者がそのような取引を繰り返す方針であることは、委託者にとって、個々の取引を委託するか否かを判断するについて重要な要素の一つであり、しかも業者と委託者との間に利害相反の関係が生じるのであるから、業者は委託者に対し、あらかじめ、自己玉について上記のような取引をする方針であること、および、上記のような個々の取引をした毎にそのような取引をしたことを自己玉と対向する方向の取引を委託した委託者に、明確に開示すべき信義則上の義務を負い、それらを開示することなく取引の委託を受け、委託者に取引を継続させることは違法と解するのが相当である。

◇東京高判平16・12・21先裁集38号138頁〔MMGアローズ（旧フジチュー）〕　向い玉（利害相反性、信頼の裏切り）、新規委託者保護義務違反があり違法。向い玉については信義則違反上の開示義務がある。

◇名古屋地判平18・2・28先裁集43号82頁〔アルファコモ〕　取組高の均衡および帳尻差金の外部への支払が大幅に減少しており、委託者から預かった金員をできるだけ返さないようにすることになり、それらの未返還分を被告会社の利益として取り込むことができる客観的構造となっている。

◇名古屋地判平18・3・24先裁集43号201頁〔大起産業〕　取引損のすべてが手数料に転化されているときには、その余の違法要素を考えあわせると、取組高が売り買いほぼ同数になるように調整し、委託証拠金を自己の手元に留保していたことが推認され、本件取引については、違法性を帯びると

解すべきである。

◇**神戸地姫路支判平18・5・29先裁集44号226頁〔西友商事〕** 取組高均衡について説明義務違反があったほか、適合性原則違反、新規委託者保護義務違反、特定売買があり違法。過失相殺2割。

◇**神戸地姫路支判平18・6・12先裁集44号391頁〔オリエント貿易〕** 取組高均衡の説明義務違反の他に、適合性原則違反、説明義務違反、新規委託者保護義務違反、仕切回避があった。過失相殺2割。

◇**神戸地姫路支判平18・6・19先裁集44号479頁〔北辰商品〕** 商品取引員が取組高均衡仕法を採用するのが、たとえ取引所との清算の都合であるにしても、商品取引員が委託者に勧める建玉と反対の売買を自己取引として行うことが常態であることを委託者が知れば、委託者において、商品取引員の相場変動の予測の合理性、信頼性に強い疑問を抱き、あるいは、商品取引員が委託者に示す相場予測が極めて不確実なものであることを実感し、商品取引員としても取引所との清算の都合のみで確実性が高いと考える相場予測に反する自己取引を常態として行うことは考えがたく、かかる仕法を採用する前提として、相場予測が不確実なものであるとの認識があるものと考えられる。その結果、商品先物取引がハイリスクを伴うことをより深く理解し、取引の勧誘に軽々に応じず、あるいは取引の継続、拡大を思いとどまったであろうことが考えられる。のみならず、取組高均衡仕法が業界全体で行われることになれば、売り買いが均衡して値動きを抑制するなど、相場変動に大きな影響を与えることが考えられ、その点でも委託者の予期に反するものといえる。したがって、委託者にとっては、商品取引員が取組高均衡仕法を採用していることは、取引にあたっての意思決定を左右する重要な判断材料であるといわねばならない。そうだとすると、取組高均衡仕法を採用する商品取引員としては、その旨を委託者に事前に開示すべき信義則上の義務があるといわねばならない。

◇**大阪高判平18・9・15先裁集45号60頁〔グローバリー〕** バイカイ付け出しの方法で、委託玉と対当する自己玉を建てて自己玉の利益を得ようとしており違法。過失相殺なし。

◇**福岡地判平18・10・10先裁集46号133頁〔スターアセット証券〕** 差玉向いは委託者と商品取引員の利害相反関係を作り出し、自己玉の利益を図るための頻回取引の動機付けとなりやすいことは否定できないとし、取組高均衡状況は商品取引員の行為の意味を判断するうえで考慮するべきである。

◇**大阪高判平19・3・16先裁集48号59頁〔オリエント貿易〕** 商品取引員が顧客と反対の玉を同数建て、顧客が玉を仕切るのと同時に商品取引員の玉を仕切る場合、顧客が利益を得るのであれば、商品取引員は、損失を被ることになり、商品取引員が利益を得るのであれば、顧客は同額の損失を被る

こととなる。顧客が玉を仕切って利益を上げた後、相場が反転すれば、商品取引員も反対玉で利益を得ることができるが、限られた限月の中で、そのようにならない可能性が相当あることは、合理的に推認できる。そうであれば、差玉向いシフトを採用するということは、委託者と商品取引員との間の利益相反関係を構造的に生じさせ得るといえる。もちろん、相場が将来どのように動くかは、不確実であるから、顧客が建てた玉と反対の玉を建てたからといって、顧客が常に損をして商品取引員が常に利益を得るとは限らないが、差玉向いシフトを採用するということは、商品取引員において、少なくとも、相場予測が著しく不確実であるとの認識を有しているものであって、顧客の利益を図るべき商品取引員としては、そのようなシフトを有していることを顧客に知らせ、仮に商品取引員側から提供された相場の見通しに沿った建玉がある場合に、上記事実を知らせ、それを維持するかどうかの判断材料を提供する信義則上の義務を有しているというべきである。控訴人の個々の従業員（担当者）が控訴人における差玉向いシフトの採用を知らなかったとしても、個々の従業員（担当者）において上記義務を免れることはできない。

◇**最判平21・7・16最高裁 HP〔第一商品〕**　商品先物取引は、相場変動の大きい、リスクの高い取引であり、専門的な知識を有しない委託者には的確な投資判断を行うことが困難な取引であること、商品取引員が、上記委託者に対し、投資判断の材料となる情報を提供し、上記委託者が、上記情報を投資判断の材料として、商品取引員に対し、取引を委託するものであるのが一般的であることは、公知の事実であり、商品取引員と上記委託者との間の商品先物取引委託契約は、商品取引員から提供される情報に相応の信用性があることを前提にしているというべきである。そして、商品取引員が差玉向いを行っている場合に取引が決済されると、委託者全体の総益金が総損金より多いときには商品取引員に損失が生じ、委託者全体の総損金が総益金より多いときには商品取引員に利益が生ずる関係となるのであるから、商品取引員の行う差玉向いには、委託者全体の総損金が総益金より多くなるようにするために、商品取引員において、故意に、委託者に対し、投資判断を誤らせるような不適切な情報を提供する危険が内在することが明らかである。

そうすると、商品取引員が差玉向いを行っているということは、商品取引員が提供する情報一般の信用性に対する委託者の評価を低下させる可能性が高く、委託者の投資判断に無視することのできない影響を与えるものというべきである。したがって、少なくとも、特定の種類の商品先物取引について差玉向いを行っている商品取引員が専門的な知識を有しない委託者との間で商品先物取引委託契約を締結した場合には、商品取引員は、上

記委託契約上、商品取引員が差玉向いを行っている特定の種類の商品先物取引を受託する前に、委託者に対し、その取引については差玉向いを行っていることおよび差玉向いは商品取引員と委託者との間に利益相反関係が生ずる可能性の高いものであることを十分に説明すべき義務を負い、委託者が上記の説明を受けたうえで上記取引を委託したときにも、委託者において、どの程度の頻度で、自らの委託玉が商品取引員の自己玉と対当する結果となっているのかを確認することができるように、自己玉を建てる都度、その自己玉に対当する委託玉を建てた委託者に対し、その委託玉が商品取引員の自己玉と対当する結果となったことを通知する義務を負うというべきである。

(9) 返還遅延
　(A) 意　義

預託した証拠金が余った場合、先物業者は委託者から証拠金余剰額返還の請求を受けてから4営業日までに支払わなければならないが（準則12条）、その期間内に支払わないことである。

これは、建玉の全部を手仕舞した場合の精算金の返還だけでなく、建玉を仕切り証拠金が不要になった場合や、追証を預託したところ相場が回復し追証が不要になった場合も含まれる。

しかし、委託者が証拠金を預託する趣旨を考えると、この規定は疑問である。すなわち、委託者は、特定枚数の建玉の証拠金または追証として預託しているのであるから、その分の証拠金が不要になったら、その都度返還するのが筋である。たとえば追証が不要になったにもかかわらず、委託者からの請求がないからといってそのまま返還しないで預託を受け続けているのは不当利得といわなければならない。

そもそも建玉を仕切れば、その都度精算されるのであるから、利益や不要になった証拠金はその都度委託者に引き渡すべきである。それが委託者の意思である。それをしないで、返還請求を受けない限り、返還しなくてもよいかのようなこの規定は問題があるといわなければならない。

これが不当な利益金の証拠金振替等の温床になっていることはいうまでもない。

(B) 根拠規定
- 不要な証拠金等の返還遅延　　規則103条1号、準則12条（旧規則46条1号、旧準則11条）。
- 清算金の支払遅延　　旧規則46条1号など。

(C) 代表的裁判例

◆**名古屋地判平4・12・25先裁集14号141頁〔米常商事〕**　不当な増し建玉（追証として預託されたものをさらに新規建玉するよう仕向けることだが、不必要になった追証を返還せず、新規建玉をすることも含む）があり違法。

5　仕切段階の違法性

(1)　仕切拒否、仕切回避

(A) 意　義

委託者が仕切ってほしいと言っているのに仕切らないこと（仕切拒否）、うまいことをいって仕切らず、結局仕切指示を撤回させ、既存の建玉を継続し、新規取引をさせること（仕切回避）である。

ここでいう仕切拒否、仕切回避という場合、典型的な例は、委託者が先物取引自体をやめようとしてもやめさせないことであるが、先物取引自体は継続し、個別建玉の一部または全部を仕切らない場合も含まれる。いずれも、委託者の仕切指示に従わない場合であり、仕切拒否・回避の違いは、実際はあまり意識されていないと思われる。

先物取引をめぐる紛議・苦情はここから出発している例が多い。

商品取引員の善管注意義務、誠実公正義務からは、委託者の指示に従うのは当然であって、委託者が仕切を指示しているのに、これに従わないのは、違法である。

(B) 根拠規定

規則103条7号、受託等業務規則5条1項6号（旧規則46条10号、旧受託等業務規則5条1項6号）、海先法10条5号。

(C) 代表的裁判例

◇最判昭50・7・15集民115号419頁・金商477号11頁・判時790号105頁〔マルホ宝物産〕　商品取引員には、委託者より商品について売却の指図があれば、これに従って商品を売却する義務を負うものであり、受託者においてこの指図を承諾して初めて同人の義務が発生するものではない。

◇東京地判平5・3・17判時1489号122頁・別冊ジュリ135号36頁〔第一商品〕　先物取引という不測の損害を生じさせるおそれのある取引を勧誘する商品取引員にはその顧客に生じるであろう損害を最小限に止めるように十分に配慮すべき信義則上の義務があり、手仕舞いの延引等はこの義務に反し、不法行為を構成する。

◇福岡地判平9・6・17先裁集22号114頁〔三貴商事〕　商品先物取引は危険に満ちたものであることを失わないところ、手仕舞はその取引に完全に終止符を打つものであるから、最大かつ最善の安全策である。取引員としては、ともすれば、その損失を取り戻すことを口実に取引の継続を勧めるなどして、簡単には手仕舞をさせないというようなことが起こりがちである。それだけに、この点については委託者保護の見地から厳格に解すべきであり、したがって、顧客がいったん手仕舞を指示した以上は、取引員としてはこの指示に直ちに従わなければならず、決して取引を継続させる方向に誘導するようなことがあってはならないのである。それ以降の取引は無断売買になり、不法行為を構成する。

◇千葉地判平14・1・31先裁集31号305頁〔第一商品〕　（仕切拒否の有無だけが争点の事案で）とうもろこしについて仕切拒否があり受託契約上の債務不履行を構成する。指示に従ったであろう場合と実際に生じた損金との差額は損害である。

◇静岡地掛川支判平17・1・31先裁集39号430頁〔日本アクロス〕　断定的判断提供、説明義務違反、当該両建は手数料稼ぎを目的としたもの、無意味な反復売買、一任売買、仕切拒否もあり違法。

◇名古屋地判平17・2・25先裁集39号494頁〔大起産業〕　新規委託者保護義務違反、実質一任、両建、不当な手数料稼ぎ、無敷、仕切回避があり違法。

◇大阪地判平18・2・15先裁集42号587頁〔クレボ〕　適合性原則違反、説明義務違反、新規委託者保護義務違反、両建、仕切拒否、断定的判断の提供、過当取引があり、債務不履行および不法行為に当たる。慰謝料300万円。

◇神戸地判平19・3・29先裁集48号68頁〔三貴商事〕　誠実公正義務違反、手仕舞い拒否等があり違法。公租公課の負担合計も損害。過失相殺なし。

(2) 違法な強制手仕舞
　(A) 意　義
　何度も追証の支払時期または金額を猶予して委託者を安心させておきながら、資金が底をついたと判断するや、一転して追証発生の翌日正午まで追証の支払いがなかったとして強制手仕舞することである。
　追証が発生すると、翌営業日正午までに追証を全額預託しないと、商品取引員は、建玉を処分することができる（準則14条）。
　適法に強制手仕舞するためには、追証の発生、追証を支払わない場合は強制手仕舞する旨の通知をしていること、委託者が追証を支払わなかったことが必要である。前記のとおり、この段階では委託者の建玉は損を出しているから、商品取引員が向い玉をしていれば、委託者の損＝商品取引員の利益であるから、委託者の建玉を強制手仕舞して、商品取引員の建玉も仕切れば、委託者を放逐し、商品取引員は利益を上げることができる。
　強制手仕舞は、商品取引員の権利であって義務でないという最高裁判決があるが（最判昭43・2・20新証券・商品取引判例百選（別冊ジュリ100号）70頁等）、次の点で問題である。第1に、追証が発生した場合、翌日正午まで追証を支払わなければ建玉を維持できないことになっているのであるから、追証を支払わないのに建玉されているということは、証拠金に関するルール違反というべきである。第2に、その段階で建玉を処分したほうが結果的には委託者の損の拡大を止めることになる。第3に、そもそも追証を支払わないで建玉を維持することは、資金がないことが判明したというべきであり、換言すれば一種の適合性原則違反というべきである。
　したがって、強制手仕舞するか否かは商品取引員の権利であるという最高裁判決は改められるべきである。仮に、一般的に最高裁判決の立場をとったとしても、追証を何度も猶予し、金が底をついたとみるや強制手仕舞するのは、権利の濫用というべきである。
　(B) 根拠規定
　民法の権利濫用規定。

(C) 代表的裁判例

◇札幌地判平 9・10・23 判タ968号195頁〔コーワフューチャーズ〕 強制手仕舞は不法行為を認定する違法要素の一つである。

(3) 不当な和解合意書等の徴求

(A) 意 義

　先物業者は、取引の継続中にはさまざまな申出書、アンケート、残高照合通知書確認書、両建取引に関する確認書など、被害者の無理解や外務員への依存状況に乗じて、被害者の真意に基づかない書面を徴求している。これらの書面は、被害者の意思ではなく、むしろ、そのような書面が軽々に徴求されるほどの一任状況にあったことを示すものであるとみるのが正しい。

　そのような状況で取引を継続してきたことの必然ともいえる帰結として、紛議が生じたときには被害者の無理解等に乗じて清算条項を含む「和解合意書」や「確認書」が作成されていることがある。しかし、このような書面の徴求は、清算条項を容認する意思の表れであるなどと評価されるべきものではなく、むしろ、業者の「不法行為の最後の仕上げともいうべき意味あいのもの」（大阪地判昭59・4・24判時1135号133頁）であるというべきであって、そのような和解合意は、公序良俗に反し、あるいは清算条項を容認する意思なくされたものとして、あるいは損害賠償請求権を有することを認識せずに業者が言うところから錯誤に陥ってしたものとして無効であるというべきである。また、和解契約書の徴求の経緯からすれば、和解契約の効果を主張することは信義則上許されないというべきである。

　また、他人に対する依存的傾向を強めている高齢者に対する加害行為であることを自覚している業者は、「はしごを外す」（代理人弁護士の代理権限を失わせる）という暴挙に出ることもある。判決予定期日の2日前に入院中の高齢者に押しかけて訴え取下げ届けなどを徴求するという事案もあった（東京地判平17・2・24先裁集40号113頁）。訴えの取下げなどの訴訟行為は、「刑事上罰すべき他人の行為に基づく場合」に限ってその効力が否定しうるものとされているところ、同判決は、「かかる行為は訴訟上の信義に著しく反するも

のというべきであり、そのような行為によってもたらされたものというべき本件訴え取下げを有効と見ることは著しく正義に反する」とし、業者の行為を「詐欺行為と紙一重のものとさえいえる」と厳しく非難して、被害者の主張を全部採用し、弁護士費用相当損害金を含む損害の全額について損害賠償請求を認容した。

(B) 根拠規定

民法90条・95条・96条等。

(C) 代表的裁判例

〔念書を不成立または無効とした判決〕

◇静岡地浜松支判昭61・1・27先裁集6号36頁〔東海交易〕 和解契約無効。

◇札幌地判昭62・12・25先裁集8号56頁〔藤富〕 和解契約不成立。

◇東京地判平7・12・5先裁集19号213頁〔宝フューチャーズ〕 日商協での苦情申立の和解契約について、委託者は大卒の上場会社部長であるが、和解契約は錯誤無効。

◇大阪地判平9・1・29先裁集21号89頁〔ハーベストフューチャーズ〕 和解契約は、特定の取引だけで、本件すべての取引の和解契約ではない。

〔和解契約の効力を否定した判決〕

◇名古屋地判平15・8・27先裁集35号191頁〔コーワフューチャーズ〕 日系ブラジル人で日本語力が不十分であった原告につき、和解契約の効力につき、原告には和解の前提事実について錯誤がある。

◇東京地判平17・2・24先裁集40号113頁〔オービット・キャピタル・マネジメント〕 弁護士に相談する前にした和解について、損害額の10分の1にも満たない300万円の和解金の分割払いでその紛争の一切を解決しようとするものであって、著しく不均衡であるだけでなく、80歳という高齢者である原告の理解能力および判断能力の低さや無思慮に乗じて締結されたものといわざるを得ないから、和解契約は、公序良俗に反して無効というべきである。また、弁論終結後にされた「訴えの取下げ」の効果について、訴訟当事者は、信義に従い誠実に民事訴訟を追行しなければならないのであって（民訴法2条）、訴訟手続上の権限を濫用することは許されない。しかして、我が国の民事訴訟制度は代理人を立てないいわゆる本人訴訟を容認しているが、原告は理解能力および判断能力が低下していることは容易に推察され、諸法および民事訴訟制度を理解して、自ら本件訴訟手続において自己に有利な主張を展開したり各種申立を行うことは著しく困難であって、法律の専門家である弁護士を代理人として訴訟追行することが必

要不可欠であり、そのことは被告らも十分認識していたといえる。しかるに、業者らは被害者代理人弁護士に和解の申入を拒否されていたにもかかわらず、これを無視し、同弁護士には内緒で、高齢の女性で理解能力および判断能力が低く本件訴訟の状況や見通しを知らない原告の無思慮に乗じて、判決言渡しの2日前である同月25日、原告の入院する病院まで押しかけ、訴えを取り下げてくれるなら直ちに500万円を支払うなどと甘言を弄するなどして、本件解任届を受け取って原告の利益擁護者といえる被害者代理人弁護士から本件訴訟の代理人としての権限を剥奪するとともに、本件和解書（代理人が拒否した金額より400万円低い金額を分割払いとするものである）および本件訴え取下げ同意書を取り付け、原告に代わって業者代表者自らが当裁判所に本件訴え取下げ同意書を提出したものであって、かかる行為は訴訟上の信義則に著しく反するものというべきであり、そのような行為によってもたらされたものというべき本件訴え取下げを有効と見ることは著しく正義に反する。したがって、本件訴え取下げは無効というべきである。

◇佐賀地判平17・11・1先裁集47号1頁〔オリエント貿易〕　業者の不法行為を認識していれば和解をすることはなく動機の錯誤があり、業者は少なくともこれを知りうる状況にあった。

◇東京地判平18・1・24先裁集43号66頁〔サンワトラスト〕（外国為替証拠金取引）　取引終了の指示を受けた後にそれまでに存在しなかった架空の取引を作出して清算金の返還を拒否し、和解合意書に署名押印しなければ一部の清算金の支払いも受けられない状況で作成された和解合意書は、業者との間に一切債権債務が存在しないという内容の精算条項を認容する意思がなかったものと認めるのが相当である。

◇札幌地判平18・6・27先裁集45号194頁〔USS証券（旧コスモフューチャーズ）〕（外国為替証拠金取引）　損害賠償請求をなしうることに認識を欠いた状況で和解契約が締結されているから前提となる問題について錯誤があり、違法行為を行っていたことを認識していた業者には被害者の錯誤について当然に重過失が認められる。

◇東京地判平18・8・30先裁集45号392頁〔サンワトラスト〕　諸事情からすれば和解合意をもって損害賠償請求権が消滅したと主張することは権利の濫用に該当するべきである。東京地判平18・1・24に関する債権確定訴訟事件判決。

◇岡山地判平18・11・9先裁集46号377頁〔ハドソン〕（外国為替証拠金取引）　外国為替証拠金取引自体が高度の違法性を有する行為であるのに和解契約を有効とすると違法行為にもっぱら責任を負うべき業者を免責して外国為替証拠金取引を許容する結果となりかねないし、業者が閉鎖すると

告げられて驚愕、困惑の中であわただしく締結されたものでもあり、一連の違法行為の最後の仕上げといった側面もあるから、和解契約は公序良俗に反して無効である。

◇大阪高判平19・4・27先裁集48号15頁・判時1987号18頁〔日本デリックス〕（外国為替証拠金取引）　外国為替証拠金取引業者の担当者が、業者が営業停止の行政処分を受け、その結果倒産し、被害者に預託金のほとんどが返還されなくなるといった、将来における不確実な事項について、担当者が消費者契約法4条1項2号の断定的判断を提供した（同条1項による和解契約の取消を認めた）。

◇東京地判平21・5・25判例集未登載〔ファーストエージェント〕　被告会社は、本件取引に関して返金を求めた原告らに対し、自己に不当に有利な和解契約書を提示し、その内容を理解させないまま署名押印させたということができるので、本件和解契約の成立によりその責任を大幅に免れる旨主張することは、信義則に反し許されないと解すべきである。

6　一般的義務（配慮義務、情報提供義務、調査義務等）

(1)　意　義

商品取引員は、商法上の問屋であり、委託者に対して善管注意義務を負う（最判昭49・10・25消費者判例百選（別冊ジュリ135号）34頁）。

また、平成10年商取法改正により、商品取引員は、誠実公正義務を負うことになったが、民法上の善管注意義務、商取法上の誠実公正義務とはどのような関係になるのか、これらの注意義務の内容・程度などについて今後大いに議論すべき問題である。

以下では、判例に現れた商品取引員の注意義務の内容、その程度、配慮義務、情報提供義務などについて紹介しておく。

(2)　根拠規定

法213条他。

(3)　代表的裁判例

〔情報提供義務〕

◇大阪地判平13・6・14先裁集31号154頁〔朝日ユニバーサル貿易〕　商品先物取引未経験者の身体障害者3級の視覚障害者である委託者につき、外務員が委託者の視覚障害の状況をさらに把握して、委託のガイド等を閲読で

きる相当な期間経過後に受託を開始したり、十分な相場情報を積極的に提供したうえで受託する義務があった。

◇静岡地浜松支判13・10・25先裁集31号211頁〔グローバリー〕　自己責任について自覚を促すための情報提供が不十分。

◇前橋地判平14・6・12先裁集32号292頁〔新日本商品〕　先物取引のしくみについての危険性の説明・情報提供義務違反、配慮義務違反、両建の説明義務違反。

〔配慮義務〕

◇秋田地判平元・3・14先裁集9号58頁・判タ701号210頁〔日光商品〕　本件取引に当初からかかわってきた外務員としては、見通しが外れて損が出た時点においては、顧客が損をしたまま後には引けない立場・心境にあることはわかっていたはずであり、途中から顧客の取引に介入してきた別の外務員に対しても顧客の立場や事情を十分に説明しまたその後の取引経過にも注意を払い、少なくとも深入りしすぎて傷を大きくしないよう配慮すべき義務があったというべきである。

◇東京高判平13・10・10先裁集31号104頁〔明治物産〕　業者には、委託者に対し先物取引のしくみと危険性について十分説明し、自主的な判断のもとに不測の損害を被らないように配慮すべき信義則上の注意義務があり同義務違反がある。

◇前橋地判平14・6・12先裁集32号292頁〔新日本商品〕　先物取引のしくみについての危険性の説明・情報提供義務違反、配慮義務違反、両建の説明義務違反がある。

◇福岡地判平14・9・30先裁集33号163頁〔三晃商事〕　商品取引員は、委託者の自己責任による取引を確保するために、委託者が取引の投機性や危険性についての認識および判断を誤らせないように配慮する義務があり、かつ委託者に対する忠実義務がある。違反の程度が社会的に是認される程度を越えているときには、委託者に対する債務不履行または不法行為を構成する。

◇東京高判平14・10・30先裁集33号244頁〔大起産業〕　商品先物取引が極めて投機性が高く、短期間に膨大な損失を被る危険性を内在していることから、商品取引員らは、不適格者を勧誘しないことはもとより、顧客が商品先物取引の十分な知識や経験を有していない場合には、取引に習熟するまでの間は、その資産に照して過大となる取引を勧誘しないよう配慮すべき注意義務がある。

◇大阪高判平15・1・29先裁集34号23頁〔東京ゼネラル〕　追証が出た場合は、取引を継続するか否かを決定したうえ、継続する場合は追証を入れるか減玉すべきであるのに、追証を放置したうえ新たに建玉した違法があり、市

場の傾向に逆行した助言は配慮義務違反である。

◇神戸地判平15・5・22先裁集35号169頁〔三貴商事〕　利乗せ満玉による取引拡大がもたらす危険性に鑑みると、原告が自らそのような大きな取引を望んだとしても、受託者である外務員としては、原告を思いとどまらせるなどして取引を抑制すべきであること、原告は朝から夕方まで庶務係長としての勤めがあって、時々刻々変動する相場に即応して直ちに取引指示をすることが困難な立場にあったから、外務員としてはその状況に配慮して受託業務を遂行すべきで、相場が反転した際は原告の損失が拡大しないように積極的に手を打つべきこと等、外務員の注意義務がある。

◇大阪地判平17・1・26先裁集40号64頁〔和洸フューチャーズ〕　取引により不測の損害を被らないよう配慮すべき信義則上の義務を負う。

〔助言義務〕

◇名古屋地判平15・1・17先裁集33号334頁〔コーワフューチャーズ〕　取引開始後は、善管注意義務の具体化した形態として顧客の意向や資力に適合した助言をすべき義務（取引過程での適合性原則）を負う。

〔誠実公正義務〕

◇佐賀地判平12・2・28先裁集27号111頁〔三貴商事〕　素人顧客の利益に貢献しかつ損失を回避するように、その時々における最も確実で正しいと判断できる客観的資料に基づいて、誠実に指導助言などをする、誠実義務、真実義務があるとし、取引を終了させるか否かの点を含めて一連の各取引のすべての場面において、可能な限り素人の顧客のためになるように配慮すべき信義則上の義務違反があり債務不履行に当たる（向い玉の認定もあり）。

◇札幌地判平14・1・21先裁集31号288頁〔日進貿易〕　商品先物取引受託契約に基づく誠実公正義務または信義則上の付随義務（誠実義務、真実義務）があることを前提として、もっぱら外務員の相場観に基づくものであること、知識・取引経験に照らし過当取引であること、手数料獲得の目的で頻繁な取引や両建の勧誘が行われていることから誠実公正義務違反による債務不履行が成立する。

◇千葉地木更津支判平14・3・29先裁集32号153頁〔東京ゼネラル〕　スイス国籍の牧師、宣教師で、先物取引の知識経験はない委託者について、121回の取引中、特定売買が36回、29.8％、売買回転率月9.7回、手数料化率96.3％のケースにつき、原告は先物取引不適格者として適合性原則違反、説明義務違反、新規委託者の建玉制限に関し建玉超過申請書は無効、偽計による両建勧誘（商取法152条）、一任売買、特定売買による無意味な反復売買、これら一連の行為につき、業者に、善管注意義務違反、誠実公正義務違反があり、不法行為ないし債務不履行が成立する。

◇秋田地判平16・12・27先裁集38号562頁〔日本アクロス〕 断定的判断の提供、説明義務違反、新規委託者保護義務違反、両建、特定売買、誠実公正義務がある。

◇名古屋地判平17・1・7先裁集38号410頁〔コーワフューチャーズ〕 両建時の増建玉の違法性、説明不十分、極秘情報としての情報提供行為等があった。

〔忠実義務〕

◇大阪地判平9・2・24先裁集21号139頁〔アルフィックス〕 業者の注意義務は善管注意義務にとどまらず、顧客の利益に配慮し、不断の情報提供、取引について最も有利な方法を助言指導すべき忠実義務とする。

◇大阪地判平9・4・25先裁集22号42頁〔岡藤商事〕 仕切指示に応じなかったことは委任契約から生じる忠実義務違反で債務不履行になる。

◇名古屋高判平14・10・1先裁集33号213頁〔オリエント貿易〕 新規委託者保護義務違反を認め、さらに特定売買比率59％、手数料化率38％を前提に、本件先物取引の全体が特定売買はもとより、その他の取引を含めて、全体として商品取引員やその営業担当者として顧客に対して果たすべき忠実義務に違反し、その違反の程度が著しく顧客に対する不法行為の成立を推認する。

◇那覇地判平16・4・27先裁集37号148頁〔三菱商事フューチャーズ〕 担当社員が手数料稼ぎまたは同人の歩合給稼ぎを主目的とすることは顧客に対する忠実義務違反。

◇東京地判平17・12・20先裁集42号81頁〔小林洋行〕 原告の利益を犠牲にした忠実義務違反。特定売買比率65％、手数料化率101％。

◇神戸地判平19・1・19先裁集48号23頁〔太平洋物産〕 顧客の指示に忠実に従う義務を負う。慰謝料200万円。

〔その他〕

（調査義務違反関係）

◇東京地判平9・2・25先裁集21号162頁〔三井物産フューチャーズ〕 勧誘の際には、知識能力が備わっているか調査すべき義務がある。

◇仙台高秋田支判平11・1・25先裁集25号409頁〔カネツ商事〕 適合性を調査すべき義務がある。

（理解確認義務）

◇大阪高判平16・10・26先裁集38号328頁〔和冼フューチャーズ〕 業者には、過大な取引を差し控えたり、顧客への十分な説明をしたうえでその理解を確認しながら受託していくべき信義則上の義務がある。

（概括的注意義務）

◇京都地判平元・2・20先裁集9号31頁・判時1323号100頁〔東京ゼネラル〕

商品取引員ないしその使用人である外務員等は、一般の顧客を勧誘するにあたって、商品取引所法、受託契約準則、取引所指示事項、取引所定款、新規委託者保護管理協定、同規則等の趣旨に照らし、また信義則上、当該顧客が商品先物取引の危険性を理解することを妨げたり、当該顧客がこの危険性を十分に理解しているとは認められないにもかかわらず、当該商品先物取引の利点を過度に強調したり、過度に強引・執拗に取引を勧めたりするなど社会通念上、相当でないと認められる勧誘を行うことは許されず、また、顧客との間に商品先物取引委託契約を締結した後においては、前記法規等を遵守すべきはもちろん、委託契約の本旨に基づき、当該顧客の経歴・能力・先物取引についての知識・経験の有無・程度・資力の多寡・性格、当該商品先物取引の委託を行うに至った経緯・事情等を十分に調査、把握したうえ、当該顧客が、商品先物取引について自主的・合理的な意思決定ができるよう、必要な知識・情報を提供するとともに、専門家としての経験・判断力に従い、当該取引状況下において適切と認められる助言・指導を行い、もって、当該顧客が自主的・合理的な意思決定を行うことができる状況・条件を確保したうえで、当該顧客の真意に基づく具体的な建玉の指示に従い、忠実に建玉を実施する等の義務を負うと解するのが相当である。

（高度の注意義務）

◇**大阪地判平9・2・21先裁集21号139頁〔アルフィックス〕** 業者の注意義務は善管注意義務にとどまらず、顧客の利益に配慮し、不断の情報提供、取引について最も有利な方法を助言指導すべき忠実義務である。特定売買比率20％、損金手数料10％を超えるのは忠実義務違反。一連の行為は、特定売買だけでなくそれ以外の売買も含め全体としての強度の違法あり。本件受託契約は公序良俗に反し無効で、全体として不法行為を構成する。差損金請求棄却。

◇**名古屋地判平12・5・19先裁集28号174頁〔大起産業〕** 商品取引員および外務員には、顧客が予測し得ない大きな損害を被ることのないよう努める高度の注意義務がある。

◇**名古屋高判平13・6・13先裁集30号384頁〔グローバリー〕** 商品先物取引の専門家たる商品先物取引員および従業員は、一般人が本人の予測し得ない大きな損害を被ることがないように努めるべき高度な注意義務があり、同義務に違反して委託者の利益に優先し自らの利益獲得のため行動することは違法。

◇**名古屋地判平14・4・30先裁集32号184頁〔コーワフューチャーズ〕** 業者が高度な注意義務を負担することを前提に、不慣れな委託者に値動きの激しい時期に次々と取引を拡大させ、短期間で多額の投資をさせたのは社会

的相当性を逸脱し、不法行為に当たる。

◇**最判平21・7・16最高裁HP〔第一商品〕**　商品先物取引は、相場変動の大きい、リスクの高い取引であり、専門的な知識を有しない委託者には的確な投資判断を行うことが困難な取引であること、商品取引員が、上記委託者に対し、投資判断の材料となる情報を提供し、上記委託者が、上記情報を投資判断の材料として、商品取引員に対し、取引を委託するものであるのが一般的であることは、公知の事実であり、商品取引員と上記委託者との間の商品先物取引委託契約は、商品取引員から提供される情報に相応の信用性があることを前提にしているというべきである。そして、商品取引員が差玉向いを行っている場合に取引が決済されると、委託者全体の総益金が総損金より多いときには商品取引員に損失が生じ、委託者全体の総損金が総益金より多いときには商品取引員に利益が生ずる関係となるのであるから、商品取引員の行う差玉向いには、委託者全体の総損金が総益金より多くなるようにするために、商品取引員において、故意に、委託者に対し、投資判断を誤らせるような不適切な情報を提供する危険が内在することが明らかである。

そうすると、商品取引員が差玉向いを行っているということは、商品取引員が提供する情報一般の信用性に対する委託者の評価を低下させる可能性が高く、委託者の投資判断に無視することのできない影響を与えるものというべきである。したがって、少なくとも、特定の種類の商品先物取引について差玉向いを行っている商品取引員が専門的な知識を有しない委託者との間で商品先物取引委託契約を締結した場合には、商品取引員は、上記委託契約上、商品取引員が差玉向いを行っている特定の種類の商品先物取引を受託する前に、委託者に対し、その取引については差玉向いを行っていることおよび差玉向いは商品取引員と委託者との間に利益相反関係が生ずる可能性の高いものであることを十分に説明すべき義務を負い、委託者が上記の説明を受けたうえで上記取引を委託したときにも、委託者において、どの程度の頻度で、自らの委託玉が商品取引員の自己玉と対当する結果となっているのかを確認することができるように、自己玉を建てる都度、その自己玉に対当する委託玉を建てた委託者に対し、その委託玉が商品取引員の自己玉と対当する結果となったことを通知する義務を負うというべきである。

第4章　解決法

I　はじめに

　一般委託者の先物取引被害の大半は、不招請勧誘と客殺しによって生じたものといってよい。これらは、第3章で述べたとおり、違法行為であって、これらを主張立証できれば先物取引被害救済は可能となる。
　実際の先物取引裁判例には、先物取引の経験があるなど一見すると先物取引適格者のようにみえても、実際には知識、資産が不十分で適合性違反が認められたり、高学歴、上場企業の役員などであっても、高額納税者であっても先物取引不適格者と認定されたりしている。また、業者との間で示談が成立していたり、日商協で調停が成立しても、さらには、取引終了後3年以上を経過し消滅時効が完成しているようにみえても、これらが否定され、損害賠償請求が認められている判決もある。
　したがって、先物取引被害の相談を受けたら、どこかに業者の違法性があり、救済できる可能性があるという心構えで臨むべきである。
　先物被害救済の方法として、大別して訴訟と訴訟外手続がある。訴訟手続は第5章で取り上げることとし、本章では、訴訟以外の救済方法について取り上げる。
　なお、日弁手引〔九訂版〕89頁以下に、相談を受ける際の留意点、事件の把握、証拠の入手方法、交渉の進め方、事故確認、取引所・日商協の紛争仲介等が紹介されているので、これらについては該当箇所を参照されたい。

II　救済実例

　以下では、一見救済困難と思われる事案でも、救済できた事案を紹介する。

1 示談が成立していた例

　この種被害事案においては、和解合意書や確認書は、清算条項を容認する意思の表れであるなどと評価されるべきものではなく、むしろ、業者の「不法行為の最後の仕上げともいうべき意味あいのもの」（大阪地判昭59・4・24判時1135号133頁）であるというべきであって、そのような和解合意は、公序良俗に反し、あるいは清算条項を容認する意思なくされたものとして、あるいは損害賠償請求権を有することを認識せずに業者が言うところから錯誤に陥ってしたものとして無効であるというべきである。また、和解契約書の徴求の経緯からすれば、和解契約の効果を主張することは信義則上許されないというべきである。（208頁参照）。

2 適合性原則関係

(1) 先物経験者

　◇仙台高秋田支判平11・1・25先裁集25号409頁〔カネツ商事〕　先物取引経験者で、過去に先物取引をして損を出したが、損金を支払えなかった。
　◇仙台高判平11・12・15先裁集28号118頁〔東京ゼネラル〕　他の2社と取引経験あり。
　◇東京高判平16・12・21先裁集38号27頁〔新日本商品〕　大卒、建築会社社長、年収2000万円、過去に小豆の先物取引経験あり。向い玉、無断売買、無敷・薄敷があり違法。
　◇神戸地判平18・4・21先裁集43号476頁〔岡地〕　別の商品取引員2社と5年間にわたって先物取引をした経験がある59歳の会社役員について借入による資金工面、理解力および知識の点から適格性がない。

(2) 高学歴等

　◇名古屋高判平10・12・28先裁集25号317頁〔岡地〕　大学法学部卒業、3000万円の株式経験あり。

(3) 高収入、資産

　◇岡山地倉敷支判平15・12・11先裁集37号1頁〔大起産業〕　大卒後、会社経営。自宅土地建物、預貯金4000万円。
　◇大阪高判平16・10・26先裁集38号328頁〔和洸フューチャーズ〕　大卒、51

歳、男性、数千万円の資産あり、レストランチェーンの次長。

◇**大阪地判平18・2・15先裁集42号587頁〔クレボ〕** 60歳、自宅土地建物の他に、8000万円の預貯金。適合性原則違反、説明義務違反、新規委託者保護義務違反、両建、仕切拒否、過当取引などがあり、債務不履行に当たる。過失相殺なし。慰謝料300万円も認容。

◇**広島高判平18・10・20先裁集46号53頁〔オリエント貿易〕** 年収1050万円程度、預貯金4500万円程度を有していた53歳の男性会社員兼自営業者について価格傾向を把握する手段が限られており、情報を収集分析して投機判断をする時間的余裕もなかった。

◇**神戸地判平19・3・20先裁集48号68頁〔三貴商事〕** 預貯金7000万円。過失相殺なし。

(4) 職業等

◇**名古屋地判平13・2・26先裁集30号251頁〔フジチュー〕** 社会保険労務士。新規委託者保護義務違反、説明義務違反、無意味な反復売買。

◇**名古屋地判平15・1・17先裁集33号334頁〔コーワフューチャーズ〕** 大卒、一級建築士。適合性原則違反、断定的判断の提供、助言指導義務違反。過失相殺3割。

◇**鹿児島地判平15・11・19先裁集35号272頁〔コスモフューチャーズ〕** 信用金庫支店長。不適格者勧誘、実質一任、両建、断定的判断の提供、新規委託者保護義務違反認定。過失相殺4割。

◇**京都地判平15・12・11先裁集35号374頁〔光陽トラスト〕** 自治体の収入役。過失相殺2割。

◇**大阪地判平16・3・11先裁集37号56頁〔MMGアローズ〕** 大卒後、大企業勤務、取引当時60歳。年収500万円、金融資産2000万円。

◇**大阪高判平17・1・19先裁集38号231頁〔光陽トラスト〕** 元小学校教諭、73歳、男性、教育委員会教育長。浮き玉、新規委託者保護義務違反。

◇**佐賀地判平17・3・25先裁集40号357頁〔朝日ユニバーサル貿易〕** 国立大学理学部卒、国立医科大学一般教育教授。新規委託者保護義務違反、特定売買認定。過失相殺5割。

◇**札幌地判平19・4・12先裁集48号203頁〔サンワード貿易〕** 大卒、年収500万円、自宅土地建物、2000万円の預貯金、以前金融機関勤務。説明義務違反。過失相殺なし。

◇**福岡地判平19・6・7先裁集49号140頁〔和洸フューチャーズ〕** 一部上場企業に30年間勤続し、年収700万円、預貯金3000万円以上の資産を有し、投資可能資金額1000万円。電話勧誘の本質的な問題として、不適格者を商品先物取引に招来する契機が必然的にあり、結果的に、諸法令の求める商品

先物取引不適格者に対する勧誘受託の禁止を潜脱することになる危険性が大きい。その問題点を自覚して、商品先物取引不適格者に対する勧誘の禁止を徹底するため、さらに補充的な調査を具体的に行う義務があり、単純に相手の自己申告を信じたというだけで免責されるものではない。

3 他でも先物取引をやっていた事例

◇**大阪地判平13・5・25先裁集31号118頁〔光陽トラスト〕** 過大取引を認める。過失相殺4割。

◇**大阪地判平16・1・27先裁集35号352頁〔岡藤商事〕** 断定的判断の提供、説明義務違反等。

4 取引終了から3年以上経過していた事例

(1) 消滅時効が完成していない

◇**神戸地尼崎支判平11・9・14先裁集27号1頁〔太平洋物産〕** 民法724条にいう「損害及ヒ加害者ヲ知リタル時」とは、単に損害を知るにとどまらず、加害行為が不法行為であることをもあわせ知ったときを意味するとするのが確立された判例である。そして、先物取引の取次行為自体は通常の商行為であってそれ自体に不法行為の要素がないこと、（顧客が）先物取引の素人であり、また、法律の知識が特にあったわけではないことに照らすと、（顧客が）先物取引により損失が発生したことを知ったからといって、それにより（顧客が商品取引員に）不法行為責任があることを知ったとは到底いえない。消滅時効の起算点は、日商協に苦情申入をしてアドバイスを受けたときである。

◇**鹿児島地判平15・11・19先裁集35号272頁〔コスモフューチャーズ〕** 取引終了後8年後の訴訟提起について、原告は被告の勧誘実態を聞くまでは被告従業員の不法行為を認識し、または認識しうる状態にあったとはいえない。

◇**京都地判平18・11・24先裁集46号414頁〔小林洋行〕** 不法行為の被害者が加害者に対して賠償請求をするためには、加害者の違法行為を認識する必要がある。通常の不法行為の場合、損害が発生した事実が何らかの違法行為があった事実と直結するが、商品先物取引の勧誘をめぐる不法行為の場合、これが直結しない。すなわち、商品先物取引の委託および受託、並びに商品取引員の外務員がする取引の受託に向けての投資勧誘行為は、それ自体は全く適法行為である。そして、商品先物取引の本質が投機であるか

ら、これによって顧客が損失を被ったとしても、原則的には、顧客が相場判断を誤ったことの結果、すなわち、自己責任である。また、外務員の勧誘行為に問題があっても、それが違法かどうかについては明確な境界線を引くことができるものではない。したがって、外務員の違法行為によって顧客が損失を被った場合であっても、顧客がその違法行為を認識することは、法律専門家等の助言のない限り、多くの場合困難であるということができる。被害者が口車に乗せられてしまったとか、手仕舞をすれば追い銭がいるだろうから消費生活センターに相談に行こうなどと考えたことがあったという事情があったとしてもなお違法行為を認識していたとはいえない。

◇前橋地高崎支判平19・5・24先裁集48号297頁〔大起産業〕 消滅時効は権利を行使することができる時から進行する。この点、被告は、本件取引の手仕舞は平成13年4月29日であり、原告はその時点で損害および加害者を認識したから、消滅時効期間は同日から進行する旨主張するが、原告の損害が取引によって生じていること、原告は、本件取引期間中、被告に対し被告従業員の勧誘等について苦情を述べたことがなく、他の業者との取引を経た後の平成16年2月に至って、被告に対し従業員の勧誘等に問題があった旨記載した手紙を送り、その後、弁護士に依頼して本件訴訟を提起していることを考慮すれば、被告主張の時点では、原告は本件取引について被告に対し損害賠償請求できることを認識しておらず、権利行使もできなかったと認めるのが相当である。

(2) 時効の援用が信義則違反

◇名古屋地判平17・1・21先裁集39号63頁〔米常商事〕 交渉長期化の要因が被告にあるから、消滅時効の主張をすることは信義則上許されない。

5 業者からの差損金請求訴訟

◇岡山地判平5・9・6先裁集15号69頁〔東京メディックス〕 商品取引員に不法行為責任があり、商品取引員の差損金請求は失当である。
◇東京地判平16・3・29先裁集37号90頁〔MMGアローズ〕 差損金請求は、信義則に反し許されない（原告請求を全額認容）。
◇津地判平17・3・24先裁集40号279頁〔西友商事〕 差損金請求をすることは信義則上許されない。
◇大阪地判平18・10・19先裁集46号196頁〔太平洋物産〕 取引が全体として公序良俗に反する（業者の差損金請求を否定）。
◇福井地武生支判平20・6・10先裁集53号151頁〔第一商品〕 差損金債務は

先物会社従業員の不法行為により生じたものであるから、先物業者がこれを委託者に対して請求することは信義則に反して許されない。

III　業者との交渉

1　精算金の受領

決済がなされると、精算残金が明確になる。これについては、受け取らずに置いておく意味はないから、返還を受ける。準則14条では、商品取引員の返還義務は返還の請求をした日から4営業日以内とされている。そこで、決済しても返還の請求が明確でないと、業者は返還しようとしないことが多い。受任以前の段階で決済がなされているにもかかわらず、精算金が返還されていないケースもある。すでに決済されている事案を受任する場合には、慌てる必要はないわけだから、本人になぜ精算金が返還されないのか業者の弁解を録音してもらい、そのうえで受任通知をする。

精算金の返還を受けるにあたっては、業者に対して何らの書面等を交付する法律上および事実上の義務もない。業者の中には、「取引終了確認書」と題する書面の差入れを求めるものもあるが、うっかりすると「異議を申し立てません」とか、「債権債務のないことを確認します」などという記載がされている書面を徴求される場合がある。特に、相談者本人が精算金の返還を受ける場合には特別の注意を促す必要がある。

2　交渉にあたって

(1)　交渉の対象

多くの場合、精算金以外の損害についての賠償請求の交渉となる。しかし、中には逆に、業者側が委託者に対して立替金請求（いわゆるアシの請求）をする事案もある。この場合には、その請求が信義則違反であること、それ自体が一連の不法行為による損害であることなどを理由に、その支払いを拒絶することになる。当然ながら、被害者が損害賠償請求、業者側がアシの請求

をするという事案もある。この場合には、アシの請求を拒絶しつつ損害賠償請求をしていくことになる。

　また、稀には、まだ証拠金を入れていない段階で相談を受ける場合もある。この場合には、今後取引する意思はまったくないことを通知して終わることが多い。勧誘が極めて悪質であるような場合、慰謝料を請求するということもありうる。そのような業者の場合には、その後同種の悪質勧誘事案が出てくる可能性があるので、データを保管しておくとよい。

(2) 示談交渉のポイント

(A) 事故確認の導入

　証券取引の場合、証券不祥事が社会問題化した平成3年の証券取引法（当時）の改正で、損失補塡の禁止が盛り込まれた。そのため、事実上、交渉での解決は無理であり、ほとんどすべての場合に訴え提起となる。平成18年改正前の商取法においては、同様の規定はなかった。平成10年改正の際、損失補塡の禁止条項を盛り込もうという動きがあったが、反対が強く見送られた。実際にも、示談交渉による解決は多かった。証券取引の事件との大きな違いである。

　しかるに、平成18年の金商法制定に伴う商取法改正によって、証券取引同様、商品先物取引についても、損失補塡禁止と事故確認が導入された（法214条の2）。施行規則103条の2第8号によって、弁護士が行う1000万円以下の示談については事故確認不要となっているが、1000万円を超える示談については事故確認が必要となった。これについては、227頁を参照されたい。

(B) 主張するポイント

　示談交渉で主張するポイントは、当然ながら訴えの請求原因のポイントと一致する。これが食い違っている場合には、裁判段階で業者から指摘される可能性がある。「交渉段階では、そんなことは言っていなかった。後でとってつけた言い訳ではないか」というわけである。こうした悪質な主張をする業者は多くはないが、一応注意する必要がある。その意味で、交渉段階では主なポイントだけを指摘するにとどめることを明確にして進める方法もある。

しかし、交渉段階で細かく議論しておくことは解決を有利に運ぶうえで重要であるし、仮に決裂しても裁判その他の手続での相手方の言い分を明確にしておく意味もあるので、決して無駄ではない。

　ただし、事実関係に関して自分のカードのすべてをさらけ出す必要がないのはもちろんであり、特に録音テープの存在・内容に関して相手に知らせることは、慎重にすべきである。

　これに対し、法的評価の問題に関しては、判例や法令・諸規則をいくら出しても不利益になることはない。

3　交渉の進め方

(1)　交渉続行の見極めが重要

　交渉の段階で何をどの程度やるかは、業者の対応を見て検討する必要がある。そもそも、業者のほうが「当社に何らの違法行為はなく、一切の責任はない」というような対応を続ける場合には、速やかに次の段階に移る。

　また、業者の提案が当方の事案の見通しとかけ離れた内容の場合には、交渉に時間を費やしても無駄になる可能性がある。そこで、こうした場合には早めに交渉を打ち切って訴えを提起するほうがよい。

　交渉を中心として考えざるを得ないのは、消費者金融等の高利の借入により取引をして損となった場合である。裁判の間に利息・損害金がかさんでくるので、過失相殺割合が高いと負債の整理のほうが難しくなる場合もありうるが、事案によっては、仮払仮処分という方法もある（この点については、仮差押・仮処分に関する234頁を参照されたい）。

(2)　安易な交渉に注意

　業者が交渉に応じようという場合には、争いがない場合は別にして（そういったケースは、ほとんどない）、損害賠償の根拠を示す必要がある。双方の見解が大幅に食い違うのが通常であるが、その食い違いには事実経過についての食い違いと法的評価の食い違いとがある。

　事実経過については、交渉段階では平行線となる場合が多いので、取引内

容などの客観的な側面と法的な評価に着目した交渉が中心となる。事実経過について争いがある場合でも、録音テープの存在とその内容については、一般論としていえば、この段階で軽々に開示すべきではない。たとえば、担当者が仕切拒否をしているテープを管理の担当者に聞かせても、「担当者が説明して、委託者が納得しているだけだ」などといった評価の違いで終わる可能性が強い。トラブルが多いところほど、「この程度のことは、どこでもやっていることだ」という感覚が強いから、被害者側の受け止め方とは大きな違いがある。したがって、甘い見通しのもとに、テープを安易に聞かせるというようなやり方は、単に切り札を見せてしまう結果になることになる。使い方によっては極めて重要な証拠になるわけだから、最も有効なタイミングを慎重に検討すべきである。

(3) 情報の収集が重要

　交渉を粘り強くやるか早めに打ち切るかといった判断や、交渉のやり方等は、実際には担当弁護士の個性によるところが大きい。証拠保全をしたうえで綿密に主張を整理して交渉するスタンスの者もあれば、交渉の段階ではアバウトに進めるタイプもあるし、交渉を好まずさっさと訴えを提起する速攻派もいる。どの方法がよいとは一概にはいえないし、事案によっても方針は異なってこよう。

　早期解決は、依頼者にとってもメリットである。交渉段階から、事実経過や法的評価の整理を尽くして交渉に臨むことは有益である。事情聴取とグラフを照らし合わせて取引経過を把握し、参考判決等によって違法性を明確にして交渉する。

　ただし、平成18年の商取法改正により損失補塡禁止、事故確認制度が導入されたことから、業者が1000万円を超える示談を行う場合には事故確認が必要であり、このような場合、業者の不法行為が日商協、主務省に知られることになるので、業者は示談に応じなくなってきているため、少なくとも1000万円を超える被害救済は、訴訟によらざるを得ないであろう（227頁参照）。

　いずれにせよ、交渉でまとめるか裁判にするかの判断については、裁判に

第4章 解決法

した場合の見通しと、交渉で提示されている案を比較するのが基本になるから、判例などの情報が重要になる。判断材料としての判決などの情報が少ないと、当然ながら判断の誤差が大きくなる。先物取引被害救済に取り組む有志弁護士で組織する先物取引被害全国研究会（平成21年時点の代表幹事は大田清則弁護士、事務局長は石川真司弁護士）では、毎回最新の判決や和解、ノウハウなどが紹介されるので、研究会には極力参加したほうがよいし、同会で出版している「先物取引裁判例集」や「先物取引被害研究」は、常に最新のものを取り寄せておくべきである。

4 裁判外紛争処理手続

(1) 種　類

先物取引被害救済の裁判外紛争処理手続としては、取引所の紛争の仲介手続、日商協の苦情、紛争の仲介（あっせん、調停）手続などがある。前者は、平成16年度以降、年間200件前後の苦情申出があるが、弁護士が代理人として利用している例もある。

取引所の紛争仲介手続は、委託者の被害救済のためには、現在はほとんど利用されていない。

そのほかにも、弁護士会の仲裁手続や都道府県の消費者保護条例（名称は都道府県によって異なる）に基づく紛争処理手続の利用などが考えられるが、後者は前例がなく、前者もごく少数である。

(2) 手　続

日商協の紛争の仲介手続は、あっせん前置主義であり、あっせんが不調になってから調停手続へ移行する。

申立書記載事項は、紛争処理規程4条2項に規定されている。本人出頭が原則であり、代理人出頭は許可が必要である（同規程10条・19条）

詳細は、日弁手引〔九訂版〕110頁以下に紹介しているので、参照されたい。

なお、申出書にはひな形（日商協HP参照）があるが、書式として適切で

あるとはいいにくい面も多く、必ずしもこれに従う必要はない。

(3) 裁判外紛争処理手続の評価

　日商協の紛争仲介手続については、これを利用した弁護士による評価は分かれる。

　裁判外紛争処理手続は、簡易・迅速がメリットといわれており、日商協のあっせんは、申立から4カ月以内に、調停も申立てから3カ月以内に手続を終了するよう努めることになっている（紛争処理規程8条・16条）。

　しかし、日商協の事業報告書によると、紛争の仲介手続によっても年度の繰り越しがあることから、必ずしも早期解決というわけではないようである。

　手続は日商協の事務所（東京都）または支部で行うものであるから、それ以外の居住者にとっては、利便性は少ない。

　日商協の紛争仲介および取引所の紛争処理手続で解決した場合は、施行規則103条の2第4号により、事故確認が不要であり、1000万円を超える被害救済が必要で訴訟を避けたい当事者にとっては、これがメリットといえよう。

　弁護士会の仲裁、都道府県の消費者保護条例に基づく紛争処理手続についても、施行規則103条の2第1項5号・6号により事故確認が不要であるから、今後利用される可能性はあるだろう。

Ⅳ　損失補塡の禁止と事故確認への対処

1　損失補塡の禁止

　平成18年の金商法制定にあわせた規制の横並びの一環として、商取法においても損失補塡が禁止され、商品取引事故があった場合に一定の手続を経て損失補塡（損害賠償を含む）が認められることになった（法214条の2、規則103条の2）。手数料稼ぎによる客殺し商法が行われている先物取引被害においては損失補塡をしてまで取引を継続させようと考える業者はなく、損失補塡を禁止する立法事実に欠けるものと思われるし、事故確認制度等が被害回復の迅速（および適切）を阻害することが危惧されるが、顧客の側から損失

補塡の要求をすることも刑罰をもって禁じられているから（法363条6号）、慎重な配意が必要である。

2 施行規則により事故確認が不要とされる場合

損失補塡（損害賠償）が許されるのは、取引事故によって生じた損害を補塡する場合である（法214条の2第3項本文）。あらかじめ商品取引員が主務大臣から事故確認を受けることもできるが、実際にはそのような事例は多くはないようである。注意を要するのは、事故確認を不要とする場合に関する施行規則の規定である（同項ただし書）。

施行規則103条の2で事故確認が不要とされているのは、次の場合である（同条1項各号）。

① 確定判決（1号）
② 裁判上の和解成立（2号）
③ 民事調停成立、いわゆる17条決定（3号）
④ 取引所、日商協のあっせん、調停、主務大臣が指定する団体のあっせんによる和解成立（4号）
⑤ 弁護士法33条に基づく機関によるあっせん、仲裁（5号）
⑥ 国民生活センター・各地の消費生活センターによるあっせん、和解（6号）
⑦ 認証ADR事業者による和解（7号）
⑧ 弁護士または司法書士による和解成立で（8号）、ⓐ弁護士または司法書士が顧客の代理人であること（同号イ）、ⓑ弁護士が代理人の場合は、商品取引員が顧客に支払う金額が1000万円を超えないこと（司法書士が代理人の場合は140万円を超えないこと）（同号ロ）、ⓒⓐの弁護士または司法書士が事故であることを調査し、確認した書面を商品取引員に交付したこと（同号ハ）
⑨ 施行規則112条（事故の定義に関する規定）に基づく損失で、1日の損失が10万円を超えないこと（9号）

⑩　施行規則112条3号・4号による損失（10号）

　簡潔にいえば、1000万円を超える損害賠償を受けるためには訴訟等の手続によることになり、1000万円以下の賠償を受ける場合には事故調査確認書面（書式4）を交付する必要が生じるということになる。このうち特に注意を要するのは⑧である。

　現在では、平成18年改正法施行以前の被害事案についても、1000万円を下回る訴訟等外の和解をするときには事故調査確認書面の作成・交付が必要である。商品取引事故であることを確認する書面であればよいが、どこまでの記載をしなければならないかについてはさまざまな考え方がある。現在のところ、訴状のような詳細な事実経緯を記載した例や、簡潔に商品取引事故によるものと認めるとのみ記載した例などがあるようである。

　なお、施行規則103条の2第1項8号は、事故調査確認書面が「商品取引員に交付されていること」を要求しているから、和解合意書に商品取引員に対して事故調査確認書面を交付した旨を付記しておくのが望ましい。

（書式4）　事故調査確認書面

事故調査確認書

平成○年○月○日

株式会社○○御中

○○代理人弁護士甲野太郎　㊞

〒
TEL　　　　FAX

　委託者○○（住所○○）が貴社に委託して平成○年○月○日から平成○年○月○日までした商品先物取引について、当職が調査したところ、少なくとも下記のとおりの理由により、本件取引による損失は商品取引事故による損害であると認められるので、商品取引所法施行規則103条の2第8号ハ所定の書面として、本書面を交付します。

記

第4章　解決法

> 1　委託者は昭和4年生まれの独居高齢者であって、老後の生活資金としてわずか3000万円の預貯金を有していたのみであり、その収入はもっぱら受給年金に頼って生活しており、先物取引の経験はもちろん、何らの投機的取引の経験もなかった者であって、同人に対する商品先物取引の勧誘に適合性原則違反がある。
> 2　貴社従業員Aは、委託者に対し、勧誘の電話を断った委託者に対して、その後も執拗に1週間の間に数回の電話をかけ、「旧正月を迎える前には毎年金の価格が上がるから必ず利益を得ることができる」などと申し向けて、喫茶店に呼び出し、同所においてわずか1時間程度の面談により取引を開始させることとして必要書面の徴求をしており、現に、委託者は損益計算はおろか追証の計算すらできない状況にあるのであって、再勧誘の禁止違反、迷惑勧誘禁止違反、断定的判断の提供、説明義務違反の違法がある。
> 3　取引の客観的履歴を精査すると、2カ月余の間に委託者の全財産の過半にあたる1600万円を証拠金として拠出させており、この間、手数料のみで1200万円を要することとなっており、決済したポジションと同一のポジションを立て直すなどの不合理な取引が極めて多く見られ（本件における手数料化率は102.55％、特定売買比率は68.98％に上る）、新規委託者保護義務違反、過量頻回取引、不合理な反復売買の違法がある。
>
> 　　　　　　　　　　　　　　　　　　　　　　　　　　　　　以上

V　証拠の収集と裁判等の準備

1　基本的文書の入手

(1)　委託者別先物取引勘定元帳（イタカン）、委託者別証拠金等現在高帳（ダカチョウ）

ここで、相談・受任・交渉の過程を通じて入手しておく証拠等についてまとめて述べておきたい。

まずは、委託者別先物取引勘定元帳（イタカン）と委託者別証拠金等現在高帳（ダカチョウ）を入手して取引の客観的履歴を精査する必要がある。被害者からの事実経緯の聴取にあたっても、客観的取引履歴を確定して見やす

く整理しておくことは有意義である。

これら取引の客観的履歴の開示は、業者から開示を受けることができるのが通例である（100頁参照）。

もっとも、取引履歴を任意に開示しようとしない場合がないわけではなく、最たるものとしては、高齢の被害者から関係書類の全てを回収したうえ、これを完璧にできたと考えて、介入通知に対して「該当する顧客がない」などという回答をする業者さえある。

このような場合に、東京地決平20・9・12（セレクト32巻154頁）は、金融商品取引業者に対して取引履歴の開示等をしないときに顧客1人あたりそれぞれ15万円ずつを支払うことを命じた間接強制決定（控訴審は、東京高決平20・10・2セレクト32巻157頁〔業者側の抗告棄却〕）が参考になる。金融商品取引業者（まがい業者を含む）に対する取引履歴等の開示に関する間接強制決定例は今までないのではないかと思われ、1日15万円（3人で45万円）という違約金も正当な理由なく取引の内容や金銭授受の履歴を開示しない業者に対して開示をさせる相当の動機となりうるものと考えられる。

(2) 訴訟上の文書提出義務

民事訴訟法220条は、文書提出義務を一般義務化しており、イタカンやダカチョウ以外の文書等については、任意の開示に応じない業者も多くある。したがって、損害賠償等の訴えを提起した場合には、早期に求釈明の申立を行い、取引履歴に関するもののほか、有益な文書について業者が任意の提出に応じないときにはその裁判で文書提出命令の申立を検討するべきである。

提出を求めるべき文書等は、業務日誌、管理者日誌、対顧客発受信簿、録音テープ（担当者と顧客のやりとりを明確にするため）、従業員の給与・賞与の支給基準を定めた業務規程、従業員研修用テキスト、セールスマニュアル、顧客カード、顧客の実態調査票（不当勧誘を立証するため）、先物取引日記帳、先物取引建玉計算帳（向い玉を立証するため）などを検討するべきである（業務日誌について大阪高決平7・2・21判時1543号132頁、録音テープについて新潟地決平19・3・20先裁集49号121頁、先物取引建玉計算帳について岐阜地多治見支決

平14・10・24先裁集33号240頁参照）。

　文書提出命令の申立については、証券取引の分野に参考となる判例が多い。認容例とその対象文書には、次のようなものがある（出典は、いずれも証券取引被害判例セレクト）。

① 　福岡地決平6・9・27（2巻269頁）――注文伝票。
② 　大阪高決平7・2・21（4巻365頁）――注文伝票と取引日記帳について、文書提出命令を却下した原決定を取り消したが、必要性・関連性について審理を要するとして原審に差し戻した。
③ 　福岡高決平7・3・9（2巻277頁）――①の抗告審。
④ 　盛岡地決平7・5・23（3巻421頁）――注文伝票。
⑤ 　仙台高決平7・6・30（3巻423頁）――③の抗告審。
⑥ 　神戸地決平8・6・25（5巻375頁）――注文伝票。
⑦ 　大阪高決平8・9・30（5巻379頁）――注文伝票。
⑧ 　大阪高決平8・11・8（5巻388頁）――取引日記帳について、法律関係文書に当たるとして申立を却下した原決定を取り消したが、必要性について審理を要するとして原審に差し戻した。
⑨ 　大阪高決平8・11・26（5巻391頁）――注文伝票についてはこれを認めた原決定を支持、取引日記帳については申立を却下した原決定を取り消し、必要性について審理が必要として原審に差し戻した。
⑩ 　神戸地決平9・2・17（8巻409頁）――注文伝票。
⑪ 　名古屋地決平10・7・31（9巻65頁）――取引日記帳。
⑫ 　横浜地決平10・10・27（10巻373頁）――注文伝票。
⑬ 　大阪地決平10・12・3（11巻413頁）――注文伝票。

　このほか、一般的な情報として、価格情報（入手方法（以下同）、各取引所のホームページ、「相場アプリケーション」などのソフト）、売買枚数・取組高が記載された取引所日報（弁護士会照会）、業者別の被害件数・苦情内容（国民生活センター・各地の消費生活センターへの弁護士会照会）、裁判例（先物取引裁判例集など）、各社の財務体質・紛議の状況や受託業務管理規則（日商協

HP）などを収集するのが有意である。

2 証拠保全

　先物業者らは往々にして証拠書類を偽変造することがあり（偽造が正面から問題になった最近の事例として大阪地判平19・9・28先裁集49号468頁）、証拠保全手続はより積極的に試みられてよい。申立をすれば特に問題なく実施されている。証拠保全命令の対象とするべき文書等は、文書提出命令の申立の場合と同様である。業者の中には証拠保全手続に対しては提示命令の発令の有無にかかわりなく応じないこととしているものがあり、民事訴訟法224条との関係を意識したうえで、証拠保全手続が骨抜きにされてしまわないような申立、執行および本案事件における適切な斟酌がなされることが期待される。

　なお、海外先物取引等については、海外との間で適切に取引を行っていない業者も多く存在するから、海外業者との間の注文の執行・報告状況、出入金の状況等を記載した書面を保全することも検討するべきである（海外先物オプション取引について東京地決平14・12・19先裁集34号54頁）。この分野では、かなり早い時期から行われてきた。先物取引被害全国研究会では、成功例がその都度報告されてきている。

3 その他の証拠

　その他の証拠について相手の持っている証拠で注意する必要があるのは、ボイスレコーダーである。これを使った録音を取っている業者が徐々に増えてきていると思われ、確認しておく必要がある。なお、通常のテープレコーダーを使って録音しているところもある。この場合、外務員が録音するかしないか選択できることになり、その信用性は乏しい。また、ボイスレコーダーの場合でも、会社の外から連絡する場合や携帯電話を使って連絡する場合、訪問の場合には録音がないことになる。また、ボイスレコーダーで取引過程の電話の録音をしていない場合でも、管理部から委託者あてに電話した会話は録音されていることが多い。依頼者本人は、管理担当者が証拠を残すため

に意図的に質問していることを知らないわけで、その会話の内容も忘れてしまっていることがほとんどである。電話とは別に、業者によっては、管理担当者が説明用のビデオを見せていることもある。こういったことも、あらかじめ確認しておくとよい。裁判の終盤になって、双方から録音したテープが出されて、いわば相打ちになることもある。ただし、業者の録音は作為的で、自分の有利なところだけ録音しておいて、不利な会話は探したが見つからなかった等の理由で出してこないことがある。こうした場合には、録音が提出されない部分については、顧客側の言い分に基づいて事実認定すべきである。

4　仮差押・仮処分

　商品取引員の破綻が相次いでいる状況にあり、いわゆるブラック業者の法人格の消滅は日常的に生じている状況にある。預金の仮差押や動産の仮差押について、先物取引被害全国研究会で報告がなされており、業者構成員の個人責任の追及とあわせて現実の被害回復の確実を指向するために十分な検討をするに値する手続であるといえる。

　極めて悪質な業者を相手とする場合には、動産の仮差押と証拠保全手続を同時に行う必要も出てくる。

　事案によっては、仮払いの仮処分を申し立てることも検討されてよい。仮払仮処分の例としては、重病による医療費の支払いの必要性に鑑み海外先物業者に対して無保証で一括の仮払いを命じた東京地決昭62・2・25（判例集未登載）、生活の困窮、商売の資金繰りの窮状がある場合に国内公設の先物取引業者に対して無保証で一括の仮払いを命じた京都地決昭60・7・22（先裁集5号99頁）がある。

　なお、仮処分手続上で仮払いの和解が成立した事例も複数報告されている。上記京都地決昭60・7・22では、無保証で800万円の仮払いが認められた。こうした仮処分では、強い必要性が要求されるが、申立書によるとこの事案では、債務者の借入金が1600万円に及んでおり、個人営業の商品仕入資金に窮し破産の危険性があることなどの事情があった。

5　外務員の住所地

　昨今、先物業者やその他のブラック業者が相次いで破綻しており、従業員や取締役の個人責任を追及する必要性がより一層高まっている。損害賠償請求をするためにはその住所地を探知しなければならない。名刺の記載や被害者の電話帳などから従業員個人の携帯電話の番号などがわかることがあり、同番号から住所地を探知することができることがある。また、法務局で取締役就任登記手続添附書類を閲覧すれば、代表取締役以外についても住所が判明することがある。

　訴訟手続をとるときには、住所不定の従業員について、日商協に対する調査嘱託の申立をあわせて行うことによって、外務員であった従業員の住所地を探知して訴訟を係属させることができる場合がある（日商協は、現時点では外務員の住所地等を弁護士会照会への回答としては開示しない姿勢をとっており、この点について先物取引被害全国研究会は日商協に対して申入を行い運用の改善・適正化を求めているところである）。

VI　監督権限発動、行政処分の申立

1　はじめに

　被害の救済とは別に、主務省、取引所、日商協に対して監督権限の発動、処分、制裁を求める申立をすることが考えられる。被害救済は、当該被害者の被害の個別的・事後的救済であるが、監督権限の発動は、違法・不当な活動に対する制裁と同時に、同種被害の予防という意味がある。

　特に、判決によって違法行為が認定された事案、中でも、業者の違法行為を認定した判決が確定した事案については、業者の違法行為が裁判所によって明確にされたのであるから、処分、監督の権限および責任を有する諸機関は、厳正な処分を行うべきであることは当然であり、これらに対し我々も積極的に情報提供をして処分を促すことが望まれる。

2 主務大臣の改善命令

　商品取引員となって受託業務を行うためには、主務大臣の許可を受ける必要があり（法190条1項）、6年ごとに許可更新が必要である（同条2項）。

　主務大臣は、商品取引員に対して、監督権限を有しているが、具体的な権限は、報告徴収および立入検査（法231条）、業務改善命令および3カ月以内の業務停止処分（法232条）、勧告（法233条）、そして、許可取消（法236条1項）または6カ月以内の業務停止処分（同条2項）である。

　商品取引員が不適正な受託業務を行ったり、委託者との紛議を多発させている場合には、これらの処分権限発動の申立をすべきである。

　また、訴訟を提起したり、委託者勝訴の判決を取得した場合には、主務省に訴状・判決を送付し、必要に応じ処分等の申立もすべきである（書式5）。

3 取引所に対する制裁申立

　取引所は、会員である商品取引員に対して、必要と認めるときはいつでも、帳簿等の提出・説明を求め、または立入監査ができる（定款34条）。そして、商品取引員が「取引の信義に反する行為又は取引所の信用を傷つける行為をしたとき」または、「関係法令若しくは定款、業務規程、準則、紛争処理規程等に違反したとき」には、戒告、1億円以下の過怠金もしくは6カ月以内の市場取引停止もしくは除名の制裁ができる（同144条1項8号・9号）。

　これまで委託者勝訴の判決があっても、取引所に対する処分申立はあまり行ってこなかったが、判決の違法性として、商品取引員の法令、定款、準則違反が認定されているので、今後は、取引所に対する制裁申立を行うべきである。

4 日商協に対する制裁申立

　日商協は、自主規制機関として会員である商品取引員に対する制裁権限を有する（法253条、定款5条1項1号〜4号、制裁規程）。

(書式 5) 主務大臣に行政処分を求める申立書

行政処分を求める申立書

　　　　　　　　　　　　　　　　　　　　　　　　　年　　月　　日
経済産業大臣　〇　〇　〇　〇殿
　　　　　　　　　　　　　　　　　　申立人
　　　　　　　　　　　　　　　　　　〒
　　　　　　　　　　　　　　　　　　氏　名
　　　　　　　　　　　　　　　　　　代理人
　　　　　　　　　　　　　　　　　　〒
　　　　　　　　　　　　　　　　　　TEL　　　　FAX
　　　　　　　　　　　　　　　　　　弁護士　〇　〇　〇　〇

記

第1　申立の趣旨
　　　商品取引員〇〇〇〇（本社　〇〇〇〇〇〇〇〇）に対し、商品市場における取引・その受託の停止を命じる等、商品取引所法232条・236条に基づく適切な命令をされるよう申し立てる。

第2　申立の理由
 1　申立人は、〇〇年〇〇月〇〇日から〇〇月〇〇日までの間、上記商品取引員〇〇支店の外務員〇〇ほかの勧誘で東京工業品取引所の金等の商品先物取引に巻き込まれ、1000万円の損害を被っている。
 2　しかし申立人は、大正〇〇年〇〇月〇〇日生まれの85歳の高齢者であり、既に認知・判断能力に障害があり、現に〇〇病院に通院中である（別添診断書のとおり）。
　　しかも、申立人は年金生活者で、上記1000万円は今後の生活資金で、預貯金のほぼ全部である。
 3　以上のとおり、申立人は能力的に商品先物取引のような複雑な取引を行うことは不可能であるばかりでなく、資金的にもこのようなリスクの高い取引に投資する余裕資金はない。なお、申立人は、現在も1000万円を商品先物取引で失ったということを理解できないでいる。
　　しかるに、商品取引員〇〇〇〇は、申立人の指示に従って取引を行ったので、何ら問題ないと主張している。
 4　このような事実経過からすると、商品取引員〇〇〇〇においては法215

条の適合性原則に著しく違反した勧誘と取引が行われているばかりでなく、会社自体に適合性原則を遵守しようとする意思が全くないことが明白である。

　従ってこのような場合、委託者保護のため、もはや受託業務の停止を命ずるほかないと言わざるを得ない。

　よって本申立に及ぶ。

5　なお、本件については○年○月○日に○○地方裁判所が適合性原則違反、新規委託者保護義務違反、説明義務違反、過量取引の違法があるとして商品取引員に損害賠償を命じている（○年○月○日に○○高等裁判所が商品取引員の控訴を棄却し、○年○月○日の経過により確定した）。

6　添付資料
　① 診断書
　② 委託者別先物取引勘定元帳
　③ 委託者別委託証拠金等現在高帳
　④ 判決書正本（写し）
　⑤ 委任状

以上

　制裁規程5条によれば、商取法、定款、紛争処理規程、自主規制規則その他の規則、取引の信義に反する行為等があった場合は、制裁（譴責、1億円以下の過怠金、会員の権利の停止制限、除名）と規定されている。

　注目すべきは、制裁規程5条が、「会員が自らのなした行為が、次の各号に該当しないことを証明しなかった場合には、次の各号に該当する行為とみなす」と、制裁に関しては、「シロ」を立証できない場合は「クロ」とみなすという、立証責任の転換を図っていることである。

　この規定は、大いに利用すべきである。すなわち、委託者勝訴の判決を獲得したなら、その商品取引員が「クロ」であることを委託者側が立証したのであるから、当然に制裁が課せられるはずである。のみならず、制裁規定は、商品取引員が「シロ」を立証できなければ「クロ」とみなされ、制裁を課せられるというところにある。

　しかるに、数ある委託者勝訴の判決が下されても、日商協は商品取引員に

対して、制裁規程に基づく制裁をほとんど行っていない。日商協は、自主規制機関としての職務を怠ってきたといわなければならない。

　今後は、勝訴判決を獲得した場合はもちろん、110番などで苦情が寄せられた場合には、この規定により、シロと立証できない場合にはクロとみなすべきであるとして、これらを活用して日商協に積極的に制裁を求めることも検討すべきである（書式6）。

　また、登録外務員については、日商協に（商品取引員がその会員でない場合には主務大臣に）登録が必要である（法206条・200条等）。この登録外務員の登録の取消・外務行為の制限等については、商取法204条1項が規定し、その2号では、登録の取消または2年以内の職務停止を命じることができる要件として、「法令に違反したとき、その他外務員の職務に関して著しく不適切な行為をしたと認められるとき」が定められている。また、同様に、日商協の、会員の外務員の登録等に関する規則13条1項2号は、「法、法に基づく命令若しくは法に基づいてする主務大臣の処分又は本会の定款、諸規定、諸規則若しくは本会の決議事項その他に違反する等登録外務員として著しく不適切な行為をしたと認められるとき」と規定している。これらを根拠として、担当登録外務員に対する登録取消、2年以内の職務停止の処分申立を行うことも検討すべきである。

(書式6) 日商協に制裁を求める申立書

制裁を求める申立書

　　　　　　　　　　　　　　　　　　　　　　　年　　月　　日

日本商品先物取引協会　御中

　　　　　　　　　　　　　　　　　　申立人
　　　　　　　　　　　　　　　　　　〒
　　　　　　　　　　　　　　　　　　氏　名
　　　　　　　　　　　　　　　　　　代理人
　　　　　　　　　　　　　　　　　　〒
　　　　　　　　　　　　　　　　　　TEL　　　　FAX
　　　　　　　　　　　　　　　　　　弁護士　○　○　○　○

記

第1　申立の趣旨
　　商品取引員○○○○（本社　○○○○○○○○）に対し、除名等の適切な制裁を講ずるよう申し立てる。
第2　申立の理由
　1　申立人は、○○年○○月○○日から○○月○○日までの間、上記商品取引員○○支店の外務員○○ほかの勧誘が東京工業品取引所の金等の商品先物取引に巻き込まれ、1000万円の損害を被っている。
　2　しかし申立人は、大正○○年○○月○○日生まれの85歳の高齢者であり、既に認知・判断能力に障害があり、現に○○病院に通院中である（別添診断書のとおり）。
　　しかも、申立人は年金生活者で、上記1000万円は今後の生活資金で、預貯金のほぼ全額である。
　3　以上のとおり、申立人は能力的に商品先物取引のような複雑な取引を行うことは不可能であるばかりでなく、資金的にもこのようなリスクの高い取引に投資する余裕資金はない。なお、申出人は、現在も1000万円を商品先物取引で失ったということを理解できないのである。
　　しかるに、商品取引員○○○○は、申立人の指示に従って取引を行ったので、何ら問題ないと主張している。
　4　このような事実経過からすると、商品取引員○○○○においては法215条の適合性原則に著しく違反した勧誘と取引が行われているばかりでなく、会社自体に適合性原則を遵守しようとする意思が全くないことが明白である。
　　以上のとおりなので、貴協会定款54条1項・定款の施行に関する規則10条、制裁規程4条及び5条・制裁規程に関する細則4条に基づいて、貴協会の制裁を求めて本申立に及ぶ。
　5　添付資料
　　　①　診断書
　　　②　委託者別先物取引勘定元帳
　　　③　委託者別証拠金等現在高帳
　　　④　委任状

　　　　　　　　　　　　　　　　　　　　　　　　　　　　　　以上

第5章　訴訟の実務

I　法律構成

1　不法行為

　商品先物取引によって被った損害の回復を求めて提起する典型的な訴訟は、損害賠償請求訴訟である。この場合、不法行為構成と債務不履行構成が考えられるが、圧倒的に利用されてきたのは不法行為構成である。これは、取引の勧誘から終了に至る一連の行為を不法行為と構成するものである。先物取引の被害実態を知れば知るほど、先物取引の被害は、業者が客殺し商法の手口を駆使してつくられる人為的な被害であることがわかる。そのような実態に合致した適切妥当な被害救済の法的構成として、不法行為構成が実務家の支持を得てきたのである。

　不法行為構成によれば、担当外務員個人の責任を追及することが容易であり、慰謝料、弁護士費用も損害として請求しうる。取引の勧誘から取引終了に至るまでの間に関係した担当外務員の不法行為を主張立証し、先物業者はその使用者責任を負うとするのが、典型的である。詐欺会社といってよいような海外先物業者等による被害の場合には、担当従業員のみならず、役員らに対しても共同不法行為責任を追及する例が多い（書式7）。

　もちろん、事案によっては、一連の行為を不法行為とするのではなく、取引中の一部の行為を不法行為として損害賠償請求をするという法律構成がふさわしい場合もあろう（352頁以下参照）。

(書式7) 訴 状

訴　　状

平成〇年〇月〇日

〇〇地方裁判所　民事〇部　御中

原告訴訟代理人　弁護士　〇〇〇〇

〒
原　告

〒　　　　　　　　（送達場所）
訴訟代理人
弁護士

〒
被　告
〒
被　告
〒
被　告

損害賠償等請求事件
訴訟物の価額　　金〇〇円
貼用印紙額　　　金〇〇円

請求の趣旨

1　被告らは，原告に対し，連帯して，金〇〇円及びこれに対する平成〇年〇月〇日から支払い済みまで年5分の割合による金員を支払え
2　訴訟費用は被告らの負担とする
　との判決並びに仮執行の宣言を求める。

請求の原因

第1　当事者
　1　原告
　　(1) 原告は，昭和〇年〇月〇日生まれ，〇〇を卒業したあと，昭和〇年か

ら〇〇をしている。
　(2)　先物取引の経験はもちろん，株式等投機取引の経験はない。
　(3)　原告は，一見すると知識経験があって先物取引適格者であるかのように見えるが，先物取引を行うにあたっては，十分な資金と商品とりわけ商品の価格変動に関する知識及び相場が逆に動いた場合の対処の仕方などに関する知識が必要であるところ原告にはそのような知識はなく，情報は原告からの一方的情報に頼らざるを得ず，また，〇〇であるから日中は職務に精励しているので，先物取引に関する判断を下す余裕はなく，取引は被告らに一任せざるを得ないので，先物取引不適格者である。
 2　被告
　(1)　被告〇〇株式会社
　　　被告〇〇株式会社（以下，単に被告会社と呼ぶことがある）は，国内公設の商品取引員である。本件では，被告会社〇〇支店が後記の通り原告に損害を与えていたものである。
　(2)　被告〇〇
　　　被告〇〇（以下，単に被告ということがある）は，被告会社支店の肩書をもった営業担当の従業員であり，原告に対して，後記の違法行為を行い多額の損害を与えたものである。
　(3)　被告〇〇
　　　被告〇〇（以下，単に被告〇〇ということがある）は，被告会社支店の肩書で，前記被告の上司として，同人と共謀し原告に対して違法行為を行って損害を与えたものである。
第2　違法行為
 1　はじめに
　　　被告，同〇〇は，共謀のうえ，原告から先物取引の委託証拠金名下に金員を詐取しようと企て，後記の通り，原告に対して，先物取引の勧誘から終結にいたるまで商品取引所法，取引所定款，受託契約準則等の先物取引に関する法令諸規程に違反した違法行為を繰り返して，原告から莫大な金員を詐取し損害を与えたものである。
　　　被告らが原告に対して行った本件一連の行為は，先物取引の受託という取引形態を装って，いわゆる客殺し手法を駆使して被告から多額の金員を収奪しようとした詐欺，又は背任であって，これは不法行為若しくは債務不履行というべきものである。

2　勧誘段階の違法性（不当勧誘）
(1)　先物取引不適格者に対する勧誘（法215条，ガイドラインＡ，受託等業務規則3条，5条1項1号など）
　　前記の通り，被告らは，先物取引不適格者である原告に対して，次の通り違法な勧誘をした。
(2)　不当勧誘（説明義務違反，断定的判断提供等）
　　迷惑執拗勧誘（法214条6号，ガイドラインＢ3），先物取引の仕組み，危険性の不告知，説明義務違反（法218条・217条，規則108条・104条，ガイドラインＣ，準則3条2項，受託等業務規則5条1項4号），断定的判断の提供等（法214条1号，ガイドラインＣ）
　　原告は，被告○○から，平成○年○月ころ，○○で，「商品先物取引は，短期間で莫大な利益を得ることができます。株なんかめじゃありません。うちの会社でやった人で，100万円で1億円も儲けた人がいます。先物取引は危険と思うかもしれませんが，追証制度というものがあって，追証がかかった段階で，自動的に処理されるから，昔と違って出したお金が元も子もなくなるということはありません。絶対儲かりますし，安心です」などと言って，先物取引の仕組みや危険性について説明することなく，むしろ，先物取引が追証制度があって安全であるなどと言って積極的に虚偽の事実を告知し，安全確実であるかのような，商品取引所法214条1号で禁止されている断定的判断の提供，法218条・217条等の先物取引の仕組みや危険性等重要事項の説明義務違反をするなど不当な勧誘をした。
　　そして，その後，突然，被告○○は，「○○○○」などと勧誘を続けた。
……………………………………………………
　　そして，平成○年○月○日，上○○は，原告に対して，電話で，「私も責任をもちます」などと興奮したような早口の口調，執拗に勧誘したので，これまで半信半疑だったが，前記同人の勧誘を信じ，同人にいわれるまま，○○の先物取引をすることにした。
3　取引継続段階の違法性
　　被告らは，原告に対して，本件先物取引の受託にあたり，商品先物取引に関する法令，諸規程に違反する違法行為をした。
(1)　受託契約前の建玉商品取引員は，いわゆる事前書面を交付し，基本契

約（約諾書）を締結したあとでなければ建玉の受託を行ってはならないが（法217条，準則3条1項），原告は，基本契約を締結する前に電話で建玉の受託を行ったものである。

なお，約諾書の日付は，事実と異なり，後日被告が勝手に書き入れたものである。

(2) 無敷，薄敷（法179条，準則7条・11条違反）

商品取引員は，受託をする際には，建玉について委託証拠金を全額徴収しなければならないが（法179条，準則7等），被告らは，証拠金を全く徴収せず（これを無敷，むじきという）またはその一部だけを徴収して（これを薄敷，うすじきという）建玉をした。

前記の通り，被告らは，取引の最初から無敷でこれを行い，以後，原告の取引の大半がこの無敷または薄敷で行われた。

最初の取引は，平成○年○月○日前場○節であるが，これは前記のような電話勧誘によるものであって，被告らは証拠金を徴収する事なくまず建玉をし，それから証拠金を徴収している。

ほかの取引も，いずれも無敷又は薄敷である。

(3) 両建の勧誘（法214条8号，規則103条9号）

両建の勧誘は「顧客を泥沼に引き込む一つの常套手段になっている」（国民生活センター発行『海外商品先物取引』41頁参照），客殺し手法の代表的なもので極めて違法性が高い行為であり，商品取引所法等でも禁止されているが（法214条8号），被告らは，原告に対して，多数回にわたって両建を勧誘し多額の損害を与えた。

両建は，平成○年○月○日の○枚をはじめ，多数回かつ大量にわたっている。

原告は，本件先物取引の期間中，原告から，違法な両建の勧誘を受けた。

(4) 過当売買（取引所細則，受託等業務規則3条）

本件先物取引の特徴として，取引回数，取引量が莫大であることがあげられる。

原告は，当初，○万円の範囲内で先物取引を行うつもりであったが，最終的には，後記の○円以上もの現金を預託させられているので，被告の取引は際立っている。

過当取引は取引所等で禁止されており，原因は被告らから，過当な

第5章　訴訟の実務

取引をさせられ，損害を与えられた。

　本件取引を見ると，当初は，せいぜい1回につき1枚から10枚程度であったものが，平成○年○月○日に合計○枚の建玉をしたのをはじめ，同年○月○日には，1回で○枚の売玉をさせられ，それ以降，○枚，○枚と過当な取引に引きずり込まれていっている。

(5)　転がし，途転等無意味な反復売買，いわゆる特定売買（受託等業務規則，旧チェックシステム，MMT（ミニマムモニタリング），判例）

　短期間で，売り買いを繰り返すことを転がし（ころがし）といい，例えば売玉を建てて仕切って，すぐに今度は反対の買玉を建てることを途転（どてん）という。このように，頻繁に建玉を繰り返すのは，売買を頻繁に繰り返すことによって，一方でその分の手数料を稼ぎ，他方，原告からその分の現金を沢山出させ，それを客殺し手法を駆使し最終的に取り込むことによって損害を与えるものであるから，取引所等で禁止されている。

　本件取引では，たとえば，平成○年○月○日の後場○節に○円で建てた○枚の玉が，同月○日前場○節で同じく○円で仕切られている。このような，同じ値段で建てて，同じ値段で仕切るということは，無断売買の可能性が濃厚であるが，仮にそうでないとしても，これによって商品取引員の手数料だけが増えた結果となっており，委託者の金（建玉）を転がして自分の懐を肥やした典型例である。

　また，平成○年○月○日の前場○節の○を，同日後場○節○で仕切っているのをはじめ，同一期間内で建ち落ちがくり返されているいわゆる日計り（ひばかり）が○回ある。

　さらに，平成○年○月○日の○枚を損切って，同日前場○節で買玉に転じたが（途転，○枚），同月○日○枚，同月○日○枚それぞれ仕切って，また損を拡大した。

　そのほかにも，本件取引には転がし，途転，日計り等いわゆる特定売買が数多くある。

(6)　無断，一任売買（法214条3号，規則103条3号，準則25条）

　無断売買が，違法であることは論を待たない。

　平成○年○月○日前場○節の仕切及び同場節の建玉は全部無断である。これは，これまでの買玉を無断で仕切って，新規に売玉合計枚建てたものであるが，新規建玉の枚数，限月の指示は一切していない。

246

悪質極まりない。
　　また，原告は株式の経験は若干あるが先物取引は初めてであり，また商品に関する知識及び相場が逆に動いた場合の対処の仕方についての知識経験がなく，加えて，○○として日中は仕事に精励しているので，突然の原告の一方的電話連絡に従わざるを得ず，本件取引は実質一任売買である。
4　取引終了段階の違法性（仕切拒否，違法な強制手仕舞）
　　被告は，次の通り仕切拒否をし，また最終的には原告の建玉を強制手仕舞したが，次の理由から違法，無効である。
(1) 仕切拒否（規則103条7号，受託等業務規則5条1項6号）
　　原告は，平成○年○月○日，○○に対して，本件建玉を全部仕切るように指示したが，今仕切るとこれまでの金が全部取り戻せないだけでなく，さらに清算金として○円支払ってもらうことになるなどと言って原告の仕切指示に従わなかった。
(2) 強制手仕舞の違法
　　強制手仕舞した建玉は，平成○年○月○日後場○節に建てた合計○枚と，同年○月○日の前場○節の買玉，同年○月○日の買玉等○枚である。
　　しかし，このうち，前記のとおり，○月○日の売玉は，無断売買によるものである。
　　無断売買による建玉は，無効である（この点について証券に関する判決であるが，最高裁平成4年2月28日判決はこれを明言する）。
　　したがって，これを前提とする強制手仕舞も無効である（その計算を被告に帰することはできない）。
　　また，上強制手仕舞は，前記被告の客殺し，違法行為の総仕上げというべきものであり，公序良俗に違反し無効というべきである。少なくとも信義則に反し，無効というべきである。
第3　損害
1　原告の預託金残金○○○○円
　　原告は，被告に対して，別紙委託者別証拠金等現在高帳の摘要欄ニュウキン記載の日時金額の通り，平成○年○月○日から，同年○月○日まで，合計○○○円を預託した金員を預託し，同「シュッキン」欄記載の日時金額の通り金員の返還を受けた。
　　よって，原告の預託金残金は，金○○○○円である。

2　慰謝料（1の1割）

　金〇〇〇〇円

　原告は，被告らの違法行為によって，多額の現金を詐取され，この間甚大な精神的損害を被ったものであり，これを金銭に見積もると，前記金額を下回らない。

3　弁護士費用（1，2の合計金円の1割）

　金〇〇〇〇円

　本件は，弁護士に訴訟委任せずして損害の回復はできず，その費用は〇〇万円を相当とする。

4　損害額合計（1ないし3の合計）

　金〇〇〇〇円

第4　責任

　被告らの，前記第2の行為は，先物取引に名を借りた不法行為であって，被告会社の事業の執行につき行われたものであるから，被告及び，同〇〇は，民法709条，同719条により，被告会社は，同715条により，それぞれ原告に対し不法行為責任を負う。

第5　まとめ

　よって，原告は，被告らに対し，不法行為に基づき，金〇〇〇〇円の損害賠償金及びこれに対するこれら違法行為の終了日である平成〇年〇月〇日から支払い済みまで年五分の割合による損害金の支払いを求める。

証拠方法

1　甲第1号証　約諾書
2　甲第2号証　委託者別先物取引勘定元帳
3　甲第3号証　委託者別証拠金等現在高帳

附属書類

1　訴状副本　　　　　　　　　　　〇通
2　甲号証写し　各1通
3　商業登記簿謄本　1通
4　訴訟委任状　1通

2 債務不履行

先物業者は、委託者と先物取引委託契約を結ぶことによって、委託者に対し契約上の義務を負う。先物業者が被害者に対して負う損害賠償責任の根拠を、この契約上の義務違反ととらえるのが、債務不履行構成である。

先物取引委託契約によって先物取引業者が委託者に対して負う義務は、単に「委託者の注文を取引所で実行すること」のみではない。先物取引業者は商法上の問屋（商法551条）であり、委託者との間で民法上の委任の規定が準用される（同法552条2項）ので、業者は善管注意義務を負う（民法644条）。善管注意義務の具体的な内容は、契約の目的、当事者のおかれた地位・境遇・状況・知識・経験・財産状態、商取法等の関係法規、自主規制等諸般の事情が考慮されて認定されるべきものであり、不法行為の違法性と多くは共通することになる（不法行為の違法性を有すべき行為をしてはならないということが、同時に契約上の義務となっている）と思われる。

債務不履行構成の場合、被告となるのは先物取引委託契約の当事者である先物取引業者であるが、消滅時効期間が不法行為構成では3年であるのに対し、10年（素人の個人委託者の場合は、5年の商事債権と解すべきではない）となる。また、金銭支払債務の不履行ということではないので、損害項目として慰謝料や弁護士費用を含ませることに問題はない。今のところ前述のとおり、不法行為の違法性の内容と債務不履行の事実とが多くは共通しているため、不法行為構成とは別に債務不履行構成をとる実務上のメリットは、時効の点を除いては特に見当たらないように思えるが、学者の間では、「契約関係にある者の間での損害賠償問題は、本来は債務不履行の問題ではないか」とする意識もあり、今後の研究課題として注意する必要がある。

債務不履行による損害賠償請求を認めた裁判例は、352頁を参照されたい。

3 差損金請求訴訟

先物取引業者から委託者に対し、取引上の差引損金（差損金あるいは帳尻

損金とも呼ばれる。不足金という意味で、「アシ」と俗称される）支払請求が起こされることがある。委託者からの損害賠償請求を牽制する意味で起こしたり、訴訟管轄を業者の本店所在地に持っていこうという戦略的意図に基づくことも多い。客殺し商法を行って委託者に差損金を発生させた業者が、その支払請求をすることは許されないことであり、大阪高決平3・9・24（判時1411号79頁）は、信義則違反としてこれを排斥し、最高裁判所で確定している（最判平6・1・31先裁集15号77頁）。先物業者から差損金請求訴訟を起こされた場合、委託者側としては被告として防戦するだけでなく、損害賠償請求の反訴提起を当然検討すべきである。

4　所有権に基づく返還請求訴訟

証拠金代用として有価証券（株券等）を預託し、未だ売却処分されずに先物取引業者が保管している場合には、委託者は所有権に基づき当該有価証券の返還を請求する、という法律構成が考えられる。

これに対する業者の抗弁は、「商品先物取引により損金が発生し、その損金支払担保のために有価証券を保持している」ということになり、委託者の再抗弁として、「当該先物取引は客殺しの手口が多用されているので、先物取引委託契約は公序良俗違反で無効であり、損金を負担する義務はない」とか、「仮に損金を負担する義務が発生しているとしたら、それは不法行為による損害にほかならず、当該不法行為による損害賠償請求権を自働債権、損金支払請求権を受働債権として対当額にて相殺する」といった主張立証を行い、先物業者の抗弁を潰していくことになる。この所有権に基づく返還請求構成は、業者の下に有価証券が存する限り消滅時効にかからないという利点がある。

5　消費者契約法に基づく不当利得返還請求訴訟

消費者契約法所定の取消事由がある場合には、同法に基づく取消権を行使して、証拠金名下で業者に交付した金員の返還請求をすることが考えられる。

裁判例には、相場判断について断定的判断の提供による誤認を理由に消費者契約法4条1項2号に基づく取消を認めた名古屋地判平17・1・26（先裁集39号374頁）、業者が行政処分を受けた結果、倒産して預託金の返還を受けられなくなるという断定的判断を提供したとして和解契約の取消を認めた大阪高判平19・4・27（先裁集48号15頁・判時1987号18頁）、金相場に関する相場観の提供において不利益事実の不告知があったとして消費者契約法4条2項に基づく取消を認めた札幌高判平20・1・25（先裁集50号136頁・金商1285号44頁）がある。

II　違法性

1　全体的違法・個別的違法

　ある特定の行為なり取引のみがおかしいという特殊な場合を除いては、先物取引被害は、通常は「取引の勧誘から終了に至る一連の行為」が、全体として、正当な商行為として許容される範囲を逸脱した不法行為として把握されている。その違法性として、各段階・各局面において、前述した「客殺し商法の手口」に示された違法要素が現出されているのであるが、ここで注意すべきは、個々の違法要素について、他を捨象し分断して裁判所に判断させないようにすることである。「取引の勧誘から終了に至る一連の行為」は、各段階・各局面において分かちがたく密接に絡んだ行為なのであって、全体的把握・全体的判断が必要不可欠である。「遠くから全体を見ること」と「近づいて細かく見ること」とが合わさって、事案を正しく把握することができるのである。

2　違法要素

　先物業者の行う個々の違法要素については第3章で詳述しているので、ここでは繰り返さない。そこで説明されている「客殺し商法の手口」が、不法行為の違法要素に該当するとともに、債務不履行にも該当する。個々の事実

に応じた適切な違法性を主張立証すべきであり、それを離れて「客殺しの手口」のすべてを平板に主張立証するのは適切でない。

たとえば、手数料オーバーの事実（個々の売買取引において売買損益の合計は益になったが、手数料がそれより多いため損害が発生している）で、「向い玉」によって委託者の損失分を業者が利益として取り込んだとの違法性を力説しても、普通は意味がない。

III 損 害

1 実損額

委託者が先物業者に支払った金額（証拠金、帳尻損金、証拠金代用証券を売却して証拠金とした金）から、戻った金額（帳尻益金、証拠金の返還）を差し引いた金額が実損額であり、これは差損金が発生していない場合は、一連の先物取引の差引損益金を通算合計した額に一致する。この金額が、実損額として、損害になることは異論がない。

2 差損金

差損金が発生している場合、委託者は差損金相当額を未だ現実には支払っていないので、この差損金相当額が損害といえるかどうかの問題がある。実務的には、前述のとおり、「差損金は支払義務がない」と争いつつ、予備的に「仮に支払義務があるとされたら、同額が損害となるから相殺する」などとして争えば、結局は、差損金部分を含めた損失相当額についての損害賠償の有無・範囲が判断されることになろう。

3 慰謝料

先物取引の被害によって委託者が被る損害は単なる経済的損害にとどまるものではなく、平穏な日常の破壊、精神的疲労・心労、人間不信、ノイローゼ、不眠はもとより、場合により家庭崩壊、自殺、失職等の極めて重大深刻

な被害に及んでいる場合もある。したがって慰謝料が損害項目の一つとして認められる必要がある。

　裁判所は、この点の認識が十分であるとはいえないが、慰謝料請求を認容した判例は増加の傾向にあるといえるので、金銭賠償を得てもなお損害があるという場合には慰謝料請求をまったく検討しないというのは適切ではない。

〔代表的な裁判例〕

◇仙台地古川支判平7・11・20先裁集19号167頁〔西友商事〕（慰謝料50万円）　取引によって莫大な損失を被ったことが判明したために妻との離婚のやむなきに至り、多大な精神的苦痛を被った。

◇名古屋地判平18・1・31先裁集42号405頁〔光陽トラスト〕（慰謝料50万円）　悪質な手仕舞拒否により精神的苦痛を生じさせた。

◇大阪地判平18・2・2先裁集42号465頁〔インカムベストフォレーックス〕（外国為替証拠金取引）慰謝料100万円。

◇東京高判平18・9・21先裁集45号408頁・金商1254号35頁・法ニュース70号190頁（原審：東京地判平18・4・11先裁集43号394頁・金商1254号35頁）〔シー・エフ・ディ〕（外国為替証拠金取引）　原告は、適合性を欠くのに十分な説明を受けないままに、危険性および違法性が高い本件取引を勧誘、継続させられたものであること、原告は、老後の生活資金を失っていること、すでに、シー・エフ・ディは破産手続開始決定を受け、同手続の中で原告の受けた損失が回復される見込みが少ないといえることなどを考慮すると、本件においては、原告の精神的苦痛を慰謝すべきであるといえ、その精神的苦痛を慰謝するには100万円が相当である（取締役について旧商法266条の3に基づき、従業員について不法行為に基づき、慰謝料請求権を認めた）。

◇神戸地判平19・1・19先裁集48号23頁〔太平洋物産〕（大阪高判平20・6・13先裁集52号263頁もこれを維持）（慰謝料200万円）　被告が手仕舞を拒否し、原告名義での無断取引を長期間継続したため、原告は、大いに困惑し、財産を失うのではないかとの大きな不安に見舞われ、家庭不和にまで追い込まれ、長い間、苦悩に苛まされる常生活を強いられたのである。老後の蓄えを失うのではないかと瀬戸際に立たされる不安は、原告のような年金生活者にとって、極めて深刻な苦痛であろうと考えられる。

◇神戸地判平19・9・19先裁集49号362頁〔オリオン交易〕（慰謝料100万円）多額の財産的被害を被ったのみならず、極度の不安を感じ、睡眠薬に頼らなければ眠れない状態となるなど、財産的損害の回復によっては償いきれない精神的苦痛を被った。

◇**大阪高判平20・6・13先裁集52号263頁〔太平洋物産〕** 自らした注文を執行されない反面注文をしていない取引を無断で行われたのみならず、録音テープを鑑定することも必要になり、長期にわたる訴訟活動を強いられ、財産的損害の填補によっては償いきれない程度の精神的損害を受けた。

4 取引に関係する課税額相当損害金

　全体としての不法行為がなされる過程において、年末に計算上の利益が一時的に生じていたことは少なくなく、これに課税された場合の課税額相当損害金についての損害賠償責任がかねてから議論されていたところであった。

　近時、取引期間中の利益に賦課された所得税および住民税は法律によって課せられた税金であるとしても商品取引員の違法行為と相当因果関係がある損害であるとした判決（大阪地判平18・6・30先裁集45号236頁）、所得税および市県民税について、これらが生じたのは包括的承認による一任売買に近い状況で短期集中的に多額の取引が行われたことによって生じたものであるとして相当因果関係があるとした判決（広島高判平18・10・20先裁集46号53頁）、所得税および住民税について相当因果関係があるとした判決（大阪地判平18・12・25先裁集47号142頁）が相次いで下され、さらに、多額の益金が生じていたが証拠金に振り替えられるなどして被害者の管理下に置かれていない状況にあった被害者が税務署からの指摘を受けて修正申告して支払った修正申告に係る所得税、過少申告加算税、延滞税、修正申告に伴って追加徴収された町県民税、国民健康保険税、老人保健法による負担について、「本件不法行為、特に、原告が無知で何でも外務員の言いなりになることに乗じ、返金要求を無視して帳尻金を証拠金に振り替え、ひたすら取引を拡大させた被告藤春の違法行為がなかったならば、そもそも原告に課せられることがなかった」として相当因果関係を肯定してその賠償を命じるものが現れた（神戸地判平19・3・20先裁集48号68頁）。

〔代表的な裁判例〕
　◇**大阪地判平18・6・30先裁集45号236頁〔小林洋行〕** 取引期間中の利益に

賦課された所得税および住民税は法律によって課せられた税金であるとしても商品取引員の違法行為と相当因果関係がある損害である。

◇広島高判平18・10・20先裁集46号53頁〔オリエント貿易〕　取引期間中に出た利益について課税された所得税および市県民税は因果関係ある損害である。

◇大阪地判18・12・25先裁集47号161頁〔和洸フューチャーズ〕　所得税および住民税は相当因果関係がある損害である。

◇神戸地判平19・3・20先裁集48号68頁〔三貴商事〕　多額の益金が生じていたが証拠金に振り替えられるなどして被害者の管理下に置かれていない状況にあった被害者が税務署からの指摘を受けて修正申告して支払った修正申告に係る所得税、過少申告加算税、延滞税、修正申告に伴って追加徴収された町県民税、国民健康保険税、老人保健法による負担について、原告が無知で何でも外務員の言いなりになることに乗じ、返金要求を無視して帳尻金を証拠金に振り替え、ひたすら取引を拡大させた被告の違法行為がなかったならば、そもそも原告に課せられることがなかったもので、相当因果関係のある損害である。

◇広島高岡山支判平20・3・13先裁集51号17頁〔エース交易〕　損害として、所得税、過少申告加算税、住民税を認める。

5　弁護士費用

損害賠償請求訴訟において、弁護士費用が損害の1項目として、認容された他の損害額のおよそ1割程度が認められている。事案によっては、損金の1割を超える弁護士費用相当損害金を認容した事例もある。

〔代表的な判例〕

◇大阪高判平3・9・24判時1411号79頁〔岡藤商事〕
◇東京地判平4・8・27判時1460号101頁・判タ812号233頁・先裁集113号151頁〔ユニオン貿易〕
◇岡山地判平6・4・28先裁集16号43頁〔第一商品〕
◇京都地判平9・12・10先裁集23号87頁〔コーワフューチャーズ〕
◇新潟地高田支判平10・11・25先裁集25号299頁〔西友商事〕
◇札幌地判平11・1・18先裁集25号369頁〔日進貿易〕
◇札幌地判平11・1・22先裁集25号393頁〔オムニコ（北日本商品を合併）〕
◇仙台高秋田支判平11・1・25先裁集25号409頁〔カネツ商事〕
◇佐賀地判平11・5・11先裁集26号53頁〔洸陽トラスト〕

◇東京高判平11・9・28先裁集27号23頁〔洸陽トラスト〕
◇東京地判平20・3・28先裁集51号510頁〔朝日ユニバーサル貿易〕

Ⅳ　過失相殺

　国内公設取引の事案では、先物業者側の責任が認められても、委託者にも過失があるとして、過失相殺される判例が非常に多い。過失相殺される割合も、3割、4割、5割、場合により5割を超える大幅な割合の例もみられる。こうした実情は、基本的には裁判所が先物取引被害の実態・メカニズムを正しく理解していないものといわざるを得ず、誤った判断というべきである。そこで指摘される委託者の過失とは、「安易軽率に取引を始めた」「最初の話と違うと気づいたらすぐにやめるべきなのにずるずると続けた」「委託のガイドをよく読むなど十分理解してから始めるべきなのにそれをしなかった」などということであるが、それは、そのような委託者側の「安易・軽率・不用心さ」があったからこそ、あるいは先物業者がそれを助長・利用したうえで、先物取引被害が発生していることを看過した見方であり、誤っている。

　過失相殺とは、被害者と加害者との損害の公平な分担を図る制度であり、第三者からみて、被害者側に不注意な点があるからといって、直ちに加害者に負担させるべき損害額を減じるべきものではない。「安易・軽率・不用心さ」ということはよくないことではあろうが、だからといってそのことを利用して損害を与えた業者側の責任を減じるのは筋違いである。これでは業者側のやり得を許すことになり、先物取引被害の救済のみならず、予防の観点からも非常に拙劣な選択というべきである。

　『先物取引被害と過失相殺』（内橋一郎＝大植伸＝加藤進一郎＝土居由佳＝平田元秀）の刊行とそれに向けたプロジェクトチームにおける研究・議論により、過失相殺に関する問題意識が適切に指摘され、精緻な議論がなされてもいる。これらの議論を受けて、最近は裁判例においても業者の行為の悪質性との関係で被害者の過失を斟酌することの当否を検討して過失相殺を否定す

るものが多く見られるようになり、中には、以下に紹介するように説得的な理由を示すものも見られるようになっている。

　過失相殺を漫然と是としてきた訴訟実務がこの種被害の終焉を遅らせる大きな原因でもあることに、訴訟実務家は今更ながらに思いを致すべきである。

〔代表的な裁判例〕

◇**大阪高判平18・9・15先裁集45号109頁〔グローバリー〕**　過失相殺は、本来文字どおり過失のある当事者同士の損害の公平な分担調整のための法制度であり、元来故意の不法行為の場合にはなじまないものというべきである。なぜなら、故意の不法行為は、加害者が悪意をもって一方的に被害者に対して仕かけるものであり、根本的に被害者に生じた痛みをともに分け合うための基盤を欠くうえ、取引的不法行為における加害者の故意は、通常、被害者の落ち度あるいは弱み、不意、不用意、不注意、未熟、無能、無知、愚昧等に対して向けられ、それらにつけ込むものであるから、被害者が加害者の思惑どおりに落ち度等を示したからといって、これをもって被害者の過失と評価し、被害者の加害者に対する損害賠償から被害者の落ち度等相当分を減額することになれば、加害者としては当初より織り込み済みの被害者の落ち度等を指摘しさえすれば必ず不法行為の成果をその分確保することができることになるが、そのような事態を容認することは、結果として、不法行為のやり得を保証するに等しく、故意の不法行為を助長、支援、奨励するにも似て、明らかに正義と法の精神に反するからである。

◇東京高判平14・12・26判時1814号94頁〔東京ゼネラル〕
◇大阪高判平15・9・25先裁集35号133頁〔朝日ユニバーサル〕
◇大阪高判平16・8・31先裁集38号355頁〔光陽トラスト〕
◇大阪高判平17・1・26先裁集39号396頁〔オリエント貿易〕
◇大阪高判平18・3・17先裁集43号146頁〔岡藤商事〕
◇東京地判平18・3・29先裁集43号243頁〔オリオン交易〕
◇名古屋地判平18・4・14先裁集43号417頁〔コーワフューチャーズ〕
◇大阪地判平18・4・19先裁集43号468頁〔岡地〕
◇神戸地判平18・5・12先裁集44号129頁〔メビウストレード〕
◇大阪高判平18・7・11先裁集45号348頁〔コーワフューチャーズ〕
◇大阪地判平18・10・19先裁集46号196頁〔太平洋物産〕
◇神戸地判平18・12・19先裁集47号81頁〔第一商品〕
◇大阪地判平18・12・25先裁集47号161頁〔和洸フューチャーズ〕
◇東京高判平19・1・30先裁集47号29頁〔日本アクロス〕

第5章　訴訟の実務

　　◇広島地判平19・3・29先裁集48号117頁〔岡藤〕
　　◇札幌地判平19・4・12先裁集48号203頁〔サンワード〕
　　◇名古屋高判平19・6・28先裁集49号110頁〔グローバリー〕
　　◇東京地判平19・7・23先裁集49号234頁〔カネツ商事〕
　　◇神戸地裁尼崎支部判平19・9・26先裁集49号405頁〔朝日ユニバーサル貿易〕
　　◇大阪地判平19・9・28先裁集49号468頁〔オリエント貿易〕
　　◇名古屋高判平19・12・19先裁集50号101頁〔東京ゼネラル〕
　　◇神戸地判平19・12・27先裁集50号397頁〔さくらファイナンシャルサービシズ〕
　　◇名古屋地判平20・3・25先裁集51号400頁〔コーワフューチャーズ〕
　　◇東京地判20・3・28先裁集51号510頁〔朝日ユニバーサル貿易〕
　　◇名古屋地判20・5・21先裁集52号206頁〔トレックス〕

V　主張立証のノウハウ

1　はじめに

　先物取引被害救済訴訟は、一審の判決までに2年以上を要することも珍しくない。

　先物取引被害訴訟では、裁判官の大半は先物取引を知らないことを認識する必要がある。そして、勝訴判決の相当数において過失相殺されていることから、被害者にも相当の落ち度があると考えている裁判官が多いということがわかる。一方、業者側の弁護士は、ほとんどがいくつかの業者の代理人となっており、また広域的に各地での訴訟をいくつも担当しているベテランが多い。昨今の「自己責任」という言葉で裁判官が言い含められないよう、効果的な主張立証をする必要がある。

　不適格者に対する勧誘、断定的判断の提供、説明義務違反、両建、仕切拒否等があるのであれば、全体的不法行為構成が考えられるが、最近の判決をみると、断定的判断の提供等が否定され、前記の客殺し・違法性の一部だけが認容され請求が認容（一部）される事例もある。何を主張し立証すべきかは、ケース・バイ・ケースである。

裁判官に、先物取引商法はハイリスク取引を利用した客殺し商法であること、確信的に違法行為が行われている業界であることなどを理解させることは不可欠である。また、断定的判断の提供の有無、不適格者であることの立証だけで勝訴することは稀であり、大半の事件では取引の違法性が争点となっているから、（両建、転がし、無断・一任売買等の）実態を把握することが不可欠である。

以下、具体的な立証方法等のポイントを明らかにするが、これらの全部を訴訟で主張立証すべきであるということではない。また、この方法が唯一絶対でないことは当然である。基本は、被害者本人からの聴取、イタカン・ダカチョウの分析と建玉分析表の作成およびその精査である。特に、建玉分析表の作成およびその精査は、取引内容を問題とするのであれば、不可欠の作業である。

2　総論の立証方法

(1)　要証事実

(A)　被害の実態、先物取引の危険性等

先物取引の危険性、委託者の圧倒的多数（8割とも9割ともいわれている）が損をさせられていること、先物取引被害の実態、トラブルが多く、業界の体質に問題があること、苦情が多いことなどである。

(B)　法令・諸規程と違反の効力

先物取引に関する法令、諸規程は、業法であっても、違法行為の類型を定めた規定であって、違反すれば私法上の不法行為、債務不履行を構成することのあることなどである。

(C)　商品取引員の注意義務

委託者と商品取引員の関係は、委任契約であり、商品取引員には商法上の問屋として善管注意義務が課されていること、平成10年の商取法改正で誠実公正義務が明文化されたこと、具体的には、先物取引の危険性、専門性、情報量の差など、商品取引員の善管注意義務は高度の注意義務であること、こ

(書式 8) 国民生活センターへの調査嘱託申立書

調査嘱託申立書

平成　年（　）第　　号　　　　　　　　　　　　平成　年　月　日
　　　裁判所　　部　御中

　　　　　　　　　　　　　　　　　　　　原告

　　　　　　　　　　　　　　　　　　　　訴訟代理人
　　　　　　　　　　　　　　　　　　　　弁　護　士

　　　　　　　　　　　　　　　　　　　　被告　　　株式会社

　　　　　　　　　　　　記

1　嘱託先
　東京都港区高輪 3 －13－22
　独立行政法人国民生活センター
2　調査事項
　○○○○株式会社に対する，○○年以降現在までの苦情，相談に関する左記事項に関する記録，統計等一切。但し，写しでも可。
　(1)　年度別相談件数
　(2)　地域別相談件数
　(3)　被害者の年齢，性別，職業，地域，手口，苦情内容，被害金額，処理の結果，担当セールスマンの氏名。
　(4)　その他参考になる事項
3　立証事項及び調査の必要性
　　同社には先物取引に関する法規や業界のルールについて遵守しようという姿勢が全くないこと，勧誘等については強引，執拗であり社会常識を逸脱した悪質，違法な勧誘を行っていたこと，したがって同社の従業員の供述は全く信用できないことなどを立証する。

れらの付随義務として配慮義務、情報提供義務があることなどである。

(2) 立証方法

前記要証事実(A)の被害実態、先物取引の危険性等については、日弁連110番の結果や国民生活センターの被害データが有益である。日弁手引〔九訂版〕に、被害のパターン、特徴等がまとめて掲載されている。

また、当該取引員による被害については、国民生活センターに苦情、相談がどの程度か、弁護士会照会や調査嘱託の申出（書式8）をすると回答を得ることができる。

先物取引の危険性、委託者の7～8割が損をしていること等は、平成10年法改正の際に農林水産省・通商産業省のまとめた「中間とりまとめ」に指摘されている（日弁手引〔九訂版〕579頁以下参照）。

業界の体質に問題がある点は、前記中間とりまとめにも指摘されており、また、業界自身もそのような認識を持っていたことなどが指摘できる。

要証事実(B)(C)については、判例が有益である（302頁以下参照）。

3　各論の立証

(1) 適合性原則違反

被害者の属性を丁寧に立証する必要がある。

本人の供述のほか、預貯金および他の投資的取引に関する資料、年金証書、借入に関する書面（消費者金融の取引履歴）、成年後見（後見・保佐・補助）の決定、診断書、鑑定書、処方箋、投薬履歴、家の中の写真、家族や近隣住民の供述、別の先物業者の顧客審査資料など、収集の努力を怠ってはならない。

口座開設申込書記載事項が客観的事実と異なることは極めて多く、そこから聴取・調査の端緒を得ることができることが多い。保険の解約によって資金を工面していたりする例は多く、資金の出所にも十分な注意を払う必要がある。

(2) 断定的判断の提供

「水掛け論」に陥りがちであるが、丁寧に立証するべき部分である。本人

に、最初は断っていたのに取引をすることになった経緯、具体的に勧誘文言のどの部分をどのように信じてしまったのか、資金的な無理をしてまで取引を拡大・継続したのはなぜか、などを十分に供述させる必要がある。

外務員に対しても、先物取引に関心のなかった者が取引を始めるには相当の勧誘がなされるのが通常であって、そこには必ずといってよいほど断定的判断の提供であると評価されるべき利益の強調や相場判断の押しつけがあるという実情を踏まえて、反対尋問では、いったいどのような勧誘文言によって取引に関心をもたせ、取引を開始させたのかを、丁寧に供述させるのが望ましい。勧誘状況を詳細に聞くことによって、勧誘の実際が明らかになり、おのずと断定的判断の提供が立証されることが期待される。たとえば、「損益計算のしくみを説明した」というが、その具体例は巨額の利益になる例だけであることが明らかになった例などがある。

外務員が残したメモなどにも、断定的判断の提供を前提にするものとみることができる記載がある場合があるので、精査が必要である。一般的・抽象的には、リスク説明をした等のことが一応いえる場合であっても、同時に手渡す資料などで、先物取引が安全であるかのような資料、何かの商品の値動きが絶対に明らかであるかのような資料、巨額の利益の場合だけが試算されているような資料は、あるべき説明による顧客の理解を妨げる資料として、断定的判断の提供等の（補強的）証拠になりうる。

(3) 説明義務違反

断定的判断の提供と同じように、基本的には供述によって立証するべき事柄であるが、被害者の現在の認識は過去の外務員の説明によって形成されたものなのであるから、現在の被害者の認識も顕出するべきである。業者が提出した書面から説明時間が計算されることもあり、説明時間が短いときには、尽くすべき説明義務の履行の客観的前提を欠くことになる。また、知識のない者が他人に説明することができないことは明らかであるから、外務員に対しても法令の規制やその趣旨を聞くのが有用である場合がある。たとえば両建規制の態様・その趣旨について外務員が供述できなければ、これを被害者

に説明しなかったことが証明できる。

(4) 新規委託者保護義務違反

受託業務管理規則、顧客カード、審査資料、取引拡大のための申出書等を収集する。業者から提出される「正当化」のための前提条件が事実と異なることを立証するのが有効である。被害者の属性等を客観的に明らかにすることによって審査の形骸化が明らかになることが多い。

(5) 過当取引・特定売買

両建について、被害研究 8 号ないし10号・14号（山崎俊彦弁護士）、23号(下)（三木俊博弁護士）、23号・24号（青野渉弁護士）、意見書（加藤敬、先裁集31号所収）、「両建・電話勧誘は禁止」（伊藤忠フューチャーズ社長、平成 9 年12月23日付日本経済新聞）、「会社四季報」1999年新春号（「難平と両建ては御法度」「成功しない両建て」「休むも相場」）、『国民生活センターブックレット No. 1』（両建は泥沼に引き込むための常套手段）が参考になる。裁判例も多数ある。

その他の特定売買については、被害研究 6 号ないし10号（白出博之弁護士、村本武司弁護士）が参考になる。チェックシステム、MMT（ミニマムモニタリングシステム）は日弁手引〔九訂版〕に掲載されている。その他、裁判例は多数あり、実務の大勢を理解することができる。

(6) 無断売買・一任売買

業務日誌などと、被害者の具体的な生活の状況を比較してみる。電話録音の反訳は改ざんすらされることもあるし、「はい、はい」というような相づちやオウム返しの言葉を誤った評価の前提とされないように、文脈や会話の流れを把握して裁判官の注意を促す必要がある。

一任売買については、被害者の生活状況（勤務等の状況）と注文の比較、被害者の相場情報の取得状況、業務日誌、管理者日誌にチェックされている発受信の別（発信と受信の割合の比較）などに注意を払う必要がある。

(7) 仕切拒否

仕切の意思表示に応じない状況が録音されている場合には最も直接的な証拠になる。取引が終了していない間に相談があった場合には、事情によって

は相談者に電話をさせて取引を終了する旨を告げさせ、これに対する応答状況を録音するなどしておくことも有用であろう。仕切拒否・回避は思いのほか頻繁かつ執拗な態様で行われており、「お金を払ってもらわないとやめることはできない」、「ほかに取引をする人を連れてきてもらわなければ取引をやめることはできない」などというあからさまな仕切拒否さえ録取されることがある。仕切のための書面をファクシミリで送信している場合には、これも重要な証拠となる。取引の終了の意思表示は電話でもできるのであって、わざわざファクシミリによることとしたのは、口頭の意思表示では取引をやめさせてもらえないだろうと相談者が考えていたからであろうと推測される。

(8) 向い玉

取引所に対して調査嘱託を申し立て、特定の商品について委託者の取引期間中の売買枚数を自己・委託者別に調査すると、取組高を均衡させるように建玉がされていることが判明することがある。

(9) 和解契約の外観

念書や和解契約書・和解合意書が作成されたいきさつを立証する必要がある。

和解書面が作成されたいきさつ・被害者の認識を丁寧に聴取し、証拠金の返還がなされていたか否か、紛議の兆候を生じた時から和解書面が作成されるまでの期間はどうか、被害者は法律的知識を有しているか等にも配意する必要がある。

(10) 慰謝料

財産的損害の填補によってもなお回復できないほどの精神的苦痛を被ったことを立証する必要があるが、そもそも、自然人にとって、金は、抽象的な価値であるばかりではなく、その人の人生の結晶（命金）であり、これを失うことは、その人生の否定にも似た喪失感を抱かせるものであることには正しい理解が必要である。これを裁判所と共有するには、やはり、被害者自身の口から心情を吐露させるしかない。客観的に凄惨な被害であることを示す証拠（被害者の精神疾患を示す診断書等や家族関係が破壊されたことを示す証拠

など）がある場合にはその提出を検討する必要がある。

4 体験談—審敗訴、逆転勝訴判決はこうして獲得した
——最判平7・7・4の獲得まで

　この最高裁判決の事件は、実は一審で敗訴しているが、控訴審で逆転勝訴し、業者側が上告したが上告棄却されたものである。なぜ逆転勝訴したか、最高裁判決には上告棄却の理由が比較的詳しく判示されていることなどについて触れておく。

　控訴審で逆転勝訴したときの主張立証で注意したことは、裁判官が先物取引被害の実態をわかっていないので、それを知らしめることに主眼を注ぐという点である。具体的な立証方法として、公的機関のデータ、証人を確保しようということであった。そこで、業者（日光商品）がいかに全国各地で被害をまき散らしているか、国民生活センターのパイオネット（全国の消費生活センターに寄せられた苦情等をまとめたもの）に寄せられた日光商品に対する苦情・相談を調査嘱託し、その回答（当時、国民生活センターでは回答してくれた）をもとに被害をまとめた。

　次に、国民生活センター『海外先物取引〔ブックレットNo.1〕』には、先物業者の手口・問題点が簡潔に指摘されているが、これは、文字どおり「海外先物取引」だけなのか、国内公設先物取引にも当てはまるのかについて、執筆者である加藤敬氏を証人申請し、証言を得た。その中で同氏は、国内公設も悪質であり、手口も同様であること、両建が泥沼に引き込む常套手段であることなどについて証言してくれた。被害者は高校の教師であったが、売買は実質一任であることを立証するために、外務員からの電話は、いつ、どういう形で入ってくるのか、それに対してこちらからの連絡はどうしていたかといったことを実態に沿って聞いたところ、学校の職員室の電話に連絡がくるので、周囲の耳目があり先物取引の話はほとんどできず、外務員の言いなりにならざるを得なかった旨の供述を得、これが実質一任売買という認定につながった。

業者が上告したことについて、こちらは最高裁判所から求められはしなかったが、反論の準備書面を詳細に書いて提出した。その中で、いわゆる三行半ではなく、必ず理由を判示してほしい旨要望した。日光商品が上告してから5年近く経ってから、ようやく判決が出た。その結果が、本判決である。

訴訟での主張立証はケース・バイ・ケースであるが、前記の判決で逆転勝訴できた大きな理由の一つは加藤敬氏の証言を得たことではなかったかと思う。

一審で敗訴してもくじけず、主張立証を工夫して、控訴審では逆転勝訴を勝ち取ろう。

第6章　商品取引員に対する委託者債権の回収

I　勝訴判決に基づく出資持分差押の強制執行

　勝訴判決に基づく直接的な債権回収手段は、他の民事事件と同じく、強制執行である。商品取引員の財産を調べて差押をする限りでは、一般の民事事件と変わりはない。

　財産が見つからない場合、あるいは財産が他にあることがわかっていても、商品取引員に対する特有の強制執行としてやってみる価値があるのは、取引所の出資持分に対する強制執行である。

　取引所の会員たる取引員は、取引所に対して必ず出資をしている（法32条1項）。この持分を差し押えた債権者は、その会員を取引所から脱退させることができる（法44条）。脱退させると、会員は取引所に対して出資持分払戻請求権という金銭債権を取得することになり、差押債権者はこれを取り立てることができる（民執法155条1項）。出資持分払戻請求権の具体的金額は、脱退時点の取引所の財産状態に左右される。

　以上が、出資持分差押手続が最後までなされた場合の流れであるが、現実には、その取引員が廃業・倒産でもしない限り、最後まで手続が進むことはない。というのは、取引所の会員でなくなると、その取引員は会員としてその取引所での売買はできなくなり、営業上影響が大きいので、何とか脱退請求が発効しないように、差押債権者に弁済をするかあるいは担保供与を考える（法44条2項）からである。先物取引被害を発生させている商品取引員は、公益的見地からいうと、取引所から一刻も早く排除されるべきである。出資持分差押手続は、取引所に対し、その取引員の行状について、注意を喚起す

る一つのきっかけともなり得るものであり、有意義なので、可能な限り行ってみるべきである。

II　商品取引員の倒産の場合の対処法

1　はじめに

　今までに取引員の倒産がなかったわけではないが、業界全体の取引規模が証券業界などに比べると極めて小さかったことや護送船団行政によって、一般委託者に大きな被害をもたらすような倒産はなかった。しかし、平成14年12月にアイコムが、平成16年8月に東京ゼネラルが相次いで破産に至るなどしており、許可業種といえども倒産等の事態を想定して対処法を考えておくべきである。

2　委託者保護制度に関する旧法の規定と法改正

　この点、平成16年改正前の商取法下における委託者債権の保護制度としては、①分離保管制度（旧法136条の15）、②受託業務保証金の払渡請求（旧法97条の2・97条の3）、③指定弁済機関（旧商品取引受託債務補償基金協会）に対する弁済請求（旧法97条の11）があったが、平成16年改正により以下のように改められている。

3　取引証拠金の直接預託制度

　平成16年改正後の商取法103条1項、施行規則40条は、商品取引員の倒産リスクからの遮断、証拠金の無断流用防止の趣旨で、委託者が商品取引員を介して、取引証拠金を直接取引所に預託する制度に変更した（これにより受託業務保証金、指定弁済機関制度は廃止）。したがって、委託者としては、取引所に対する証拠金返還請求権を有することになる。

　もっとも、実際には、取引所定款の定めにより、商品取引清算機関（JCCH：日本商品清算機構）が、商品市場における取引に基づく債務引受を

行う方法で取引決済を行っており（法105条3号、準則1条3項）、取引証拠金はJCCHに直接預託されている（法179条1項）。準則7条も、商品取引員がJCCHに取引証拠金を預託する旨を規定しているが、委託者としては、商品取引員を代理人としてJCCHに取引証拠金を預託し、返戻を受ける。委託玉が違約処理される場合には、代理権が消滅し、直接返還請求が可能となる（準則8条・32条、JCCH取引証拠金規則20条・30条）。

準則32条1項は「本所の定款及び業務規程に基づき、委託をした建玉の全部又は一部について違約受渡玉及び違約中間玉の処理が行われた場合には、委託者は、清算機構が管理している取引証拠金について返還請求権を有している場合には、清算機構が定めるところにより、清算機構に対して返還請求権を行使することができる」とし、同条2項は「前項の規定による請求によって返還された取引証拠金の額が、委託者が有する債権額に不足するときは、法第293条の登録を受けた委託者保護基金が定めるところにより、委託者保護基金に請求することができる」と定めている。

4　分離保管制度

法210条は、商品取引員は、受託債務の弁済のため、また、委託者資産保全のため、金銭信託・銀行補償・基金預託・基金代位弁済等による分離保管義務を負うとする（なお、上述の取引証拠金の直接預託制度導入に伴い、預託された取引証拠金、委託者未収金、差損金を除くとされる。規則97条1項）。

したがって、商品取引員が倒産した場合、取引証拠金の支払いのみで未払いが残る場合は、委託者保護基金が、信託、基金預託、銀行補償、基金代位弁済などによって委託者に弁済を行うこととなる（法310条、規則139条）。

5　保護基金によるペイオフ制度

法306条1項、施行令20条は、商品取引員が、倒産などにより、清算機関に預託してある取引証拠金の払渡および分離保管契約の基づく弁済額をもってしても弁済しきれない場合、委託者保護基金が補償対象債権を1000万円を

上限として補償すると定める。

この点、法306条1項の「補償対象債権」とは、「一般委託者が当該認定商品取引員に対して有する債権（当該一般委託者資産に係るものに限る）であって、委託者保護基金が政令で定めるところにより当該認定商品取引員による円滑な弁済が困難であると認めるもの」と定義している。

最判平19・7・19（判時1983号77頁）は、補償対象債権は委託者資産の引渡請求権を指し、商品取引員の債務不履行または不法行為に基づく委託者の損害賠償請求権は原則として委託者資産ではないと判示したが、損害賠償請求権が委託者資産の引渡請求権の実質を有するものである場合には補償対象債権となり得るとも判示している。そして、これを受けて、被害者の知能レベルに重篤な問題があった取引について公序良俗違反により無効とし、損害賠償請求権が委託証拠金の引渡請求権の実質を有するものであるとする裁判例も現れている（仙台地判平21・3・31法ニュース80号257頁）。

III　行政処分の申立

商品取引員に対して損害賠償請求の勝訴判決を得ても、商品取引員が任意に支払いをしない場合、そのこと自体が法214条9号、施行規則103条1号に定める「委託者資産の返還……その他の委託者に対する債務の全部又は一部の履行を拒否し、又は不当に遅延させること」に該当するので、主務省にこの違反事実を申告して行政処分を求めるべきである。勝訴判決が確定していれば、主務省としても無視できないだろう。しかし勝訴判決に対して商品取引員側が上訴をしていると、主務省は、未確定を理由に放置する可能性が高い。

行政処分の申立は、直接的に債権を回収する方法ではないが、商品取引員を監督する責任と権限を有する主務省に対して、被害の実態を知らしめ、被害防止を迫る公益的意義は大きい。

なお、行政処分の申立にあたっては、勝訴判決主文の債務履行拒否行為の

みならず、判決理由たる商品取引員の法令違反行為（不法行為）についても行政処分を求めることを明示しておくのがよい。

第7章　その他の投機的取引被害類型

I　海外先物取引

1　海外先物取引

　海外商品市場における先物取引は、「海外商品市場における」、「売買の当事者が将来の一定の時期において当該売買の目的物となっている商品及びその対価を現に授受するように制約される取引であって、現に当該商品の転売又は買戻しをしたときは差金の授受によって決済することができるもの」と定義される（海先法1条・2条）。

2　海先法

　海外先物取引を規制する海先法は、昭和57年7月16日に公布され、昭和58年1月15日に施行されたものであるが、同法は、当時著しい急増傾向をみせていた海外先物取引被害に対処するため、同商法を事実上消滅させることを指向して制定されたものであった。政府は、国会における答弁においても、業者に対する説明においても、海外先物取引の経済行為という面からみて社会的にこれを認知して育成する段階に至っておらず、したがってこの法律は海外先物取引を行うと称する業者を締め出す実質禁止法の趣旨で制定されたものであると述べている（昭和57年4月27日衆議院商工委員会議録、昭和57年7月6日参議院商工委員会議録）。そして、現に、同法の施行および刑事摘発（昭和57年から昭和63年までで46業者に及び、起訴事実はすべて詐欺である）により、海外先物取引被害はほとんど消滅していた状況にあった。

　なお、平成21年改正による商品先物取引法は海先法の適用下にある取引類

型を取り込み、商品先物取引法の施行に伴って海先法は廃止される（商品先物取引法の概要は17頁以下参照）。必ずしも楽観は許されないが、許可制度などの参入規制は相当厳しく運用されるものと期待されるから、海外先物取引被害事案は急減すると予測される。改正法の施行後には通常の先物取引被害事案と同様の被害救済方法を用いることになると思われるが、海外における商品取引の特殊性（法律、言語、時差などさまざまな点で我が国において適切な投機判断をするのが困難な取引であること）は何ら変わらないから、これらを看過することのないように注意する必要がある。なお、改正法は成立・施行までに一定の時間を要することとなるから、詐欺的商法を行う者らが「駆け込み」的に乱暴な商法を敢行する可能性も危惧されており、迅速に被害回復手続をとる必要性が高まるものと考えられる。

3 海外先物取引被害の典型例

海外先物取引商法は、起訴事例によると、呑み行為を行って証拠金を詐取する方法や、向い玉を建てて顧客と業者の利害が対立する構造を作り出し、顧客に利益が出ているときには仕切を引き延ばし、逆に顧客に損失が出ているときに決済を仕向けるなどして証拠金を取り込む方法などを用いて行われていたことが判明し、海外先物取引を行うと称する商法自体が詐欺商法であることが明らかになった。これら取引の実態は、法務省においても注目され、松永栄治ほか「起訴事例に見る悪徳商法詐欺事犯の実態」法務総合研究所研究部紀要32号35頁以下にとりまとめられているところである。

4 海外先物取引被害の現状

このように、海外先物取引商法は、法律の施行と刑事摘発により消滅していたが、平成13年頃から、いわゆる「外国為替証拠金取引」被害が急増し、海外先物取引を行っていた者らの多くもこれを行って社会問題に発展するまでの被害を生じさせた後、同商法がその商法自体が公序良俗に反するとの民事判決が集積され、平成17年7月1日に施行された改正金融先物取引法（平

成18年法律第75号により廃止）により明示的な法律による規律がされたことから、「行き場」を失った詐欺業者らが海外先物取引に転向する傾向をみせ、被害が再び生じ、拡大の傾向をみせている。

5 被害救済の法的構成

海先法の施行後、海外先物取引業者が消滅していたことから、海先法はその適用事案もほとんどなく、国内の商品先物取引について、商取法が委託者保護の観点から改正に次ぐ改正が行われてきたのと対照的に、旧態依然として放置されてきた。そのことが、詐欺商法を行う者らにとって、「法律の隙間」であると認識されているものと考えられる。

しかし、海外先物取引は、海外市場における商品先物取引を行うものであるから、私法規範として業者を規律するのは、不法行為法の解釈における「違法性」の評価であり、これは、国内の先物取引に関する商取法や金融商品取引を広くその適用下に置く金商法の趣旨、および、商品先物取引被害事案における判決群において形成されてきた私法上の規範を参酌して検討されるべきものである。

したがって、損害賠償請求権の構成は、先物取引に関する一般的主張と基本的に異なるところはない。むしろ、国内の先物取引と比較して、言語、情報収集、法制度等、さまざまな観点からわが国の一般委託者が取引を適切に遂行することには障害が生じることが予想されるのであって、わが国の一般投資家は、海外先物取引を行うには、基本的に適合性に乏しいものであるという視点を正しく有する必要がある。

昭和60年から平成3年頃に集積された裁判例は受託契約を無効とするなど取引に厳しい姿勢で臨むものであったし、近時の裁判例にも、「（海外商品先物取引は）極めて投機性の高い取引であって、取引参加者に予期せぬ巨額の損失を被らせる危険性が大きいこと、したがって、海外商品先物取引に参加するためには、当該商品市場における商品価格の変動や為替変動を的確に予測し、それらの変動に対して即時的な判断・対応ができるだけの専門的な知

識と経験のあることが必要であり、また、予期せぬ損失や証拠金の追加（追証）に対応することができるだけの資金の余力のあることも必要である」と指摘するものがある（東京地判平20・5・30先裁集52号249頁）。

6　海先法8条（熟慮期間）

　海先法8条は、1項において「海外商品取引業者は、海外先物取引契約を締結した日から14日を経過した日以降でなければ、当該海外先物取引契約に基づく顧客の売買指示を受けてはならない。ただし、海外商品取引業者の事業所においてした顧客の売買指示については、この限りでない」と規定し、2項において、「前項の規定に違反して受けた顧客の売買指示に基づいて海外商品取引業者がした売付け若しくは買付け又はその注文は、当該海外商品取引業者の計算によつてしたものとみなす」と規定している。

　1項は、クーリング・オフと類似するが、14日以内に解約などの通知を求められるものではなく、特商法等で採用されているクーリング・オフとは異なる「熟慮期間」を定めるものであり、2項は、熟慮期間に反する取引の効果が顧客に帰属しないことを確認するものである。

　同条項の解釈において注意するべきは、①「事業所においてした顧客の売買指示」は、海先法8条1項ただし書に規定されていることからも明らかなとおり、業者に立証責任があること、②上記規定は強行規定であって、当事者の意思によってその適用を排除することができないものであるから（そうでなければ委託者保護の制度たり得ない）、同条の適用を一般的に否定する旨の書面の徴求をもって同条の適用を排除することはできないというべきであること、③「事業所内においてした顧客の売買指示」は、各取引について判断されるのであって、これに該当する取引が1回でもあった後は同条の適用がされなくなるというものではないから、被害者が業者の事業所においてした注文があったとしても、その余の取引は同条の適用によってその効果は業者に帰属することになるということ、である。

II　海外先物オプション取引

1　取引のしくみ

　オプション取引とは、原資産をあらかじめ定められた価格で買う権利または売る権利を売買する取引であり、買う権利を「コールオプション」、売る権利を「プットオプション」、あらかじめ定められた価格を「ストライクプライス」や「権利行使価格」という。

　コールオプションの保有者は、原資産を特定の期日までの任意の時点に、ストライクプライスで、一定数量を購入する権利が与えられる。プットオプションの保有者は、原資産を特定の期日までの任意の時点に、ストライクプライスで、一定数量を売却する権利が与えられる。オプションの買い手（「バイヤー」等という）は、オプションの売り手（「グランダー」等という）に対し、対象商品の売買の履行を請求する「権利」を保有しているが、売買の履行を請求する「義務」はないので、自己に不利な場合にはオプションを放棄して権利行使を行わないこともできる。

　オプション取引には、コールオプションの買付および売付、プットオプションの買付および売付の4種類が存在する。オプションを買い付ける際のオプションの価格を「プレミアム」という。プレミアムは、本来価値と時間価値から構成される。本来価値とは、現時点において権利を行使したならば得られる金額であり、時間価値とは、現時点から期日までにおける対象資産の価格変動の可能性に伴う価値である。コールオプションでは、対象資産の価格がストライクプライスを上回っている場合、対象資産の価格とストライクプライスの差額が本来価値となり、対象資産の価格がストライクプライスを下回っている場合には、権利行使は行われないので、本来価値はゼロとなる。対象資産の価格がストライクプライスを上回っていて、本来価値がプラスの状態を「イン・ザ・マネー」といい、対象資産の価格がストライクプライスを下回っていて、本来価値がゼロの状態を「アウト・オブ・ザ・マネー」と

いう。プットオプションの場合は、これらの逆となる。対象資産の価格がストライクプライスに一致する場合を「アット・ザ・マネー」という。ただ、オプション売買には受託業者に対する手数料が必要となるので、オプションがアット・ザ・マネーの状態では購入者に損失が生じることとなり、手数料を考慮してはじめて損益分岐点が決まることになる。

　オプションの保有者は、期日までに権利を行使するか権利を放棄するかを選択することができ、また、オプションを転売することもできるが、期日を経過すると、権利行使することができなくなり、オプションは無価値になる。オプションの購入者は、対象資産の価格が予想どおりに変動しない場合にはオプションを放棄すればよいので、損失はオプションの購入価格に限定されており、商品先物取引のように対象商品の値動きにより損失が無限定に拡大することはない。ただ、リスクが「限定」されていることは、リスクが「小さい」ことを意味するものではない。特に、アット・ザ・マネーから大きく離れたアウト・オブ・ザ・マネーのオプションを買うことは、投下資金の100％を失う高度の蓋然性を有する。

　海外商品先物オプション取引の原資産は、海外市場における商品先物取引のポジションであり、商品の現物ではない。商品先物取引の場合、同一商品であっても、限月の違いによって価格も値動きも異なるが、オプション取引では、ストライクプライスにより購入したオプションの値動きが違うので、どの商品の、どの限月の、どのストライクプライスのものを買うのか、という選択が極めて重要になる。

　商品先物取引が現在の商品の価値が将来値上がりするかあるいは値下がりするかということだけが重要であるのに対し、海外商品先物オプション取引では、対象商品ごとにストライクプライスの異なる複数のオプションがあるので、単に値上がり・値下がりだけではなく、今後、どれくらいまで値上がりするのか、あるいはどれくらいまで値下がりするのかという判断が極めて重要となる。そのうえ、行使期日が定まっているから、商品の先物価格があらかじめ定められた行使期日までにストライクプライスに届くかどうかとい

う判断（正確にいえば、手数料を含めた損益分岐点に届くかという判断）がなされなければならない。また、先物オプション取引においては、売買約定を最終的に決済しなければならない期限（権利行使期間）が定められており、委託者は期間内に決済することを強いられる。この点で、株式（現物）取引において、転売しなければならない時間的制限はなく、好きなだけ長期間保有して、好機の到来を待つことができることと大きく異なる。わが国で被害が多発している海外商品先物オプション取引では、権利行使までの期間が半年に満たないものも多い。

　海外市場における先物オプションの価格（プレミアム）は、わが国の日刊新聞紙にも掲載されておらず、一般消費者は、プレミアムの価格さえ独自に入手することが困難である。海外先物オプション取引は、特段の事情のない限り、一般消費者には適合しないものと考えるべきである。東京地判平17・2・24（先裁集40号13頁）は、「オプション取引は、その仕組みが複雑で容易に理解し難く、一般人がプレミアムの変動を予測することも不可能に近く、特に、オプション転売取引は、賭け事に近い性質を持つ極めて危険性の高い取引である」と指摘している。海外先物オプション取引に関する裁判例には、適合性原則違反を理由として損害賠償請求を認容するものが極めて多い。

2　被害の概要

　海外市場における商品先物オプション取引を取り扱っている業者は、10社に満たない程度であろうと思われるが、被害件数は決して少なくなく、法律による規制がないこともあって、被害件数は減少の傾向をみせない。不招請の無差別電話勧誘を契機として、主婦や高齢者に対して執拗に勧誘がなされ、巨額の損失を被らされるという被害は少なくない。商品先物取引被害においてみられる違法行為に加え、ストライクプライス（オプションの権利行使価格）が原資産価値から大きく離れたアウト・オブ・ザ・マネー（権利行使をすると大きな損失が生じる状態）のポジションを建てさせられ、業者が高率の手数料を設定していることと相まって、交付金員のほとんどすべてが手数料

に転化させられるという事案が目立つ。

　さらに、海外先物オプション取引を行っていた業者の一部には、海外商品先物市場等において運用を行う私募ファンドなどと称して独居高齢者方に押しかけ、金融機関に連れていって金銭を交付させるという悪質な行為を行うようになっているものがあり、注意を要する。

　また、外国為替証拠金取引、ロコ・ロンドン貴金属証拠金取引などの勧誘に共通する、「高い利回り」を不当に言い募ってする勧誘に味をしめた一部業者らが、海外先物オプション取引の売り取引（グランダー取引）を勧誘するようになっていることが観測されており、被害の拡大も懸念される。

　海外通貨先物オプション取引は、平成16年9月に特定の業者に対する許可取消処分がなされたこともあって、現在これを一般消費者から受託すると称する業者は見当たらない。

3　損害賠償請求の構成

　通常の商品先物取引被害事案と同様に一体的不法行為構成によるのが適切であるが、海外先物オプション取引のリスクの高さおよびしくみの著しい難解性に着目してする適合性原則違反の主張が重要な位置づけを占めることになる事案がほとんどであろう。

　なお、海外先物オプション取引の媒介、取次、代理等は、平成19年7月15日施行の改正特商法令により指定を受け、同法の規制対象になった。これによって、業者に書面交付義務が課せられることになるなどして被害の事前防止も期待しうるし、とりわけクーリング・オフの対象となることは被害救済の迅速にもつながるとも期待される。

　しかし、特商法による規制のみでは、やはり十分とはいえない。

　海外先物オプション取引に関する裁判例として、以下のものが特に参考となる。

　　◇**東京地判平13・2・9先裁集30号135頁**
　　◇**名古屋地判平13・2・21先裁集30号163頁**

◇名古屋地判平13・2・28先裁集30号288頁
◇東京地判平15・3・31先裁集34号166頁
◇名古屋地判平15・8・19先裁集34号454頁
◇大阪地判平15・10・21先裁集35号246頁
◇名古屋地判平15・12・3先裁集35号291頁
◇東京地判平17・2・24先裁集40号113頁
◇東京地判平17・3・4先裁集39号524頁
◇東京地判平17・10・25先裁集41号649頁

Ⅲ　外国為替証拠金取引（FX取引）

1　「悪質商法」としての生起

「外国為替証拠金取引」（最近では「FX取引」といえば同取引を意味する）とは、外国為替取引にレバレッジをかけて証拠金取引としたものである。商品先物取引における貴金属や農作物などの「商品」が外国通貨であるというもので、法律的性質は（金融）先物取引であり、FX取引が発生する以前から存在していた通貨先物取引から金利差の精算として生じる「スワップポイント」を「外付け」したものであるということができる。

この「スワップポイント」は、取引に高いレバレッジをかけることによって、為替変動に関係なく設定することができるから、あたかも、年率数十％もの「利息」が付くかのような誤解を生じさせて行う詐欺的勧誘が横行し、平成13年頃から業者が急増し、平成17年頃には300社程度もの業者が無登録で営業を行うに至った。

無登録で営業を行っていたFX取引業者は、その圧倒的多数が、国内公設の商品先物取引業者の役員や従業員であった者らによって構成され、おびただしい数の凄惨な被害を生んだ。そのほとんどが電話勧誘により「高い利息をもらえる」という詐欺的勧誘を端緒とするものであり、一般の為替レートと10円も異なるレートで取引が成立したことにされていたり、取引の終了を申し出た後に架空の取引が作出されて証拠金の返還が拒絶されるという事例

もあった。

　このような違法行為の発生は、同取引を行う者の出自およびFX取引のしくみに起因していた。FX取引は、業者と顧客が、現実に売買をするわけでもない外国通貨の価格（為替）変動等によって生じる計算上の差損益を授受する契約を締結するものであり、業者の利益は顧客の損失の上にしか成り立たないという、業者と顧客との間の利害相反状況下で行われていたから、長期的な業者・業界の信用に配意する姿勢を持たず、いわゆる「客殺し商法」を行うことに抵抗が少なかった商品先物取引外務員であった者らは、半ば必然的に、顧客から受け取った金をいかにして返金せずに済むかというところにのみ心血を注ぐことになったのである。

　なお、いわゆる「外国為替証拠金取引」が平成10年の外為法の改正により自由化されたなどといわれることがあるが、このような理解は誤りである。為銀主義（財務大臣から許可を受けた外国為替公認銀行だけが外国為替取引をできるとすること）の放棄は為替取引を自由化するものではあるものの、為替変動を差金決済指標とする賭博行為を許容するものではない（東京青果市場のイチゴの値段に100倍のレバレッジをかけて「イチゴ証拠金取引」を創出することは許されないし、温室効果ガスの排出権の相対市場における価格に任意のレバレッジをかけて「環境証拠金取引」を作って一般消費者に行わせることが許容されるものではないのと同じことである）。法令による違法性阻却のない私的差金決済契約は、賭博（賭博罪、常習賭博罪、賭博場開帳等図利罪、金融商品取引における刑の加重規定としての相場による賭博行為等の禁止違反）であって、それ自体違法である（大判大12・11・27刑集2巻12号866頁、大判昭11・4・2刑集15巻6号423頁）。法令の根拠を欠いて行われていた外国為替証拠金取引については、裁判例に混乱がみられた時期があったものの、結局、法令による違法性阻却のない取引は公序良俗に反するとするのが裁判例の大勢となった（東京地判平17・11・11判時1956号105頁、東京高判平18・9・21金商1254号35頁ほか）。私的差金決済取引としての外国為替証拠金取引商法への対抗として構築された、取引のしくみ自体から直ちに違法性を導こうという法律構成は、

後述のいわゆる「ロコ・ロンドン貴金属証拠金取引」などに対する考え方の基礎をなすものである（荒井哲朗「外国為替証拠金取引被害の事件処理」法ニュース60号168頁、荻野一郎＝荒井哲朗「外国為替証拠金取引事件の概括（現時点における判決の到達点）」法ニュース70号185頁）。

2 法律改正による取引の適法化と新たな問題の発生

　平成17年7月1日に改正金融先物取引法が施行され、同年末から翌平成18年初め頃にかけて業者が破綻し、「取引」で損失を出していないにもかかわらず証拠金が返還されないという事態が相次いだ。破産手続開始決定を受けた業者は、そのほとんどが、顧客からの預り証拠金を自社の財産と区別せず、経費や主要構成員の利得に転化させていたことが明らかになっている。FX取引商法を行う詐欺業者は、そのほとんどが、顧客の預り金を違法に流用しつつ消滅の時機をうかがっていたものと考えられる。このような業者の構成員らの一部は、現在、「ロコ・ロンドン貴金属証拠金取引」なる私的差金決済取引を勝手に作り出して新たな被害を生じさせており、今後もさまざまな詐欺的金融商品まがい取引を創出していくことが懸念されている。

　現在は、金融庁の登録を受けた業者が、法律により整備された店頭金融先物取引としてFX取引を行っており、取引も外務員による対面取引からインターネット取引に主たる舞台が移り、悪質な詐欺的被害は法改正前に比べると格段に減少している。取引所取引の画一さから免れ、さまざまな取引条件を選択できることも一般投資家の支持を得る一因となり、取引参加者および証拠金預り高も飛躍的に増加している。しかし、インターネット取引においても、証拠金は分別管理されていると明示されていたにもかかわらず実際には業者の倒産に耐えうるような分別管理がされていなかったことが明らかになった事例や、ロスカット・ルール（一定程度以上の損失を生じさせないために一定の割合で証拠金が毀損された時に自動的に決済されるしくみ）が適切に発動されずに不測の損失が生じた事例、指示どおりに取引をすれば確実に利益を得ることができるなどという「ネット商材」業者による集客によってリス

ク認識を欠いたまま取引を開始して不測の損害を被った事例など、新たな被害類型もみられるようになってきている。

3 適用法令

外国為替証拠金取引について、従来は規制が存在しなかったが、平成16年2月の金販令改正により金販法2条の政令指定商品とされ、同法の適用を受けることとなった（平成16年4月1日施行）。

これに対して日弁連は、外国為替証拠金取引を含む投機取引や投資取引全般を対象として、不招請の広告・勧誘を原則として禁止する立法、ないし、原則禁止としない場合でも業者の資産要件・分別管理義務・コンプライアンス体制・行為規制等の基本的ルール等に関する立法措置を要請していた。

その後、平成16年に当時の金融先物取引法が改正され（平成17年7月1日施行。以下、「旧金先法」という）、外国為替証拠金取引は全面的に同法の規制対象となり、現在は平成18年6月成立の金商法に引き継がれ（旧金先法は廃止）同法の規制対象になっている。

(1) 定 義

外国為替証拠金取引は、被害拡大当時において、これを許容し、あるいは規制する法令諸規則や監督する官庁もなく、その取引自体が取扱業者によって独自に、さまざまに定義され、必ずしも一義的なものとなっているわけではなかった。旧金先法は、「当事者が将来の一定の時期において通貨等及びその対価の授受を約する売買取引であって、当該売買の目的となっている通貨等の売戻し又は買戻しをしたときは差金の授受によって決済することができる取引」として、金融先物取引の一つと定義した（同法2条2項1号・同条4項1号）。

先物取引は差金決済が可能であることおよび証拠金による取引であることをその本質的要素とするが、平成16年の法改正により、外国為替証拠金取引がまさに先物取引であることが明確になった。

(2) 店頭取引と取引所取引

旧金先法は金融先物取引を取引所金融先物取引と店頭金融先物取引に分けた（同法2条1項）。金商法でも、両者は区別され、前者は金商法2条21項1号、後者は2条22項1号に定義され、それぞれ、同法2条8項3号イ、同項4号により金融商品取引業として金商法の適用対象となる。

平成17年7月1日から、東京金融先物取引所に、「くりっく365」という名称で取引所為替証拠金取引が上場された。この取引は、マーケットメイカー制（金融商品取引業者（マーケットメイカー）が、売り、買い気配および数量を常時提示し、当該価格であれば、提示された数量について売買が行われる制度）を採用している点で商品先物取引とは異なるが、一般消費者が投機行為に参加することが予定されており、以下のとおり、平成19年9月30日から不招請勧誘禁止の対象から除外されたため、商品先物取引と共通する被害が生じる可能性もないではない。

(3) 登録制

旧金先法が金融先物取引業者の登録制を採用したことから（同法56条。金商法下でも同様（金商法29条））、何らの許可・登録などを行っていない、いわゆる「独立系外国為替証拠金取引業者」の多くが平成17年末までに消滅し、被害件数は顕著に低下していった。

(4) 委託者の保護

委託者保護を図るため、旧金先法では、著しく事実に相違する表示等の禁止（同法69条）、取引態様の事前明示義務（同法73条）、自己契約の禁止（同法74条）、委託者に対する誠実義務（同法75条）、不招請勧誘の禁止（同法76条4号、後記(5)参照）、再勧誘の禁止（同条5号）、適合性原則（同法77条）などが規定されていた。

金商法下では、取扱業者は金融商品取引業者としての行為規制に服することとなる（金商法36条以下）。

(5) 不招請勧誘の禁止

旧金先法は、「禁止行為」の一つとして、「受託契約等の締結の勧誘の要請

をしていない一般顧客に対し、訪問または電話をかけて、受託契約等の締結を勧誘すること」を規定し（同法76条4号）、いわゆる不招請の勧誘行為を禁止した点で、投資・投機勧誘秩序に関して画期的な内容となっていた。

しかし、金商法38条3号は、不招請勧誘禁止の対象とする金融商品取引契約の範囲を政令によって定めるものとし、これを受けた政令（金商法施行令）16条の4は、不招請勧誘禁止の対象を店頭金融先物取引に限定しており、今後、取引所金融先物取引の不招請勧誘に起因する被害が増加することが懸念される。

4 勧誘方法の問題点

店頭金融先物取引として行われるFX取引については、金商法下においても不招請勧誘が禁止されているから、顧客の誘引は一般的な広告によることになる。FX取引がインターネット取引で行われることが多いことから、インターネット上のバナー広告が多用される傾向にある。バナー広告を収益源とする「アフィリエイト」を副業収入にしようとする者らに広告が委託されることもあるようであるが、「勝率100％」という虚偽記載をした「情報商材」を流布し、顧客誘引を行おうとする者の存在が問題となっている。このような広告が違法であることは明らかであり、これを集客の手段として利用する取引業者は、そのような広告の実際を知りながら放置していた場合など、関与の態様によってはその責任を問われることになると考えられる。

東京地判平20・10・16（先裁集53号352頁・法ニュース78号199頁）は、情報商材頒布業者は、FX取引で「100％の勝率」などということはあり得ないのに、誤った情報を提供して顧客に取引をさせたのだから、不法行為責任を負う、FX取引業者は、上記を顧客獲得の手段としていたのだからFXに関する誤った理解をして口座開設を申し込む者がある可能性を認識していたはずであり、そうでなくとも認識すべきであり、それを前提に適合性審査をするべきであるのにそれをせずに取引を開始させたのであり、この顧客獲得行為自体が違法である、と判示し、取引業者における適合性審査の杜撰さも指

摘して、損害賠償請求を認容した（過失相殺5割。被告ら控訴、和解）。金商法によって不招請勧誘が禁止されている店頭FX取引について、インターネット上のバナー広告などが氾濫しており、これにより副業収入を得ようとする行為（いわゆるアフィリエイト）も盛んになされている。アフィリエイトを行おうとする側はより目を引く方法で一般のインターネット閲覧者の注意を集めたいだろうし、FX取引業者側も、多少強引な経路をたどってきた者であっても口座を開設してもらいたいという動機が生じることはやはり否定しがたいところであり、現在も、そして今後も本件同種の問題は起こりうると考えられる。本判決は、FX業者が直接に開設したホームページ等においてではなく、顧客誘引の委託先が行った顧客誘引活動についても、関与の態様によっては取引業者の顧客獲得行為の問題となる場合があることを示し、取引による損害の賠償を命じたものであり、その射程等の議論がなされることが期待される。

対面取引を行う業者も未だ存続しているが、営業員の給与を支払ってなお正常な利益（あらかじめ顧客が容認するスプレッドの差を含む広義の手数料による収益）を生ずることは困難であると考えられ、取扱業者の中には、取引ごとにスプレッド（売買の価格提示の差）を任意に拡大して（売買双方の提示を求める顧客は少ないから、特に成行注文を得た場合には顧客との約定をその都度顧客の不利益にして）利益を生ずるような方法を採る場合が少なからずあるようである。このような商法が長続きするとは思われないが、まじめな金融商品取引を長期間にわたって顧客・市場を育成しながら取り扱っていくという姿勢にそもそも欠ける業者が、無視し得ない程度に多いという現状にある。

5　分別管理体制の不十分さ、カバー取引のリスク

FX取引業者において、近時、問題が発現したのは、分別管理の不十分さである。

有価証券関連デリバティブ取引については、金商法43条の2第2項および金商業等府令141条1項により顧客を元本の受益者とする「顧客分別金信託

契約」が義務づけられているが、その他のデリバティブ取引（つまり金融先物取引）は、金商法43条の3第1項および金商業等府令143条1項により、信託銀行等への金銭の信託以外に、銀行等への預金または貯金、カバー取引相手方への預託、媒介等相手方への預託が認められている。これは、改正金融先物取引法成立時における業者の規模に照らし、FX取引の存続を認める以上は、信託以外の方法を認めないというわけにはいかなかったからであろうと思われる。インターネットによる情報取得および比較が容易になっていることもあり、信託保全の手法を採用する業者も多くなってきているが、カバー取引相手方への預託や媒介等相手方への預託の場合は相手方等（海外のブローカー等）における自社の口座残高を定期的に確認することが義務づけられているのみであり（金商業等府令143条2項）、小規模業者の中には、今なお信託を採用しないものも多い。

　店頭為替証拠金取引であるFX取引は相対取引で行われ、カバー取引は業者が任意にその計算で行う取引である（カバー取引とは、業者が、顧客との取引により発生し得る損失を減少させるために、他の業者等（カバー取引先）を相手方として行う取引をいう）。それが事実上顧客の取引と関連していたとしても、業者の計算でされる取引であることに変わりはない。そうした取引に顧客の預り証拠金が用いられかねない状態に置かれれば、カバー取引を含む自己取引による損失によって、顧客の預り資産が不当に消失させられる危険性が高い。カバー取引が顧客の取引と完全に対応している（業者の価格提示・取引執行システムがカバー先の提示価格・取引執行システムとスプレッドを除いて完全に同一であって、カバー取引による業者の損益と業者と顧客の相対取引における顧客の差損益が上記スプレッドを除いてまったく同一になる）のであればともかく、そうでなければ、カバー取引に顧客の預り証拠金を用いることは預り証拠金の適切な管理であるとは到底いいがたく、業者の分別管理義務に違反する。

　近時破綻した業者の中には、関係会社から証拠金の十分な委託を受けることなく注文を引き受けて、その取引のカバー取引のために他の顧客らからの

預り金を用い、その結果、証拠金の委託を受けずにした取引の損失によって顧客の預り資産がすべて失われることになって倒産したというものがあり、早期に法令改正がなされる必要があるとの問題意識が高まっている。

　このような問題意識を受けて金融庁は、金融商品取引業者等向けの総合的な監督指針を改正しているが、カバー取引が金商業等府令94条1項により、業者が顧客との取引によって生じうる損失の減少を目的としてする顧客取引と金融指標および売買の別が同一の取引として抽象的に定義され、改正監督指針IV－3－3－4(1)もカバー取引が業者の裁量によって行われるものであることを前提にしているところからすれば、改正監督指針によっても、カバー取引を含む自己取引の結果によって顧客の預り金が毀損される危険性は解消され得ないものと考えられる。また、分別管理を公言する業者であっても、その詳細はなかなか一般消費者からは見えにくいから、証拠金の一部のみを信託管理して、これを誇大に宣伝している業者もないとは断じられない。さらに、信託も、取引のレバレッジを考えると日次で更新されてなお証拠金の大きな欠損を防止し得ないものと考えられる。

　分別管理については、カバー先とする海外業者の分別管理体制にも配意する必要がある。平成17年10月に破綻（米国連邦倒産法11章（チャプターイレブン）申請）した米レフコグループは、当時世界第4位の独立系証券先物グループであったが、FX取引について分別管理をしている旨を告げてわが国でIB（媒介業者）を募っていたにもかかわらず、倒産手続に耐えられる分別管理はなされていなかった（結局、証拠金の全額返還はなされなかった）。

　カバー取引は、取扱業者に帰属する自己取引である。近時、いわゆるサブプライムローン問題に関連して為替相場が大きく動くことがしばしばあったが、わずか2％程度の為替変動であっても（為替変動としては大きいが）カバー先の取引が停止されてしまい、国内業者がロスカットを適切に行うのに重大な支障が生じたという事例が複数あるようである。海外業者にすべての取引を「カバー」していてなお、顧客の預り金を欠損させる事態が生じる可能性がある。カバー取引先のシステムリスクは、基本的に取扱業者が負担する

べき性質のものであるが、これを顧客に転嫁しようとする業者があり、問題があると指摘されている。

なお、「区分管理額及び区分管理必要額」を毎日算定し、区分管理必要額の不足を2営業日以内に解消するべきことを要件とする、「信託会社又は信託業務を営む金融機関への金銭信託」を義務付けることとするなどの金商業等府令の改正がなされた（平成21年7月3日公布、同年8月1日施行）。適切な方向性が打ち出されているものであると評価できるが、レバレッジ規制のあり方をあわせて検討することなくしてはこの点の問題は抜本的には解消されないと考えられる。

6 システムリスク

FX取引は、最近はインターネット取引で行われることが格段に増えているが、システムトラブルによって不測の損害が生じる事態が少なからず発生している状況にある（平成20年10月6日には取引所取引も深刻なシステムトラブルを起こした）。

この点に関しては、東京地判平20・7・16（先裁集52号366頁・金法1871号51頁・法ニュース78号203頁）が興味深い。

事案は、平成19年7月27日午前2時28分44秒にロスカット・ライン（ロスカットルールと呼ばれる、自動反対売買のしくみが発動される維持証拠金を下回る取引水準）に達したにもかかわらず、業者は、ロスカットルールを発動させることなく放置し、確保されるべき証拠金が消滅したばかりか、1089万円余の差損金が生じたというものである。

本判決は、①業者にはロスカットを行うべき義務がある、②システムの整備に関する業者の責任について、外国為替証拠金取引業者である被告は、真に予測不可能なものを除いて、同取引において起こり得るさまざまな事態に十分対応できるよう、ロスカット手続のためのシステムを用意しておかなければならないところ、業者が本件ロスカット時において用意していたコンピュータシステムは、その取引環境に照らして、不十分なものであったといわ

ざるを得ない、③業者の約款ではコンピュータシステムの故障などにより生じた損害についての免責規定があるが、消費者契約法8条1項1号・3号に照らせば、被告とヘッジ先とのカバー取引が被告の責に帰すべき事由により成立しない場合にまで被告を免責する規定であるとは解し得ないとして、業者が債務を適切に履行してロスカット手続が行われた場合の想定価格での差損益との差額は、債務不履行による損害であると結論した。

FX取引においてはさまざまなシステムトラブルが生じているので、今後この判決の射程が議論されることが期待される。

なお、FX取引にロスカット取引を行っていない状況やロスカット取引を行うための十分な管理体制を整備していない状況を「業務の運営の状況が公益に反し又は投資者の保護に支障を生ずるおそれがある」状況（金商法40条2号）に当たると明記して、FX取引におけるロスカットルールの徹底を図ろうとする金商業等府令の改正がなされた（平成21年7月3日公布、同年8月1日施行）。この改正は、証拠金に業者の差損金請求権の保全の効果のみに意味をみるのではなく、顧客を不測の損害から保護する機能があることを前提とするものであって、その意味でも適切である。もっとも、ロスカット取引は、レバレッジ規制のあり方によっては顧客に不測の損害を被らせるおそれを一層高めることとなるものであるから、やはり、レバレッジ規制をあわせて行うことが不可欠である（なお、レバレッジを25倍にまで引き下げさせる規制が平成23年8月には導入されることになった）。

7　損害賠償請求の構成

通常の商品先物取引被害事案と同様に一体的不法行為構成によるのが適切であるが、外国為替証拠金取引固有のしくみの難解性には適切に配意する必要がある。

なお、法令による根拠を欠く差金決済取引である「外国為替証拠金取引」については、賭博であるなどとして、取引のしくみ自体が公序良俗に反するとする裁判例が多く集積されており、主なものを次に掲げる。これらは、法

改正後の取引に妥当するものではないが、このような考え方を学んでおくことは新たな詐欺商法が作られたときに迅速に適切な対応をするために有益である。

〔参考判例〕
　（取引のしくみ自体の違法性に関するもの）
　◇札幌地判平15・5・16金商1174号33頁・先裁集34号268頁
　◇札幌地判平15・6・27先裁集34号409頁
　◇札幌高判平17・6・23先裁集40号487頁
　◇東京地判平17・11・11判時1956号105頁・先裁集41号716頁
　◇東京高判平18・9・21金商1254号35頁・先裁集45号408頁
　◇岡山地判平18・11・9先裁集46号377頁
　◇東京地判平19・1・24先裁集47号323頁
　（証拠金の分別管理に関するもの）
　東京地判平19・1・30先裁集47号346頁〔東京シティホールディング〕
　（ネット取引のシステムトラブルに関するもの）
　東京地判平20・7・16金商1871号203頁・先裁集52号366頁〔アトランティック・ファィナンシャル・コーポレーション〕 FX取引におけるロスカット・ルールの適切な発動が業者の顧客に対する義務であり、そのためにFX取引において起こりうるさまざまな事態に十分対応できるようシステムを用意しておかなければならないとしてロスカットルールが適切に発動されていれば確保されていたであろう証拠金の賠償を命じた。
　（ネット取引の顧客勧誘方法に関するもの）
　東京地判平20・10・16先裁集53号352頁・法ニュース78号275頁〔マネースクウェア・ジャパンほか〕「100％の勝率で毎月25％以上の利益を得ていく方法」などと喧伝されていた「FX常勝バイブル」という情報商材の頒布者とこれにより顧客獲得をしていた取引業者の損害賠償責任を肯定した。

Ⅳ　ロコ・ロンドン貴金属証拠金取引

1　問題の所在

　平成17年7月に施行された改正金融先物取引法によって、外国為替証拠金取引について不招請勧誘の禁止、登録制度の導入などの規制がなされたことから、外国為替証拠金取引業者の多くが消滅した。しかし、近時、外国為替

証拠金取引業者の構成員であった者らが、「ロコ・ロンドン貴金属取引」、「店頭ロンドン渡し金取引」、「貴金属スポット取引」、「商品CFD取引」なる私的差金決済取引を創出し、被害の拡大の傾向をみせている。このような私的差金決済取引の違法性についての基本的な考え方は、外国為替証拠金取引被害の事件処理において深化されていることは既述したとおりである。このような取引は、その存在自体が許されるべきではない。

2　「ロコ・ロンドン貴金属証拠金取引」とは

「ロコ・ロンドン貴金属証拠金取引」とは、海外における貴金属の現物価格を差金決済指標としてする、「私設」「海外」「現物まがい」「証拠金」取引である。「ロコ・ロンドン貴金属証拠金取引」の基本的な内容は、取引単位や証拠金金額・証拠金率に業者ごとの差異があるし、その名称も「貴金属スポット取引」「店頭ロンドン渡し金取引」「金CFD取引」などとさまざまに変遷しているが、そのしくみはおおよそ次のとおりである。

すなわち、顧客は、業者に対して、ロンドン渡しの金現物100トロイオンス（1トロイオンス＝31.1035g）を1取引単位とする最低取引単位あたり50万円程度の「保証金」を支払ってロンドン渡しの金を売買したと同様の（差金決済を行う）地位を取得し、任意の時点で当該地位（ポジション）と反対の取引をすることによって生ずる観念上の差損益について差金の授受を行う。また、顧客は、取引を行うことにより、1取引単位あたり1日数百円程度の「スワップ」と称する「金利」を得ることができる（いかなる理由に基づくものかは不明である。ドルと円の運用益の差に着目するとするものと、金の受渡し時期の繰り延べの精算に着目するものがある。また、買いポジションに付する業者と、売りポジションに付する業者がある）。なお、差金決済指標となる「ロンドン渡しの金」の価格は、（相対取引であるから当然といえば当然であるが）業者が任意に設定し、かつ、同取引のために決せられる必要がある「為替レート」も業者が任意に設定するものとされている。さらに、上記「スワップ」も、業者が任意に設定するものとされている。また、取引には手数料を要す

る。

　このように、「ロコ・ロンドン貴金属証拠金取引」は、業者が提示する「ロンドン渡しの金現物価格」および「ドル円為替変動」を差金決裁指標とする差金決済契約である。

3　「ロコ・ロンドン貴金属証拠金取引」のしくみ自体の違法性

　このような取引は、それ自体が存在を許されないものであるといわなければならない。このことは、直感的にも、海外市場において外国通貨建てで何らかの取引を行ったものと仮定し、これにレバレッジをかけた取引を任意に創出できることになれば、外国為替証拠金取引に対する規制は全く空文化することになってしまうことや、国内の先物取引の類似取引が禁止され、相場による差金の授受が禁止され、海外先物の呑み行為が禁止されている趣旨が侵されてしまうことを考えれば、容易に理解しうるものと思われる。

　「ロコ・ロンドン貴金属証拠金取引」は、賭博として刑事罰をもって禁止される行為を、あたかも何らかの真っ当な金融商品取引であるかのような外観を生じさせて、高率の手数料を徴求し（貴金属の価格で利ざやを得ようとする取引をしたいというのであれば法律で整備された国内の先物取引を行えば足りるのであって、手数料も本取引のほうが割高である）、一方的に証拠金を徴求し（保全のための措置が法律上整備されているわけではないから利益金はおろか証拠金でさえ返還される保証はなく、現実に平成17年には外国為替証拠金取引業者の多くが証拠金を返還することなく破綻したことは記憶に新しい）、差損益計算に大きな影響を及ぼす差金決済指標である外国為替および金現物価格を一方的に業者において決定することとして（業者が顧客に著しく不利益なにレートを設定することによって顧客の証拠金を不当に消滅させていた事例も確認されている）、業者において、業として、図利目的で、常習的に行われるものであり、そのようなものであると聞かされれば、通常人であればこのような取引を行うとはおよそ考えられない「いかさま賭博」、「詐欺賭博」とでもいうほかはないものである（したがって、取引の実際を明らかにしない詐欺的勧誘が不可避

的に生じる)。これをあたかも何らかの真っ当な金融商品であるかのように誤信させて一般消費者を勧誘し、これを行わせて証拠金等の名の下に金銭の交付を受ける行為は、公序良俗に著しく反し、私法上も不法行為を構成させるに十分な違法性を有するものというべきである。

　日弁連も、平成19年3月16日付でいち早く、このような商法のしくみ自体を違法とする「『ロコ・ロンドン金取引』商法の被害に関する意見書」を採択し、各地の弁護士会も同旨の意見書等を採択している。

　また、経済産業省は「悪質な『ロコ・ロンドン取引』と称する金の取引及び海外商品先物オプション取引等の仲介サービスにご注意を！」と題する警告を、国民生活センターは平成19年1月12日付で、「新手の投資話『ロコ・ロンドン金』に注意！」と題する警告を、それぞれ発している。

4　損害賠償請求の構成

　通常の商品先物取引被害事案と同様に一体的不法行為構成によるのが基本的な法律構成であると考えられるが、ロコ・ロンドン貴金属証拠金取引固有のしくみ自体のいびつさ・不合理さには十分な配意をする必要がある。

　なお、平成19年7月15日施行の特商令は、「ロコ・ロンドン貴金属証拠金取引」を指定役務として、特商法の規制に服させている。

　もっとも、原状回復義務は法人としての業者のみにしか生じないことなどにより、現在、我が国で急増の傾向をみせているこの種取引をクーリング・オフなどによる簡易な被害回復手続によって救済することにはさまざまな困難も予想される。同法の利用のみによってこの種の商法に適切に対応することは極めて困難であると考えられる。

　東京高判平20・10・30（先裁集53号377頁・法ニュース78号210頁）、東京高判平20・3・27（先裁集51号175頁・法ニュース76号256頁）は、以下のとおり取引のしくみ自体を違法であると簡潔に判示している。

　「本件取引においては、売主である被控訴人会社（筆者注：業者）が金の現物を買主である顧客に交付することは当初から予定されておらず、顧客が一

定の期間内に反対売買をすることを前提として、これによってその差額を算出し、これを金銭で授受して当該取引を終了させるものであると認められる。しかるところ、売買差金の額は、顧客が買った（売った）とされる金の『ロンドン渡しの金の現物価格』に『ドル円の為替レート』を乗じた額との差額によって算出されるものであり、そして、『ロンドン渡しの金の現物価格』も『ドル円の為替レート』も、基本的には、被控訴人会社及び顧客において確実に予測できないものでありまたその意思によって自由に支配することもできないものであるから、そうとすれば、本件取引は被控訴人会社と顧客との間において偶然の事情によって利益の得喪を争うものといわざるを得ず、本件取引は賭博行為に該当するというほかはない。そして、本件全証拠によっても、本件取引（賭博行為）の違法性を阻却する事由を認めることはできない。したがって、仮に控訴人において本件取引の仕組みやリスクを理解して任意に本件取引を行ったとしても、控訴人を顧客として本件取引（違法な賭博行為）に勧誘しこれに誘い入れた点において、その勧誘行為を実際に行った被控訴人Ａはもとより、その勧誘について被控訴人Ａと意思の連絡があったものと推認される被控訴人Ｂら（取締役ら3名）も、民事上の不法行為責任を負うものというべきであり、そして、被控訴人会社も民法715条1項又は会社法350条により控訴人に対して損害賠償責任を負うべきものである」。同判決以降、同旨の地裁判決が相次いで出されている。

　なお、東京地判平21・3・25（東京地判平21・4・10同旨。法ニュース80号266頁・268頁）は「仮に、本件取引が、特定商取引に関する法律施行令3条3項、別表第三の21ロ『物品についてあらかじめ約定する価格と将来の一定の時期における現実の当該物品の価格の差に基づいて算出される金銭の授受を約する取引』であり、『当該取引の決済に必要な金銭の預託を受けるもの』に当たるものとして、特定商取引に関する法律2条4項にいう『指定役務』に該当するとしても、特定商取引に関する法律施行令の規定は、本件取引と同種の取引にクーリング・オフなどの制度を適用させて迅速かつ簡易な被害回復を可能にしようとの趣旨から出たものであるから、同法2条にいう『指

定役務』に該当することが、法令又は正当な業務行為として違法性阻却事由になると解することはできない。その他、本件全証拠によっても、本件取引（賭博行為）の違法性を阻却する事由を認めることはできない」と判示しており、違法性阻却事由に関する争いにもおおむね終止符が打たれたといってよいものと考えられる。

V　ニッパチ商法

1　被害の概要

「ニッパチ商法」とは、「証券金融まがい商法」とでも呼ぶべき商法であり、「2」を業者に交付して購入した株式を担保に「10」の貸付を受け（貸付を受けたとする計算がされ）、交付金額の5倍相当の株式取引の差損益の授受をする取引である。「2」を業者に交付して、「2」に「8」を加えた「10」の取引を行うことから「ニッパチ（2・8）商法」と呼ばれている。たとえば100万円を「保証金」として業者に交付して取引をすると500万円分の株式が売買されたものとして差金決済が行われることになる。要するに、株式取引の呑み取引を、証拠金を委託させて行うことを、業者への株式の交付とこれを担保とする金銭消費貸借を行うというしくみを装ってするものである。「10倍融資商法」と呼ばれた投資ジャーナルの商法と、その基本的なしくみは同じである。貸金業登録のみを得た業者が行い、古くから存在する商法であるが、未だ根強く存在し、被害が絶えない。

2　違法性

ニッパチ商法は、私的差金決済取引であり、「いかさま賭博」として取引のしくみ自体が違法であるというべきである。賭博罪、常習賭博罪、賭博場開帳等図利罪、これらの加重規定である相場による賭博行為の罪（金商法202条（旧証取法201条。旧法下での事件も多いと考えられるから、法条は旧法をあわせて摘示する））に当たり、また、刑事罰をもって禁圧されている無登録

証券業（無登録金融商品取引業）（金商法29条・198条1号（旧証取法28条・198条11号））に当たる。株式を顧客のために買い付けると言いながら現実に買い付けていないときには詐欺罪を構成する（東京地判昭62・9・8判時1269号3頁）。

東京地判平18・12・27（セレクト29巻249頁）は、「本件取引は、机上の操作による株式取引の結果、原告に損失が生じれば生じるほど、被告会社に利益が発生するという仕組みのものであるということができるとともに、他方で、机上の操作による株式取引の結果、原告に利益が生じれば生じるほど、その利益相当分の金員を交付できないという事態が生じるおそれのあるものであったということができる。さらに、前記のとおり、被告会社の取引は、顧客が、株式の購入代金として用意した資金の5倍の株式を売買することができるという仕組みになっていたというのであるから、原告に損失が生じれば生じるほど、被告会社には、より多くの利益が発生するという仕組みになっていたということができるし、他方、原告に利益が生じれば生じるほど、その利益相当分の金員を交付することができないという事態が生じるおそれも、より高いものとなっていたということができる。そうすると、被告会社において、原告に利益が生じることを予想して本件取引を行っていたと考えるのは、およそ不合理というほかないのであって、結局、被告会社は、原告に対して利益相当分の金員を常に交付するという意思及び能力のないままに、いわば原告に利益を生じさせないことを前提に、本件取引を行っていたものと考えるほかないものというべきである」と判示している。

VI 未公開株商法

1 被害の概要

未公開株式（取引所に上場されていない株式（未上場株式）であって、店頭取引もされていない株式）を、上場間近であるなどとして高額で販売する未公開株商法は数年前から増加の傾向を見せ始め、平成17年夏頃からその被害の

報告が急激に増加している。

　未公開株商法については、金融庁が「未公開株購入の勧誘にご注意〜一般投資家への注意喚起〜」と題する警告を発している。

　いくつかの刑事摘発事例が報道されているが、被害の減少傾向をみることはできず、かえって、「株式公開準備室」などと称する外部には独立した組織としては現れない「別組織」が「自社株」として未公開株式を勧誘・販売し、第三者を名乗って高額で買い取りたい旨を告げる電話をかけるなどして誤信を強めさせるなど、振り込め詐欺商法まがいの劇場型詐欺商法として被害が拡大している。このまま組織の実態を探知できずに違法収益を残存させておくと、さらに被害の増加傾向を強めることになると懸念される。

2　未公開株商法の違法性

(1)　違法性の本質

　未公開株商法の違法性の本質は、無価値のものをあたかも価値のあるものとして、また、今後その価値がより一層上がるものとして販売するところにあるが、未公開株商法においては「対価の不均衡」は推定されるべき事柄であって、仮にそうでないというのであればそれは業者が反証するべきである。東京地判平19・11・30（後記5⑨判決）は、旧証取法およびグリーンシート銘柄規制の趣旨をより詳細に指摘したうえで、「（未公開株商法業者の）代表取締役又は取締役として同社の営業に関与していたと認められる被告らとしては、本件未公開株の販売価格が正当なものであったことを積極的に立証しない限り、本件取引当時における本件未公開株の正当な価格は、もともとその代金額を大きく下回るものであり、その販売価格は、顧客がそれを正当な価格であると誤信することを前提とした詐欺商法によるものであったことが推認されるというべきである」と判示している。

(2)　未公開株商法の無登録営業の私法上の違法性

　株式取引は、それが売買であろうと仲介であろうと、対象が上場株式であろうと未上場株式であろうと、営業として行うためには証券会社登録を要す

る。未公開株商法は、証券業（その定義は金商法2条8項（旧証取法2条8項））を内閣総理大臣の登録を受けることなくする無登録営業であって、金商法29条（旧証取法28条）に反する（金商法198条1号（旧証取法198条11号）により、3年以下の懲役もしくは300万円以下の罰金刑またはこれらの併科）。

なお、証券業について登録を要するとされている趣旨は、資産的な基盤を有しない業者による証券業を禁じ、投資者が不測の損害を被ることのないようにし、証券会社一般に対する社会的信用の向上を期するところにある。また、法が刑罰をもって無登録営業を禁じているのは、有象無象の者らが証券取引まがい行為を行い、金商法、金販法その他の規範を犯してする一般消費者に対する詐欺的勧誘をすることのないように規制するための最も基本的な前提として設けた規律であり、これに反して行う証券取引まがい行為は、私法上も違法であるというべきである。

旧証券取引法およびグリーンシート銘柄規制の趣旨から未公開株商法が詐欺商法であると推認されるとする裁判例として後記5⑨判決、同旨から公序良俗に反する違法な取引であるとする裁判例として同⑩判決がある（「（証券取引）法が、国民経済の適切な運営及び投資者の保護に資するため、有価証券の発行及び売買その他の取引を公正ならしめ、且つ、有価証券の流通を円滑ならしめることを目的として制定され（証券取引法1条）、同法28条違反については、3年以下の懲役もしくは300万円以下の罰金に処し、又は併科という罰則を規定していること、日本証券業協会が、未公開株式の取引が同法の目的に反するおそれがあるため、いわゆるグリーンシート銘柄以外の未公開株式の取引を自主規制していると解されることに照らすと、無登録業者によるグリーンシート銘柄以外の未公開株式の売買は、それ自体極めて違法性が高く、公序良俗に反する違法な取引であるというのが相当である」と判示している）。

3　縁故販売、投資事業有限責任組合・民法上の組合等

旧証取法違反を形式的に免れているかのような外観を作出するため、業者が、縁故者にのみ販売したと強弁することがある。しかし、「パンフレット」

や「チラシ」その他販売用の制作物を用いていることからすれば、「営業として」勧誘行為が行われていることが明らかな事例が多い。

また、民法上の組合、投資事業組合、投資事業有限責任組合への加入という形態を採用して法を形式的には免れようとする業者も少なくない。これは、発行者による自己募集は、「募集」、「私募」に該当するものの、旧証取法上の証券取引行為である「募集の取扱い」、「私募の取扱い」（旧証取法2条8項6号）には該当しなかったことを奇貨とするものであったと考えられる。

しかし、パンフレットやチラシ、預り証その他の記載から、その実質が未公開株式の取引そのものであるとみることができるものがほとんどである（「組合」形式が採用されているものについてその実質を未公開株商法であるとしたものとして後記5②判決）。

なお、金商法下では、「みなし有価証券」の「募集」、「私募」も「金融商品取引業」とされ（金商法2条8項7号へ）、これによりこの種の商法が消滅することが期待されたが、残念ながら再び増加する傾向にある（旧法下の事件で、投資事業有限責任組合は証券取引法違反を免れる目的で装われたものであるとしたものとして後記5⑪判決）。

4 株式発行会社の責任

未公開株商法は、株式を発行し、これを未公開株商法業者に交付する会社の存在抜きには考えられない。未公開株式の発行会社は、未公開株発行・頒布における行為や未公開株販売への関与の態様によっては、共同不法行為責任（幇助責任を含む）を負わしめられるものといわなければならない（後記5判決⑤⑫⑬⑭）。

5 裁判例

① 東京地判平18・9・21セレクト28号85頁
② 京都地判平18・12・1セレクト29号277頁
③ 東京地判平18・12・26セレクト29号298頁

④　東京地判平19・1・31セレクト29号303頁
⑤　東京地判平19・5・22セレクト29号310頁
⑥　東京地判平19・5・28セレクト29号320頁
⑦　東京地判平19・8・24セレクト30号393頁
⑧　名古屋地判平19・10・25セレクト30号409頁
⑨　東京地判平19・11・30セレクト30号421頁・判時1999号142頁
⑩　東京地判平19・12・13セレクト31号375頁・法ニュース75号185頁
⑪　東京地判平20・6・20セレクト31号425頁
⑫　東京地判平21・1・30法ニュース80号274頁
⑬　東京地判平21・3・18判例集未登載
⑭　東京地判平21・7・15判例集未登載

第8章　先物取引被害等の裁判例

I　国内公設先物裁判例

　これまで各地の弁護士らの努力によって多数の先物勝訴判決が勝ち取られてきた。日弁手引〔九訂版〕139頁以下には、これらの足跡を紹介している。

　弁護士が依頼を受け判例を調べる場合に、業者名、被害者、手口など類似の事案を容易に調べ、自分の事件がどういう位置づけにあるのかを知ることは有益である。そこで、こうした観点から、委託者勝訴の判決を紹介し、代表的な判例の体系的位置づけを試みることにする。

　判決の多くは、商品取引員やその外務員の勧誘から取引、手仕舞に至る一連の行為のいくつかについて、商取法や商品取引所の定款、準則等の委託者保護に関する諸規定に違反していると認定し、これら一連の過程を全体的に考察したうえで業者の行為が違法であると判断し、不法行為責任を認めている。この集大成は、最判平7・7・4であり、一連の行為を不法行為と認定する原審の判断を相当と明言した初めての判決で（NBL590号60頁・先裁集19号1頁）、これによって、これまで下級審が積み上げてきた、一連の行為を一体としてとらえて不法行為を認めるという判例法理が定着した。

　最近の判例の中には、一連の行為を全体的に評価する不法行為論から、取引中の一部を取り出し違法要素と認める、いわば個別・分断的不法行為ともいうべき判決が出てきている。とりわけ転がし（無意味な反復売買、過当売買）か否かを問題とする判例が、東京地判平4・8・27（先裁集13号151頁）以降、理論的研究も進み、弁護士の主張立証の重点もここに置いていたと思われ、増えてきている。不法行為構成だけでなく、信義則上の注意義務ないし善管注意義務、忠実義務、誠実公正義務などの違反を前提とした債務不履行構成も現れ、理論的にも興味のある判決が多く出ている。

Ⅰ　国内公設先物裁判例

　委託者勝訴の判決の中には、委託者のほうにも過失があったとして、過失相殺をなすものも存在する。安易な過失相殺については批判が多いところ、〔図表16〕掲載判例からも明らかなように、業者側の行為の悪性等との対比において過失相殺を全面的に否定する例も少なくない。なお、最近では過失相殺という言葉を使わず、因果関係の問題とする判決も出てきた。

　ここでは、これまでの先物取引訴訟の判決中、国内公設に限らず、海外先物オプション取引、外国為替証拠金取引に関するものも含め、被害救済に役立つという観点から選んで、ロコ・ロンドン貴金属証拠金取引、未公開株商法も含めて紹介する。

〔図表16〕　国内公設先物裁判例一覧

No	判決日・事件番号	出典／裁判官	業者名	判　決　要　旨
❶	京都地判平元・2・20 （昭和59年(ワ)第2542号）	判時1323号100頁、先裁集9号31頁、裁判官〔武田多喜子、中嶋秀二、太田尚成〕	東京ゼネラル	取引当時63歳、税務署に勤務し退職後納税協会に再就職中。先物取引等の経験なし。土地建物、預貯金1200万円あり。 　商品取引員は、勧誘にあたり相当でない勧誘は禁止され、契約後は、法規等の遵守はもちろん、顧客の経歴能力先物取引の知識経験、資力の多寡、性格、取引委託の経緯等を十分調査把握したうえで、客が自主的合理的意思決定ができるよう必要な知識情報を提供するとともに、専門家として適切な助言指導を行い客が自主的合理的意思決定ができる状況条件を確保したうえで、当該顧客の真意に基づく具体的な建玉の指示に従い、忠実に建玉を実施する等の義務を負う。 　強引執拗な勧誘、実質一任、知識情報不提供、過当売買したとして、不法行為を認める。重過失認定。
❷	大阪地判平元・6・15 （昭和62年(ワ)第1265号）	判時1337号73頁、先裁集9号72頁、裁判官〔海保實〕	東京ゼネラル	大卒、液化石油ガス等の配管工事業。先物取引等の経験なし。 　勧誘にあたっては、財産状態の調査、投機取引であること、しくみ、市場価格の決定要因等の説明義務があり、最初の段階では建玉は小さいものにするよう指導すべき法的規範がある。初回から50枚の建玉させるなど、違法な行為。 　過失相殺について、原告に全く落ち度がなかったと言うことはできないが、勧

303

			誘が常軌を逸した方法をとって取引に引きずり込んだものであるから、原告の慰謝料にあたって斟酌するとしても財産上の損害の賠償について過失相殺して賠償額を減額すべきではないとして、否定したことは注目される（過失相殺なし）。
❸ 仙台高秋田支判平2・11・26（平成元年(ネ)第47号）	判時1379号96頁、先裁集10号186頁、裁判官［小林啓二、出口祐三、木下秀樹］	日光商事	逆転勝訴判決。平成7年7月4日最高裁判決の原審。 　大卒、当時37歳の高校教師、特別余裕資金もなく先物取引の経験なし。 　勧誘の際、しおりなどを示して先物取引の内容、危険性を説明しない義務違反、実質一任、無意味な反復売買、両建、余裕資金を考慮しないで短期間に取引を増大させ、利益金を証拠金に振り替えさせ、さらに借金までさせて取引継続させたうえ、仕切拒否の行為は全体として違法。 　両建については、異限月両建も含んでいる事案であることを注目。具体的建玉は先裁集10号215頁参照。
❹ 大阪高判平3・9・24（昭和62年(ネ)第2473号）	判時1411号79頁、先裁集11号21頁、裁判官［潮久郎、鐘尾彰文、村岡泰行］	岡藤商事	大卒、会社員、営業所長、投資経験なし。不法行為を構成する勧誘、受託をしたものが清算金を請求するのは信義則違反で許されないとした画期的判決。また、新規委託者保護期間内に保護配慮しない不当な受託をしているので過失相殺しないという注目すべき判決。 　本件先物取引は、勧誘行為について、無差別電話勧誘、断定的判断の提供、受託行為について、新規委託者保護義務違反、両建の勧誘（同一限月の例）、証拠金規定違反、不当な増し建玉などの違法があり、一体として不法行為を構成する。 　過失相殺について、本件は新規委託者保護育成期間内における外務員の新規委託者保護に全く配慮しない不当な勧誘と受託行為によるものであって、過失を斟酌するのは相当でないとして、否定した。 　さらに、商品取引員の清算金請求は、取引勧誘から取引終了まで一連の行為が一体として不法行為を構成するので、先物取引委託契約に基づく請求権を行使するのは信義則違反に反し許されないとした（過失相殺なし）。

❺	大阪地判平4・7・24 (昭和61年(ワ)第1075号)	先裁集13号28頁、裁判官［下司正明］	東京ゼネラル	大正生まれ、工業学校卒業後、建設現業、取引当時無職、株式現物はあるが先物取引の知識経験なし。土地建物、郵便貯金250万円、貸付信託300万円、その他の預貯金200万円あり。 　双方の主張が詳細で、判決も詳しい認定をしている。取引期間14カ月間に、回数123回、取引量2680枚、新規委託者保護育成期間の3カ月間でも最高250枚の建玉をし、取引期間中、東京ゼネラル全店の30分の1を占めることもあった。客殺しのデパートとでも言える事案。 　浮き玉（建玉していないのにしてしまったとして契約を拒否できない旨契約を迫ること）、断定的判断の提供、説明義務違反（追証、相場が逆になった場合の対処の仕方の説明なし）、新規委託者保護義務違反、両建（常時両建、因果玉の放置を認定し、そのほかにも禁止の沿革、趣旨、内容を判示している。異限月両建、枚数ちがいの両建がある事案)、無意味な反復売買、無断で利益金の証拠金振替、増し建玉、過当売買を認定し、一連の行為を全体として不法行為。 　なお、向い玉についての丁寧な認定があり、差玉向いを認めたが、向い玉が違法となるには顧客に積極的損失を与えその反射的利益として商品取引員が利益を獲得する目的を有していたことが必要として、その立証ができていないとして違法性を否定。
❻	東京地判平4・8・27 (昭和62年(ワ)第7475号)	判時1460号101頁、判タ812号233頁、先裁集13号151頁、裁判官［金築城志］	ユニオン貿易	昭和34年生まれ、高卒、補聴器販売会社勤務、先物取引の経験なし。 　売直し2回、途転10回、両建20回、不抜け3回。転がしの基準を特定取引の割合等で判断したリーディングケース。向い玉の存在も認定し違法とした。売直し、買直し途転、不抜けの定義判示するなど、画期的な判決。 　全取引回数（玉を建て、落として1回）は、35回。 　勧誘の際に、断定的判断の提供、取引単位について誤解する説明、取引開始後も、断定的判断の提供をして取引を誘導していた。35回の取引のうち、売直し、両建だけでも22回、約63％に達する。これは、原告の利益を顧慮せず、業者の利

				益を計る方向で誘導されたことを推認させる売買回転率も、全取引期間264日間に35回だから、5日に1回、月平均4回の取引でやや高く、損金1429万円中手数料が769万円で手数料化率は53.8%と著しく高率であり、取引内容と、売買回転率、手数料化率を合わせて考慮すればいわゆる「転がし」(無意味な反復売買)に当たると言うべきである。農水省のチェックシステムの対象、性格、数値計算方法等がどうであれ、本件取引における両建玉の比率、手数料化率等のもつ意義は変わらない。さらに、因果玉の放置、向い玉の存在を認定し、委託者全体としては損を発生しつつ自己玉が利益をあげていることが推認され、ほぼ恒常的に向い玉をとっていることは、客殺しを推認させる重要な根拠となる。 　商品取引員には高度の注意義務があり、本件は、故意または重過失がある(過失相殺なし)。
❼	最判平6・1・31 (平成3年(オ)第1973号)	先裁集15号77頁、裁判官[大西勝也、中島敏次郎、木崎良平]	岡藤商事	❹の上告審。理由はないが、画期的な❹判決が最高裁で確定したことに意義がある。
❽	最判平7・7・4 (平成3年(オ)第220号)	NBL590号60頁、先裁集19号1頁、裁判官[千種秀夫、園部逸夫、可部恒雄、大野正雄、尾崎行信]	日光商品	最高裁が委託者勝訴の判決で、理由を判示した初めての判決。 　判旨は、①商品先物取引の経験のない被上告人を電話で勧誘し、先物取引の仕組みや危険性について十分説明せず、②多くの取引が実質一任売買で、短期間に多数回の反復売買が繰り返され、両建が安易に行われ、③被上告人の自主的な意思決定をまたず、実質的にはその意向に反して取引を継続させ、指示どおりの取引をせず、資金能力を超えた範囲まで取引を拡大させた、など本件取引に関する一連の行為を不法行為にあたるとし、過失相殺した原審判断は相当であるというもの。 　本判決は、下級審で定着していた勧誘から仕切までの一連の行為を一体的にとらえ不法行為とする、一連一体の不法行為構成およびこれに対する過失相殺を是としたものである。これによって先物取引に関するこれまでの不法行為訴訟が定

				着したと言っていいだろう。
❾	大阪地判平9・2・24 (平成4年㈦第3638号、同年㈦第5148号)	先裁集21号139頁、裁判官[白井博文、片山隆夫、奈良嘉久]	アルフィックス(旧大協商品)	業者の注意義務は善管注意義務にとどまらず、顧客の利益に配慮し、不断の情報提供、取引について最も有利な方法を助言指導すべき忠実義務とする。特定売買(反復売買、売り直し、買い直し、途転、両建など)の比率は20%、損金の手数料比率は10%を超えるのは忠実義務違反だが、本件は、それぞれが50%を超え、手数料も損金の43%であるから、もっぱら手数料稼ぎのみを目的とした違法行為。一連の行為は、特定売買だけでなくそれ以外の売買も含め全体として強度の違法性あり。 　本件受託契約は公序良俗に反し無効で、全体として不法行為を構成する。差損金請求は棄却。
❿	東京高判平9・12・10 (平成9年㈱第1510号)	先裁集23号23頁、裁判官[比嘉一美]	新日本商品	委託者逆転勝訴。委託者は、勧誘時68歳、商業高校卒業の年金生活者、先物等の経験はないが、ある程度の資産を有する。 　委託者は、先物取引不適格者とは言えないが、商品取引員は、委託者の職業、年齢、先物取引の知識経験等に応じ、そのものが的確に理解できるよう説明すべき信義則上の義務があるとして、説明義務違反、断定的判断の提供があったとして、勧誘行為について不法行為を認め、その余は判断するまでもないとした。 　説明義務は、委託者の経験等に応じ理解できるように説明すべきであると判示したことに注目。本件は先物取引不適格者であると認定できたのではないか。
⓫	大阪地判平10・1・23 (平成8年㈦第5939号)	先裁集23号119頁、裁判官[佐藤嘉彦、村田龍平、横田昌紀]	大阪コモディティジャパン	両建の勧誘を中心に争った事件で、パンフ等の両建の記載は誤解を与えるとして、㈳日本商品取引員協会も被告にした。 　商品取引員だけの責任を認め、日商協の責任は否定。 　新規委託者保護義務違反、両建勧誘の際の説明義務違反を認定し不法行為成立。 　両建の勧誘は一律に違法とはいえないが、勧誘する際には、顧客の習熟度理解度に応じ、損切りと両建の差異も含め両建の機能を十分説明することが必要として、本件では、損切りに比べ両建の方が経済的に不利益な場合があることについ

				て十分理解を得るだけの説明があったとは言えないと判示。日商協のガイドは、十分な説明ではないが、誤解させるものではないから違法ではない。 両建を勧誘する際には、損切りの場合と比較し、顧客の理解度に応じて十分説明すべきとした注目すべき判決。
⓬	大阪高判平10・2・27 (平成9年㈹第560号、同年㈹第667号)	先裁集24号1頁、裁判官[吉川義春、小田耕治、細見利明]	アルフィックス (旧大協商品)	❾の控訴審判決。転がしを認めた原審判決を支持。業者側が、特定売買比率、手数料率は無意味であると主張した点について、チェックシステムの特定売買は、委託者に手数料負担させるだけで利益につながらない取引の類型であるとし、特定取引の比率が異常に高いときは、特段の事情がない限り、手数料稼ぎと推認するのが相当とした。手数料の損金比率は、取引終了後に顧客の損失の要因を観察評価する上で有効な指標と判示。 ただし、委託契約については、公序良俗違反とはいえないとして差損金請求を認める。商品取引員の忠実義務の根拠を、契約上の信義誠実義務から生ずるという。
⓭	大阪高判平10・11・19 (平成10年㈹第1063号)	先裁集25号220頁、裁判官[松尾政行、熊谷絢子、神吉正則]	コーワフューチャーズ	被害者逆転勝訴。被害者は、大卒、信用金庫勤務の40歳、先物取引経験はないが、株式を購入した経験はある。 勧誘は、迷惑非常識勧誘行為、建玉していないのに行ったと欺瞞の勧誘(浮き玉)、1週間で取引をやめさせると誤信させた、新規委託者建玉違反、仕切拒否を認め、不法行為を肯定する。
⓮	仙台高秋田支判平11・1・25 (平成9年㈹第65号)	判時1692号76頁、先裁集25号409頁、裁判官[守屋克彦、中地明子、大久保正道]	カネツ商事	逆転勝訴判決。商品取引員は、顧客が適格者かどうか調査する義務がある。先物取引経験者でも、過去に先物取引をして損をして損金を支払えないものは、特段の事情がない限り先物取引不適格者である。他人名義で勧誘するのは、調査を困難にするから違法であるとして、損害の15%を賠償すべきとした。 弁護士費用を1割以上認める。過失相殺ではなく、因果関係のある損害という表現で、取引損の15%賠償せよというもの。

⑮	佐賀地判平11・5・11 （平成10年(ワ)第33号）	先裁集26号53頁、裁判官［亀川清］	洸陽トラスト	仕切拒否だけで、全面勝訴。手仕舞指示に対してストップ高を理由に拒否したので、不法行為または債務不履行に基づく損害賠償請求。 　判旨は、業者は手仕舞指示に基づき、バイカイ付け出しの方法で全部手仕舞することは確実に可能であったとしてこれに応じないのは不法行為と認定し、過失相殺はなし。 　仕切拒否だけなら債務不履行でよかったと思われるし、バイカイ付けだしを認知しているのは問題の余地があるが、過失相殺しない点は評価できる。（過失相殺なし）
⑯	新潟地判平12・6・14 （平成9年(ワ)第550号）	先裁集28号198頁、裁判官［大野和明］	大起産業	断定的判断提供と利益保証の勧誘については認められなかったが、特定売買が取引に占める割合が極めて高率であるうえ、新規の建玉から仕切までの期間の極めて短いものが半数あること等諸般の事情からして、外務員らは、顧客から手数料を得る目的で無意味な反復売買を勧誘していたものと推認するほかなく、善管注意義務に違反し不法行為責任を負う（過失相殺4割）。特定売買の不合理性は「裁判実務上顕著な事実である」と判示している。
⑰	大阪地判平12・8・25 （平成10年(ワ)第6999号）	先裁集30号54頁、裁判官［小佐田潔、川畑正文、大野祐輔］	東京ゼネラル	無意味な反復売買、途転、日計り、因果玉の放置、両建について、その回数および手数料率が95％であることから手数料稼ぎ目的と認められ不法行為に当たるとされた（原告が知人に対する恩義から本件取引を開始したこと、意図すればいつでも仕切ることができた点より過失相殺3割）。
⑱	大阪地判平12・11・28 （平成11年(ワ)6830号、同6845号）	裁判官［岡原剛、武田美和子、新谷貴昭］	朝日ユニバーサル貿易	特定売買は、顧客の損益と業者の損益が相反するため、顧客にとってリスクの高い取引であり、チェックシステムやMMTはそのような危険性に鑑み特定売買の比率を抑えようとする行政規制であるが、これら規制の全廃は委託者保護を否定する趣旨に出るものではなく、取引経緯全体からみて特定売買の頻度や手数料の占める割外があまりに高く、社会的相当性を逸脱したものと認められる場合には、違法の評価を受ける。断定的判断の提供、新規委託者保護義務違反、手数料稼ぎ目的の頻繁売買などを認める。

⑲	大阪地判平12・11・30 (平成10年(ワ)第9486号)	先裁集29号179頁、裁判官[山下寛、西田隆裕]	日光商品	被告従業員らの行為が、新規委託者保護義務違反、無断売買、仕切拒否・回避と悪質であり、本件取引は過当取引にも該当し手数料稼ぎの意図がうかがわれるとし、違法性の程度・悪質性に照らし、公平の観点から過失相殺をしなかった(過失相殺なし)。過失相殺を認めなかった画期的判決である。
⑳	名古屋高判平12・12・27 (平成12年(ネ)第584号)	先裁集29号231頁、裁判官[寺本榮一、内田計一、倉田慎也]	大起産業	原審(名古屋地判平12・5・19先裁集28号174頁)の判断(特定売買が極めて高い割合で行われていることは、特別の事情あるいは合理的な理由のない限り、本件取引が外務員らの誘導によってなされた無意味な反復売買であることを推認させる)を維持し、さらに日計りは一般投資家にとっては合理的理由のない限り手数料稼ぎの徴表、無定見、頻繁な途転は手数料稼ぎの徴表と評価しうる、両建は、例外的、緊急避難的なものであり、委託者が手数料を要することを理解していたとしても、合理的理由がない限り手数料稼ぎの徴表と評価しうる、とも判示した(過失相殺5割)。
㉑	東京地判平13・2・9 (平成10年(ワ)第23008号)	先裁集30号135頁、裁判官[内田博久]	エー・シー・イー・インターナショナル	家庭の主婦が海外先物オプション取引で2200万円の損害を被った事案につき、当該取引に参加する適性を有するとは考えられない者に対し、取引の説明やリスクの告知を十分に行わないまま、極めて強度の断定的判断提供を行って取引をなさしめたものであり、不法行為を構成するのは明らかとして全額賠償を認めて過失相殺をしなかった。
㉒	大阪地判平13・5・25 (平成11年(ワ)第9420号)	先裁集31号118頁、裁判官[田中敦、和久田斉、平野剛史]	光陽トラスト	他社との先物取引継続中に本件業者と取引した事案につき、業者担当者が委託者の余剰資金に照らした適正取引額を検討することなく過大な取引に至らしめた点について違法性を認めた(過失相殺約4割)。
㉓	名古屋高判平13・6・13 (平成12年(ネ)第918号)	先裁集30号384頁、裁判官[福田晧一、内田計一、倉田慎也]	グローバリー	商品先物取引の専門家たる商品先物取引員および従業員は、一般人が本人の予測し得ない大きな損害を被ることがないように努めるべき高度な注意義務があり、同義務に違反して委託者の利益に優先し自らの利益獲得のため行動することは違法であるが、本件では、外務員は、この

				義務を怠り、商品先物取引の知識、経験に乏しい顧客に対し、過当な売買を反復させ、顧客の資力を越えた範囲まで取引を拡大させたものと認められるから、外務員は顧客の利益に優先して自らの利益獲得のために行動したものと言わざるを得ないとした（過失相殺5割）。業者の差損金請求は棄却。
㉔	大阪地判平13・6・14 (平成12年(ワ)第12587号)	先裁集31号154頁、裁判官[和久田斉]	朝日ユニバーサル貿易	商品先物取引未経験者の身体障害者3級の視覚障害者である委託者につき、外務員が委託者の視覚障害の状況をさらに把握して、委託のガイド等を閲読できる相当な期間経過後に受託を開始したり、十分な相場情報を積極的に提供したうえで受託する義務があったとし、委託者の固有の特殊事情を看過して十分な情報の提供を怠った点に違法性を認めた（過失相殺1割）。
㉕	大阪高判平13・7・13 (平成12年(ネ)第4052号)	先裁集31号36頁、裁判官[松尾政行、熊谷絢子、坂倉充信]	グローバリー	先物取引経験者だった委託者敗訴の原判決（和歌山地判平12・10・24先裁集31号1頁）を変更。控訴審は、途転、買直し、売直しは委託者にとって手数料の負担が増加するだけの合理性のない取引であり、両建は最終的に益金を得ることが極めて困難な取引であり、業者がこれらの取引を勧誘する場合には慎重でなければならず、当該取引がどのような意味をもち危険性を有するかを説明すべき義務があり、本件では同義務違反ありとした。追加証拠金を新規建玉のために用いることは手数料稼ぎの可能性があるとした（過失相殺5割とし、業者からの差損金請求も5割認容）。
㉖	札幌地判平13・9・7 (平成11年(ワ)第688号、同1078号)	先裁集32号1頁、裁判官[中西茂]	コーワフューチャーズ	昭和33年生まれ、短大卒で夫は死亡しており、本件取引前に日進貿易で先物取引をしたが損をして2000万円の借金をしていた委託者が、外務員から「日進貿易はひどい会社だった。コーワは日進のようなことはない。大丈夫、私に任せて。儲けが出る、借金もすぐに返せるようになる」などと勧誘されるケースにつき、適合性原則違反、一任売買、両建、手数料不抜け等の特定売買を重ね手数料稼ぎをしたので一体として不法行為を認めた（過失相殺4割）。 業者の差損金請求は、不法行為成立を理由に棄却。

311

第8章　先物取引被害等の裁判例

㉗	東京高判平13・10・10 (平成13年(ネ)第1390号)	先裁集31号104頁、裁判官［近藤崇晴、宇田川基、加藤正男］	明治物産	委託者敗訴の原判決（新潟地判平13・2・1先裁集31号47頁）を変更した控訴審判決。控訴審は、業者には、委託者に対し先物取引の仕組みと危険性について十分説明し、自主的な判断のもとに不測の損害を被らないように配慮すべき信義則上の注意義務があり同義務違反があると認定し、断定的判断提供、一任売買も認めた。取引期間1年4カ月間の取引回数が296回と異常に多いこと、両建が3割以上を占め売直し・買直し、途転、日計り、手数料不抜けといった無意味・不合理な取引が頻繁にあり、手数料割合4割などから、委託者の無知に乗じ、手数料稼ぎのための過当取引であるとし違法性を認めた（過失相殺3割）。
㉘	静岡地浜松支判平13・10・25 (平成12年(ワ)第54号)	先裁集31号211頁、被害研究18号、裁判官［田中優］	グローバリー	若年者を勧誘し、短期間に多くの商品の取引をさせる本件業者の典型的事例。28歳、大卒であっても、知識・経験・財産の状況から不適格者に対する勧誘であり、「ハイリスク・ハイリターンである」と言ったとしても説明義務違反、自己責任についての自覚を促すための情報提供が不十分、利乗せ満玉等の過当取引の違法性をそれぞれ認めた（過失相殺4割）。
㉙	岐阜地大垣支判平13・11・15 (平成11年(ワ)第23号)	先裁集31号229頁、裁判官［古河謙一］	大起産業	勧誘段階で十分な説明なく誤解を招く態様で勧誘行為を行ったとして違法性を認め、取引継続段階でも新規委託者保護義務違反、過当取引を認定。両建につき、両建の理解が不十分な者に両建を勧誘・受注することは、正当な勧誘行為として許される行為の範囲を逸脱するとして両建勧誘の違法性を認めた。証拠金徴収義務違反については、同義務が過当取引を抑制し、委託者を保護しようとする目的もあわせもつとし、過当取引の一つの要因として違法性を認定した（過失相殺2割5分）。
㉚	札幌地判平14・1・21 (平成12年(ワ)第2304号、同3186号)	先裁集31号288頁、裁判官［岩松浩之］	日進貿易	商品先物取引受託契約に基づく誠実公正義務または信義則上の付随義務（誠実義務、真実義務）があることを前提として、もっぱら外務員の相場観に基づくものであること、知識・取引経験に照らし過当取引であること、手数料獲得の目的で頻繁な取引や両建の勧誘が行われていることから誠実公正義務違反による債務不履行責任を肯定（過失相殺5割）。

I 国内公設先物裁判例

㉛	千葉地判平14・1・31 (平成12年(ワ)第2830号、同13年(ワ)第460号)	先裁集31号305頁、裁判官[及川憲夫]	第一商品	仕切拒否の有無だけが争点の事案で、とうもろこしについて仕切拒否を認めて受託契約上の債務不履行を構成するとし、指示に従ったであろう場合と実際に生じた損金との差額を損害と認定した。
㉜	大分地判平14・2・14 (平成12年(わ)第33号)	被害研究18号、先裁集31号355頁、裁判官[久我泰博、鈴木幸男、餘多分亜紀]	グローバリー	先物取引被害者が、業者従業員を殺害し、現金等を強取した強盗殺人事件。判決は、グローバリーの先物取引の進め方は全体として組織的な違法行為であった可能性が高いとして、本件犯行に至った経緯には同情すべき余地があり、典型的強盗殺人とはいささか異なる側面があるとし、平均的強盗殺人の事案と同一の量刑に処するのはいささか躊躇せざるを得ないとして、先物被害者である被告人に懲役15年を言い渡した。
㉝	神戸地姫路支判平14・2・25 (平成10年(ワ)第509号)	先裁集32号16頁、裁判官[島田清次郎、正木きよみ、柴田誠]	三貴商事	刑事事件である同和商品事件(最判平4・2・18、控訴審大阪高判昭63・2・9)を意識し、民事判決としては、初めて「客殺し」を認定した画期的判決。本件取引によって発生した損失が委託者の自己責任に帰せしめられるべきものか、「客殺し」として業者の負担に帰せしめられるべきものかという点が争点であるとし、そもそも「客殺し」が可能かについて検討している。相場予想は困難であり、相場変動を利用して直ちに顧客に損失を被らせることが困難であるとしても、向い玉によって顧客から預託された委託証拠金を手元に留保した商品取引員が、この委託証拠金の返還を免れる意図のもとに、「客殺し」を構成する各取引手法(利乗せ満玉、無意味な反復売買)を組み合わせて用いれば、手仕舞い時に、計算上の損失に藉口して顧客に返還すべき金員がないかのように取り繕うこと(客殺し)は十分可能といわなければならないとした。次に、いわゆる「客殺し」が行われたと認められるかという点につき、被告が恒常的に向い玉を建てている事実は、被告にいわゆる「客殺し」の体質があることを推認させる事情であるとした。さらに、取引経過を分析し、無意味な反復売買を繰り返して手数料損を増大させつつ、利乗せ満玉を繰り返して、相場で大きな損が出るのを待ち、顧客に決定的

313

				な損が出た時点で、損を出している建玉の一部を仕切って、損を現実化させる一方で、ほかの損を出している建玉について完全両建をはめて相場損を固定し、その後も無意味な反復売買によって手数料を稼ぎながら、委託者に出ている投機益の吸収を図っていたと推認できるとした。そして、被告は本件取引当初から、委託者から預託を受けた金銭の返還を免れることを志向しつつ、さまざまな工夫をこらしていたもの（客殺し）と推認されるとする。「客殺し」を認定し、委託者の出した全額の賠償を認容し、一切の過失相殺を行っていない。本件の委託者は訴訟中に死亡し、原告尋問は行われなかった（被告担当者尋問のみが行われた）。しかし、問答形式の原告の供述録取書を作成し、建玉分析表、証拠金勘定、損益金勘定、値洗い勘定の時系列の一覧表と組み合わせるなどして客観的立証を徹底して行うなど原告代理人の熱意ある訴訟遂行が裁判所を動かしたものと思われる。
㉞	大阪地判平14・2・26 (平成13年(ワ)第594号)	先裁集31号327頁、裁判官［山下寛、大竹昭彦、渡部五郎］	朝日ユニバーサル貿易	新規委託者保護義務違反、適合性原則違反、頻繁売買について、高齢・無職・投資経験がない原告に対するものとしては社会的相当性を逸脱した不当・過当なものであって、その勧誘行為は違法であるとし債務不履行責任を肯定（過失相殺4割）。
㉟	札幌地判平14・3・6 (平成12年(ワ)第1470号、同第1931号)	先裁集32号105頁、裁判官［寺西和史］	エース交易	本訴が787万円の差損金請求、反訴は損害1706万円であるが、差損金と相殺し、主位的に債務不履行、予備的に不法行為に基づく1019万円の損害賠償請求。説明義務違反、断定的判断の提供、指値注文に反する建玉は無断売買と認定、両建勧誘の違法を認定し、債務不履行責任を肯定。業者の行為は極めて悪質で、被告に全く落ち度がないわけでないが、業者の責任の重大性からもっぱら業者に責任があると評価すべきであって過失相殺すべきでないと判示。債務不履行責任を認めたこと、指値指示に反する売買を無断売買と認定したこと、過失相殺の否定など注目すべき判決。

㊱	新潟地判平14・3・27 (平成12年(ワ)第572号、同第651号)	先裁集32号134頁、裁判官[大野和明]	大起産業	本訴は差損金請求、反訴は損害賠償請求。昭和34年生まれ、市役所の係長で、預金900万円、株、先物取引未経験の委託者につき、全取引回数26回中、特定売買が13回、手数料が全売買差金の半分以上であるケースについて、判決は、業者がもっぱら委託手数料を得る目的で無意味ないし過大な取引を勧誘したのは善管注意義務に反するとして不法行為を認定。特定売買は、裁判実務上顕著な事実であるとし、とりわけ両建について、異限月両建は、同一限月以上に有害無益と断じたことは注目される。控訴審は㊼。
㊲	千葉地木更津支判平14・3・29 (平成10年(ワ)第89号)	先裁集32号153頁、裁判官[松丸伸一郎]	東京ゼネラル	1953年生まれのスイス国籍の牧師、宣教師で、先物取引の知識経験はない委託者について、121回の取引中、特定売買が36回、29.8%、売買回転率月9.7回、手数料化率96.3%のケースにつき、原告は先物取引不適格者として適合性原則違反、説明義務違反、新規委託者の建玉制限に関し建玉超過申請書は無効、偽計による両建勧誘（商取法152条）、一任売買、特定売買による無意味な反復売買、これら一連の行為は、業者に対して、善管注意義務違反、誠実公正義務違反で、不法行為ないし債務不履行が成立するとした。しかし、個々に関与した従業員は全体について責任を問うことはできないとした。控訴審は㊾。
㊳	名古屋地判平14・4・30 (平成12年(ワ)第4472号)	先裁集32号184頁、裁判官[戸田彰子]	コーワフューチャーズ	業者が高度な注意義務を負担することを前提に、不慣れな委託者に値動きの激しい時期に次々と取引を拡大させ、短期間で多額の投資をさせたのは社会的相当性を逸脱し、不法行為を肯定。
㊴	名古屋地判平14・5・14 (平成11年(ワ)第693号)	先裁集32号219頁、裁判官[筏津順子]	トレックス	大正生まれの市議会議員である委託者につき、新規委託者保護義務違反、両建勧誘の違法、手数料稼ぎを認定し、一連の違法な行為として不法行為認定。
㊵	名古屋地判平14・5・24 (平成11年(ワ)第4032号)	先裁集33号69頁、裁判官[山下美和子]	朝日ユニバーサル貿易	取引当時81歳の男性で、過去に商品先物取引経験のある会社経営者である原告Ａと、取引当時60歳の女性でＡの経営する会社営業部長であり商品先物取引の取引の経験がない原告Ｂにつき、Ａの勧めで本件取引を開始したＢは、Ａとの間でＡが資金を出し、利益が出ればＢのものとし、損が出ればＡが負担す

315

				る合意があった事案。判決は、原告Aにつき、特定売買比率40.3％、売買回転率月14.5回、手数料損害金比率101.8％から、特定売買を「相場の戦法」だとする被告主張に沿わない具体的取引事例を数例指摘して「転がしを行っていたことは明らか」として過当売買等について肯定（Aが被った損害はもっぱら担当者に依存していることに乗じて手数料稼ぎをした担当者の行為に起因するとして過失相殺ゼロ）。原告Bにつき、特定売買比率31.3％、売買回転率月3.3回、手数料損害金比率31.4％を前提に、Aよりも数値は低いが、Aと同一担当者が同時期にAについて明らかな転がしをしていることを考慮して、担当者がBの利益を考慮せず被告の利益を図る方向で誘導した「手数料稼ぎを目的とした過当売買である」と推認（過失相殺7割）。
❹	静岡地判平14・6・7 (平成12年(ワ)第739号、同第791号)	先裁集32号269頁、裁判官［三輪恭子］	萬成プライムキャピタル証券	本訴損害賠償請求事件、反訴差損金請求事件。昭和38年生まれ、高卒、勤続17年の会社員、独身、年収370万円、預貯金1000万円、株式、先物経験ない委託者が、ガソリン、天然ゴム指数等の先物取引勧誘について、取引開始から8日間で2500万円の取引を行わせたのを新規委託者保護義務違反とし、これだけで不法行為を認定。
❹	前橋地判平14・6・12 (平成12年(ワ)第121号)	先裁集32号292頁、裁判官［中野智明、丹羽敏彦、櫛橋明日香］	新日本商品	夫婦（夫は死亡したので相続人）のした先物取引の損害賠償請求。妻は67歳、年金生活者、自宅と預貯金700万円。夫は、高額納税者、結核で自宅療養中、自宅で寝ている状態。妻は通常の損害賠償、夫は、主位的に、妻が勝手に委託契約を締結したとして契約無効を主張、予備的に損害賠償請求。判決は適合性原則違反、仕組みについての危険性の説明・情報提供義務違反、配慮義務違反、両建の説明義務違反で、全体として違法、不法行為を認定。
❹	奈良地判平14・8・23 (平成12年(ワ)第110号)	先裁集33号127頁、裁判官［宮城雅之］	コーワフューチャーズ	商品先物取引の経験がない40歳の農協勤務の男性が、平成9年4月～11年9月まで19品目の取引により合計1億1500万円（手数料4800万円）の損害を被った事案。取引開始後2週間で建玉枚数120枚に達する等、建玉枚数が過大であること、

				両建が非常に多い事実関係を前提に、「個別具体的な取引場面において、原告が両建をすべきかどうかの判断能力を有していたとは到底認められず」、結局は「被告従業員の言いなりになっていたと認められ」るとし、「被告従業員らが原告を錯誤に陥らせ、困惑させて取引を勧誘した上、これを継続させ、また新規委託者保護義務に違反し、無意味な反復売買を繰り返し、原告の理解のないまま両建を加入した一連行為は違法」であるとし、原告の請求を全部認容した。
㊹	福岡地判平14・9・30（平成12年(ワ)第3155号）	先裁集33号163頁、裁判官［宮尾尚子］	三晃商事	判決は、商品取引員は、委託者の自己責任による取引を確保するために、委託者が取引の投機性や危険性についての認識および判断を誤らせないように配慮する義務があり、かつ委託者に対する忠実義務があるから、委託者の利益を犠牲にして手数料稼ぎを行うなどその違反の程度が社会的に是認される程度を越えているときには、委託者に対する債務不履行または不法行為を構成するとする。そのうえで、①先物取引について深い理解があったとは認められない原告について、管理規則に違反して建玉をさせるなど、取引開始後間もない頃から過大な取引を行わせ、さらにこれを拡大させていった結果、多額の損失を被らせたとして新規委託者保護義務違反の違法を認め、②両建はその意義や不利益、他にとりうる対処方法等に関する十分な説明を尽さず、委託者が両建の不利益を十分理解しないままこれを行う場合には違法となるとし、本件原告が両建の機能、不利益な点を十分理解したうえでこれをしたとは到底認められないとする（過失相殺3割）。
㊺	名古屋高判平14・10・1（平成13年(ネ)第347号）	先裁集33号213頁、裁判官［小川克介、黒岩巳敏、鬼頭清貴］	オリエント貿易	名古屋地判平13・3・21先裁集30号344頁の控訴審判決。管理規則による新規委託者保護義務違反を認め、さらに特定売買比率59％、手数料化率38％を前提に「本件先物取引の全体が特定売買はもとより、その他の取引を含めて、全体として商品取引員やその営業担当者として顧客に対して果たすべき忠実義務に違反し、その違反の程度が著しく顧客に対する不法行為の成立を推認することができる」

第8章　先物取引被害等の裁判例

			とし、無断売買に関する苦情を書面で被告に申し出た取引につき無断売買を肯定（過失相殺6割）。
㊻ 岐阜地多治見支決平14・10・2（平成12年(モ)第61号）	先裁集33号240頁、裁判官［遠山和光］	東京ゼネラル	委託者全体としては損を発生させつつ、相手側の自己玉は利益を上げている事実（顧客総体に対する差玉向いにより利益を上げている事実）を立証するために、相手方の先物取引建玉計算帳の文書提出命令を求めた事案につき、先物取引建玉計算帳には委託者と自己玉との対応、約定差金の推移が記載されているので、客殺しの事実があったか否かの判断には必要不可欠の資料であるとし、民事訴訟法220条4号書面に該当するとした。
㊼ 東京高判平14・10・30（平成14年(ネ)第2361号、同4636号）	先裁集33号244頁、裁判官［赤塚信雄、宇田川基、加藤正雄］	大起産業	㊱に対する業者の控訴と顧客の附帯控訴請求に対する判決。①商品先物取引が極めて投機性が高く、短期間に膨大な損失を被る危険性を内在していることから、商品取引員らは、不適格者を勧誘しないことはもとより、顧客が商品先物取引の十分な知識や経験を有していない場合には、取引に習熟するまでの間は、その資産に照らして過大となる取引を勧誘しないよう配慮すべき注意義務があること、②登録外務員の勧誘の結果、売買回数自体が多いうえ、特定売買による取引が高い割合で行われた場合は、特別の事情のない限り、登録外務員が手数料収入を目的として無意味な反復売買を誘導したものと推認するのが相当であること、を前提に、本件取引が手数料収入を目的とする担当者らの過大で無意味な反復売買の誘導に基づいて行われたものというほかなく、一連の勧誘行為が全体として不法行為を構成するとして、業者の控訴を棄却し、顧客の請求を認めた（過失相殺6割）。
㊽ 大阪地判平14・11・28（平成13年(ワ)第7663号）	先裁集33号270頁、裁判官［田中俊次、朝倉佳秀、井上紀代子］	コーワフューチャーズ	先物・証券の経験がない、実父経営の会社に勤務する委託者（年収560万円、資産250万円）に、平成11年12月から7カ月間で6商品、666枚の建玉をなさしめ、合計66回の売買により約1181万円の損害を生じさせ（手数料化率43％）、原告代理人弁護士による手仕舞通知後も無断売買による損害約100万円を生じさせた事案。判決は、説明義務違反、新規委

318

				託者保護義務違反、証拠金に関する規制違反等の違法行為、勧誘文言上並びに断定的判断提供および過当取引との関係で、直接に違法とはいえないにしても、違法性を根拠づける多くの問題行為があったことを肯定し、代理人選任後の無断売買をも認めて、不法行為責任を肯定（大学法学部卒業の会社員であること等から過失相殺4割）。
㊾	東京高判平14・12・26（平成14年(ネ)第2951号）	先裁集33号302頁、裁判官[石垣君雄、大和陽一郎、富田善範]	東京ゼネラル	㊲についての業者からの控訴に対する判決。原審判決よりも詳細な事実認定により、適合性原則違反、説明義務・断定的判断提供、事前書面不交付、偽計による両建、無断・一任売買、無敷・薄敷、無意味な反復売買、仕切拒否を認めて業者の不法行為責任を肯定。
㊿	名古屋地判平15・1・17（平成11年(ワ)第3194号、同12年(ワ)第88号）	先裁集33号334頁、裁判官[長門栄吉]	コーワフューチャーズ	投資経験のない45歳の男性（大卒、一級建築士）に対する平成10年10月から39日間の金先物取引に関する預託金約2201万円および未払損金約251万円の損失に関する、業者側の差損金請求とそれに対する損害賠償反訴請求。商品取引員等は契約上の付随義務として、自己責任原則に従って取引を行うことが不適当なものには商品先物取引を行わせないようにする義務（適合性原則）を、また取引開始後は善管注意義務の具体化した形態として、顧客の意向や資力に適合した助言をするべき義務（取引過程での適合性原則）を負うとし、本件では取引過程において被告推奨以外の方法の利害得失を説明することなく即断を迫るなどしたことは、原告が未経験者・未習熟者であったことを勘案すると断定的判断を提供したと認められ、原告の決断も、被告の断定的判断の提供の結果であり、被告の助言の不当性はなくならないとして、不法行為責任を肯定（顧客の過失相殺3割。被告が不法行為責任として7割を賠償すべき地位にあることから、被告の差損金請求も信義則上3割に制限）。
51	大阪高判平15・1・29（平成14年(ネ)第1684号）	先裁集34号23頁、裁判官[熊谷絢子]	東京ゼネラル	京都地判平12・3・30（先裁集34号1頁）の控訴審判決。勧誘段階につき、①原告が断っていた勤務先への連日の架電および勤務先への訪問が執拗な勧誘として違法であること、②現実に損失が生じたときの具体的損害額やストップ高スト

				ップ安といった用語が現実の取引場面で具体的にどのような意味をもつかまでの具体的説明がないことで説明義務違反を認定。取引継続段階につき、①商品先物取引の経験がなく年収1000万円の原告に対し、取引期間1年半の間に約定金額が最大7億円近くにまでなったことが過大取引であること、②追証が出た場合は、取引を継続するか否かを決定したうえ、継続する場合は追証を入れるか減玉すべきであるのに、追証を放置したうえ新たに建玉した違法があり、市場の傾向に逆行した助言を配慮義務違反と認定（過失相殺3割）。
(52)	名古屋地判平15・2・28（平成11年(ワ)第3042号）	先裁集34号64頁、裁判官［野田弘明、日下部克通、秋武郁代］	大起産業	勧誘行為のみからは違法といえない場合でも、その後の一連の行為と相まって全体として違法と評価される場合もあるとの前提をとり、取引回数（月平均22.6回）・委託手数料率（54.9%）・特定売買比率（82.7%）に着目した全体的観察の下、特段の事情がない限り手数料稼ぎ目的が推認されるなどとして違法とした（原告が大卒・年齢（昭和36年生まれ）・職業（農業）からすれば、商品先物取引の高い投機性を容易に知り得たこと、勧誘にかかる取引額の10倍もの金員を投資して取引に臨んだこと、要求される都度追証を差し入れて損失の増大を招いたこと、として過失相殺4割）。
(53)	大阪地判平15・3・11（平成13年(ワ)第9548号）	先裁集35号62頁、裁判官［和久田斉］	朝日ユニバーサル貿易	適合性原則は、入口の要件のみの問題として議論されるべきでなく、取引参入後の取引規模が資産に見合わない過大なものとならないように、顧客の資産の把握に十分意を尽くし、取引の受託やそれに至る助言の過程においても、顧客の資産と対比して過大な取引を継続させないようにすべき注意義務としたうえで、同義務違反を認定（過失相殺3割）。
(54)	名古屋地判平15・3・28（平成12年(ワ)第3977号）	先裁集34号125頁、裁判官［佐藤真弘］	カネツ商事	取引拡大時点での適合性原則違反について、その時点では少なからず商品先物取引の経験を原告が積んだことになること、取引に対する理解も進んだとみられることなどから否定。もっとも、取引拡大に際し社内審査の結果を記載する書面に、知識・理解度や申請理由に関し事実に反する記載があることから、適格審査

				が形式的であったとして、新規委託者保護規定の著しい違反を認め、さらに取引上の損失に対する手数料の割合が4倍に近いこと、181回中78回という特定売買の頻度や手数料額を勘案して無意味な反復売買を認め、それらの程度は社会的に是認できないとして不法行為を肯定（他方で、原告が取引の都度報告を受けその内容を把握していたこと、断定的判断の提供があったとまでは認められないこと、取引継続には原告の意思も働いていたことから、過失相殺6割)。
(55)	東京地判平15・3・31（平成14年(ワ)第1118号）	先裁集34号166頁、裁判官[岩田好二、工藤正、徳田祐介]	エー・シー・イー・インターナショナル	海外商品を対象とするオプション取引の危険性を説示したうえで、利益の出る客観的可能性自体が非常に低く、利益を得ることは通常一般人にとっておよそ不可能に近いと断じて、中卒・配送業従事者で投資経験を有しない原告を勧誘することが適合性原則違反であり社会的相当性を逸脱する。かかる原告に対しては、その能力に応じた十分な説明および正確かつ詳細な情報の提供がされたとは到底認めることができないうえ、断定的判断提供を繰り返すことで原告の判断を積極的に誤らせたなどとして、説明義務違反・断定的判断提供を認定。過大・無意味な取引の勧誘および仕切拒否も認定したうえ、一連の勧誘行為が一体して違法であるとし、このような事情の下では、原告が取引の抽象的危険性を理解し、また通常の一般人程度の能力を有していたとしても、現実の危険性を疑うことすらできない心理状況に追い込まれていた原告の落ち度を重視すべきでないとして、過失相殺15%とした。
(56)	名古屋地判平15・4・18（平成8年(ワ)第271号）	先裁集34号185頁、裁判官[筏津順子、武藤真紀子]	アイメックス	両建を利用して委託者の損勘定に対する感覚を鈍らせ、不当な委託手数料稼ぎを意図した場合は違法性があるとしたうえ、被告担当者が両建を進めた理由を合理的に説明できなかったこと、大量の建玉等の事情から違法性を認定。また当初から470枚もの建玉をし、3カ月後には10倍以上にもなったことをあまりに過大とし、原告の適格性に疑義を呈したうえ、株の信用取引は商品先物取引と同視できるものでないとして被告らの反論を排斥して、客殺し体質に加えて、実際の取引

				経緯において新規委託者保護義務違反を認定。さらに、証拠金が、過当投機を抑制し、委託者を保護しようとする目的をあわせもつとして、委託証拠金不足のまま多額かつ少なくない回数の取引の勧誘・受託をしたことが違法とした（過失相殺2割）。
(57)	札幌地判平15・5・9（平成14年(ワ)第1896号）	先裁集34号246頁、裁判官［山田真紀］	コスモフューチャーズ	WWMFX（ワールド・ワイド・マージンFX）について、極めてハイリスク・ハイリターンの金融派生商品であるとし、スワップ金利発生の難解なしくみや取引自体の理解が容易でないことを理由に、一般消費者に提供する場合には、証券取引・商品取引と同様、適合性原則、説明義務違反の法理が妥当するとし、投機取引の経験がなく為替取引の知識もない48歳無職の女性について、取引の適格性に大きな疑問があること、原告（被告のテレフォン・アポインター）は、WWMFXは外貨建て預金であるとの説明内容を記載したマニュアルに従って毎日勧誘し、被告従業員から勧誘を受け、自らもWWMFXを外貨建て預金と信じ取引を開始したのだから、WWMFXを外貨預金との基本的なしくみからの違いを説明していない点およびパンフレットに銀行でないS社を銀行と表示し銀行でないことを説明していない点から、被告従業員の説明義務違反を認定。さらにドル買いとドル売りを同時に保有するという無意味、かつ、買いと売りのスワップ金利の差異が口座から差し引かれていく意味での、取引の有害性を認め、原告の口座、証拠金等が適切に管理・運用されていたかも大きな疑問ありとし、取引実施の点においても、従業員の違法行為の存在を認定。そのうえで、取引不適格者を勧誘した可能性が十分にあり、WWMFXを外貨建て預金の一種と信じて取引を開始し、継続したことについて、落ち度を認めることは困難とし、被告の過失相殺主張を排斥している。
(58)	札幌地判平15・5・16（平成14年(ワ)第559号）	金商1174号33頁・先裁集34号268頁、裁判官［橋本昇二］	コスモフューチャーズ	被告の本案前の抗弁（渉外仲裁契約）を、それにかかる仲裁同意書に日本で訴えを提起できなくなる旨明記されていないこと、被告従業員も日本で訴えることができなくなる旨を原告に説明していな

				いことから排斥。ディーラー（S社）を商業銀行と偽り、完全分離保管制度の適用があると述べ、製本業を廃業して間もない高卒・無職・58歳の男性（契約後、肺気腫、躁鬱病にて入院）を、WWMFX（ワールド・ワイド・マージンFX）に勧誘した被告に対し、実際はS社が外国為替取引を行っていないことからWWMFXを賭博行為にすぎないとし、虚偽説明および誇大な説明だとして不法行為を認定し、証拠金同額（2700万円）および1割の弁護士費用の損害賠償を命じた（過失相殺なし）。
(59)	神戸地判平15・5・22（平成12年(ワ)第1197号）	先裁集35号169頁、裁判官［太田敬司］	三貴商事	①利乗せ満玉による取引拡大がもたらす危険性に鑑みると、原告が自らそのような大きな取引を望んだとしても、受託者である外務員としては、原告を思いとどまらせるなどして取引を抑制すべきであること、②原告は朝から夕方まで庶務係長としての勤めがあって、時々刻々変動する相場に即応して直ちに取引指示をすることが困難な立場にあったから、外務員としてはその状況に配慮して受託業務を遂行すべきで、相場が反転した際は原告の損失が拡大しないように積極的に手を打つべきこと、等の外務員の注意義務を認めたうえで不法行為を肯定（過失相殺1割）。なお、上記不法行為の結果、原告はサラ金から多額の借金をしてその返済に追われ、一時は自殺を考えるまで思い詰め多大な精神的苦痛を被ったとして、100万円の慰謝料を認めている。
(60)	大阪地判平15・5・29（平成13年(ワ)第12685号）	先裁集34号332頁、裁判官［官角隆博］	アイメックス	委託者の資質・資力によっては、受託業務管理規則14条の外務員の判断枠内でも、相応の建玉枚数の範囲を超える取引は新規委託者保護義務違反となるとし、被告担当者が、利乗せ取引を行うことの危険性を十分説明せず、委託証拠金総額が原告申告の預貯金額にほぼ相当する原告に余裕資金のない状態で白金60枚の建玉をさせた点は、相応の建玉枚数を超え、新規委託者保護義務違反を認めた（大学経済学部卒・証券会社勤務の原告（31歳・男性）に対し過失割合6割）。

(61)	札幌地判平15・6・25（平成14年(ワ)第848号）	先裁集34号367頁、裁判官［寺西和史］	コスモフューチャーズ	WWMFX（ワールド・ワイド・マージンFX）において、被告が、Ｓ社が銀行でないこと、原告がＳ社に預託する金員が証拠金であり銀行が運用する金員ではないこと、同預託金の何十倍もの金額の取引が行われていること、スワップ金利を取られる場合の説明をせず、銀行であるＳ社に預けるので安全だと虚偽の説明をして誤信させ、Ｓ社が確実に利益を上げられるよう両建をするなど原告の取引を拡大するようにし向けたことをもって不法行為とした（過失相殺なし）。なお、本件訴えが訴訟要件を欠いているため不適法である旨の被告主張につき、国際仲裁同意書に署名押印したとしても原被告間の法的紛争に関し日本の裁判所に訴えを提起できなくなることに同意したとは認めるに足らないと排斥。
(62)	札幌地判平15・6・27（平成14年(ワ)第2054号）	先裁集34号409頁、裁判官［古谷健二郎］	コスモフューチャーズ	為替相場の変動という偶然の事情を指標として、金銭の授受を行うことのみを内容とする本件取引（WWMFX（ワールド・ワイド・マージンFX））は、賭博行為といわざるを得ず、被告外務員が、原告に対し、そのような内容の本件取引を勧誘したことを不法行為と認定。証拠金の100％を超える高率のスワップ金利を支払う必要が生じうるWWMFXは、顧客が損失を被る危険性の極めて高い取引であり、株式取引や外貨預金の経験のない原告（52歳・女性）に勧誘することは違法であり、被告外務員が、取引の基本的内容を偽り、外貨預金類似の取引であると説明し、当然利益が発生する旨、およびスワップ金利取得の場合のみを説明して勧誘した点を説明義務違反とする（過失相殺なし）。
(63)	鹿児島地判平15・7・16（平成13年(ワ)第546号）	先裁集34号439頁、裁判官［池谷泉］	オリエント貿易	取引から１カ月で受託業務管理規則限度額超の637万円、３カ月経過前で1700万円（売買差益の振替を含め2300万円）という委託証拠金の拡大は、新規委託者保護規定の甚だしい違反であること、安全策としての両建の勧誘も甚だしい信義則違反の取引誘導であること、２カ月半の間に合計64回、最大１日10回（同じ商品の新規建玉あり）の取引反復は、原告の個別指示のない過剰な反復取引と推認

				されるとして、全体として不法行為成立を肯定（原告が年商8000万円の企業経営者である点などから過失相殺５割）。
(64)	名古屋地判平15・8・19（平成13年(ワ)第4962号）	先裁集34号454頁、裁判官［渡辺修明］	エー・シー・イー・インターナショナル	海外商品先物オプション取引は一般投資家が利益を発生させることが困難でリスクの大きい取引であり、被告従業員が、プレミアム価格の特殊性やその変動の諸条件、相場動向を適切に説明・告知せずに、「確実に利益が出ます」等の断定的判断を告知して、熱心かつ執拗に勧誘して、本件取引を開始、継続させた一連の行動は、全体として不法行為を構成（大学卒元歯科医師43歳男性である原告に過失相殺４割）。
(65)	名古屋地判平15・8・27（平成14年(ワ)第2711号）	先裁集35号191頁、裁判官［西尾進］	コーワフューチャーズ	日系ブラジル人で日本語力が不十分であった原告につき、適合性原則違反、説明義務違反を認定し、さらに、初回から金67枚もの建玉を受注したのは、いかに原告の意思によるものだったとしても、先物業者の従業員として甚だ不適切で、これを禁じる明示的規定の存否にかかわらず違法であるとし不法行為責任を肯定（過失相殺３割）。和解契約の効力につき、原告には和解の前提事実について錯誤があるので無効とも判示。
(66)	千葉地判平15・8・27（平成13年(ワ)第524号）	先裁集35号206頁、裁判官［丸山昌一］	明治物産	商品先物取引経験はあるが、両建の経済的意味や仕切の困難性等について十分に理解していない原告に対して、これらを十分に理解できるような説明をしないまま、取引当初から両建をさせ、多数回にわたり両建を繰り返させたことは、危険性を告げないまま取引させることにほかならないとして、両建勧誘の違法性を肯定。特定売買は商品取引員の手数料稼ぎに悪用されるおそれがあるところ、本件ではストラドルおよびオプション取引を除いた特定売買比率は78.7%と高率であり、両建の場合を除き、原告に対して、当該取引の必要性・合理性を説明した形跡がないこと、売買回転率（14.3回）、手数料化率（76.7%）が高率であることをも考慮すれば、被告の手数料稼ぎのためになされたものと推認するのが相当であるとして、特定売買（無意味な反復売買、転がし）につき違法性を認め、さらに実質的一任売買も認定して被告の不法

				行為責任を肯定（取引当時38歳・男性・専門学校卒・会社員（電気回路設計）・年収1000万円・預貯金等1000万円の資産保有・商品先物取引経験１回ある原告に対して過失相殺６割）。
(67)	東京高判平15・9・11（平成14年(ワ)第2658号）	先裁集35号35頁、裁判官［西田美昭、森高重久、伊藤正晴］	岡藤商事	横浜地判平14・3・29（先裁集35号１頁）の控訴審判決。新規委託者保護義務につき、その趣旨を詳細に判示したうえで、新規委託者保護を、取引に対する自己責任原則が適用できる基盤を形成し、ひいては、商品先物取引の社会的に是認される運営を確保する必要から認められるものと位置づけたうえで、同義務違反を認定して委託者敗訴の原審判決を変更（過失相殺５割）。
(68)	大阪高判平15・9・25（平成15年(ネ)第1187号）	先裁集35号133頁、裁判官［下方元子、水口雅資、橋詰均］	朝日ユニバーサル貿易	委託者の損害が、外務員の故意行為によるものであることを考慮すれば、民法722条２項の適用は相当でないと過失相殺を否定し、原判決を変更して、損害全額の賠償を命じた。特に、①原告は小学校教員であり、平日の昼間に行われる取引所の相場の状況を時々刻々自ら把握することは不可能であり、先物取引の知識も全くなかったから、外務員に対して具体的指図を行うことは困難であるとして、個々の取引の事前の明示的承諾を否定し、②地味で堅実な職業にあり、老後の生活の安定を第１に考える年齢にさしかかっており、危険を冒してまで投機取引で金儲けをしたいと思う人物とは考えにくいから、原告が先物取引を始めたうえ取引拡大を承諾したのは、必ず儲かるとの勧誘があったと考えるのが自然であること、③買直しの反復は、通常は、いたずらに手数料の負担や追証の危険を増大させるだけであって顧客にとってほとんど実益がないから、原告が自己の判断で買直しの反復を行ったとは考えにくいこと、を指摘。
(69)	大阪地判平15・10・21（平成14年(ワ)第6605号）	先裁集35号246頁、裁判官［岡原剛、遠藤東路、相澤聡］	エー・シー・アイ・インターナショナル	投機的なオプション取引は、元本欠損の可能性が客観的に高く、通常の一般投資家にとっても合理的な投資判断は必ずしも期待し得ない取引であるとしたうえで、オプション取引における適合性を判断するにあたり、①投資経験や一般的能力からみて、オプション取引の基本的な

Ⅰ　国内公設先物裁判例

				しくみだけでなく、プレミアムの変動の特徴や要因について概括的にせよ一応の理解を得るだけの能力が不可欠であること、②投機志向が高いこと、③投資額全額を喪失することに一応耐え得るだけの余裕資金を有することとの判断基準を提示したうえで原告につき投機的オプション取引をする適格性に極めて乏しい者として適合性原則違反を認定。説明義務の内容として、投機的オプション取引のしくみおよびリスクについて原告の能力に応じて十分な説明を行うとともに、個々の取引について、プレミアムの価格変動につき経済的合理性ある予測ができるだけの情報を提供すべきとして、説明義務違反を肯定。原告が権利行使期限前に紛争処理を弁護士に委任していたことをとらえて、適切な決済を行うことにより権利放棄による損失を回避し得たとして、損害額を争う被告主張に対し、弁護士といえども、オプション取引の複雑困難性に鑑みれば、受任早々の事件で決済するための適切な投資判断をなし得る能力があるとは認められないとして、被告主張を排斥。昭和9年生まれの女性である原告（本件取引は平成14年）につき、本件取引の内容および危険性につき自ら調査確認したかったことが認められるが、被告担当者らによる勧誘行為の重大な違法性に比して無視できるほど軽微として、過失相殺なし。
❼⓪	大阪地判平16・2・10（平成14年(ワ)第9990号）	先裁集36号59頁、裁判官[岡原剛、遠藤東路、相澤聡]	光陽トラスト	大卒、管理職にあった原告につき、資力、能力においては、先物取引に耐えうる適格性がないとはいえないとしつつ、株式取引の経験さえない原告に、取引開始直後から100枚以上の残玉の取引を行わせ、2カ月の短期間1092万円の損害を負わせたことは適合性原則違反だとし、断定的判断の提供、説明義務違反、両建の勧誘などの違法性も認定（本件取引に至った経緯、従前の取引経験、勧誘行為の内容等から過失相殺は認められない）。控訴審は❼❼。

327

(71)	札幌高判平16・2・26（平成15年(ネ)第273号）	先裁集36号161頁、裁判官[坂本慶一、北澤晶、石橋俊一]	コスモフューチャーズ	実質は顧客とサマセット社との１対１の直物相対取引であるにもかかわらず、先物取引の文言を多用するなどして先物取引と誤認させかねない説明等を行い、また単なる証券ディーラーのサマセット社を政府認可商業銀行とするほか、存在しない完全分離保管制度を謳い文句にするなど、本件取引が公的な資産保護の下にある安全なものであるかの印象を与えたことなどが、虚偽情報を提供し、あるいは最も重要な情報を隠蔽していたもので、不法行為を肯定（過失相殺なし）。
(72)	札幌高判平16・2・26（平成15年(ネ)第278号）	先裁集36号175頁、裁判官[坂本慶一、北澤晶、石橋俊一]	コスモフューチャーズ	業者が、顧客に対し、WWMFX が外国為替の直物の売り買いの相対取引であり、私的な取引であることなど、最も基本的な部分について虚偽情報を提供し、あるいは最も重要な情報を隠蔽していたというべきだとして、顧客に対する不法行為とし（過失相殺なし）、業者の控訴を棄却。
(73)	仙台地判平16・2・27（平成14年(ワ)第1581号）	先裁集36号285頁、裁判官[市川正巳、高木勝己、櫻庭広樹]	新日本商品	被告会社従業員らの取引開始から終了までの一連の行為は、断定的判断の提供、新規委託者保護義務違反、実質上の一任売買、無意味な反復売買、両建勧誘、仕切回避などの取締法規違反があり、公序良俗に反し不法行為上も違法だとして不法行為と認め、過失相殺すべき事情が認められないとされた。
(74)	名古屋高判平16・3・25（平成14年(ネ)第304号）	先裁集37号84頁、裁判官[田中由子、小林克美、佐藤真弘]	大起産業	１審原告は、取引開始当初に商品先物取引のしくみの説明を一応受けており、慎重に判断すれば、１審被告従業員の言葉が単なる相場の予測（意見）を述べているにすぎないものであると理解し得たとも解されるが、この言動が専門家たる商品取引員によってなされたものであるから、確実に儲かるものとの誤解を招くに十分であり、１審原告が、勧誘された数量の10倍の資金を投入して取引を始めていることからも、１審原告がこのような誤解をしたことが十分にうかがえる。したがって、このような勧誘方法は、断定的判断提供による勧誘というべきであり、不法行為を構成する（過失相殺４割）。

⑦⑤	東京地判平16・3・29 (平成15年(ワ)第6562号、同第17575号)	先裁集37号90頁、裁判官[松田典浩]	MMGアローズ(旧商号フジチュー)	タクシー運転手であり投資関連商品等に明るいことをうかがわせる事情が見当たらず、株式取引の経験もない原告につき、短期間で委託証拠金の額を超える差損金が生じるような危険性の高い商品先物取引に、適合していたとは認められず、被告は、原告が先物取引に適合するか否かについて満足な調査を行わなかったとして適合性原則違反を肯定。また、商品先物取引の危険性に対する認識が欠けていたというべき原告に対し、新聞記事等の資料を示すなどして、白金の先物取引を熱心に勧誘した被告従業員や、その勧誘を後押しして、直ちに白金の先物取引を始めるよう説得した別の従業員には、商品先物取引の危険性についての説明義務違反があるとし、委託証拠金300万円および弁護士費用30万円を損害と認めた。被告会社の差損金請求は、信義則に反し許されないとして、原告請求を全額認容。
⑦⑥	大阪地判平16・7・29 (平成14年(ワ)第11504号、平成15年(ワ)第1792号)	先裁集37号343頁、裁判官[塚本伊平、金子隆雄、杉本敏彦]	オリエント貿易	自動車販売業を営む当時30歳の男性(専門学校卒)で、証券、商品先物取引の未経験者であった原告が、平成12年11月から平成14年10月までの間、東穀コーン等合計15種類もの商品につき先物取引を行い、7150万5123円の損害を被った(手数料比率46.14％、特定売買比率52.1％) ケース。判決は、①被告会社受託業務管理規則が、先物取引未経験委託者に対しては、取引開始3カ月以内は、投下資金を500万円以内とし、資金的余裕があり、取引のしくみ、危険性の理解が十分な者についてはそれ以上の受託を可としていたところ、本件では、わずか取引開始1カ月で2860万円を投下させていることから、新規委託者に対する保護義務違反を肯定。また被告会社外務員自身、無断売買を行ったと証言しており、本判決は一任売買の形で本件取引が行われていたことを認定し、原告が差し入れた残高照合回答書や本件取引についてすべて自らの判断で行った旨を記載した念書についても、外務員に言われるままに回答し、あるいは、被告会社が事前に準備した文書をそのまま写すように言われて写したとして、一任売買を否定するに足りないとした。過失相殺については、「被

				告会社外務員の行った本件取引が実質的に一任売買という形で行われていたという悪質性の高さに鑑み、公平の観点に照らして、過失相殺を行わないのが相当である」と判断した。控訴審は(86)。
(77)	大阪高判平16・8・31（平成16年(ネ)第814号）	先裁集38号355頁、裁判官［岩井俊、礒尾正、金子修］	光陽トラスト	(70)の控訴審判決。適合性原則違反、断定的判断提供、説明義務違反、特に両建について損失拡大を防止し損失を回復するための唯一の手段であると説明した点の義務違反、仕切拒否を認めて、過失相殺なしで委託者（被控訴人）の請求を認容。
(78)	札幌地判平16・9・22（平成15年(ワ)第2877号）	金商1203号31頁・先裁集37号416頁、裁判官［澤井真一］	インフィニットコム	夫を亡くし、パート収入月額7万円、亡夫の遺産2000万円しかない原告（株式取引、先物取引、外国為替証拠金取引の経験なし）に対する外国為替証拠金取引の勧誘につき、適合性原則違反を認め、また取引約款中のリスク確認条項にリスクの具体的内容に触れた各号の記載がないこと等から、危険性についての説明をせず、相対取引の実態を秘匿しただけでなく信用度の高い銀行と提携している、顧客資産を分離保管しているなどの虚偽説明を行ったとして説明義務違反を認め、不法行為責任を肯定（過失相殺なし）。控訴審は(95)。
(79)	大阪高判平16・10・26（平成16年(ネ)第2209号）	先裁集38号328頁、裁判官［礒尾正、赤西芳文、金子修］	和洸フューチャーズ	大卒、51歳男性、レストランチェーン店の次長で、数千万円程度の資産を有する原告（先物取引の経験なし）に対する約2.4カ月間で延べ売買枚数6242枚の取引により、1842万4020円の損失を被った事例につき、被告の過大建玉による新規委託者保護義務違反を認めて請求額2割を認容した原審（大阪地判平16・6・10先裁集38号293頁）に関する控訴審判決。業者には、過大な取引を差し控えたり、顧客への十分な説明をしたうえでその理解を確認しながら受託していくべき信義則上の義務を肯定し、さらに取引中止の拒絶、断定的判断の提供、一任売買、過当売買による新規委託者保護義務違反の各違法要素も肯定し、請求額の7割を認容（過失相殺3割）。

⑧⓪	東京高判平16・12・21(平成14年(ネ)第4715号)	先裁集38号27頁、裁判官[西田美昭、森髙重久、小池喜彦]	新日本商品	原審(東京地判平14・7・29先裁集38号1頁)は、業者の差損金392万5200円の請求(本訴)と、年収2000万円の建築会社社長(大卒、約15年前に小豆の先物取引経験および本件取引中も他社に委託して先物取引を行っていた)である顧客が説明義務違反、無断取引、過当取引、無意味な反復売買、利乗せ満玉、差損金請求の信義則違反などを主張した3275万円の損害賠償請求(反訴)において顧客敗訴としたが、その逆転控訴審判決。向い玉の違法性、無断取引、無敷・薄敷の各違法性を肯定し、顧客の反訴請求を1071万3550円を認めた(過失相殺65%、同率で業者の本訴請求認容)。特に向い玉につき、業者の自己玉が、顧客である自分が従業員から推奨されて委託した取引と売りまたは買いが逆の取引であること、あるいは自分の委託した取引をみて逆の取引をしたこと、あるいは自己を含む同じ業者へ委託している複数の顧客の委託玉の売りまたは買いの少ないほうに自己玉の取引をしたこと(いわゆる差玉向い玉)、さらには業者がそのような取引を繰り返す方針であることは、委託者にとって、個々の取引を委託するか否かを判断するについて重要な要素の一つであり、しかも業者と委託者との間に利害相反の関係が生じるのであるから、「業者は委託者に対し、予め、自己玉について上記のような取引をする方針であること、及び上記のような個々の取引をした毎にそのような取引をしたことを自己玉と対向する方向の取引を委託した委託者に、明確に開示すべき信義則上の義務を負い、それらを開示することなく取引の委託を受け、委託者に取引を継続させることは違法と解するのが相当である」として開示義務違反の違法を肯定した点が注目に値する。
⑧①	東京高判平16・12・21(平成14年(ネ)第6501号)	先裁集38号138頁、裁判官[西田美昭、森髙重久、小池喜彦]	MMGアローズ(旧商号フジチュー)	原審(東京地判平14・11・11先裁集38号72頁)は、業者の差損金請求(本訴)と、不動産管理会社社長たる顧客(大卒、株式経験あるが先物取引の経験なし)が1億4428万8027円の損害を被った件につき、説明義務違反、断定的判断提供、実質的一任売買、新規委託者保護義務違

331

				反、両建、仕切拒否などを理由とした損害賠償請求（反訴）において、顧客敗訴としたが、その逆転控訴審判決。向い玉（利害相反性、信頼の裏切り）、新規委託者保護義務違反の各違法性を肯定し、顧客の反訴請求を6271万5210円を認めた（過失相殺６割、業者の本訴請求も６割認容）。向い玉に関する信義則上の開示義務違反を肯定する点は注目に値する。
(82)	仙台地判平17・1・21（平成15年(ワ)第1223号平）	先裁集39号43頁、裁判官［岡田伸太］	日本アクロス	無職で年金生活をしている82歳・男性であり、20年前に株式取引の経験はあったが先物取引の経験がない原告に対する勧誘により、約３週間で850万円の損害を生じたケース。判決は説明義務違反、無意味な反復売買、両建、新規委託者保護義務違反を肯定（過失相殺２割）。特に説明義務につき、「（原告は）先物取引は儲かることもあるが損もすることもあるとは認識したものの、株式取引との違いも明確には認識しておらず、生じ得る損失も大きなものとは思っていなかったのであるから、外務員らが商品先物取引の仕組みや危険性について、原告が十分に理解できる程度の説明をしたものとは認めることができない」としてその違反を肯定し、原告自筆による申出書作成も「これは外務員らから示されたひな形を見てそのまま作成したものであるから、原告がこれを作成したからといって、商品先物取引の仕組みや危険性について十分理解していたということはできない」として被告反論を排斥。無意味な反復売買についても「（直し、両建、不抜け、日計りについて）これら取引方法に合理性がある場合は限られるのであって、これらの取引方法は一般的には経済的合理性に問題があるものというべきである」とし、「被告の外務員がこれらの一般的に経済的合理性に問題のある取引を、商品先物取引の経験がほとんどない原告に勧めて、その委託を受けることは、社会的相当性を欠く違法なもの」と断じる。
(83)	名古屋地判平17・1・21（平成11年(ワ)第3648号	先裁集39号63頁、裁判官［黒岩巳敏、河本寿一、渡辺諭］	米常商事	高等女学校卒業の70歳で料理旅館経営者の妻である原告が、昭和61年から平成５年５月まで夫の名前をもじった名義と自己名義で取引を行い、２億9106万1765円の損害を生じたケース。判決は仮名等

I　国内公設先物裁判例

				による売買の勧誘が一連の取引の違法性に及ぼすと断じたうえ、新規委託者保護義務違反、実質的一任売買、無意味な反復売買の違法行為を認定（過失相殺4割）。被告主張の消滅時効につき、取引終了後から平成10年4月までになされていた交渉長期化の要因が被告にあると認定して消滅時効主張を信義則上許されないとする。
❽❹	静岡地浜松支判平17・1・25（平成14年(ワ)第359号）	先裁集39号334頁、裁判官［久保孝二］	入や萬成証券	自動車工である45歳・男性である原告が、41日間で2053万8640円の損害を被ったケースにつき、判決は、原告が先物取引の一般的危険性を認識していたとしても説明書を棒読みするだけで取引の危険性について具体的な説明をしておらず、価格差取引の安全性ばかりを強調しながら手数料が二重にかかることなどの注意喚起もなく高額な取引をさせていることから説明義務違反、さらには断定的判断提供、新規委託者保護義務違反、解約拒否、実質一任売買、無断売買、手数料稼ぎの取引（特定売買比率56%、手数料比率54%）の各違法性を肯定（過失相殺3割）。
❽❺	名古屋地判平17・1・26（平成14年(ワ)第4110号、同第5428）	号先裁集39号374頁、裁判官［岡田治］	ひまわりシーエックス	業者の帳尻差損金請求本訴に対して、高校卒業後に自動車検査員等を経て内装業の有限会社代表者である39歳・男性の反訴原告（株式保有はあるが先物取引の経験なし）が、灯油売建30枚のために315万円を預託した5日後に全玉を仕切り、433万円の帳尻差損金が発生したケース。判決は、断定的判断提供を認定して消費者契約法による商品先物委託契約の取消を認め、反訴原告の主位的請求をその範囲（210万円）でのみ認容。他方、本訴原告の請求に関してはその余の建玉10枚にかかる帳尻差損金150万円に預託証拠金105万円を充当処理した残余について認容。
❽❻	大阪高判平17・1・26（平成16年(ネ)第2664号、同第3090号）	先裁集39号396頁、裁判官［竹中省吾、竹中邦夫、矢田廣高］	オリエント貿易	❼❻（委託者全面勝訴）の控訴審判決。①控訴人（業者）の本件控訴を棄却し、②被控訴人（委託者）の附帯控訴を棄却（被告業者は原審で敗訴した債務不存在確認の訴えを控訴審で取り下げている）。

(87)	津地判平17・1・28（平成15年(ワ)第369号）	先裁集39号400頁、裁判官［内田計一］	ローズ・コモディティ	昭和20年生まれの原告は、工業高校出身後は工員として働いていたが、平成14年には退職し、取引当時は農業を営んでいた（自社株と投資信託を保有したことはあったが先物取引経験なし）が、約4カ月半で2824万8060円の損害を被ったケースにつき、判決は、5日後に86枚、1カ月後に496枚を超えていることから新規委託者保護義務違反、多数回の両建（新規取引89回中両建が36回）、多数の特定売買による無意味な反復売買（特定売買比率64.5%）を肯定して被告の不法行為責任を肯定（過失相殺3割）。
(88)	静岡地掛川支判平17・1・31（平成15年(ワ)第17号）	先裁集39号430頁、裁判官［三島琢］	日本アクロス	農学部卒業後、農業・製茶業を営んでいた45歳・男性の原告（証券・先物取引の経験なし）が、約2カ月間に2155万3980円の損害を被ったケース。判決は、適合性原則違反とはいえないが適合性が十分かは疑問とし、初回建玉40枚とその後も取引を増大させたことを新規委託者保護義務違反とし、さらにリスクの一般的可能性やリスクが生じた場合の一般的対処方法を説明した場合であっても、各論的にはコーンの値上がりが期待できることについて重点的に印象を与えていた点はリスク説明が十分とはいえないとし、断定的判断提供と説明義務違反を肯定。新たな資金が必要となりどの段階でいずれを仕切るべきかという複雑高度な判断を強いられる両建は、先物取引経験がなく相場の判断力も乏しい原告にとって両建までして建玉を維持することの合理性が見出しがたく、当該両建は手数料稼ぎを目的としたものと評価されてもやむを得ないとし、高い手数料割合等（手数料比率47.9%、特定売買比率51.2%）からすると、その数値的意味を減殺する事情が伺われない本件では無意味な反復売買が認められるとし、一任売買、仕切拒否も認め、以上の事情を全体として観察するとき、被告の勧誘から手仕舞いまでの一連の行為は全体として不法行為を構成する（過失相殺4割）。

(89)	東京地判平17・2・24（平成15年(ワ)第20170号）	先裁集40号113頁、裁判官［見阿彌誠、水野有子、堀内元城］	オービット・キャピタル・マネジメント	80歳の専業主婦でオプション取引や先物取引の経験はなかった原告が、海外通貨先物オプション転売取引により3366万円余の損害を被り、取引終了直後には300万円を10回に分割して支払い、他に債権債務がないことを確認する和解契約が締結されていたケースに提訴したところ、判決言渡期日の２日前に被告従業員らが原告代理人に無断で原告の入院先病院に赴き、「訴えを取り下げてくれるなら直ちに500万円を支払う」などとして合計2000万円の和解金を支払う旨の和解契約書、本件訴え取下げ同意書および原告代理人を解任する旨の届出書に署名させて、同訴え取下げ同意書を被告従業員が裁判所に提出した事案。判決は、①訴え取下げの有効性につき、原告代理人を無視して、高齢の女性で理解能力および判断能力が低く本件訴訟の状況や見通しを知らない原告の無思慮に乗じて、行為によりもたらされた訴え取下げを有効とみることは、著しく正義に反する（民訴法２条）としてこれを排斥。②オプション転売取引が、高額かつ高率の手数料が必要であることなどに照らすと、プレミアムの変動を的確に予測できない限り、利益よりも損失が生じる可能性の方が高い取引であり、極めて危険性が高く、賭け事に近い性質を有することから、オプション取引の取次業者の従業員は、一般人に対して同取引の勧誘をする際、当該投資家の年齢、判断能力、理解能力、取引経験、社会経験、収入、資産等を総合的に勘案し、取引適格性の有無を判断すべきであり、適格性が肯定される場合でも、資産や収入に照らして相当な範囲を超えた取引を勧誘してはならない注意義務を負うとし、原告の上記属性に照らすと、複雑で容易に理解できず、賭博に近い性質をもつ極めて危険性の高い取引にはおよそ不適格な者だとし、わずか４カ月程度の間に約3470万円もの金員をつぎ込むことは、原告の収入および資産に照らして、相当と認められる範囲をはるかに超えている、として適合性原則違反を肯定。③提訴前に締結されていた和解契約は、損害額の10分の１にも満たない

第8章　先物取引被害等の裁判例

				300万円の分割払いだけでその紛争の一切を解決しようとすることは、著しく不均衡なだけでなく、高齢の原告の理解能力・判断能力の低さや無思慮に乗じて締結されたものと言わざるを得ないとし、当該和解契約は公序良俗に反して無効とした。④海外通貨先物オプション転売取引のハイリスク性、原告が取引不適格者であったうえ、被告の行為が詐欺行為と紙一重のものとさえいえるのであること等から、過失相殺なし。
⑨⓪	大阪地判平17・3・17 (平成15年(ワ)第9757号)	先裁集40号200頁、裁判官［德岡由美子］	東京穀物商品取引所、社団法人商品取引受託債務補償基金協会（取引員は破綻したアイコム）	当時33歳の会社員の原告は、株取引や先物取引の経験はなかったが、平成14年3月、アイコムの外務員からの勧誘で先物取引を開始し、204万円余の損害を被って取引は終了したが、度重なる督促にもかかわらず、アイコムは委託証拠金残額さえ返還せず、同年12月5日に破産宣告を受けた。原告は、アイコムおよび従業員に不法行為による損害賠償請求の訴えを提起したところ、欠席で全額認容判決が出て確定したので、アイコムの委託者債権委員会を通じて、委託証拠金103万円余と損害賠償債権204万円余を委託者債権として届け出たものの、同委員会は申出額のうち委託証拠金103万円余のみ認定し、その余は委託者債権と認定しなかった。そこで、受託業務保証金制度（旧法97条の2・3）、受託債務補償制度（旧法97条の11）に関し、委託者債権の払渡を求めて、東京穀物商品取引所・受託債務補償基金に対し、差損金176万円余、弁護士費用28万円、慰謝料50万円の支払いを求めたケース。判決は、「受託業務保証金制度については、昭和42年以降から平成2年にかけて、流動部分の委託本証拠金にかかる預託率の上昇、流動部分の加算性の導入、分離保管制度の創設と、委託者保護が強化されていったが、その過程においても、委託者債権につき制限を加えたり、損害賠償債権を除外したりするような見直しは全くされていないから、強化された制度の下でも、損害賠償債権は除外されず、委託者債権に含まれるとの解釈は、維持されているものと解するのが合理的である」「被告らのように委託者債権を委託証拠金返還請求

				権に限る立場に立つとしても、実質的にみれば、本件損害賠償請求権は、委託証拠金返還請求権の変形ないしこれと密接に関係する性質のものであるから、払渡原資として対応関係が全くないとはいえない」「両制度(受託業務保証金制度、商品取引責任準備金制度)は、もともと昭和42年に法に盛り込まれたときから、必然的に重複を余儀なくされていたものであって、商品取引責任準備金制度が債務不履行ないし不法行為に基づく損害賠償請求を準備金の取り崩し対象にしているからといって、受託業務保証金の委託者債権の方は、これらの損害賠償請求権を含まないとの解釈は、採用することができない」と判示し、不法行為による損害賠償請求権(弁護士費用を含む)を委託者債権に該当すると認定して、請求を認容。
㉛	名古屋地判平17・5・18 (平成15年(ワ)第2966号)	先裁集40号394頁、裁判官[河本寿一]	岡地	取引当時82歳の寺院住職で独居の原告は、株式の現物取引の経験はあったが、外国為替証拠金取引および商品先物取引の経験はなかったところ、被告外務員の勧誘により平成13年5月から同年10月までの間、ドル／円の外国為替証拠金取引、また同年7月から12月までの間にはゴム、灯油、ガソリンの先物取引を行い、合計307万7080円の損害を被ったケース。判決は、①82歳で年金および寺院給料で生活をしていたこと、取引当時胃潰瘍を患っていたこと等を挙げて適合性原則違反とし、②上記適合性原則違反の事実を前提として、原告が、取引途中で損が拡大していたにもかかわらず、追加資金を預託しただけで何ら対応をとっていなかった事実から、担当外務員から十分な説明を受けていなかった事実を推認することができるとして、説明義務違反を認定(なお判決は「原告に対して呈示した上記各書面のみでは説明義務を尽くしたということはできず、また、原告が作成した上記各書面の定型性からすれば、原告がこれらの書面を作成したのみでは(担当外務員)の説明義務を尽くした説明があったことを窺わせることはできない」とし)、被告の不法行為責任を肯定(過失相殺4割)。

❷	大阪地判平17・6・16 (平成16年(ワ)第1844号)	先裁集40号430頁、裁判官[塚本伊平、金子隆雄、杉本敏彦]	岡藤商事	取引当時55歳の独身女性、高校卒業後、大学事務職員を経て、貸しビル業を営み母と二人暮らしで、商品先物・証券取引の経験もなかった原告は、本件取引以前に約1000万円の保険金を受領していたが、貸しビル業が赤字経営に陥っていたことから、原告は、自己と母親の老後の安定も念頭において金融商品を探していたところ、被告の商品ファンドの新聞広告を見て関心をもって資料請求し、支店で説明を受けて商品ファンドへ約500万円を投資し、2年間で約45万円の利益を得たが、被告担当者から、商品ファンドに加えて商品先物取引（ガソリン、灯油、原油のさや取引）を勧誘され、約3カ月間に発生した損害約7600万円および弁護士費用につき賠償を求めたケース。判決は、本件取引開始後3カ月を経過した時点での建玉数が合計660枚であり、被告自身が定めた制限枚数をはるかに上回ること、原告が初心者であるにもかかわらず、多額の資金を立て続けに預けていることからすれば、原告が商品先物取引のリスクの高さを誤解しているのではないかと疑い、これに再考を促すなどの信義則上の義務があるにもかかわらず、原告が金銭を預託するのを渡りに船とばかりに漫然受領して、結果としてあまりにも過大な投資を行わせているとし、これは被告会社の受託業務管理規則の新規委託者保護という趣旨に著しく反し不法行為を認めた（過失相殺2割）。
❸	大阪高判平17・6・17 (平成17年(ネ)第539号)	先裁集40号481頁、裁判官[柳田幸三、礒尾正、山田徹]	和冴フューチャーズ	被控訴人（業者）の差損金205万円余の本訴請求を全額認容し、控訴人（顧客）の損害賠償反訴請求約1000万円余については説明義務違反と新規委託者保護義務違反を認定して5割の過失相殺をし弁護士費用60万円を認定したうえで、遅延損害金の起算日は取引終了日としていた原審についての控訴審判決。判決は、控訴人の反訴請求につき原判決と同様に説明義務違反等の不法行為に基づく使用者責任を認めたうえで、無差別電話勧誘、株取引の経験もなく商品先物取引に消極的な態度を示していた者に対する積極的勧誘、本件取引による損失が取引開始から2カ月未満の短期間に発生しており、

				商品先物取引の未経験で知識に乏しい控訴人としては損害発生防止のための対応策を講ずる時間的余裕がないまま取引終了に至ったことが考慮されて、過失相殺2割に減縮。本訴請求は、請求額どおりの支払請求権が発生したことを認定したうえ、控訴人が全額弁済するとその8割は被控訴人に対して不法行為に基づく損害賠償を求めることができるとの理由により差損金請求は8割の限度で権利濫用に該当すると判示。
❹ 名古屋高判平17・6・22（平成16年(ネ)第1128号）	先裁集40号36頁、裁判官［青山邦夫、坪井宣幸、田邊浩典］		光陽トラスト	4年制大学の工学部卒業後、会社員（営業所長）、株式取引、商品先物取引ともに未経験者であった原告が、被告の勧誘により平成13年2月から同7月まで先物取引を行って被った損害1532万0870円を被告会社および同社取締役らに対し損害賠償請求をしたところ、原告敗訴としたので控訴したケース。判決は、①新規委託者保護義務違反、②両建勧誘の違法性、③不合理な売り直し、④仕切拒否を認定し、これら一連の行為として本件取引全体を通じて控訴人に対する不法行為とし、被控訴会社の使用者責任を肯定（過失相殺3割）。新規委託者保護義務につき、3カ月の習熟期間がおかれているが、本件では平成13年2月16日にコーン5枚を買建してからは3カ月間全く取引がなかったこと、その間に追証が発生したが控訴人が自ら被控訴会社に問合や相談をしなかったこと、2回目の取引日に担当者が控訴人の上記取引状況を十分認識していたにもかかわらず、3カ月間取引していなかった理由について特に確認していないこと等から、控訴人の商品取引に関する知識が、3カ月前の時点とほとんど変わらないこと、最初の取引の商品（コーン）とは異なる商品（ガソリン、灯油）に関する知識を有しないのに、9日間でガソリン130枚、灯油20枚の建玉をさせたことは新規委託者保護規定に実質的に違反するとし、控訴人から徴求した申出書も、形式的な処理であり保護規定違反の処理であるとの詳細な判断が参考となる。

(95)	札幌高判平17・6・23（平成16年(ネ)第358号）	先裁集40号487頁、裁判官[伊藤紘基、北澤晶、石橋俊一]	インフィニットコム	(78)の控訴審判決。外国為替証拠金取引事案。原判決は、適合性原則違反、説明義務違反を認め、過失相殺は否定していたところ、本判決は原判決を維持しただけでなく、原判決が「センチュリーFXが賭博行為に該当するかどうかの判断は別にして」を「センチュリーFXは賭博行為に該当し」とあらためて判示しており、外国為替証拠金取引が欺瞞的構造を有することについて原審よりも踏み込んだ認定をしている。
(96)	秋田地大館支判平17・8・19（平成15年(ワ)第82号）	先裁集40号528頁、裁判官［龍見昇］	小林洋行	高校卒業後、運送会社で貨物自動車の運転業務に従事する原告（48歳男性、株式・先物取引の経験なし）が約１カ月半の間に金、白金の先物取引のために1510万円を預託し、計624万2500円の返還を受けたが、預託金残金885万円が損金支払いにあてられたケース。判決は、①被告会社従業員らが、原告に取引経験がなく、さほど資産もないことを知りながら、取引開始からわずか２日間で当初取引予定資金の上限1000万円まで一気に資金を投入させたこと、利益金の大半を返還せず委託証拠金に振り替えさせる等して、当初の予定を大幅に上回る取引を行わせて損害を被らせたことをとらえて、被告会社従業員らの一連の行為は、社会的相当性を逸脱し、新規委託者を保護すべき信義則上の義務に違反する、②本件取引は、原告の知識、経験、判断力、財産状況等に照らし、過大な取引と評価せざるを得ない、③両建自体は直ちに違法とはいえないが、両建は新たな証拠金や手数料の負担を要して仕切時期の見極めが困難であるから注意を要するところ、取引経験・判断力のない原告にとって両建により建玉を維持する合理性はなく、被告会社従業員らは知識・経験のない原告に両建の危険性等を十分説明せず両建を示唆・受託したもので違法、④被告従業員の勧誘による買直しは委託手数料の支出が増えるだけの合理性の乏しい取引であり、原告の経験・判断力等に照らすと上記取引の勧誘・受託は違法な転がしと認定（過失相殺３割）。

I 国内公設先物裁判例

❾	大阪高判平17・9・16（平成17年(ネ)第1303号）	先裁集40号271頁、裁判官[竹中省吾、竹中邦夫、久留島群一]	東京穀物商品取引所、社団法人商品取引受託債務補償基金協会	損害賠償請求権も、信義則上損益を委託者に帰属させることができないとの評価が可能であり、委託証拠金返還請求権との実質の区別は困難であることも理由として付加し、損害賠償請求権も委託者債権に含まれる旨の原審判断を維持して控訴を棄却。
❾⑧	東京地判平17・11・11（平成17年(ワ)第3714号）	先裁集41号716頁、裁判官[藤山雅行、大須賀綾子、筈井卓矢]	キャピタルベネフィット	本件外国為替証拠金取引につき賭博行為として公序良俗に反する違法行為とし不法行為と認めた（過失相殺なし）。
❾⑨	大阪地判平18・1・20（平成16年(ワ)第1182号）	先裁集42号211頁、裁判官[小松一雄、佐藤晋一郎、佐藤拓海]	コーワフューチャーズ	顧客の意向と実情に反した過大な取引（31歳男性、先物取引未経験、取引開始1カ月間に3128万円）として適合性原則違反、新規委託者保護義務違反を認め不法行為および債務不履行責任を肯定（過失相殺なし）。
⑩	東京地判平18・1・24（平成17年(ワ)第8901号）	先裁集43号66号、裁判官[春名茂]	サンワ・トラスト	外国為替証拠金取引において事後的に架空取引がなされた体裁がとられて清算金の返還が拒絶された事例。代表者にも共同不法行為責任が認められている（過失相殺なし）。
⑩①	大阪地判平18・2・2（平成16年(ワ)第14527号）	先判集42号465頁、裁判官[森宏司、高嶋義行、中村海山]	インカムベストフォレックス	約4カ月間スポット取引の決済後、被告が無断で3日間に渉りデイトレードしたケースにつき、無断売買を認めて不法行為を肯定。被告が無断売買の事実を否定し続けて先行のスポット取引に関する保証金返還を拒んでいたこと等による精神的苦痛に関して慰謝料100万円を認めた。
⑩②	神戸地判平18・2・15（平成16年(ワ)第1184号）	先裁集42号535号、裁判官[今中秀雄]	日本アクロス	適合性原則違反（勧誘当時76歳、年金生活者、独居、元県職員、投資経験なし、重度の認知症）、説明義務違反、新規委託者保護義務違反、過大な取引、特定売買の意味を理解させないままの多用を認めて不法行為を肯定（原告に適合性がないことから過失相殺もなし）。
⑩③	大阪地判平18・2・15（平成16年(ワ)第14628号平）	先裁集42号587頁、裁判官[山下郁夫]	クレボ	原告（勧誘当時60歳、先物取引経験なし、自宅不動産の他に8000万円の預貯金あり）に取引開始後2日目に建て玉300枚、その後も常時200〜1000枚を建てていたケースにつき、適合性原則違反、説明義務違反、新規委託者保護義務違反、両建勧誘回避義務違反、仕切拒否、断定

				的判断提供、一任売買、過当取引を認めて債務不履行および不法行為を肯定し、慰謝料も300万円認容。違法性の顕著さから過失相殺は否定した。
❹	大阪高判平18・3・17（平成17年(ネ)第1999号）	先裁集43号146頁、裁判官[矢延正平、川口泰司、田中一彦]	岡藤商事	説明義務違反、新規委託者保護義務違反、両建勧誘回避義務違反、過当取引の違法性を認めた事例（過失相殺なし）。
❺	東京地判平18・3・29（平成17年(ワ)第2143号）	先裁集43号243頁、裁判官[深見敏正]	オリオン交易	新規委託者保護育成義務違反の違法性を認めた事例（過失相殺なし）。
❻	名古屋地判平18・4・14（平成16年(ワ)第2982号）	先裁集43号417頁、裁判官[中村直文、武村重樹]	コーワフューチャーズ	適合性原則違反、新規委託者保護義務違反、無意味な反復売買の違法性を認めた事例（過失相殺なし）。
❼	大阪地判平18・4・19（平成17年(ワ)第6655号）	先裁集43号468頁、裁判官[山下郁夫]	岡地	さや取引の適合性原則違反、説明義務違反の違法性を認めた事例（過失相殺なし）。業者の応訴態度を厳しく非難し、口頭弁論終結後に提出された攻撃防御方法を時期に後れたものとしている。
❽	神戸地判平18・5・12（平成16年(ワ)第1478号）	先裁集44号129頁、法ニュース69号221頁、裁判官[橋詰均、宮端謙一]	メビウストレード	適合性原則違反、無意味反復売買、仕切拒否の違法性を認めた事例（過失相殺なし）。
❾	大阪高判平18・7・11（平成18年(ワ)第678号）	先裁集45号348頁、裁判官[田中省吾、竹中邦夫、久留島群一]	コーワフューチャーズ	実質的な一任状況下で無意味な取引を含む頻繁かつ大量の取引をさせたとして損害賠償請求を認容した原審判決を維持した事案（過失相殺なし）。
⓾	大阪高判平18・9・15（平成18年(ネ)第588号）	先裁集45号60頁、法ニュース70号174頁、裁判官[渡邉安一、矢延正平、松本清隆]	グローバリー	バイカイ付け出しの方法により、勧誘した建玉と対当する自己玉を建てて自己の利益を得ようとした違法行為が認定され、委託者敗訴の原判決を取り消して損害賠償請求を全部認容した事例（過失相殺なし）。
⓫	東京高判平18・9・21（平成18年(ネ)第2798号）	先裁集45号408頁、金商1254号35頁、消費者法ニュ	シー・エフ・ディー	東京地判平18・4・11先裁集43号394頁の控訴審判決。外国為替証拠金取引の公序良俗違反性を指摘し、取締役の責任を否定した原判決を取り消して慰謝料請求

I　国内公設先物裁判例

		ース70号190頁、裁判官［大喜多啓光、園部秀穂、菅原崇］		を含め請求を全部認容した事例（過失相殺なし）。
⑫	大阪地判平18・10・19（平成17年(ワ)第359号、同第3715号）	先裁集46号196頁、裁判官［鳥飼晃嗣］	大平洋物産	適合性原則違反、断定的判断の提供、強引な独断的取引、無敷の違法性を認め、故意の詐欺的取引と同視することが容易に可能であるとして過失相殺を否定し、取引が全体として暴利行為として公序良俗に反するとして業者の差損金請求を排斥した事例。
⑬	岡山地判平18・11・9（平成17年(ワ)第563号平）	先裁集46号377頁、判官［近下秀明］	ハドソン	外国為替証拠金取引の犯罪構成要件該当性を指摘して取引をすること自体が公序良俗に反するとし、和解契約については違法行為の最後の仕上げといった側面もあるとして和解契約を公序良俗に反して無効であるとして業者および代表者らに対する請求を全部認容した事例（過失相殺なし）。
⑭	東京高判平18・11・29（平成18年(ネ)第3559号）	先裁集46号475頁、法ニュース70号196頁、裁判官［安倍嘉人、片山良広、内藤正之］	日本エフエックス	東京地判平18・6・8先裁集44号374頁の控訴審。業者が小会社であることを明示し、監査役の責任に関して業務監査の点をいう部分を削除したうえで、取締役・監査役の責任を認めた事例（過失相殺なし。上告棄却、不受理）。
⑮	神戸地判平18・12・19（平成17年(ワ)第989号）	先裁集47号81頁、裁判官［橋爪均］	第一商品	適合性原則違反、特定売買、両建の違法性を認めた事例（過失相殺なし）。
⑯	大阪地判平18・12・25（平成16年(ワ)第13439号）	先裁集47号161頁、裁判官［石井寛明、飯淵健司、松浪聖一］	和洸フューチャーズ	適合性原則違反、新規委託者保護義務違反、実質的な一任売買、両建に関する説明義務違反、過当取引、証拠金徴求義務違反の違法性を認め、所得税本税と住民税について相当因果関係がある損害であると認めた事例（過失相殺なし）。
⑰	東京地判平19・1・30（平成18年(ワ)第13074号）	先裁集47号346頁、裁判官［本吉弘行］	東京シティホールディング	外国為替証拠金取引業者が別会社を作って顧客からの預り金を流用していた事案について、流用を受けた会社の代表者に共同不法行為責任、流用させた会社の取締役・監査役に旧商法上の責任を認めた事例（過失相殺なし）。

343

	判決	出典・裁判官	業者	概要
⓲	東京高判平19・1・30（平成18年(ネ)第2279号）	先裁集47号29頁、裁判官［岩井俊、長久保守夫］	日本アクロス	高齢かつ疾患による記憶障害がある被害者について適合性原則違反の違法性を認め、請求を棄却した原判決を取り消した事例（過失相殺なし）。
⓳	神戸地判平19・3・20（平成17年(ワ)2058号）	先裁集48号68頁、裁判官［橋爪均、山本正道、澤田博之］	三貴商事	適合性原則違反（勧誘当時72歳、投資経験足、年金とわずかな農業収入で生活、なお預貯金7000万円と保有株6銘柄）、無断売買、誠実公正義務違反、過当取引、手仕舞拒否を認め、担当者らの共同不法行為と業者の使用者責任を肯定し、公租公課の負担合計についても相当因果関係ある損害とした（過失相殺なし）。
⓴	広島地判平19・3・29（平成16年(ワ)第1423号）	先裁集48号117頁、裁判官［橋本良成、木村哲彦、相澤聡］	岡藤商事	新規委託者保護義務違反、取引開始後の適合性原則違反（勧誘当時68歳、公務員退職後非常勤役員報酬180万円、年金320万円で生活、自宅不動産と1000万円程度の預貯金あるも先物経験なし）、断定的判断提供、説明義務違反、過当取引、実質的一任売買を認め不法行為を肯定（過失相殺は手数料部分については否定し、相場変動による部分についてのみ5割）。
㉑	札幌地判平19・4・12（平成17年(ワ)第2171号）	先裁集48号203頁、裁判官［馬場純夫］	サンワード貿易	適合性原則違反（年収500万円、自宅不動産、2000万円の預貯金、大卒、以前に金融機関に勤務しており抽象的には先物取引の危険性を理解。他方で、投資可能資金額の聴き取りを怠ったこと、資金原資の調査なし、証拠金で購入できる限度いっぱいの建玉について再考を促さなかったことを重視）、説明義務違反から不法行為を肯定（適切な適合性審査を前提とした適切な説明義務の履行がなされれば適切な投資行動を取り得たことから、被告は信義則上、過失相殺を主張し得ないとする）。
㉒	大阪高判平19・4・27（平成18年(ネ)第2971号）	先裁集48号15頁、裁判官［中道義彦、磯尾正、久末裕子］	日本デリックス	外国為替証拠金取引の預託金350万円返還に関して、150万円に譲歩した和解契約の有効を認めた原審（神戸地伊丹支平18・10・4先裁集48号1頁）の控訴審。担当者の「会社が行政処分を受けて倒産し預託金のほとんどが返還できなくなる」との説明について断定的判断提供と認めて消費者契約法4条1項2号による和解契約の取消を肯定し、預託金残額の返還を認めた（なお不法行為責任は否定）。

I　国内公設先物裁判例

㉓	名古屋高判平19・6・28 (平成17年(ネ)第152号)	先裁集49号110頁、裁判官[岡久幸治、戸田彰子、加島滋人]	グローバリー	適合性原則違反（先物取引の知識経験さらには年収500万円だが見るべき資産がなく消費者金融からの借金80万円があること等）、断定的判断提供（消費者金融から102万円を借り入れてまで先物取引をしようと自ら積極的に決意することはたやすく考えられないことから認定）、仕切拒否・回避をそれぞれ認めて不法行為を肯定（被告従業員の行為の悪質さとの対比により過失相殺をも否定）。
㉔	東京地判平19・7・23 (平成17年(ワ)第13931号)	先裁集49号234頁、裁判官[松本光一郎]	カネツ商事	原告が商品先物取引不適格者であることを前提に説明義務違反を認定し、原告の無知に乗じて頻回な取引を行い多額の手数料を取得した故意に準じた不法行為であると判示（過失相殺なし）。
㉕	神戸地尼崎支判平19・9・26 (尼崎支部平成18年(ワ)第958号)	先裁集49号405頁、裁判官[三上乃理子]	朝日ユニバーサル貿易	原告が先物取引不適格者であること、新規委託者保護義務違反、説明義務違反、実質的一任売買を認めて不法行為を肯定した（まさに不適格者について危惧されたことが現実化したというほかないとして過失相殺を否定）。
㉖	大阪地判平19・9・28 (平成16年(ワ)第7802号)	先裁集49号468頁、裁判官[石井寛明、飯淵健司、堀一策]	オリエント貿易	証拠とされた録音テープが被告によりねつ造されたものと認定して、被告による無断売買につき不法行為を肯定し、慰謝料20万円および当該録音テープの鑑定料も相当因果関係ある損害と認めた事例（過失相殺なし）。控訴審は㉑。
㉗	京都地判平19・10・23 (平成17年(ワ)第2670号)	先裁集50号188頁、裁判官[池田光宏、井田宏、中嶋謙英]	コムテックス	両建勧誘、仕切拒否の違法を認め、過失相殺を否定した事例。
㉘	東京地判平19・11・30 (平成19年(ワ)第7515号)	判時1999号142頁、セレクト30号421頁、裁判官[針塚遵]	日興グランダム	旧証取法およびグリーンシート銘柄規制の趣旨から、販売価格が正当なものであったことが積極的に立証されない限り顧客の誤信を前提とした詐欺的商法であると推認されるとし、未公開株商法業者の取締役らの責任を認めた事例（過失相殺なし）。
㉙	東京地判平19・12・13 (平成17年(ワ)第26032号)	セレクト31号375頁、法ニュース75号185頁、裁判官[飯田恭示]	コンチネンタル・ウェイ外	旧証取法およびグリーンシート銘柄規制の趣旨から、未公開株商法はそれ自体違法性が高く、公序良俗に反するとし、慰謝料請求の一部を容認した事例（過失相殺なし）。

345

第8章　先物取引被害等の裁判例

⑬⓪	名古屋高判平19・12・19（平成18年(ワ)第1018号）	先裁集50号101頁、裁判官[青山邦夫、上杉英司]	東京ゼネラル	適合性原則違反、説明義務違反、無意味な特定売買等の違法を認め、業者の支店の営業責任者であった者が違法行為を未必的には認識し、あるいは概括的な故意をもって助長・加担してきたとして共同不法行為責任を認めた事例（過失相殺なし）。
⑬①	神戸地判平19・12・27（平成17年(ワ)第2811号）	先裁集50号397頁、裁判官[下野恭裕]	さくらファイナンシャルサービシズ	すでに契約がされることが前提で会社が動いているなどとの虚偽の事実を申し向けた勧誘、適合性原則違反、断定的判断の提供、新規委託者保護義務違反、一任売買、両建の勧誘、課題取引の違法を認め過失相殺を否定した事例。
⑬②	札幌高判平20・1・25（平成19年(ネ)第192号）	先裁集50号136頁、金商1285号44頁、裁判官[末永進、千葉和則、住友隆行]	豊商事	金相場に関する相場観の提供において不利益事実の不告知があったとして消費者契約法4条2項に基づく取消が認められた事例。
⑬③	大阪高判平20・2・22（平成19年(ネ)第1647号）	先裁集51号194頁、裁判官[渡邉安一、安達嗣雄、松本清隆]	第一商品	大阪地判平19・4・25先裁集48号220頁の控訴審判決。過当取引、新規委託者保護義務違反を認め、顧客の利益よりも取引員の利益（手数料稼ぎ）を優先させ、顧客の損失において自己の利益を図る点で社会的相当性を逸脱した行為であると厳しく非難して賠償を命じた（過失相殺3割）。
⑬④	広島高判平20・3・13（平成18年(ネ)第206号）	先裁集51号17頁、裁判官[及川憲夫、渡邊雅道、横溝邦彦]	エース交易	長期間の多額の取引があるが被害者が死亡しており1審が請求を全部棄却した事案において、不合理な取引を含む取引を過量に行わせたことから適合性原則違反、一任売買の違法があるとし、帳簿上多額の利益が生じた場合には課税に備えさせる義務もあるとして、過少申告加算税を含む課税金額について相当因果関係を認めた事例（過失相殺3割）。
⑬⑤	名古屋地判平20・3・25（平成18年(ワ)第1442号）	先裁集51号400頁、裁判官[寺本明広]	コーワフューチャーズの元代表取締役、取締役、従業員ら	「900万円は絶対に大丈夫、うちには何のメリットもない、2週間で返す目処が立つ。今取引を清算すると損失が出るが、私に任せれば返金できる」という損失挽回についての断定的判断を肯定。さらに説明義務違反、適合性原則違反、新規委託者保護義務違反、実質一任、両建から不法行為を肯定し、取締役らは商取法等により求められる顧客保護の趣旨を徹底すべく、従業員に対する指導教育や監督

I　国内公設先物裁判例

				を徹底して、営業上の違法行為を撲滅し、経営体質を改善すべき緊要の義務を負っていたのにこれを怠ったとし、任務違反の重過失を認定（事案の悪質性から過失相殺なし）。
❶㊱	東京地判平20・3・28（平成17年(ワ)第13818号）	先裁集51号510頁、裁判官［鯉沼聡］	朝日ユニバーサル貿易	統合失調症に罹患していた被害者について適合性原則違反を認め、統合失調症が慢性疾患であることや被害者の部屋の状況、金銭感覚の著しい軽率さうからして外務員も被害者の精神疾患を認識し得たとして慰謝料請求を含む請求を認容した事例（過失相殺なし）。
❶㊲	秋田地判平20・3・31（平成18年(ワ)第318号）	先裁集51号530頁、裁判官［金子直史、和田健、能登谷宣仁］	新日本商品	断定的判断提供を認定しつつ、当該勧誘が原告の昼休み中の間に口座開設申込書を作成し、ガイドもその説明の際に交付された点をとらえて、被告担当者は原告に対してごく短時間しか説明していなかったというべきであり、同一機会にガイドが交付されたのであれば原告が申込書作成の間はこれを熟読することができなかったと認定して説明義務違反。さらに適合性原則違反、新規委託者保護義務違反を肯定。支店管理部管理部長らも営業部門従業員が行う勧誘・受託の適法性を監視する義務を負うとし、共同不法行為の成立を肯定（過失相殺4割）。
❶㊳	名古屋地判平20・5・21（平成18年(ワ)第436号）	先裁集52号206頁、裁判官［丹羽芳徳］	トレックス	適合性原則違反、断定的判断の提供、新規委託者保護義務違反、一任売買の違法を認めた事例（過失相殺なし）。控訴棄却。
❶㊴	東京地判平20・5・28（平成17年(ワ)第17835号）	先裁集52号224頁、裁判官［矢尾和子］	ケイ・アルファラスト	外国為替証拠金取引業者の幹部構成員が預り金を山分けしていたとして業者の破産管財人がした幹部構成員らに対する損害賠償請求が認容された事例。
❶㊵	東京地判平20・5・30（平成19年(ワ)第21273号）	先裁集52号249頁、裁判官［原優］	Systematic Trading Solution (Japan)	海外先物取引（原油）につき、適合性原則違反、説明義務違反の違法を肯定して業者、幹部構成員、従業員らに対する請求を認容（過失相殺なし）。
❶㊶	大阪高判平20・6・13（平成19年(ネ)第2975号）	先裁集52号263頁、裁判官［森宏司、小池一利、山本善彦］	エイチ・エス・フューチャーズ（旧商号オリエント貿易）	❶㊱の控訴審。受託業務保証金の弁済を受けられるのは実質的に委託者資産の引き渡しを求める場合に限られることから（最判平19・7・19参照）、業者の資力に不安を感じた控訴人が、原審における主位的請求（不法行為）、予備的請求（委

347

				任契約上の債務不履行）を、控訴審では主位的請求（債務不履行）、予備的請求（不法行為）とする訴え変更をした点が参考となる。控訴審も委託者勝訴の判断を維持し、録音テープの鑑定料相当額および原告の慰謝料、弁護士費用をも損害と認定している。
❶❹❷	東京地判平20・7・16 (平成19年(ワ)第22625号平)	先裁集52号366頁、金法1871号51頁、裁判官［澤野芳夫、荻原弘子、長井清明］	アトランティック・ファイナンシャル・コーポレーション	FX取引において業者のシステムトラブルによってロスカットが適切に発動しなかったことによる損害は業者が責を負うとした事例。業者にはロスカットを行うべき義務がある、システムの整備に関する業者の責任について、外国為替証拠金取引業者である被告は、真に予測不可能なものを除いて、同取引において起こり得るさまざまな事態に十分対応できるよう、ロスカット手続のためのシステムを用意しておかなければならないところ、業者が本件ロスカット時において用意していたコンピューターシステムは、その取引環境に照らして、不十分なものであったといわざるを得ない、業者の約款ではコンピューターシステムの故障などにより生じた損害についての免責規定があるが、消費者契約法8条1項1号・3号に照らせば、被告とヘッジ先とのカバー取引が被告の責に帰すべき事由により成立しない場合にまで被告を免責する規定であるとは解し得ないとして、業者が債務を適切に履行してロスカット手続が行われた場合の想定価格での差損益との差額は、債務不履行による損害であると結論した。
❶❹❸	大阪高判平20・9・25 (平成20年(ネ)第1035号)	先裁集53号194頁、裁判官［横田勝年、塚本伊年、髙橋文清］	第一商品	平成5年5月に取引開始した当時72歳の女性（取引終了時である平成18年6月当時で85歳）、収入は月3.6万円の年金のみだが、数千万円の預金および多種株式等を保有していた原告について、取引申込書に投資可能として記載されていた400万円を上回る1500万円強の損失を受けた時点以降、被告らが原告の資産変動を把握せず全資産を失わせるまで取引を継続させた点について適合性原則原則違反を肯定（過失相殺2割5分）。

❹	大阪高判平20・9・26（平成20年(ネ)第64号）	先裁集53号52頁、裁判官［安原清藏、八木良一、本多久美子］	三菱商事フューチャーズ	被害者敗訴の大阪地判平19・11・28先裁集53巻1頁の逆転勝訴判決（過失相殺8割）。控訴人は、ガソリンスタンド経営を目的とする年間売上高約10億円の会社であり、その仕入先は三菱商事石油であり、控訴人代表者は三菱商事グループに対して強い信頼を寄せいてたところ、被控訴人は三菱商事の100％子会社であった。判決は、先物取引に関する一般的説明では十分でなく、具体的危険性の内容・程度を控訴人代表者が知らなかったことを重視して説明義務違反を肯定。さらに新規委託者保護義務違反と、取引継続によるリスク拡大の可能性、取引終了は損失を確定させるが更なるリスクは回避できること等を適切に指導助言すべき義務ありとして同義務違反をも肯定（控訴人の上記属性から過失相殺は8割）。
❺	神戸地判平20・10・7（平成19年(ワ)第15165号）	先裁集53号258頁、裁判官［牧賢二］	岡藤商事	適合性原則違反、新規委託者保護義務違反（過大取引）、実質一任取引下における無意味な反復売買に関して両建等について現在の取引状況を適切に説明した上取引について有効かつ適切な助言を行うべき義務違反の違法性を肯定。また、本件取引までに被告会社に損害賠償を命じる判決が6件存在し、その他苦情・紛争の申出が多数あったのだから、取締役として教育指導体制を指導整備し、不適切な勧誘・助言等を防止する義務があったにもかかわらず、担当者らが不適切な勧誘・助言等を行ったことは、取締役の任務に悪意重過失ありとして対第三者責任（会社法429条1項）による損害賠償を命じた（過失相殺3割）。
❻	東京地判平20・10・16（平成19年(ワ)第32364号）	先裁集53号352頁、法ニュース78号275頁、裁判官［小原一人］	マネースクウェアほか	「100％の勝率で毎月25％以上の利益を得ていく方法」であるなどと喧伝して「FX常勝バイブル」という情報商材（副業や利殖に関する情報を記載したいわゆるノウハウ本）をインターネットからダウンロードできるようにすることによって頒布し、「FX常勝バイブル」では、特定のFX業者で口座を開くことが推奨されており（同社のホームページへのリンクが張られていた）、商材頒布社とFX業者との間では、FX常勝バイブルを経由して（リンクを踏んで）口座開

349

				設等がなされたときには報酬が支払われることになっていた（いわゆるアフィリエイト契約）。判決は、FXで「100％の勝率」などということは　あり得ないのに（実際も現に損失が出ている）、情報商材頒布者は誤った情報を提供して原告に取引をさせたものとして不法行為責任を負う、FX業者は、上記を顧客獲得の手段としていたのだからFXに関する誤った理解をして口座開設を申し込む者がある可能性を認識していたはずであり、そうでなくとも認識すべきであり、それを前提に適合性審査をするべきであるのにそれをせずに取引を開始させたのであり、この顧客獲得行為自体が違法である、と判示し、取引業者における適合性審査の杜撰さも指摘して、損害賠償請求を認容した（過失相殺5割）。
❼	名古屋地判平20・10・29（平成19年(ワ)第3839号）	先裁集53号364頁、裁判官［長谷川恭弘］	アスカフューチャーズ	先物取引未経験で中卒の工員である原告は、無職・無収入で将来の収入のあてもなく、合計約2400万円の預貯金と簡易保険が唯一の資産であった。判決は、原告には先物取引の適合性が全くなく、原告と接触した被告担当者らにおいてこのことを知りながら、自分たちの言いなりになる原告を誘導して本件取引を行わせたもので、組織的違法行為といえるとし、故意による不法行為責任および債務不履行責任を肯定し、慰謝料請求をも含めて請求を全部認容した（過失相殺なし）。
❽	東京高判平20・10・30（平成20年(ネ)第1022号）	先裁集53号377頁、法ニュース78号278頁、裁判官［房村精一、窪木稔、脇博人］	K・モンスター	ロコ・ロンドン貴金属取引をそのしくみ自体から違法であるとする判断を明示したもの。本件取引は、「ロンドン渡しの金の現物価格」及び「ドル為替変動」を差金決済の指標とする差金決済契約である、「ロンドン渡しの金の現物価格」も「ドルの為替レート」も、業者及び顧客には予見することができないものであり、また、その意思によって自由に支配することもできないものであるから、本件取引は偶然の事情によって利益の得喪を争うものというべきであり、賭博行為に該当する。そして、本件全証拠によっても、本件取引の違法性を阻却する事由を認めることはできない、として、仮に被害者において本件取引のしくみやリスクを理解して本件取引を行ったとしても、

				顧客として勧誘しこれに誘い入れた点において、その勧誘行為を実際に行った従業員および役員らは共同不法行為責任を負うとし、取引が終了して清算条項付の和解がなされたという業者の反論に対しては、取引が終了していなかったことから、合意書作成時点において和解の合意をする必要性が認められないとして、和解の合意が成立したとは認められないとした。
❹	大阪地判平20・11・13（平成19年(ネ)(2)第8383号）	先裁集54号99頁、裁判官[山林久起、府内覚、脇田未菜子]	第一商品	相当の資産・収入、社会経験を有する原告（取引開始当時73歳）について、旧法136条の25第1項4号の規定および日商協制定の受託等業務に関する規則3条3項が適合性の原則との見出しの下に「会員は、取引開始後においても、顧客の知識、経験および財産の状況に照らして不相応と認められる過度な取引が行われることのないよう、適切な委託者管理を行うものとする」と定めていたことから、同原則は、取引開始時に際してのみ適用されるのではなく、取引開始後における受託についても適用されるものと解するとし、取引拡大場面における適合性原則違反を認めた（過失相殺4割）。
❺	大阪高判平20・11・18（平成20年(ネ)第916号）	先裁集54号36頁、裁判官[永井ユタカ、楠本新、河合裕行]	第一商品	被害者勝訴の原判決（大阪地判平20・2・29先裁集54巻1頁）の控訴審判決であり、原審での過失相殺を4割から3割に変更した。一審被告の管理規則上のランクアップ制度（委託者をその属性からA〜Cランクに分類し、それぞれの取引制限を設けて、委託者からのランクアップや規制緩和の申出があれば調査本部が審査して拒否を決する制度）の審査についてのずさんさを具体的に指摘して一審原告がランクアップ等を要望したことを認めるに足りる証拠はないとして新規委託者保護義務違反を肯定した。
❻	大阪高判平20・12・18（平成20年(ネ)第1846号）	先裁集54号88頁、裁判官[島田清次郎、松井千鶴子、山垣清正]	第一商品	被害者敗訴の原判決（大阪地堺支判平20・5・30先裁集54号44頁）の逆転判決。判決は、日商協の受託等業務に関する規則3条3項に反するものだとして過大取引・過当取引を肯定し、さらに本件当時には適用されない法215条に関するガイドラインの趣旨は、本件取引においても参考となる基準だとして新規委託者保護

I　国内公設先物裁判例

				義務違反をも認定している（過失相殺3割）。
⓬	最判平21・7・16（平成20（受）第802号）	最高裁HP、裁判官［宮川光治、甲斐中辰夫、涌井紀夫、櫻井龍子、金築誠志］	第一商品	商品取引員は、商品先物取引委託契約上、専門的知識のない委託者に対し、差玉向かいを行っている商品先物取引の受託前に、差玉向かいを行っていること等の説明義務を負い、上記取引の受託後も、委託玉が自己玉と対当したことの通知義務を負う。

II 判例まとめ

（注）判決末尾の数字は、I〔図表16〕の判決番号を示す。

1 総論

(1) 一体的不法行為論

最判平7・7・4先裁集19号1頁〔日光商品〕❽

(2) 不法行為構成の根拠

京都地判平元・2・20先裁集9号31頁、判時1323号100頁〔東京ゼネラル〕❶

(3) 債務不履行構成

新潟地佐渡支判昭62・12・22先裁集8号44頁〔タイセイ・コモディティ（旧大成商品）〕

大阪地判平9・4・25先裁集22号42頁〔岡藤商事〕

〔忠実義務違反〕

佐賀地判平12・2・28先裁集27号111頁〔三貴商事〕

大阪地判平12・11・21先裁集29号135頁〔フジチュー〕

札幌地判平14・1・21先裁集31号288頁〔日進貿易〕❸⓪

〔誠実公正義務違反による債務不履行〕

千葉地判平14・1・31先裁集31号305頁〔第一商品〕㉛

大阪地判平14・2・26先裁集31号327頁〔朝日ユニバーサル貿易〕㉞

札幌地判平14・3・6先裁集32号105頁〔エース交易〕㉟

千葉地木更津支判平14・３・29先裁集32号153頁〔東京ゼネラル〕㊲

東京地判平17・10・25先裁集41号649頁〔エー・シー・イー・インターナショナル、海外先物オプション〕

大阪地判平18・1・20先裁集42号211頁〔コーワフューチャーズ〕(99)

大阪地判平18・2・15先裁集42号587頁〔クレボ〕(103)

大阪高判平20・6・13先裁集52号263頁〔エイチ・エス・フューチャーズ、旧オリエント貿易〕(141)

(4)　概括的注意義務

京都地判平元・2・20先裁集９号31頁、判時1323号100頁〔東京ゼネラル〕❶

(5)　注意義務の程度（高度の注意義務）

大阪地判平９・2・24先裁集21号139頁〔アルフィックス〕❾

名古屋地判平12・5・19先裁集28号174頁〔大起産業〕

名古屋高判平13・6・13先裁集30号384頁〔グローバリー〕㉓

名古屋地判平14・4・30先裁集32号184頁〔コーワフューチャーズ〕㊳

最判平21・7・16最高裁 HP〔第一商品〕(152)

(6)　１個の注意義務違反で責任を認めた判例

千葉地判平14・1・31先裁集31号305頁（仕切拒否）〔第一商品〕㉛

静岡地判平14・6・７先裁集32号269頁（新規委託者保護義務違反）〔萬世プライムキャピタル証券〕㊶

大阪地判平15・3・11先裁集35号62頁（適合性原則違反）〔朝日ユニバーサル貿易〕(53)

大阪地判平15・5・29先裁集34号332頁（新規委託者保護義務違反）〔アイメックス〕(60)

東京高判平15・9・11先裁集35号35頁（新規委託者保護義務違反）〔岡藤商事〕(67)

名古屋高判平16・3・25先裁集37号84頁（断定的判断の提供）〔大起産業〕(74)

2 違法性

(1) 勧誘段階の違法性

(A) 迷惑・執拗・誤認勧誘

〔電話勧誘の問題点〕

京都地判平元・2・20先裁集9号31頁、判時1323号100頁〔東京ゼネラル〕❶

大阪地判平9・2・24先裁集21号139頁、金商1017号33頁、判時1618号103頁〔アルフィックス〕❾

津地判平17・3・24先裁集40号279頁〔西友商事〕

秋田地判平17・11・10先裁集43号1頁〔西友商事〕

神戸地姫路支判平18・5・22先裁集44号187頁〔明洸フューチャーズ〕

東京地判平18・6・8先裁集44号374頁〔日本エフエックス、外国為替証拠金取引〕

(B) 適合性原則違反

大阪地判平4・7・24先裁集13号28頁〔東京ゼネラル〕❺

仙台高判平11・1・25判時1692号76頁、判タ1039号159頁〔カネツ商事〕⓮

大阪地判平18・4・19先裁集43号468頁〔岡地〕⓱

神戸地判平18・4・21先裁集43号476頁〔岡地〕

神戸地姫路支判平18・5・29先裁集44号226頁〔西友商事〕

東京地判平18・6・5先裁集44号321頁〔大起産業〕

神戸地姫路支判平18・6・12先裁集44号391頁〔オリエント貿易〕

大阪高判平18・7・13先裁集45号132頁〔大洸ホールディングス〕

広島高判平18・10・20先裁集46号53頁〔オリエント貿易〕

大阪地判平18・10・26先裁集46号259頁〔第一商品〕

京都地判平18・11・24先裁集46号414頁〔小林洋行〕

神戸地判平18・12・19先裁集47号81頁〔第一商品〕⓰

福岡地判平19・6・7先裁集49号140頁〔和洸フューチャーズ〕

神戸地判平19・7・19先裁集49号204頁〔光陽ファイナンシャルトレード〕

神戸地判平19・12・27先裁集50号397頁〔さくらファイナンシャルサービス〕
❶㉛

(C) 断定的判断の提供

東京高判平 9 ・12・10先裁集23号23頁、判タ982号192頁、金商1037号27頁
　〔新日本商品〕❿
東京高判平12・11・15先裁集29号31頁、判タ1053号145頁〔第一商品〕
東京高判平14・12・26先裁集33号302頁、判時1814号94頁〔東京ゼネラル〕
❹⓽
大阪高判平15・1・29先裁集34号23頁〔東京ゼネラル〕❺❶
千葉地判平15・3・25先裁集34号97頁〔東京ゼネラル〕
大阪高判平15・9・25先裁集35号133頁〔朝日ユニバーサル貿易〕❻⓼
岡山地倉敷支判平15・12・11先裁集37号1頁〔大起産業〕
大阪地判平16・1・27先裁集35号352頁〔岡藤商事〕
神戸地判平16・2・5先裁集36号1頁〔第一商品〕
名古屋地判平16・2・27先裁集36号246頁〔グローバリー〕
名古屋高判平16・3・25先裁集37号84頁〔大起産業〕❼❹
静岡地浜松支判平16・4・28先裁集37号236頁〔アイメックス〕
札幌地判平18・3・16先裁集43号122頁〔豊商事〕
前橋地太田支判平18・3・31先裁集43号309頁〔カネツ商事〕
大阪高判平18・4・6先裁集43号356頁〔アスカフューチャーズ〕
大阪地判平18・4・26先裁集45号169頁、判タ1220号217頁、金商1246号37頁、
　判時1947号122頁〔大塚証券〕
神戸地姫路支判平18・5・22先裁集44号187頁〔明洸フューチャーズ〕
東京地判平18・6・5先裁集44号321頁〔大起産業〕
大阪地判平18・10・19先裁集46号196頁〔太平洋物産〕⓬
名古屋高判平18・10・20先裁集46号246頁〔オリエント貿易〕
大阪地判平18・10・31先裁集46号326頁〔岡藤商事〕
大阪地判平18・12・5先裁集46号488頁〔コムテックス〕

355

(D) 説明義務違反

東京高判平 9・12・10先裁集23号23頁、判タ982号192頁、金商1037号27頁〔新日本商品〕❿

前橋地桐生支判平11・5・26先裁集26号89頁〔フジフューチャーズ〕

佐賀地判平12・2・28先裁集27号111頁〔三貴商事〕

大阪地判平12・9・19先裁集29号108頁〔東京ゼネラル〕

東京高判平12・11・15先裁集29号31頁、判タ1053号145頁〔第一商品〕

大阪地判平12・11・21先裁集29号135頁〔フジチュー〕

東京地判平13・2・26先裁集30号251頁〔フジチュー〕

東京高判平13・4・26先裁集30号29頁、判時1757号67頁〔明治物産〕

大阪高判平13・7・13先裁集31号36頁〔グローバリー〕㉕

大阪高判平15・1・29先裁集34号23頁〔東京ゼネラル〕㉛

岡山地倉敷支判平15・12・11先裁集37号1頁〔大起産業〕

大阪地判平16・1・27先裁集35号352頁〔岡藤商事〕

札幌地判平18・3・16先裁集43号122頁〔豊商事〕

大阪高判平18・3・17先裁集43号146頁〔岡藤商事〕❶⓴

名古屋地判平18・3・30先裁集43号274頁〔光陽ファイナンシャルトレード〕

名古屋地判平18・6・28先裁集45号204頁〔ハーベスト・フューチャーズ〕

広島地判平19・3・29先裁集48号117頁〔岡藤商事〕❶⓴

東京地判平19・7・23先裁集49号234頁〔カネツ商事〕❶㉔

京都地判平19・9・28先裁集49号437頁〔豊商事〕

東京地判平19・10・29先裁集50号227頁〔ローズ・コモディティ〕

神戸地判平19・12・27先裁集50号397頁〔さくらファイナンシャルサービス〕❶㉛

神戸地判平20・1・18先裁集50号432頁〔フジトミ〕

札幌高判平20・1・25先裁集50号136頁、金商1285号44頁〔豊商事〕❶㉜

最判平21・7・16最高裁HP〔第一商品〕❶㊵

(E)　事前書面交付義務違反

盛岡地判平11・9・24先裁集28号1頁〔コーワフューチャーズ〕

東京高判平14・12・26先裁集33号302頁〔東京ゼネラル〕㊾

　　(F)　架空、他人名義勧誘

仙台高秋田支判平11・1・25先裁集25号409頁〔カネツ商事〕⓮

名古屋地判平17・1・21先裁集39号63頁〔米常商事〕㉓

　(2)　取引継続段階の違法性

　　(A)　新規委託者保護義務違反

大阪地判平元・6・15先裁集9号72頁、判時1337号73頁〔東京ゼネラル〕❷

仙台高秋田支判平2・11・26判時1379号96頁〔日光商品〕❸

大阪地判平4・7・24先裁集13号28頁〔東京ゼネラル〕❺

札幌地判平11・6・30先裁集26号114頁〔アサヒトラスト〕

名古屋地判平14・5・24最高裁HP、先裁集33号69頁〔朝日ユニバーサル貿易〕㊵

東京高判平14・12・19判時1808号69頁〔第一商品〕

東京高判平15・9・11先裁集35号35頁〔岡藤商事〕㊿

東京高判平16・12・21先裁集38号138頁〔MMGアローズ〕㉛

札幌地判平18・3・16先裁集43号122頁〔豊商事〕

〔超過建玉承認申請の形骸化に関する裁判例〕

神戸地判平9・9・26先裁集23号1頁、判タ986号254頁〔ハーベスト・フューチャーズ〕

東京高判平9・12・10先裁集23号23頁、判タ982号192頁、金商1037号27頁〔新日本商品〕❿

大阪高判平10・11・19先裁集25号220頁、判時1719号77頁〔コーワフューチャーズ〕⓭

京都地判平17・9・2先裁集44号1頁〔コーワフューチャーズ〕(控訴審：大阪高判平18・5・30先裁集44号55頁もこれを支持)

札幌地判平18・3・16先裁集43号122頁〔豊商事〕

大阪高判平18・3・17先裁集43号146頁〔岡藤商事〕❶⓪④
名古屋地判平18・3・24先裁集43号201頁〔大起産業〕
名古屋地判平18・6・28先裁集45号204頁〔ハーベスト・フューチャーズ〕
名古屋高判平18・10・19先裁集46号246頁〔タイコム証券〕
広島高判平18・10・20先裁集46号53頁〔オリエント貿易〕
広島地判平19・3・29先裁集48号117頁〔岡藤商事〕❶②⓪
大阪地判平19・7・31先裁集49号275頁〔日本アクロス〕
岐阜地判平19・8・30先裁集49号311頁〔大起産業〕
神戸地判平19・9・19先裁集49号362頁〔オリオン交易〕

(B) 両　建

大阪地判平4・7・24先裁集13号28頁〔東京ゼネラル〕❺
東京地判平4・8・27先裁集13号151頁、判時1460号101頁、判タ812号233頁、金商922号39頁〔ユニオン貿易〕❻
大阪地判平9・2・24先裁集21号139頁、金商1017号33頁、判時1618号103頁〔アルフィックス〕❾
岡山地判平9・5・27先裁集22号80頁〔三晃商事〕
大阪地判平10・1・23先裁集23号119頁〔大阪コモディティジャパン〕⓫
名古屋高判平12・12・27先裁集29号231頁〔大起産業〕⓴
東京高判平13・4・26先裁集30号29頁、判時1757号67頁〔明治物産〕
新潟地判平14・3・27先裁集32号134頁〔大起産業〕㊱
名古屋地判平14・5・24最高裁 HP、先裁集33号69頁〔朝日ユニバーサル貿易〕㊵
京都地判平17・9・2先裁集44号1頁〔コーワフューチャーズ〕
佐賀地判平17・11・1先裁集47号1頁〔オリエント貿易〕
秋田地判平17・11・10先裁集43号1頁〔西友商事〕
大阪高判平18・3・17先裁集43号146頁〔岡藤商事〕❶⓪④
名古屋地判平18・3・30先裁集43号274頁〔光陽ファイナンシャルトレード〕
神戸地判平18・5・12先裁集44号129頁、判タ1246号246頁、法ニュース69号

221頁〔メビウストレード〕**❿**

神戸地姫路支判平18・5・22先裁集44号187頁〔明洸フューチャーズ〕
神戸地姫路支判平18・6・12先裁集44号391頁〔オリエント貿易〕
神戸地姫路支判平18・6・19先裁集44号479頁〔北辰商品〕
神戸地判平18・12・19先裁集47号81頁〔第一商品〕**⓯**
大阪地判平19・1・12先裁集47号216頁〔岡藤商事〕
東京地判平19・1・22先裁集47号273頁〔オリオン交易、カネツ商事〕
広島地判平19・3・29先裁集48号117頁〔岡藤商事〕**⓴**
京都地判平19・10・23先裁集50号188頁〔コムテックス〕**㉗**
神戸地判平19・12・27先裁集50号397頁〔さくらファイナンシャルサービス〕
㉛

(C) 無断・一任売買

〔無断売買の効力〕
最判昭49・10・15金法744号30頁、集民113号5頁〔三和商事〕
〔追認の要件〕
札幌地判平14・3・6先裁集32号105頁〔エース交易〕**㉟**
名古屋高判平14・10・1先裁集33号213頁〔オリエント貿易〕**㊺**
大阪地判平14・11・28先裁集33号270頁〔コーワフューチャーズ〕**㊽**
〔一任売買〕
東京地判平4・8・27先裁集13号151頁、判時1460号101頁、判タ812号233頁、
　金商922号39頁〔ユニオン貿易〕**❻**
札幌地判平11・6・30先裁集26号114頁〔アサヒトラスト〕
神戸地尼崎支判平11・9・14先裁集27号1頁〔太平洋物産〕
東京地判平18・6・5先裁集44号321頁〔大起産業〕
神戸地姫路支判平18・6・19先裁集44号479頁〔北辰商品〕
大阪地判平18・12・25先裁集47号161頁〔和洸フューチャーズ〕**⓰**
大阪地判平19・1・30先裁集49号64頁〔新日本商品〕
大阪高判平19・6・28先裁集49号42頁〔オリエント貿易〕

神戸地尼崎支判平19・9・26先裁集49号405頁〔朝日ユニバーサル貿易〕❻
京都地判平19・9・28先裁集49号437頁〔オリエント貿易〕

　　(D)　特定売買（転がし、無意味な反復売買）
〔特定売買一般〕
大阪地判平4・7・24先裁集13号28頁〔東京ゼネラル〕❺
東京地判平4・8・27先裁集13号151頁、判時1460号101頁、判タ812号233頁、金商922号39頁〔ユニオン貿易〕❻
最判平7・7・4先裁集19号1頁〔日光商品〕❽
大阪地判平9・2・24先裁集21号139頁、金商1017号33頁、判時1618号103頁（最判平10・11・6先裁集25号135頁の1審）〔アルフィックス〕❾
最判平10・11・6先裁集25号135頁〔アルフィックス〕
佐賀地武雄支判平11・5・12先裁集26号53頁〔日光商品〕
札幌地判平11・6・30先裁集26号114頁〔アサヒトラスト〕
大阪地判平12・11・28〔朝日ユニバーサル貿易〕⓭
東京高判平13・4・26先裁集30号29頁、判時1757号67頁〔明治物産〕
名古屋地判平14・5・24最高裁HP、先裁集33号69頁〔朝日ユニバーサル貿易〕

〔過当な頻繁売買、特定売買等〕
前橋地桐生支判平11・5・26先裁集26号89頁〔フジチュー〕
新潟地判平12・6・14先裁集28号198頁〔大起産業〕⓰

〔直し〕
大阪地判平4・7・24先裁集13号28頁〔東京ゼネラル〕❺
東京地判平4・8・27先裁集13号151頁、判時1460号101頁、判タ812号233頁、金商922号39頁〔ユニオン貿易〕❻
大阪地判平9・2・24先裁集21号139頁、金商1017号33頁、判時1618号103頁〔アルフィックス〕❾
京都地判平17・9・2先裁集44号1頁〔コーワフューチャーズ〕
秋田地判平17・11・10先裁集43号1頁〔西友商事〕

名古屋地判平18・4・14先裁集43号417号〔コーワフューチャーズ〕❶⓰
大阪高判平18・7・13先裁集45号132頁〔大洸ホールディングス〕
京都地判平18・11・24先裁集46号414頁〔小林洋行〕
東京地判平19・1・22先裁集47号273頁〔オリオン交易、カネツ商事〕
広島地判平19・3・29先裁集48号117頁〔岡藤商事〕❶⓴

〔途転〕

大阪地判平9・2・24先裁集21号139頁、金商1017号33頁、判時1618号103頁〔アルフィックス〕❾

〔日計り〕

大阪地判平9・2・24先裁集21号139頁、金商1017号33頁、判時1618号103頁〔アルフィックス〕❾

〔両建〕

(B)両建を参照。

〔不抜け〕

大阪地判平9・2・24先裁集21号139頁、金商1017号33頁、判時1618号103頁〔アルフィックス〕❾

名古屋地判平14・5・24最高裁HP、先裁集33号69頁〔朝日ユニバーサル貿易〕❹⓪

名古屋地判平18・2・28先裁集43号82頁〔アルファコモ〕

名古屋地判平18・3・24先裁集43号201頁〔大起産業〕

神戸地判平18・4・21先裁集43号476頁〔岡地〕

神戸地判平18・5・12先裁集44号129頁、判タ1246号246頁、法ニュース69号221頁〔メビウストレード〕❶⓳

前橋地判平18・5・29先裁集44号281頁〔西友商事〕

東京地判平18・6・5先裁集44号321頁、金法1784号6頁瓦版〔大起産業〕

神戸地姫路支判平18・6・19先裁集44号479頁〔北辰商品〕

名古屋地判平18・7・21先裁集45号355頁〔ハーベスト・フューチャーズ〕

京都地判平18・11・24先裁集46号414頁〔小林洋行〕

神戸地判平18・12・19先裁集47号81頁〔第一商品〕⑪⑤
大阪高判平18・12・20先裁集47号142頁〔岡地〕
福岡高判平19・4・26先裁集48号265頁〔オリエント貿易〕
大阪高判平19・6・28先裁集49号42頁〔オリエント貿易〕

(E)　無敷・薄敷

東京高判平14・12・26先裁集33号302頁〔東京ゼネラル〕㊾
名古屋地判平15・4・18先裁集34号185頁〔アイメックス〕(56)
静岡地浜松支判平16・3・31先裁集37号199頁〔アスカフューチャーズ〕
東京高判16・12・21先裁集38号27頁〔新日本商品〕(80)
京都地判平17・3・31先裁集41号98頁〔朝日ユニバーサル貿易〕
東京地判平17・9・30先裁集41号549頁〔岡地〕
神戸地姫路支判平18・6・19先裁集44号479頁〔北辰商品〕
大阪地判平18・10・19先裁集46号196頁〔太平洋物産〕(112)
大阪地判平18・12・25先裁集47号161頁〔和洸フューチャーズ〕(116)

(F)　過当取引

大阪地判平13・5・25先裁集31号118頁〔光陽トラスト〕㉒
岐阜地大垣支判平13・11・15先裁集31号229頁〔大起産業〕㉙
札幌地判平14・1・21先裁集31号288頁〔日進貿易〕㉚
奈良地判平14・8・23先裁集33号127頁〔コーワフューチャーズ〕㊸
大阪高判平15・1・29先裁集34号23頁〔東京ゼネラル〕(51)
名古屋地判平15・4・18先裁集34号185頁〔アイメックス〕(56)
鹿児島地判平15・7・16先裁集34号439頁〔オリエント貿易〕(63)
秋田地大館支判平17・8・19先裁集40号528頁〔小林洋行〕(96)
福岡高判平17・9・16先裁集40号576頁〔東京穀物商品取引所、社団法人商品取引受託債務補償基金協会〕(97)
神戸地判平18・2・15先裁集42号535頁〔日本アクロス〕(102)
大阪地判平18・2・15先裁集42号587頁〔クレボ〕(103)
大阪高判平18・3・17先裁集43号146号〔岡藤商事〕(104)

大阪地判平18・12・25先裁集47号161頁〔コーワフューチャーズ〕(116)
広島地判平19・3・29先裁集48号117頁〔岡藤商事〕(120)

(G) 向い玉

東京地判平４・8・27先裁集13号151頁、判時1460号101頁、判タ812号233頁、金商922号39頁〔ユニオン貿易〕❻
神戸地姫路支判平14・2・25最高裁 HP、先裁集32号16頁〔三貴商事〕㉝
東京高判平16・12・21先裁集38号27頁〔新日本商品〕(80)
東京高判平16・12・21先裁集38号138頁〔MMG アローズ、旧フジチュー〕(81)
名古屋地判平18・2・28先裁集43号82頁〔アルファコモ〕
名古屋地判平18・3・24先裁集43号201頁〔大起産業〕
神戸地姫路支判平18・5・29先裁集44号226頁〔西友商事〕
神戸地姫路支判平18・6・12先裁集44号391頁〔オリエント貿易〕
神戸地姫路支判平18・6・19先裁集44号479頁〔北辰商品〕
大阪高判平18・9・15先裁集45号60頁〔グローバリー〕(110)
福岡地判平18・10・10先裁集46号133頁〔スターアセット証券〕
大阪高判平19・3・16先裁集48号59頁〔オリエント貿易〕
最判平21・7・16最高裁 HP〔第一商品〕(152)

(H) 不当な増し建玉（利益金の証拠金振替）

神戸地判平15・5・22先裁集35号169頁〔三貴商事〕(59)
神戸地姫路支判平18・6・19先裁集44号479頁〔北辰商品〕
大阪高判平18・7・13先裁集45号132頁〔大洸ホールディングス〕
京都地判平18・11・24先裁集46号414頁〔小林洋行〕
岐阜地判平19・8・30先裁集49号311頁〔大起産業〕

(I) 返還遅延

最判昭50・7・15集民115号419頁、金商477号11頁、判時790号105頁〔マルホ宝物産〕
東京地判平５・3・17判時1489号122頁、別冊ジュリ135号36頁〔第一商品〕

福岡地判平 9・6・17先裁集22号114頁〔三貴商事〕
千葉地判平14・1・31先裁集31号305頁〔第一商品〕
静岡地掛川支判平17・1・31先裁集39号430頁〔日本アクロス〕
名古屋地判平17・2・25先裁集39号494頁〔大起産業〕
大阪地判平18・2・15先裁集42号587頁〔クレボ〕
神戸地判平19・3・29先裁集48号68頁〔三貴商事〕

　　(J)　情報提供義務、配慮義務、助言義務違反等
〔情報提供義務〕
大阪地判平13・6・14先裁集31号154頁〔朝日ユニバーサル貿易〕❷
静岡地浜松支判平13・10・25先裁集31号211頁〔グローバリー〕❷
前橋地判平14・6・12先裁集32号292頁〔新日本商品〕
〔配慮義務〕
秋田地判平元・3・14先裁集9号58頁、判タ701号210頁〔日光商品〕
東京高判平13・10・10先裁集31号104頁〔明治物産〕❷
前橋地判平14・6・12先裁集32号292頁〔新日本商品〕❷
福岡地判平14・9・30先裁集33号163頁〔三晃商事〕❷
高判平15・1・29先裁集34号23頁〔東京ゼネラル〕❺
神戸地判平15・5・22先裁集35号169頁〔三貴商事〕❺
大阪地判平17・1・26先裁集40号64頁〔和洸フューチャーズ〕
〔助言義務〕
名古屋地判平15・1・17先裁集33号334頁〔コーワフューチャーズ〕❺
〔誠実公正義務〕
札幌地判平14・1・21先裁集31号288頁〔日進貿易〕❸
千葉地木更津支判平14・3・29先裁集32号153頁〔東京ゼネラル〕❸
秋田地判平16・12・27先裁集38号562頁〔日本アクロス〕
名古屋地判平17・1・7先裁集38号410頁〔コーワフューチャーズ〕
〔忠実義務〕
大阪地判平9・2・24先裁集21号139頁〔アルフィックス〕❾

大阪地判平9・4・25先裁集22号42頁〔岡藤商事〕
名古屋高判平14・10・1先裁集33号213頁〔オリエント貿易〕㊺
那覇地判平16・4・27先裁集37号148頁〔三菱商事フューチャーズ〕
東京地判平17・12・20先裁集42号81頁〔小林洋行〕
神戸地判平19・1・19先裁集48号23頁〔太平洋物産〕

　　(K)　調査義務違反
東京地判平9・2・25先裁集21号162頁〔三井物産フューチャーズ〕
仙台高秋田支判平11・1・25先裁集25号409頁〔カネツ商事〕⓮

　　(L)　理解確認義務
大阪高判平16・10・26先裁集38号328頁〔和洸フューチャーズ〕㊰

　(3)　仕切段階の違法性
　　(A)　仕切拒否・回避
最判昭50・7・15集民115号419頁、金商477号11頁、判時790号105頁〔マルホ宝物産〕
東京地判平5・3・17判時1489号122頁、別冊ジュリ135号36頁〔第一商品〕
福岡地判平9・6・17先裁集22号114頁〔三貴商事〕
千葉地判平14・1・31先裁集31号305頁〔第一商品〕㉛
静岡地掛川支判平17・1・31先裁集39号430頁〔日本アクロス〕㊸
名古屋地判平17・2・25先裁集号294頁〔大起産業〕
神戸地判平19・3・20先裁集48号68頁〔三貴商事〕⓳

　　(B)　違法な強制手仕舞
札幌地判平9・10・23判タ968号195頁〔コーワフューチャーズ〕

　3　損害論
　(1)　慰謝料を認容した判決
仙台地古川支判平7・11・20先裁集19号213頁〔西友商事、慰謝料50万円〕
名古屋地一宮支判平10・5・8〔三貴商事、慰謝料10万円〕
名古屋地判平18・1・31先裁集42号405頁〔光陽トラスト、慰謝料50万円〕

365

大阪地判平18・2・2先裁集42号465頁〔インカムベストフォレックス、外国為替証拠金取引、慰謝料100万円〕⓮

東京高判平18・9・21先裁集45号408頁、金商1254号35頁、法ニュース70号190頁（原審：東京地判平18・4・11先裁集43号394頁、金商1254号35頁）〔シー・エフ・ディ、外国為替証拠金取引〕⓫

神戸地判平19・1・19先裁集48号23頁〔太平洋物産、慰謝料200万円〕

神戸地判平19・9・19先裁集49号362頁〔オリオン交易、慰謝料100万円〕

大阪高判平20・6・13先裁集52号263頁〔エイチ・エス・フューチャーズ（旧オリエント貿易）〕（原審：神戸地判平19・1・19）⓯

(2) 課税相当額を損害額として認容した判決

大阪地判平18・6・30先裁集45号236頁〔小林洋行〕

広島高判平18・10・20先裁集46号53頁〔オリエント貿易〕

大阪地判平18・12・25先裁集47号161頁〔和洸フューチャーズ〕⓰

神戸地判平19・3・20先裁集48号68頁〔三貴商事〕⓳

広島高岡山支判平20・3・13先裁集51号17頁〔エース交易〕⓮

(3) 弁護士費用1割を超える認容判決

東京地判平20・3・28先裁集51号510頁〔朝日ユニバーサル貿易〕

4 責任論

(1) 取締役、監査役ら役員の責任を認めた判決

〔国内公設の役員〕

名古屋高判平19・12・19先裁集50号101頁（1審は否定していた）〔東京ゼネラル〕⓭

名古屋地判平20・3・25先裁集51号400頁〔コーワフューチャーズ〕⓯

〔外国為替証拠金取引、海外先物の役員〕

東京地判平17・11・14先裁集43号50頁〔サンユートレックス、外国為替証拠金取引〕

東京地判平18・1・24先裁集43号66頁（控訴審：東京高判平18・10・30先裁

集46号320頁)〔サンワ・トラスト、外国為替証拠金取引〕⑩

大阪地判平18・1・31先裁集46号84頁〔エー・シー・イー・インターナショナル、外国為替証拠金取引〕

東京高判平18・9・21先裁集45号408頁、金商1254号35頁、法ニュース70号190頁〔シー・エフ・ディー、外国為替証拠金取引〕⑪

岡山地判平18・11・9先裁集46号377頁〔ハドソン、外国為替証拠金取引〕⑬

東京地判平18・12・15先裁集47号55頁〔UFT corporation 外国為替証拠金取引〕

東京地判平19・1・30先裁集47号346頁〔東京シティホールディング、外国為替証拠金取引〕⑰

〔監査役の責任〕

東京地判平18・6・8先裁集44号374頁(控訴審:東京高判平18・11・29先裁集46号475頁、法ニュース70号196頁もこれを支持)〔日本エフエックス、外国為替証拠金取引〕

東京地判平19・1・24先裁集47号323頁〔日本エフエックス、外国為替証拠金取引〕

東京地判平19・1・30先裁集47号346頁〔東京シティホールディング、外国為替証拠金取引〕⑰

(2) 管理担当者の責任

秋田地判平20・3・31先裁集51号530頁〔新日本商品〕⑬

5 契約の効力等

(1) 消費者契約法の取消

名古屋地判平17・1・26先裁集39号374頁〔ひまわりシーエックス〕⑧

大阪高判平19・4・27判時1987号18頁、先裁集48号15頁〔日本デリックス、外国替為証拠金取引〕⑫

札幌高判平20・1・25先裁集50号136頁〔豊商事〕⑬

367

(2) 示談、和解契約の効力否定

〔和解契約の効力否定〕

名古屋地判平15・8・27先裁集35号191頁〔コーワフューチャーズ〕❻❺

佐賀地判平17・11・1先裁集47号1頁〔オリエント貿易〕

東京地判平18・1・24先裁集43号66頁〔サンワ・トラスト、外国為替証拠金取引〕❿⓪

札幌地判平18・6・27先裁集45号194頁〔USS証券、旧コスモフューチャーズ、外国為替証拠金取引〕

東京地判平18・8・30先裁集45号392頁〔日本商品委託者保護基金ほか〕

岡山地判平18・11・9先裁集46号377頁〔ハドソン、外国為替証拠金取引〕⓫❸

大阪高判平19・4・27先裁集48号15頁、判時1987号18頁〔日本デリックス、外国為替証拠金取引〕⓬❷

(3) 差損金請求を否定した判決

岡山地判平5・9・6先裁集15号69頁〔東京メディックス〕

仙台高秋田支判平11・1・25先裁集25号409頁、判タ1039号159頁、判時1692号76頁〔カネツ商事〕⓮

東京地判平16・3・29先裁集37号90頁〔MMGアローズ〕❼❺

津地判平17・3・24先裁集40号279頁〔西友商事〕

大阪地判平18・10・19先裁集46号196頁〔太平洋物産〕⓬

(4) 消滅時効を否定した判決

神戸地尼崎支判平11・9・14先裁集27号1頁〔太平洋物産〕

鹿児島地判平15・11・19先裁集35号272頁〔コスモフューチャーズ〕

名古屋地判平17・1・21先裁集39号63頁〔米常商事〕❽❸

京都地判平18・11・24先裁集46号414頁〔小林洋行〕

前橋地高崎支判平19・5・24先裁集48号297頁〔大起産業〕

6　過失相殺否定判決

大阪高判平 3・9・24先裁集11号24頁、判時1411号79頁（上告棄却、最判平 6・1・31先裁集15号77頁）〔岡藤商事〕❹

大阪高判平15・9・25先裁集35号133頁〔朝日ユニバーサル貿易〕❻⓼

大阪地判平16・2・10先裁集36号59頁〔光陽トラスト〕❼⓪

仙台地判平16・2・27先裁集36号285頁〔新日本商品〕❼③

大阪地判平16・7・29先裁集37号343頁〔オリエント貿易〕❼⓺

大阪高判平16・8・31先裁集38号355頁〔光陽トラスト〕❼⓻

大阪高判平17・1・26先裁集39号396頁〔オリエント貿易〕❽⓹

大阪高判平18・3・17先裁集43号146頁〔岡藤商事〕⑩④

大阪高判平18・7・11先裁集45号348頁〔コーワフューチャーズ〕⑩⑨

大阪高判平18・9・15先裁集45号109頁〔グローバリー〕⑪⓪

大阪地判平18・10・19先裁集46号196頁〔太平洋物産〕⑪②

東京高判平19・1・30先裁集47号29頁〔日本アクロス〕⑪⑧

広島地判平19・3・29先裁集48号117頁〔岡藤商事〕⑫⓪

名古屋高判平19・6・28先裁集49号110頁〔グローバリー〕⑫③

名古屋高判平19・12・19先裁集50号101頁〔東京ゼネラル〕⑬⓪

大阪高判平20・3・13先裁集51号276頁〔コムテックス〕

大阪高判平20・6・13先裁集52号263頁〔エイチ・エス・フューチャーズ、旧オリエント貿易〕⑭①

〔過失相殺を否定した最近 2 年間の地裁判決〕

神戸地判平18・2・15先裁集42号535頁〔日本アクロス〕⑩②

大阪地判平18・2・15先裁集42号587頁〔クレボ〕⑩③

東京地判平18・3・29先裁集43号243頁〔オリオン交易〕⑩⑤

名古屋地判平18・4・14先裁集43号417頁〔コーワフューチャーズ〕⑩⑥

大阪地判平18・4・19先裁集43号468頁〔岡地〕⑩⑦

神戸地判平18・5・12先裁集44号129頁、判タ1246号246頁、法ニュース69号

第8章　先物取引被害等の裁判例

　221頁〔メビウストレード〕❶⓼
大阪地判平18・10・19先裁集46号196頁〔太平洋物産〕⓫⓶
名古屋地判平18・10・27先裁集50号1頁〔東京ゼネラル〕
神戸地判平18・12・19先裁集47号81頁〔第一商品〕⓫⓹
大阪地判平18・12・25先裁集47号161頁〔和洸フューチャーズ〕⓫⓺
札幌地判平19・4・12先裁集48号203頁〔サンワード貿易〕⓰⓶⓵
東京地判平19・7・23先裁集49号234頁〔カネツ商事〕⓰⓶⓸
神戸地尼崎支判平19・9・26先裁集49号405頁〔朝日ユニバーサル貿易〕⓰⓶⓹
大阪地判平19・9・28先裁集49号468頁〔オリエント貿易〕⓰⓶⓺
京都地判平19・10・23先裁集50号188頁〔コムテックス〕⓰⓶⓻
千葉地判平19・11・12先裁集50号292頁〔グローバリー〕
神戸地判平19・12・27先裁集50号397頁〔さくらファイナンシャルサービス、
　旧洸陽フューチャーズ〕⓭❶
大阪地判平20・1・16先裁集52号61頁〔第一商品〕
名古屋地判平20・3・25先裁集51号400頁〔コーワフューチャーズ〕⓭⓹
東京地判平20・3・28先裁集51号510頁〔朝日ユニバーサル貿易〕⓭⓺
名古屋地判平20・5・21先裁集52号206頁〔トレックス〕⓭⓼

7　「客殺し」という文言を用いた判決

神戸地姫路支判平14・2・25先裁集32号16頁〔三貴商事〕㉝
千葉地判平15・3・25先裁集34号97頁〔東京ゼネラル〕
名古屋地判平15・4・18先裁集34号185頁〔アイメックス〕㊽

8　その他

〔浮玉〕
大阪高判平10・11・19判時1719号77頁〔コーワフューチャーズ〕
大阪高判平17・1・19先裁集38号231頁〔光陽トラスト〕
神戸地姫路支判平18・5・22先裁集44号187頁〔明洸フューチャーズ〕

370

神戸地判平19・12・27先裁集50号397頁〔さくらファイナンシャルサービス〕**❶**

〔顧客カードの不実記載〕

岡山地判平 9・5・27先裁集22号80頁〔三晃商事〕

〔さや取引〕

大阪地判平18・4・19先裁集43号468頁〔岡地〕**❼**

〔録音テープ〕

新潟地判平19・3・20先裁集49号121頁〔大起産業〕

大阪地判平19・9・28先裁集49号468頁〔オリエント貿易〕**❻**

資料

資料 平成18年法改正後の禁止行為、根拠規定整理表

津谷裕貴作成。
数字は条、カッコ数字は項、○数字は号（およびそれ以下）を表す。

	禁止行為	法	施行規則	ガイドライン	準則	受託等業務規則（日商協）
1 一般的義務	誠実公正義務	213				2
	情報提供助言指導義務					4
2 不当勧誘等						
（法）	断定的利益判断の提供	214①		C3		
	（違反は損害賠償）	218③				
	虚偽告知	214②				
	一任売買	214③			25①②	
	フロントランニング	214④				
	再勧誘禁止	214⑤		B2		
	迷惑勧誘	214⑥		B3		
	勧誘目的告知、勧誘受諾確認義務	214⑦		B1		
	両建（同一限月同一枚数）の勧誘	214⑧				
（施行規則）	法214条9号に基づくもの					
	返還拒否、遅延		103①			
	向玉		103②			
	無断売買		103③		25①②	
	取引所に対する虚偽報告		103④			
	特別利益の提供		103⑤			
	取引単位不告知		103⑥			
	仕切拒否		103⑦			
	虚偽、重要事項誤認表示		103⑧			
	両建（異限月、異枚数）の受託		103⑨			
（受託等業務規則）	誤認勧誘					5(1)②
	虚偽、威迫勧誘					5(1)③
	他の契約解除の勧誘					5(1)⑤
	仕切拒否、取引継続等					5(1)⑥
	包括代理人からの受託					5(1)⑦
	投資顧問業者等の一任					5(1)⑧
	被使用人からの受託					5(1)⑨
	金銭、有価証券の貸付等					5(1)⑩
	顧客との金銭貸借					5(1)⑪

	他人名義の使用				5(1)⑫
	無登録外務員				5(1)⑬
	担当者の交替				5(1)⑭
	取引損益を共にすること				5(1)⑮
	その他委託者保護に反する行為				5(1)⑯
3　適合性の原則					
（法）	適合性原則違反（不適格者の勧誘）	215		A3	3、5(1)①
（ガイドライン）	顧客の属性の把握（ノウ・ユア・カスタマールール）			A2	3(2)
	常に不適当な勧誘。未成年、成年被後見人、被保佐人、被補助人、精神障害者、知的障害者及び認知障害者。生活保護世帯。破産者で復権を得ないもの。商品先物取引のための借金。元本欠損又は元本を上回る損失取引をしたくない者。			A3、(1)	
	原則不適格勧誘　①年金、恩給、退職金、保険金等による生計者　②500万円未満の収入　③投資可能資金超過取引の勧誘　④75歳以上の高齢者。　例外の要件は、投資可能金額の裏付け資産の証明等と、本人の自署による書面			A3、(2)	
	新規委託者保護義務(建玉枚数違反)　未経験者（直近3年以内に延べ90日間以上先物取引経験がないこと）に対しては、3ヶ月間は、投資可能資金額の3分の1を越える取引勧誘禁止			A5	
4　説明義務（書面交付義務）違反	説明義務の前提として、契約締結前の書面交付義務あり。交付書面は、217条。1号は、仕組（レバ	217	108(1)（事前書面交付）104	C1	3(1)	5(1)④

		レッジ)。2号はリスク(損失、元本保証なし)。3号は政令事項。4号は省令事項。		(書面記載事項)			
		説明義務。 218条1項は、書面に基づき説明する義務。	218(1)	108(2)。法217(1)①〜③を説明した後に、④について説明。	C2	3(2)	5(1)④
		218条2項は、説明の方法、程度につき、顧客の知識、経験、財産の状況、契約目的に照らし、必要な方法程度で要説明。	218(2)	108(2)			
		違反に対する損害賠償 (断定的判断の提供違反、217条1項1号ないし3号の説明義務違反は損害賠償)	218(3)				
5	広告規制	広告等の表示が著しい事実相違、誤認禁止	213の2	100の2 (広告類似行為) 100の3 (広告等の表示方法) 100の6 (誇大広告禁止事項)			6
6	損失補塡禁止と事故確認	商品取引員、顧客、いずれも損失補塡禁止。違反には罰則あり(商品取引員は358条の2で3年以下の懲役若しくは300万円以下の罰金、又は併科。顧客は363条6号で1年以下の懲役若しくは100万円以下の罰金又は併科) 例外は事故による場合(214条の2第3項本文)。事故確認不要の場合は、事前の大臣確認又は省令で規定					商品取引員が省令103の3第3号に基づく主務大臣に確認申請を行う手続は、「商品取引事故の確認申請、審査

	(同但書)。					等に関する規則」による
(内容)	損失補塡禁止原則と例外、罰則。 損失補塡禁止(214条の2第1項は商品取引員、2項は顧客)。例外は、「事故」の場合(214条の2第3項本文)。事故とは法221条。その内容は省令112条で。原則事故確認必要、例外として事故確認不要の場合は、予め主務大臣が確認した場合と省令で規定(214条の2第3項但書)。	214の2 358の2 363⑥				
(施行規則)	112条(事故の定義)。		112			
	103条の2(事故確認不要の場合)。①確定判決、②裁判上の和解、③民事調停、17条決定。④取引所、日商協等のあっせん及び調停、主務大臣指定団体の和解、⑤弁護士法33条機関のあっせん、和解。⑥消費者基本法19条1項又は25条に基づくあっせん、和解)⑦ADRによる和解、⑧弁護士が1000万円以内、又は司法書士の140万円以内の和解で、事故調査確認書面を商品取引員に交付したとき、⑨一日の損失が10万円以内、⑩省令112条3号、4号による損失		103の2			
7 その他	約諾書交付前の受託				4(2)	
	取引履歴の開示(委託者勘定元帳、証拠金現在高帳)					7の2
	のみ行為					212
	過当売買					3(3)
	証拠金規制違反(無敷・薄敷等)	179			7、11	
	証拠金余剰返還義務違反				12	

〔執筆者一覧（五十音順）〕

荒井　哲朗（あらい　てつろう）
所属：東京弁護士会
略歴：早稲田大学政治経済学部卒、平成13年弁護士登録（司法修習54期）、日本弁護士連合会消費者問題対策委員会委員、前先物取引被害全国研究会事務局長。
著書論文：日本弁護士連合会消費者問題対策委員会編『先物取引被害救済の手引』（民事法研究会）、同編『金融商品取引被害救済の手引』（民事法研究会）、同編『キーワード式消費者法辞典』（民事法研究会）、「先物取引（等）」『消費者法白書』2007年度版以降（消費者法ニュース72号・76号・80号所収）、「外国為替証拠金取引被害の事件処理」（消費者法ニュース60号所収）、「課題残る外国為替証拠金取引（FX取引）業者の体制整備」（ファイナンシャルコンプライアンス2008年4月号所収）、「消費生活相談員のための判例紹介－いわゆるロコ・ロンドン貴金属取引の違法性（東京高判平成20年3月27日についての解説－」（JACASJOURNAL №121所収）、「過払金返還請求権の消滅時効の起算点に関する最高裁判決」（ファイナンシャルコンプライアンス2009年5月号所収）、「FX取引に関するこんにち的問題」（消費者法ニュース79号所収）、「流動性預金の時間的包括的差押えについて」（消費者法ニュース80号所収）ほか。

石戸谷　豊（いしとや　ゆたか）
所属：横浜弁護士会
略歴：東北大学法学部卒、司法試験合格（28期）、昭和51年弁護士登録、産業構造審議会商品取引所分科会委員、先物取引被害全国研究会代表幹事、日本弁護士連合会消費者行政一元化推進本部事務局長、日本弁護士連合会消費者問題対策委員会委員長などを務める。現在、金融庁金融トラブル連絡調整協議会委員、国民生活センター消費者判例情報評価委員会委員。
著書論文：上柳敏郎＝石戸谷豊＝桜井健夫『新・金融商品取引法ハンドブック〔第2版〕』（日本評論社）、齋藤雅弘＝池本誠司＝石戸谷豊『特定商取引法ハンドブック〔第3版〕』（日本評論社）、石戸谷豊＝桜井健夫＝上柳敏郎『ビックバン時代の消費者問題と対策』（東洋経済新報社）、日本弁護士連合会消費者問題対策委員会編『先物取引被害救済の手引〔九訂版〕』（民事法研究

会）同編、『金融商品取引被害救済の手引〔五訂版〕』（民事法研究会）ほか。

白出　博之（しらで　ひろゆき）
所属：大阪弁護士会
略歴：立教大学社会学部卒、立教大学法学部卒、司法試験合格（47期）、平成7年弁護士登録、平成17年姫路獨協大学法学部特別教授（消費者法、倒産法、債権回収）、先物取引被害全国研究会幹事、日本弁護士連合会消費者問題対策委員会副委員長などを務める。
著書論文：「無意味な反復売買に関する判例」被害研究6号・7号、「客観的アプローチによる違法性論争の現状について」被害研究10号・14号、「判例分析・商品先物取引（金沢地裁平成10年11月6日判決）」（『説明義務・情報提供義務をめぐる判例と理論』〔判例タイムズ1178号〕所収）、日本弁護士連合会消費者問題対策委員会編『先物取引被害救済の手引』〔七訂版から九訂版まで〕（民事法研究会）、同編『金融商品取引被害救済の手引』〔三訂版から五訂版まで〕（民事法研究会）、日本弁護士連合会編『銀行の融資者責任』（東洋経済新報社）。

津谷　裕貴（つや　ひろたか）
所属：秋田弁護士会
略歴：慶應義塾大学大学院法学研究課修士課程卒、司法試験合格（35期）、昭和58年弁護士登録。秋田弁護士会会長、先物取引被害全国研究会代表幹事、秋田県消費生活審議会委員、産業構造審議会商品取引所分科会委員などを歴任。現在、日本弁護士連合会消費者問題対策委員会委員長。
著書論文：「豊田商法の違法性」（全国豊田商事被害者弁護団連絡会議『虚構と真実』所収）、「先物取引」（『消費者法白書』〔消費者法ニュース20号・24号・28号・32号〕所収）、日本弁護士連合会消費者問題対策委員会編『先物取引被害救済の手引』〔改訂版から九訂版まで〕（民事法研究会）、同編『継続サービス取引』（別冊NBL32号）、豊田商事被害国家賠償訴訟弁護団編『裁かれる消費者行政』（豊田商事被害国家賠償訴訟弁護団）、秋田弁護士会『ンダ！　おらほの弁護士さんに聞いてみれ』（秋田魁新報社）ほか。

実践先物取引被害の救済〔全訂増補版〕

平成21年 9月28日　第 1 刷発行

定価　本体3,800円（税別）

著　者　荒井哲朗・白出博之・津谷裕貴・石戸谷豊
発　行　株式会社　民事法研究会
印　刷　株式会社　太平印刷社

発行所　株式会社　民事法研究会
〒150-0013　東京都渋谷区恵比寿3-7-16
　　　〔営業〕TEL03(5798)7257　FAX03(5798)7258
　　　〔編集〕TEL03(5798)7277　FAX03(5798)7278
　　　http://www.minjiho.com/　　info@minjiho.com

落丁・乱丁はおとりかえします。　ISBN978-4-89628-559-8　C2032　¥3800E
カバーデザイン：荒井直子